JN412191

寒洲 李震相의 哲學思想

이형성(李炯性)
전주대학교 사범대학 한문교육과 졸업
성균관대학교 대학원 동양철학과 졸업(철학박사)
전북대학교 전라문화연구소 전임연구원 역임
현재 전주대, 동국대, 국립한국전통문화학교 강사
저서 및 역서 : 『범주로 보는 주자학』(역서, 예문서원, 1997)
『한국철학사상사』(공저, 한울아카데미, 1997)
『한국실학사상사』(공저, 다운샘, 2000)
『다카하시 도루의 조선유학사』(편역, 예문서원, 2001)
『풀어 옮긴 조선유학사』(역서, 현음사, 2003)
주요논문 : 「寒洲 性理學에 있어서 '主宰性' 重視와 그 意義」
「牛溪 成渾의 理重視的 實踐儒學思想에 관한 攷察」
「頤齋 黃胤錫의 '數'에 기초한 實學思想 一攷」 외 다수

寒洲 李震相의 哲學思想

초판 1쇄 발행 2006년 5월 27일

지은이 | 이형성
펴낸이 | 최원필
펴낸곳 | 심산출판사
주 소 | 서울시 마포구 연남동 567-39 301호
전 화 | 02-324-6280~1
팩시밀리 | 02-324-6412
E-mail | simsan@korea.com
등 록 | 제1-2114호(1996년 11월 28일)

ISBN 89-89721-58-X 93150

※ 책값은 뒤표지에 표시되어 있습니다.

寒洲 李震相의 哲學思想

이형성 지음

심산

序

일찍이 필자는 조부에게 한문을 접한 계기로 한문학과에 들어가 교사가 되기 위해 공부하기 시작했다. 그러던 어느날 경서강독 과목으로 『대학』 강의를 듣던 중, 동양철학과 한국사상에 관심이 들기 시작하자 공부를 깊이 하기 위해 대학원에 진학하고 싶은 마음이 들었다. 이후 동학(同學) 최태림 학우와 함께 서로 진지하게 공부하다가, 동양사상을 탐구하기 위해서는 경서(經書)를 체계적으로 배워야 함을 깨달았다. 이러한 내용을 조부께 간곡히 말씀드렸더니, 조부께서 갑장(甲長)인 동강(東岡) 김용태(金湧泰) 한학자 선생님께 나아가 공부하도록 주선해 주셨다. 당시 필자는 그저 방학을 이용하여 선생님께 경서를 배웠는데 부족함을 느껴 한문에만 전심하기 위해 1년 휴학하며 공부하였지만, 한문의 문(文)·사(史)·철(哲) 세계는 대해(大海)와 같이 광대하여 단시간에 할 수 없음을 알았다.

그 후 대학생활을 충실히 하며 학업을 마친 뒤, 성균관대 대학원을 진학하였으나 그것은 몇 차례 고배속에 이루어져, 필자는 학문탐구에 진지한 자세를 가지려고 노력하였다. 대학원에서 한국철학을 공부하면서 당시 지면으로만 접했던 류승국(柳承國) 선생님 강의를 듣게 되었는데, 선생님은 강의하시기 전 열의에 찬 목소리로 "여러분! 석사과정은 평생 학문을 탐구하기 위한 첫관문이라" 하시며 논문주제에 대해 심사숙고하기를 힘주어 말씀하셨다. 필자는 그 당시 여러 과목 수업 준비를 하느라 따로 학위논문 주제에 고민할 겨를이 없었지만, 그 논문주제에 대한 '화두'는 항상 잡고 있었다. 학기가 지나자 필자는 논문 주제를 정하기 위해 유학사에 관한 몇 권의 서책 그리고 논문을 읽기 시작하였으나 논문주제를 정하기는 그리 쉽지 않았다. 그리하여 필자는 그리 많이 연구되지 않은 조선 근대 성리학 분야를 살펴보다가 경북 성주에서 학술활동을 전개한 한주(寒洲) 이진상(李震相: 1818~1886)을 발견하고 그의 철학사상에 지대한 관심을 가지게 되었다.

주지하다시피, 이진상은 근기(近畿) 지방에서 활동한 이항로(李恒老: 1792~1868) 그리고 호남에서 학문을 펼친 기정진(奇正鎭: 1798~1879) 등과 함께 당시 내우외환(內憂外患) 속에서 주자학에 대한 반성과 독자적 이론체계를 구축하여 근대 3대가로 꼽히고 조선 6대가로 칭송받는 대학자이다. 이에 필자는 이항로·기정진보다 이진상의 학문과 사상에 비교적 관심을 두고 탐구하기로 마음먹었다. 필자의 이러한 관심분야를 주위 학형들에게 말하니, 학형들은 이전 선배들도 이진상의 철학사상을 탐구하려고 하였으나 하지 못했다고 하며 우려하면서도 근대 성리학 탐구에 중요한 인물이므로 열심히 연구하도록 힘을 실어 주기도 하였다. 필자는 부족하게나마 「한주 이진상 성리학설의 방법론에 관한 연구」라는 논문으로 석사과정을 마쳤다.

그 이후 필자는 오하마 아끼라(大濱晧)의 『주자의 철학(朱子の哲學)』(『범주로 보는 주자학』) 번역을 통해 주자학을 면밀히 탐구하게 되었고, 그리고 한국 성리학사 연구에 최초의 근대적 논문이라 할 수 있는 관변학자 다카하시 도루(高橋亨)의 여러 편의 논문을 번역하면서는 조선유학에 대한 사적 측면과 우리 유학사상의 왜곡성을 살펴볼 기회도 있었다. 필자는 그 동안 공부한 것을 기초로 하여, 박사과정에서는 석사논문을 보다 심화시키기 위해 이진상의 성리학을 고찰·분석하다가, 성리학의 집대성자 주희(朱熹) 만년사상에 기초한 이진상의 리(理)와 심(心)을 중시한 철학사상을 모색해 보고자 하였고, 나아가 당시 혼란한 시대에 '주재성'을 강조한 학문을 추적해 보았다.

이 책은 이러한 문제의식을 가지고 제출한 박사학위논문과 두 편의 논문을 수록하여 『한주 이진상의 철학사상』으로 엮은 것이다. 부록으로 게재한 두 편의 논문은 이진상의 리철학(理哲學)의 특성과 二 '주재성'을 학위논문을 중심으로 수정·요약한 것이다. 그런데 필자는 이 책을 엮는 과정에서 문맥을 약간 손질하고 그 내용을 검토하면서 학위논문을 쓸 당시 미처 알지 못한 몇 군데를 가필함으로써 그간 부족했던 공부에 대해 많은 반성을 하였고, 또한 이진상의 학문을 계승한 한주학파(寒洲學派)의 철학사상을 부족하지만 미력을 다해 연구하고 싶은 새로운 다짐도 하였다. 그러니 앞으로 더욱 이진상의 철학사상과 한주학파 연구에 정진할 것이다.

필자는 이 책을 내면서 먼저 석사과정부터 지도해 주신 최영진(崔英辰) 교수님, 그리고 박사논문 심사시 세심하게 읽어주시고 지성으로 지도해 주신 윤사순(尹絲淳)·이동준(李東俊)·오종일(吳鍾逸)·최일범(崔一凡) 교수님께 충심으로 머리숙여 감사드린다. 학위논문을 쓸 당시 편협하지 않도록 틈틈이 학문적 토론을 응해 주신 최영성(崔英成)·이상익(李相益)·김인규(金仁圭) 학형에게 감사를 드린다. 특히 이상익 학형은 학위논문을 꼼꼼히 읽으며 윤문해 주었을 뿐만 아니라 미숙하고 부족한 면을 바로잡도록 지적하고 조언해 주었는데, 진정으로 오래도록 기억에 남을 것이다. 그리고 조부모님이 돌아가신 뒤, 언제나 자상하게 책려(策勵)의 말씀을 아끼지 않으신 한학자 김용태 선생님의 은혜에 진심으로 감사드린다. 어려운 여건 속에서도 상업성이 없는 서적이 빛을 볼 수 있도록 출판을 선뜻 허락해 주신 심산 최원필 사장님과 편집부 여러분께도 감사드린다.

끝으로, 조부모님께서 학위논문 완성과 졸업을 보리라 생각했는데 그만

두 분이 한 달 사이로 피안(彼岸)으로 가서서 못내 아쉽기만 하였고, 또 늘 공부한다는 핑계로 아들노릇 제대로 하지 못해 죄송스럽기 그지없었다. 이 한 권의 책이 조부모님과 부모님 은혜에 조금이나마 보답하는 길이 되었으면 하는 마음 간절하다.

2006年(丙戌) 孟夏 下瀚

黃尨山 자락 茹涵書齋에서

이형성 삼가 씀

차례

일러두기

1. 학자는 생몰연대 및 '자' · '호' · '저서' 를 각주에서 간략히 밝혔다.
2. 인용하는 원문은 한적(漢籍)일 경우 쪽〔面〕, 상단 · 하단, 행(行)을 정확히 표시하여 고열(考閱)에 편의를 제공하였다.
3. 본서에서의 문장부호, 즉 " "는 독립적인 인용 또는 대화를 표시할 때, ' '는 부분적 인용이나 중복인용 또는 강조를 표시할 때, ( )는 한글과 한자 병기 또는 자 · 호와 이름 병기 그리고 연도와 임금 재위년간을 표시할 때, 〔 〕는 부연으로 설명할 때 또는 부연 설명을 한자로 표시할 때, 『 』는 저서명을 표시할 때, 「 」는 책 편명이나 논문명을 표시할 때, 〈 〉는 내용에서는 없는 의미를 언급할 때, 그리고 각주에서는 책 편명의 세부적 명칭을 표시할 때, · 는 동격의 개념을 가진 명사가 나열될 때 사용하였다.
4. 【부록 1】의 글은 『한국사상과 문화』 제17집(2002년 9월)에 게재한 것을 축약 · 수정한 것이다.
5. 【부록 2】의 글은 『퇴계학과 한국문화』 제38호(2006년 2월)에 게재한 것이다.

緖論

1

유학은 본래 실천성을 강조하였으나, 중국 송나라 때 이르러 유학은 원리적 차원에서 연구되기 시작하여 한층 철학화되었다. 이러한 이론적 기저를 두고 있는 학문이 바로 성리학(性理學)이다. 이 학문은 주희(朱熹: 1130~1200)에 이르러 집대성되어 '주자학(朱子學)'이라 일컫기도 한다. 주희에 의해 구축된 성리학은 중국 주변 여러 나라의 학술문화와 정치제도에 지대한 영향을 주었다.

주지하다시피, 성리학은 조선의 건국이념이었을 뿐만 아니라 철학·문학·역사 전반에 걸쳐 구심적 역할을 하였다. 철학사상은 리기심성론(理氣心性論)으로, 문학사상은 도학적(道學的) 문학관으로, 역사관은 춘추사관(春秋史觀)으로 발휘되었다.

조선 초기 성리학적 지식인들은 리기철학을 토대로 불교와 도교〔도가〕의 폐단을 비판하는 데 힘을 기울였다. 이는 학문의 본질이 인간과 현실을 벗어날 수 없다는 윤리적〔당위적〕 요구에서 출발한 것이다. 그후 조선의 성리학자들은 철학적 논쟁을 통해 성리학을 발전시켜 나갔다.[1] 즉 중국의 송나

---

1) 16세기 초기 李彦迪(1491~1553)과 曺漢輔(생몰년 미상) 사이의 '太極論辨'은 조선시대

라와 명나라 시대에 제창된 사상적 문제를 우리 학계에서는 다시 치밀하게 철학적으로 성찰하여, 중국의 성리학을 보다 더 심화시켰다.[2)]

주지하다시피, 이황(李滉)[3)]과 기대승(奇大升)[4)]이 8년에 걸쳐 논쟁한 사단칠정론변(四端七情論辨)은 인간학적 형이상학에 비중을 둔 것이었다. 사단과 칠정에 대한 논쟁이 있은 후, 조선의 성리학자 대부분이 이를 이론적으로 논변(論辨)하고 논구(論究)한 것은 윤리적 · 심리적 영역을 넘어 내면적 주체에서 세계성과 보편성을 찾으려 한 것이라고 볼 수 있다.[5)]

19세기 조선 후기의 성리학은 일차적으로는 전기의 성리학이 제기한 문제점을 치밀하게 검토하여 해결을 시도한 것이라고 볼 수 있다.[6)] 그러나 다른 한편으로는 당시 정치 · 사회적으로 서양 제국주의 열강과 일본제국주의가 국내에서 외교 · 군사적 각축을 벌이는 것에 대응하고, 사상적 문제로서 전통가치 체계와 상반되며 도전적이기도 하였던 서학(西學)이 확대됨에

에 있어서 주자학의 本體論과 修養論에 대한 본격적인 논쟁의 시발점이 되었다. 중기 李滉(1501~1570)과 奇大升(1527~1572) 사이의 '四端七情論辨'은 조선조 최대의 논쟁이었다. 그리고 李珥(1536~1584)와 成渾(1535~1598)은 '사단칠정논변'을 이어 '人心道心論辨'을 전개하였다. 18세기 초에는 李柬(1677~1727)과 韓元震(1682~1751) 사이에 '人物性 同異' 문제와 '未發心體의 善惡' 문제를 두고 철학적으로 심도있는 논쟁이 전개되었다.

2) 玄相允, 『朝鮮儒學史』, 玄音社, 1982, 462쪽.

3) 李滉: 1501~1570(연산군 7~선조 3), 조선 중기의 성리학자, 자는 景浩, 호는 退溪 · 陶叟 · 退陶 · 淸凉山人, 본관은 진보. 숙부 李堣에게 수학하고 특별한 사승관계 없음. 문묘에 종사됨. 저서로는 『退溪集』(內集 · 別集 · 續集), 『自省錄』, 『四書釋義』, 『三經釋義』, 『易學啓蒙傳疑』, 『朱子書節要記疑』, 『宋季元明理學通錄』 등이 있다.

4) 奇大升: 1527~1572(중종 22~선조 5), 조선 중기의 성리학자 · 문신, 자는 明彦, 호는 高峯 · 存齋, 본관은 행주. 전남 광주 출신. 기준의 조카. 金仁厚 · 鄭之雲 · 李恒 · 李滉 등과 학문적 교류. 저서로는 『高峰集』, 『朱子文錄』, 『論思錄』, 『存齋漫錄』 등이 있다.

5) 柳承國, 『東洋哲學研究』, 東方學術研究院, 1983, 209쪽; 柳承國, 『韓國思想과 現代』, 東方學術研究院, 1988, 311쪽.

6) 崔英辰, 「蘆沙 奇正鎭의 理一分殊에 관한 고찰」, 『朝鮮朝 儒學思想의 探究』, 驪江出版社, 1988, 263쪽.

따라 서학을 경계하고 배척하여야 한다는 요구와 결부된 것이기도 했다.[7)]

본 논문은 서구 열강과 일본 제국주의의 도전에 직면한 내우외환(內憂外患)의 격동기에 사상적 · 실천적으로 지대한 역할을 담당하였던 한주(寒洲) 이진상(李震相: 1818~1886)의 성리학을 조명하고자 한다.

이진상은 주자학에 대한 자신의 독자적 이론체계를 구축하여 이항로(李恒老)[8)] · 기정진(奇正鎭)[9)] 등과 함께 당시 학계를 대표할 만한 성리학자였다. 특히 이들은 리존기비(理尊氣卑) · 리주기객(理主氣客) · 리주기복(理主氣僕) · 리주기자(理主氣資) · 리수기역(理帥氣役) · 리명기수명(理命氣受命) 등의 이론을 전개하였다.[10)] 19세기 성리학에 있어 리(理)와 기(氣)의 관계 및 이에 따른 심(心) · 성(性) · 정(情)의 정확한 이해는 조선 말 전환기의 유학사 내지 사상사를 탐구하는 초석이 될 것이다. 또한 조선후기 실학사상의 연장선상(延長線上)에서 유학사상을 이해하는 데 있어서도 중요하다고 생각한다.

그런데 일찍이 현상윤은 조선의 유학자 6인을 들어 평가하기를

> 성리학 계통의 학자 가운데 대가(大家)가 육인(六人)이 있으니, 화담(花潭: 徐敬德)[11)] · 퇴계(退溪: 李滉) · 율곡(栗谷: 李珥)[12)] · 노사(蘆沙: 奇正鎭) · 한주

---

7) 李東俊, 『유교의 인도주의와 한국사상』, 한울아카데미, 1997, 242쪽.

8) 李恒老: 1792~1868(정조 16~고종 6), 조선 후기의 성리학자, 자는 而述, 호는 華西, 본관은 벽진. 경기도 양평출신. 李友信의 문하에서 수학. 저서로는 『華西集』, 『華西雅言』, 『朱子大全箚疑輯補』, 『朱子大全集覽』, 『周易傳義異同釋義』, 『宋元華東歷史合編綱目』, 『閭塾講規』, 『文人語錄』 등이 있다.

9) 奇正鎭: 1798~1879(정조 22~고종 16), 조선 후기의 성리학자, 자는 大中, 호는 蘆沙, 본관은 행주. 전북 순창출신이나 長城으로 옮겨 삶. 저서로는 『蘆沙集』, 『答問類編』 등이 있다.

10) 尹絲淳, 『한국유학사상론』, 열음사, 1992(증보 1쇄), 210-211쪽.

11) 徐敬德:1489~1546(성종 20~명종 1), 조선 중기의 성리학자. 자는 可久, 호는 花潭 · 復齋, 본관은 唐城. 황해도 개성 출신. 저서로는 『花潭集』이 있다.

> (寒洲: 李震相)·녹문(鹿門: 任聖周)[13] 등이 그들이다. 그런데 퇴계와 율곡과 한주는 이원론자(二元論者)이나, 화담과 노사와 녹문은 일원론자(一元論者)이다. 그러나 화담과 녹문과 노사는 다 같이 일원론자이면서도, 화담과 녹문은 유기론자(唯氣論者)임에 반하여, 노사는 유리론자(唯理論者)이다. 과연 이 육자(六子)는 조선 유학 사상사에 있어서 정수(精粹)요 중추니, 그들의 학문과 사상에는 실로 위대한 것이 있다.[14]

고 하였다. 이는 서양철학사에서 사상의 흐름을 분류하는 '일원론'과 '이원론'의 용어를 빌어 조선의 성리학을 분류한 것이다. 하지만 이러한 분류를 통해 이진상을 단순히 '이원론자'로 규정하는 것은 이진상의 성리사상을 연구하는 데 있어 올바른 접근이 되지 못할 것이다. 한 사상가에 대한 탐구는 사상가의 철학적 문제의식이 무엇인가를 밝히는 작업이 선행되어야 한다. 조선말 이진상의 성리사상을 논하는 것 역시 성리학에 대한 그의 문제의식의 출발점이 무엇인가를 밝히는 것으로부터 시작되어야 할 것이다.

이진상은 선유들이 논쟁하였던 리기심성의 문제들을 근원적으로 탐구하기 위하여, 주희의 리기심성에 대한 성격을 시기별로 분류하면서, 그것의 최종 귀결점이 어느 시기에 형성되고 있는지에 초점을 두고 자신의 철학체계를 구축하였다. 주지하는 바와 같이, 주희의 사상은 이동(李侗)[15]의 훈도(薰陶)와 장식(張栻)[16]과의 학문적 교류를 통해 형성되었다. 특히 주희의

---

12) 李珥: 1536~1584(중종 31~선조 17), 조선 중기의 성리학자, 자는 叔獻, 호는 栗谷·石潭·愚齋, 본관은 德水. 어려서 모친에게 학문을 배움. 문묘에 종사됨. 저서로는 『栗谷集』, 『聖學輯要』, 『擊蒙要訣』, 『東湖問答』 등이 있다.

13) 任聖周: 1711~1788(숙종 37~정조 12), 조선 후기의 성리학자, 자는 仲思, 호는 鹿門, 본관은 豊川. 李縡의 문하에서 수학. 저서로는 『鹿門集』이 있다.

14) 玄相允, 『朝鮮儒學史』, 玄音社, 1982, 66쪽.

15) 李侗: 1093~1163, 중국 남송 때의 학자, 자는 愿中, 세칭 延平先生이라 함. 저서로 『延平集』이 있고, 朱熹와 오간 편지를 모은 『延平問答』이 있다.

나이 40세를 기점으로 미발이발설(未發已發說)이 수립됨에 따라 중화구설(中和舊說)이냐 신설(新說)이냐의 경향이 구분됨과 아울러, 존재의 문제라 할 수 있는 그의 태극설(太極說)에 대한 논리 또한 이 시기에 체계화된다.[17] 이러한 주희의 철학체계가 동북아시아의 보편적 이념으로 등장함에 따라 학인(學人)들은 그의 학문체계를 계승·발전시키려고 하였다.

그런데 조선 후기 성리학자 가운데 한원진(韓元震)[18]과 이진상은 주희의 언론(言論)을 철저하게 시기별로 고증하여, 주희의 초년설(初年說)과 만년설(晩年說) 사이에 차이가 있다는 점을 확인하게 되었다. 한원진은 『주자언론동이고(朱子言論同異攷)』를 저술하여 주자학의 변이 양상을 탐구하며 자신의 철학을 구축하였다. 이진상은 주희의 리중시적(理重視的) 만년설(晩年說)을 정론화하기 위하여 선현의 문집을 췌록(萃錄)해 가며 『리학종요(理學綜要)』를 저술하였다. 그는 이 저술에서 리가 선재(先在)하고 또한 리에 동정(動靜)과 체용(體用)이 있다는 이론을 구축하고, 이를 근거하여 심·성·정에 관한 논의를 전개한다. 그런데 그의 적지 않은 저술을 통해 학문 탐구방법을 살펴볼 때, 그는 자신의 학설을 주장하기 전에 중국과 조선의 선유의 학설을 계통적으로 서술하고 여기에 비평을 가하는 것이었다.[19] 특히 한원진의 『주자언론동이고』와 기호학파(畿湖學派)의 기중시적(氣重視的) 성리학을 비판하는 경향이 크다.

이진상은 처음부터 사승(師承)을 통해 성리설을 탐구한 것이 아니라, 일

---

16) 張栻: 1133~1180, 중국 남송 때의 성리학자, 자는 樂齋, 호는 南軒, 저서로 『南軒集』, 『南軒易說』, 『癸巳論語解』 등이 있다.

17) 友枝龍太郎, 『朱子の思想形成』(改訂版), 昭和54, 春秋社 참조.

18) 韓元震: 1682~1751(숙종 8~영조 27), 조선 후기의 성리학자, 자는 德昭, 호는 南塘, 본관은 청주. 권상하의 문하에서 수학. 저서로는 『南塘集』, 『雜識』, 『朱子言論同異攷』, 『儀禮經傳通解補』, 『四書講義』, 『近思錄註說』, 『經義記聞錄』, 『古事便覽』 등이 있다.

19) 高橋亨, 「李朝儒學史に於ける主理派主氣派の發達」, 『朝鮮支那文化の硏究』, 京城帝國大學法文學會第二部論纂, 1929, 234쪽; 다카하시 도루 지음·이형성 편역, 『다카하시 도루의 조선유학사』, 예문서원, 2001, 215쪽.

찍이 『성리대전(性理大全)』과 제현(諸賢)의 문집을 두루 비교 · 고찰하며 성리설에 관한 자신의 독자적 이론체계를 구축하였다. 이와 같은 배경에는 스승의 학문에 대한 답습보다는 자득의 철학을 강조한 그의 숙부 이원조(李源祚)[20]의 영향이 지대하였을 것이다.[21] 그리하여 이진상은 먼저 성리설을 구축하는 데 있어 주돈이(周敦頤)의 「태극도설(太極圖說)」과 주희의 「태극도설해(太極圖說解)」를 바탕으로 하여 리중시적(理重視的) 차원에서 본체로부터 현상을 파악하되, 이에 머물지 않고 현상에서 본체를 파악하는 방법도 겸하고자 하였다. 그리하여 그는 성리학을 파악하는 데 있어 '서로 섞이지 않음'〔不相雜〕와 '서로 분리되지 않음'〔不相離〕에 따른 이간(離看)과 합간(合看)이라는 방법론을 그 기저(基底)에 두면서도[22] 이를 더 세분화하여 수간(竪看) · 횡간(橫看) · 도간(倒看)과 순추(順推) · 역추(逆推)라는 학문적 방법론을 정립하였다. 이러한 학문 방법론은 선유들의 성리학에 대한

---

20) 李源祚: 1792~1872(정조 16~고종 8), 조선 후기의 학자 · 문신, 자는 周賢, 호는 凝窩, 본관은 성산. 정종로에게 수학하고 뒤에 朴範休와 유치명의 문하에서 수학. 이진상의 숙부. 저서로는 『凝窩集』, 『性經』, 『凝窩雜錄』, 『丁戊記事』, 『國朝雜錄』, 『爛報記略』, 『布川誌』, 『布川圖誌』, 『武夷圖誌』, 『耽羅錄』, 『耽羅誌草本』, 『耽營關報錄』, 『耽羅啓錄』 등이 있다.

21) 『凝窩全集』 一, 卷11, 「集古錄」, 212쪽 상단41 15행-하단42 1행, "畿湖學者, 多由自得, 故不無疵纇. 嶺中學者, 惟事蹈襲, 故全沒精彩. 與其蹈襲而無實見得, 無寧自得而有些罅隙. 驟見之循塗守轍, 一遵程朱緖餘, 而細究之, 空言而已. 施於人, 無隨證投劑之益, 存乎己, 無體貼心身之效. 曺南冥與退溪先生書曰: 近來學者, 手不知灑掃之節, 而口譚天理, 其時尙然, 況今日乎? 爲之警懼." 『凝窩全集』은 驪江出版社 영인본(1986년)을 저본으로 하였다. 이하 동일.

22) 현대 일본의 학자 오하마 아끼라(大濱晧)는 주희의 리기심성론에 기본적으로 모순된 표현들이 보이고 있음을 인식하고 이를 철학적이고 또한 형식논리적으로 논증하다가 그 속에는 공통적 패턴이 있음을 찾아냈는데 그것이 바로 '理氣合離의 思惟方法' 이라고 하였다(오하마 아키라 지음, 이형성 옮김, 『범주로 보는 주자학』, 예문서원, 1997, 29-39쪽). 즉, '理氣合離의 思惟方法' 이란 리와 기를 合看하느냐 離看하느냐라는 논리방법론을 말하는 것이다. 조선의 주자학자들은 오하마가 말하기 이전 이미 주자학을 치밀하게 분석하여 심화시키는 데 있어 이러한 방법을 토대로 하였다.

논쟁을 어떻게 절충(折衷)·회통(會通)해야 할 것인가를 모색한 것으로도 볼 수 있다.[23] 다시 말하면 그는 영남학파(嶺南學派)와 기호학파(畿湖學派)의 핵심 논의를 단순 수용하기보다는 계통적으로 서술하고 비평을 가하면서 주희의 리중시적 차원〔晩年定說〕에서 절충(折衷)·회통(會通)하려고 한 것이다.

이진상은 리기론(理氣論)에서 리중시적(理重視的) 철학체계를 형성하고, 심성론(心性論)에서는 심을 리의 주재성(主宰性)과 유기적으로 연관시켜 심즉리설(心卽理說)을 주장하였다. 그는 특히 심통성정(心統性情)에서는 심의 구조로서의 포괄성과 기능으로서의 주재성을 일관시키면서도, 심의 기능적 주재성을 강조하였다. 이를 토대로 그는 심성정일리설(心性情一理說)을 주장하기에 이른다. 이진상은 사단(四端)과 칠정(七情)에 대한 선유들의 상충된 이론으로서 리기호발설(理氣互發說)과 기발리승일도설(氣發理乘一途說)을 치밀하게 검토하고 분석한 후, 사단과 칠정은 리가 기를 타고 발현한다는 리발일로설(理發一路說)을 주장한다. 하지만 발현처(發見處)에서 보면 인간의 감정은 다양하게 드러나는 바, 이진상은 사단칠정(四端七情)에서 '칠정(七情)'을 '십정(十情)'으로 확대한다. 사단과 십정의 관계를 기의 경위설(經緯說)로 설명한다. 사단은 경기(經氣)를 타고 발현하고, 십정은 위기(緯氣)를 타고 발현한다는 것이다. 특히 그는 '십정'이 위기를 타고 발현할 때에는 오행(五行)의 상생(相生)·상극(相克)과 관계시킨다. 더욱이 의리적 측면과 형기적 측면에서 애(愛)·오(惡), 그리고 희(喜)·노(怒)의 감정이 외부대상에 다양하게 드러나는 것을 기의 착종설(錯綜說)로 설명한다. 이러한 그의 논의는 인간의 여러 감정은 본래 타고난 기질과 연관되었음을 밝히는 것이다.

---

23)『寒洲全書』貳,『理學綜要』,「理學綜要序」, 4쪽 하단2 20행; 河謙鎭纂,『東儒學案』,「都事李寒洲先生震相」, 97쪽.

지금까지 이진상에 대한 평가는 이황 · 이이와 같이 리기이원론자(理氣二元論者)로, 또는 '심즉리(心卽理)'를 주장하였다는 것으로 주리설(主理說)의 절정으로 여기거나 또는 조선의 6대 성리학자로 평가되는 것이 일반적 견해이다.[24] 이와 같은 평가는 그의 학문과 사상이 우리 학계에 상당한 비중을 차지하고 있음을 의미한다. 그러나 그의 성리학은 주돈이의 「태극도설」과 주희의 「태극도설해」를 기초로 하면서 철저하게 주희의 만년정론에 따라 자신의 성리학설을 구축한 것이다. 특히 그는 조선 유학사에서 쟁점이 되었던 '리가 발한다'〔理發〕는 설을 주희의 만년정설과 연관시켜 전개하는 바, 리기론에서는 리의 주재성을 심성정론에서는 심의 기능적 차원에서 주재성을 강력하게 주장하는 것이 바로 그러한 예이다. 현재 이러한 관점에서 그를 연구한 논저는 전무한 실정이다. 따라서 논자는 이진상이 제시하는 주희의 만년정론을 주시하여 이진상의 성리학을 탐구한다면, 그의 성리학이 지향하는 것이 무엇인가를 어느 정도 해명할 수 있다고 본다.

2

이진상은 주자학의 상호 모순된 듯한 언표들을 초년설과 만년설로 치밀하게 분류하고, 주희의 만년설에 입각하여 자신의 성리학을 구축하였으며, 특히 리와 심의 주재성을 강조하였다. 그동안 이진상에 대한 평가는 조선의 6대 성리학자로 이황과 이이와 같이 리기이원론자로, 극도의 주리파(主理派)로서 '심즉리'라고 주장한 것으로 본다.[25] 또한 그는 '주리파의 거두(巨

24) 玄相允, 『朝鮮儒學史』, 현음사, 1982, 66 · 361쪽.

25) 高橋亨, 「李朝儒學史に於ける主理派主氣派の發達」, 『朝鮮支那文化の硏究』, 京城帝國大學法文學會第二部論纂, 1929, 234-235쪽; 다카하시 도루 지음 · 이형성 편역, 『다카하시 도루의 조선유학사』, 예문서원, 2001, 215-217쪽.

頭)' 로 평가되기도 하고,[26] 주자성리학의 주리론의 대표적 철학자로 조선 봉건통치제도의 이론적 대변자이자, 유물론적 철학조류를 반대하여 가장 반동적 철학가라고 하여 폄하되는 경우도 있다.[27] 이와 같이 그의 성리학이 평가되는 것은 그가 리와 기 가운데 리를 중시하였기 때문으로 볼 수 있을 것이다.[28]

이진상은 조선후기에 크게 주목되는 성리학자임에도 불구하고, 그의 철학사상에 대한 연구는 소원한 편이다. 현재까지 그에 관한 크고 작은 논문들이 발표되었지만,[29] 연구논문들을 살펴보면 초기는 개략적인 연구성과

---

26) 裵宗鎬, 『韓國儒學史』, 연세대학교 출판부, 1974, 170쪽.

27) 『조선철학사』, 도서출판 광주, 1988, 267-269쪽.
정성철, 『조선철학사』, 좋은책, 1988, 186-194쪽.
주홍성 · 이홍순 · 주칠성 지음, 김문용 · 이홍용 옮김, 『한국철학사상사』, 예문서원, 1993, 311-313쪽.

28) 柳承國, 『한국의 유교』, 세종대왕기념사업회, 1976, 243쪽.

29) 宋贊植, 「朝鮮朝末 主理派의 認識論理 - 寒洲 李震相의 思想을 中心으로」, 『동방학지』 제18집, 연세대학교 1978.
宋贊植, 「寒洲 李震相의 理氣論硏究」, 『韓國史學』 제5집, 한국정신문화연구원, 1983.
宋贊植, 「寒洲 李震相先生의 學問과 思想」, 『淡水』 13, 1984.
金東赫, 「寒洲 性理學의 主理的 特性」, 『東洋哲學硏究』 제7집, 1986.
姜大杰, 「寒洲 李震相의 理氣說小考」, 『북악논총』 5, 국민대, 1987.
金東赫, 「心卽理의 陽明說과 寒洲說 比較硏究」, 『慧田專門大論文集』 제8집, 1990.
山內弘一, 「李震相의 心卽理說과 嶺南學派」, 『碧史李佑成停年紀念 民族史의 展開와 그 文化』, 창작과비평사, 1990.
金東赫, 「湖洛論爭에 對한 寒洲의 批判的 立場」, 『慧田專門大論文集』 제9집, 1991.
김문용, 「寒洲 李震相의 四端七情論」, 민족과 사상 연구회, 『四端七情論』, 서광사, 1992.
金東赫, 「寒洲 性理學의 直思想에 관한 硏究」, 『東洋哲學硏究』 제14집, 동양철학연구회, 1993.
金東赫, 「寒洲 李震相의 直字心訣에 관한 硏究」, 『慧田專門大論文集』 제13집, 1993.
이삼기, 「한주 이진상의 인물성동이론」, 『인성물성론』, 서광사, 1994.
안영상, 「극단으로 간 최후의 퇴계주의자 - 한주학파」, 『조선유학의 학파들』, 한국사상사연구회, 1996.

였고 1990년 이후에야 이진상의 철학사상이 본격적으로 연구되는 실정이어서, 아직 그의 학술과 사상에 대한 전반적인 연구는 이루어지지 못하였다.[30] 일반적으로 그에 대한 연구는 주리파의 인식논리와 리기론에 대한 기

金東赫, 「李震相의 인물과 학문사상」, 『嶺南學派의 硏究』, 東方學會 編, 慶尙北道, 병암사, 1998.

李炯性, 「寒洲 李震相의 心性論 硏究 - 心卽理說과 以心使心論을 중심으로」, 『韓國思想과 文化』 제2집, 한국사상문화학회, 1998.

李炯性, 「李震相의 性理說에 있어서 主宰性에 관한 一考察 - 以心使心論을 중심으로」, 『東洋哲學硏究』 제19집, 동양철학연구회, 1998.

洪元植, 「이진상의 철학사상과 그의 후예들」, 『東洋學』 제29집, 단국대학교 동양학연구소, 1999년 6월.

李炯性, 「李震相의 性理學의 方法論에 관한 考察」, 『韓國思想과 文化』 제6집, 한국사상문화학회, 1999년 12월.

琴章泰, 「퇴계학파의 학문〈21〉 - 寒洲 李震相의 性理學과 心卽理說」, 『퇴계학보』 제102집, 퇴계학연구원, 1999.

金炯瓚, 「이진상의 〈심도〉 및 〈주재도〉, 기타」, 『圖說로 보는 한국 유학』, 한국사상연구회, 2000.

李炯性, 「李震相의 心統性情論에 관한 攷察」, 『東洋古典硏究』 제15집, 동양고전학회, 2001년 6월.

李炯性, 「李震相 哲學思想硏究 序說」, 『韓國思想과 文化』 제13집, 한국사상문화학회, 2001년 9월.

다음으로 학위논문을 살펴보면 다음과 같다.

金東赫, 「寒洲 李震相의 主理哲學에 關한 硏究」, 한국정신문화연구원부속대학원 석사학위논문, 1984.

李三基, 「寒洲 李震相의 心性論의 硏究」, 고려대학교대학원 석사학위논문, 1993.

李炯性, 「寒洲 李震相 性理學說의 方法論에 관한 硏究」, 성균관대학교대학원 석사학위논문, 1993.

현재 한주학파에 대한 연구기획 내지 학술회의 논문이 발표된 바 있다.

「근대 영남 유학의 유산: 寒洲學派」, 제13회 한국학연구원 기획학술발표회, 계명대학교 한국학연구원, 1999년 11월.

「寒洲學派의 學脈과 民族運動」, 제40회 동양학 학술회의, 近代의 儒敎學脈과 民族運動 III, 성균관대학교 대동문화연구원 동아시아 유교문화권 교육연구단, 2000년 8월.

30) 기타로 日刊紙에서 李震相의 사상적 맥과 뿌리를 찾는 입장에서 기획된 바 있다.

《한국경제신문》, 1983년 9월 16일(11면), 「잊혀진 전통사상의 맥을 찾는다(46)」.

매일신문사, 「嶺南學脈(147) - 寒洲 李震相」(『嶺南學派 · 東國文廟配享十六賢筆跡 ·

본적인 견해 그리고 학문과 사상적인 연원을 중심으로 이진상의 철학사상을 개략적으로 소개하고 있는 것을 들 수 있다. 이후로는 이진상의 성리학은 '주리철학(主理哲學)' 이라는 관점에서 논구(論究)되고, 다음으로 리기론적 기초와 심성론을 주로 다루었으며, 그리고 리기론에서 리의 특성을 논구하였고, 또한 심에 대한 구조로 '리발일로설(理發一路說)' 적인 측면에서 사단칠정론을 다룬 것들이 있다.

이러한 선행연구의 성과는 양적으로 미흡하였던 이진상의 사상연구에 있어서 일정한 의의를 갖을 뿐만 아니라, 매우 복잡한 그의 성리학을 이해하고 연구하는데 어느 정도 기여하였다고 생각할 수 있다. 그럼에도 불구하고 조선시대 유학사에서 전기의 '이황 · 이이' 의 연구와 조선시대 후기의 '실학(實學)' 에 대한 연구에 비하면, 조선 후기의 주자학 곧 성리학에 대한 연구는 상대적으로 매우 부족한 편이다. 더욱이, 실학파(實學派)의 철학적 이론이 정통주자학(正統朱子學)과의 대립 속에서 자각적으로 획득된 것이 아니라면,[31] 조선후기 성리학 연구와 실학 연구의 불균형은 조선후기 사상계의 전제적인 모습을 파악하는 데 큰 장애요인이 되므로 사상조류간의 관계를 정합적으로 설명할 필요가 있다고 생각된다.[32]

王羲之筆陣圖』, 安東青年儒道會 編, 1992, 151-153쪽 재수록).

《국민일보》, 1990년 4월 6일(9면), 「종가(18) - 전통의 가문 … 뿌리를 찾는다」.

《세계일보》, 1991년 12월 30일(6면), 「儒脈 - 오늘에 되살펴본 옛 선비의 자취(84)」.

31) 朴忠錫, 『韓國政治思想史』, 三英社, 1982, 74쪽.

32) 유봉학은 박사논문에서 다음과 같이 언급하고 있다. "朝鮮後期史와 그 속에서의 사상적 움직임을 바라볼 때, 사회의 변화에 따라 전통적 사회사상의 주류를 이루었던 朱子學과 그 名分論은 어떤 변화를 보이며 대응하여 갔던가, 그리하여 흔히 '實學' 또는 '實學思想' 이라 불리는 새로운 학풍과 사상체계는 기존의 朱子學과 思想內的인 면에서 어떻게 관련되며 그 각각은 어떤 사회상을 배경으로 하며 어떤 사회를 지향하는 차이를 갖는가, 또한 전통사회체제가 붕괴에 직면하였던 19서기 이후 저들 조선사상계의 제 흐름을 각기 어떤 전환과정을 보이고 있는가 등은 추후 보다 분명히 해명되어야 할 연구과제로 남아 있는 것이다" (유봉학, 「19-18세기 연암파 북학사상의 연구」, 서울대학교대학원 박사학위논문, 1992, 2-3쪽).

본고는 5장으로 구성되었다. 제1장 '한주성리학의 형성배경과 방법론'에서는 이진상의 생애를 통해 그의 사상이 어떻게 형성되었는지 그 과정을 고찰하였다. 이는 '이진상의 성리학' 이라는 하나의 결정체를 제시함에 앞서 이진상이 어떠한 학문 경로를 통해 자신의 사상을 구축하였는지 살피려는 의도에서이다. 그리고 방법론에서는 한주성리학이 학(學)인 이상 체계적 정합성을 갖고 있기 때문에, 그의 학문적 방법론을 다루었다. 왜냐하면 그의 방법론은 성리학의 체계를 연구 · 이해하는 데 있어 필요불가결하다고 생각하기 때문이다. 그리하여 먼저 선유들의 성리학에 대한 방법의 기초가 될 수 있는 리와 기의 분리되지 않은 성격〔不離性〕과 섞이지 않은 성격〔不雜性〕에 따른 이간(離看)과 합간(合看)을 간략히 검토하고, 이진상의 성리학설을 살필 수 있는 수간(竪看) · 횡간(橫看) · 도간(倒看)이라는 방법론을 중심으로 살폈다. 마지막으로 수간 · 횡간 · 도간이라는 방법론을 확고하게 해줄 수 있는 역추(逆推)와 순추(順推)를 검토하였다.

제2장 '리기론' 에서는 먼저 태극(太極)과 음양오행(陰陽五行)에 대한 이진상의 이론을 간략히 고찰하고, 그 다음 리와 기의 관계에서의 여러 문제를 살펴보았다. 그것은 리의 선재성(先在性) · 동정(動靜) · 체용론(體用論) 등이 바로 그것이다. 다음 리중시적 차원에서 전개되는 리일분수론(理一分殊論)과 리기통국론(理氣通局論)은 리의 실재성을 주장하여 당시 리를 죽은 물건으로 여기는 것을 비판하기 위한 것이었다. 또한 이진상은 리의 주체적이고 능동적으로 발출하는 성격을 주장하기 위해 리의 '주재성' 을 강조하였는 바, 먼저 리가 주체가 되고 기가 자료적 도구가 된다는 리주기자론(理主氣資論)을 주장하고, 이를 토대로 "발할 것은 리이고 그것을 발하는 것은 기이다"〔發者理也 發之者氣也〕고 하였다. 이러한 논의는 기중시적 입장의 성리사상을 리중시적 측면에서 일로설(一路說)로 전개하는 것이기에 이를 중심으로 고찰하였다. 끝으로 리의 주재성에서는 주재의 의미, 주재의 구조성, 그리고 리일분수 차원에서 다양하게 리의 주재성을 설명한 것들을

고찰하였다.

제3장 심성정론(心性情論)에서는 심론(心論)에서 심의 정의를 살피고 심시기(心是氣)에 대한 비판을 고찰하였다. 이진상의 심론에서 가장 핵심이 되는 것은 심즉리설이다. 본고에서는 먼저 양명학(陽明學)의 심즉리설을 고찰하고, 이진상이 주자학적 입장에서 전개하는 심즉리설을 고찰하였다. 성론(性論)에서는 성(性)의 개념, 본연지성(本然之性)과 기질지성(氣質之性), 그리고 선유들의 인물성동이론(人物性同異論)에 대한 이진상의 비판적 견해 등을 고찰하였다. 정론(情論)에서는 정(情)과 기질(氣質)의 관계를 설명한 다음, 사단십정론(四端十情論)을 기(氣)의 경위설(經緯說)로, 애오(愛惡)와 희노(喜怒)의 다양한 감정상태를 기의 착종설(錯綜說)과 연관시키고 있는 것을 고찰하였다.

제4장 '심의 주재성과 수양론'에서는 심성정일리적(心性情一理的) 논리에서 심의 주재성, 이심사심론(以心使心論)에서의 심의 주재성, 수양론적 입장에서 경(敬)과 심, 그리고 심의 주체로서의 직도(直道)에 대한 이론 등을 고찰하였다. 심통성정론(心統性情論)에서는 심의 포괄성을 토대로 하면서 심의 주재성의 이론을 이끌고 나아가 심·성·정이 하나의 리〔一理〕라는 이론을 고찰하였다. 이진상은 하나의 심을 이분(二分)하는 바, 이심사심론의 정립에서는 전자의 심〔미발상태의 본체의 심〕으로 후자의 심〔이발상태에서 이욕으로 나아가려는 비본래적 심〕을 주재하도록 하는 측면을 고찰하였다. 심의 수양적 측면을 보면, 인심도심론(人心道心論)에서는 인심과 도심을 이발상태의 심으로 여겨 항상 도심이 인심을 주재하도록 하는 도덕적 주재성을 강조하는 측면을 살펴보았다. 수양론에서는 심의 기능적 주재성을 경(敬)·지각(知覺)과 상응구조(相應構造)로 설명하고 있는 측면과 그 심의 주재를 확립하기 위한 수양론으로 '직(直)'을 특별히 강조한 이론을 고찰하였다.

제5장 '한주성리학(寒洲性理學)의 위상(位相)과 의의(意義)'에서는, 위

상(位相)의 측면에서는 심즉리설을 중심으로 하는 한주학파(寒洲學派) 성립과 심즉리설에 대한 비판설을 고찰하였고, 의의(意義)의 측면에서는 리의 주재성을 강력하게 주장하는 의미를 간략히 살펴보았다.

이진상의 원전자료로는 아세아문화사 영인본 『한주전서(寒洲全書)』와 규장각 소장본 『한주집(寒洲集)』을 저본으로 한다.[33)]

---

33) 李震相에 관한 원전적 자료로는 세 가지를 들 수 있겠다. 첫째, 景文社 영인한(1977) 『寒洲全書』 전 4권이 있으며, 둘째, 아세아문화사 영인본(1980) 『寒洲全書』 전 5권이 있다. 마지막으로, 서울대학교 규장각 소장본 『寒洲集』이 있다. 亞細亞文化社와 景文社에서 영인한 판본은 같은 것이나, 규장각 소장본은 두 출판사의 영인본과는 내용의 편차상 더러 차이와 또한 누락된 부분도 있다. 아세아문화사 영인본을 분류하면, 『寒洲全書』 壹에는 『寒洲集』과 『寒洲集』 附錄, 『寒洲全書』 貳에는 『理學綜要』 · 『四禮輯要』 · 『畝忠錄』, 『寒洲全書』 參에는 『春秋集傳』 · 『春秋翼傳』 · 『千古心衡』 · 『直字心訣』, 『寒洲全書』 四에는 『求志錄』, 『寒洲全書』 五에는 『求志錄』과 『辨志錄』이 수록되었다. 李震相의 저술목록에 관한 것은 제1장 제1절 寒洲性理學의 形成背景 가운데 學問的 背景과 그 著述에서 밝힌다. 본 논문은 아세아문화사 영인본과 서울대학교 규장각 소장본을 두루 이용함을 밝힌다. 특히 규장각 소장본 『寒洲集』은 미간행본이므로 표시는 마이크로필름 고유 번호를 따른다.

제1장
寒洲性理學의 形成背景과 方法論

모든 학문은 학문으로서 그 정합성을 갖고 있는 바, 성리학은 리와 기의 개념으로 자연과 인간의 유기적인 연관성을 깊이 탐구하는 학문이다. 사상가의 학문형성은 학문적 연원을 두면서도 자기가 처한 시대를 반성하며 구축된다. 학문을 구축하는 방법론은, 한편으로는 객관 세계에 대한 인식의 수단이 되기도 하고, 한편으로는 자신의 주관적 생각을 서술하는 기저가 되기도 한다. 본 장에서는 이진상의 리기론(理氣論)과 심성정론(心性情論)을 탐구하기에 앞서 형성배경으로서 당시 시대적 배경과 학문적 배경을 고찰하면서 그가 남긴 저술을 살피고, 방법론으로서는 리와 기의 '서로 분리되지 않음〔不相離〕' 와 '서로 섞이지 않음〔不相雜〕' 을 토대로 하는 이간(離看) · 합간(合看), 수간(豎看) · 횡간(橫看) · 도간(倒看)의 인식방법과 순추(順推) · 역추(逆推)의 유추법을 고찰한다.

1. 寒洲性理學의 形成背景

19세기는 서양의 열강들이 동양을 침략하는 서세동점(西勢東漸)의 상황이었다. 이 시대의 학자들은 이념적으로 위정척사론(衛正斥邪論)을 전개하기도 하고, 한편으로 서양의 기술문명을 수용하고자 하는 측면에서 사유의 전환을 도모하기도 하였다. 본 절에서는 이진상이 처한 시대적 상황을 고찰하고 그리고 어떠한 문제의식을 통해 자신의 성리사상을 구축하였는지를 고찰하고 나아가 그가 지은 성리학적 저술을 간략히 살펴본다.

1) 時代的 背景

조선후기는 임진왜란과 병자호란을 거치면서 국가와 사회는 경제적으로 피폐해지고, 정치적으로는 성리학적(性理學的) 공도(公道)의 실현을 목표로 하던 붕당정치도 예송(禮訟)으로 인하여 붕당간의 대립과 갈등이 심화되었다. 영조와 정조는 붕당정치의 한계를 극복하기 위하여 탕평책(蕩平策)을 사용하여 정치적으로는 대체로 안정을 누렸다. 그 시기는 사상적으로도 양명학 · 실학 · 서학〔천주교〕 등이 수립 · 전개되어 사상의 다양성을 보였다.

19세기의 조선은 국내외적으로 정치 · 사회 · 경제 · 종교사상 등 전반에 걸쳐 악화되었다. 초반기 세도정치는 기존의 군신상하(君臣上下) 간의 계층질서를 붕괴시켰을 뿐만 아니라, 지방 관료들의 기강마저 와해시키는 결과를 가져왔다. 특히 관리들의 권력 남용은 당시 국가의 주요한 재정수입원인 삼정(三政) 즉 전정(田政) · 군정(軍政) · 환곡(還穀)의 제도를 극도로 문란하게 만들어 민생은 도탄에 빠졌다. 그 가운데 경제적으로 토지 소유의 불균형은 민생을 피폐하게 했을 뿐만 아니라 상하 계층간의 불신감만 깊어지게 하였다. 1862년 진주민란(晉州民亂)를 비롯한 전국의 민중봉기는 바로 국가사회의 총제적인 모순을 보여주는 것이었다.

한편 서양의 학문과 종교, 과학사상 즉 서학이 전래되자 조선의 학계는 큰 충격을 받았다. 종교로서의 천주교는 유교적 제사를 부정하고 기존의 신분질서를 부정하였다. 주자학을 고수한 많은 유학자들은 '올바른 학문을 숭상하고 사특한 학문을 물리친다'〔崇正學闢邪學〕[1]는 것을 신조로 삼아 서학을 배척하는 태도를 취하였다.[2] 특히 서학이 조상에 대한 제사를 우상숭배라고 여겨 폐지하려는 의도가 있자, 큰 충돌이 생겨 박해를 받기 시작하였다. 또한 세도정치로 말미암아 천주교는 거듭 박해를 받았으며, 나아가 흥선대원군은 포교활동을 전면 금지시키에 이르렀다.[3]

이와 아울러 세도정치에 의해 각종 제도가 기능을 제대로 발휘하지 못하자, 민중들은 소외되고 도태되어 몰락이 가속화되는 상황에서, 최제우(崔濟愚: 1824~1864)는 전통적 경천사상(敬天思想)에 유(儒)·불(佛)·선(仙), 민간신앙, 예언적 비기(秘記)를 바탕으로 하여 1860년 동학사상을 창도하였다. 그의 교리 가운데 평등·무차별의 윤리성은 몰락해가는 민중들에게 신속하게 전파되어 그 교세가 확장되었다. 지도층은 사회질서의 위협으로 인식하여 동학의 교주 최제우를 처형하여 민중의 동요를 막으려 하였으나, 민중의 가치관의 근본적 전환까지는 제압할 수 없었다.

한편 흥선대원군은 국내적으로 왕권을 강화하고 국외적으로는 쇄국정책을 단행하였다. 그는 먼저 외척의 세도정치의 전횡을 억압하였고, 또한 당시 사림의 조직으로서의 서원이 도학이념을 구현하는 데 치중하기보다는 오히려 막대한 농장, 노비의 소유, 면세와 면역의 특권를 누리며 사회적 모순을 가중시키기에 서원 철폐도 실시하였다.[4] 그리고 18세기 말부터 서구의 이양선(異樣船)이 출현하다가, 19세기 중반에는 그들의 무력적인 통상요구가 빈번해지자 조선은 더 큰 위기의식을 느꼈다. 특히 병인양요(1866)

---

1) 正學은 유학, 즉 孔孟程朱의 학문이며 邪學은 西學을 말한다.

2) 서학의 자연과학사상, 특히 천문역법·산학·기하학 등을 수용하여 세계관을 변화시키고 사상적으로 정착시킨 소수 지식계층도 있었다.

3) 천주교에 대한 박해로는 辛亥迫害(1791)·辛酉迫害(1801)·己亥迫害(1839)·丙寅迫害(1866) 등을 들 수 있다.

4) 대원군은 1864년 서원철폐 정책을 실시하고 급기야 1871년에 전국의 서원을 정리하여 47개소 이외의 모든 서원을 철폐시키는 데까지 이르렀다.

와 신미양요(1871)를 통해 서양의 무력 침략이 가중되었지만, 홍선대원군은 철저하게 쇄국정책을 펼쳐 조선의 위기상황을 돌파하고자 하였다.

대원군이 실각한 이후로, 조선은 불평등하게 일본과 통상을 맺고 근대적 문물을 수용하여 개화(開化)를 단행하였다. 근대적 개혁의 필요성을 느낀 개화의 지식인들은 국민들에게 세계정세를 알리고 근대문물에 대한 지식을 전파, 부국강병을 통해 세계무대에서 열강과 당당하게 맞서 보려 하였다. 하지만 개화파들은 일본세력을 동원하여 개화를 시도하였기 때문에 자주적이고 주체적인 입장에서 근대화운동을 펼친 것은 아니었다. 그리하여 유생들은 의병운동과 위정척사운동을 통해 일본과 서양 그리고 개화파에 저항하였다.

19세기는 척사의식과 개화사상이 이율배반적으로 작용하여 혼미를 이루었던 시기라고 할 수 있다.[5] 당시 사상적 측면에서 성리학자들은 춘추대의적(春秋大義的) 의리론(義理論)의 측면에서 리의 가치적 측면을 보다 중시하는 성리사상을 펼쳐 나갔다. 이진상은 학문적으로 기존의 성리학 논쟁을 절충(折衷)·회통(會通)하고자 하였으며, 또한 사회적으로 공권력(公權力) 누수현상(漏水現狀)과 사회제도의 폐단을 극복하려고 하고자 하여, 먼저 공권력을 정상화시키며 사회의 시폐(時弊)를 개혁하려고 상당한 고심을 하였다. 그의 사회에 대한 학적 태도는 모두 원칙〔理〕에 의한 공도(公道)가 올바르게 정립되어야 한다는 신념에서 출발하였다고 볼 수 있다. 즉 그는 리의 절대적 가치기준을 통해 사회의 내재적 모순을 주체적으로 해결하고, 외세에 대해 척사의식(斥邪意識)으로 대응하려는 학문적 경향을 보여주었다.

5) 柳承國, 『東洋哲學研究』, 동방학술연구원 출판부, 1983, 389쪽.

2) 學問的 背景과 그 著述

이진상은 조선 말기인 19세기 영남의 성리학자로서, 경북 성주에서 줄곧 살며 학문을 탐구하고 방대한 저술[6]을 남긴 당대 대표적 인물이다. 이진상의 가문은 당론(黨論: 四色)이 남인(南人)에 속하였지만, 숙부 이원조를 위시로 하여 크게 당론에 구애되지 않았다. 그리하여 그의 가문은 한 번도 호당(護黨)에 관계한 일이 없었다. 그 역시 어려서부터 선유들의 문집을 통간(通看)하여 오직 옳은 것만 구하려 했으며, 또한 당시 도내(道內)에 병호시비(屛虎是非)[7]가 있었고 향내(鄕內)에 청회시비(晴檜是非)[8]가 있었지만, 어느 한쪽에 편드는 편론(偏論)에 현혹되지 아니하였다.[9]

이진상은 15세 전후로 사서삼경(四書三經)과 제자백가서(諸子百家書)를 두루 섭렵하였다. 그러다가 17세 때 숙부인 이원조가 "선비로서 의리의 본

---

6) 李震相에 저술에 관하여 학계에서는 총 85책이라고 하고 있다. 하지만 논자가 고찰한 바에 의하면, 『寒洲集』 22책, 『理學綜要』 10책, 『四禮輯要』 9책, 『畝忠錄』 2책, 『春秋集傳』 10책, 『春秋翼傳』 3책, 『千古心衡』 2책, 『直字心訣』 1책, 『易學管窺』 4책, 『求志錄』 22책, 『辨志錄) 4책 등으로 총 89책이다. 주요 논저 저술연도에 관한 것은 이하 분류표를 참조.

7) 이 屛虎是非는 李滉이 세상을 떠난 뒤 退溪學派 내에서 柳成龍을 중심으로 한 屛派와 金誠一을 중심으로 한 虎派로 분열되어 시비 쟁론이 있었다. 이 시비의 계기는 다음과 같다. 이황의 문인들이 안동에 虎溪書院(원명: 廬江書院)을 세워 이황을 향사하였다. 이황의 제자 가운데 유성룡과 김성일이 고족제자로 모두 안동출신이다. 그들이 세상을 떠난 뒤 이 서원에 종사하게 되었는데 자손과 후학들이 位版과 座次 문제 즉 학통의 嫡傳 문제를 놓고 시비한 것이다. 당시 柳成龍의 문인이자 영남 儒林 사이에 衆望이 있었던 鄭經世가 연치보다도 관작을 우선하는 것이 옳다고 주장함에 따라, 중론이 대강 수렴되어 虎派에서도 부득이 이를 따르기에 이르렀지만, 지금까지도 양파의 후손과 후학들에게 완전하게 판가름나지 않은 상태로 남아 있다

8) 이 晴檜是非는 鄭逑와 金宇顒이 세상을 떠난 뒤 문인들이 星州에 檜淵書院을 건립하여 향사하였는데, 두 학자의 문인들이 배향위치를 정할 때 연치와 학문, 즉 김우옹의 연치와 정구의 학문을 놓고 시비를 펼쳤다. 그 후 회연서원에는 정구를 그대로 배향하고, 김우옹을 추존하는 문인들이 청천서원을 건립하여 김우옹을 배향하였다.

9) 宋贊植, 「『寒洲全書』 解題」, 『寒洲全書』 壹, 아세아문화사, 1980, 7쪽.

령을 알지 못하면 선비라는 이름을 저버리는 것이다"라 하며 『서경(書經)』「대우모(大禹謨)」의 '인심도심(人心道心)'에 대하여 질문하자,[10] 이진상은 이에 대하여 "인심은 바로 인욕(人欲)이 아니다. 이 심(心)이 의리로부터 발한 것이 도심이고 형기로부터 발한 것이 인심이다"[11]라고 답하였다.[12] 이에 이원조는 "너의 말이 옳다. 너의 재주는 궁구하는 데 뛰어난데, 어찌 성리학에 오로지 힘쓰지 않는가"[13]라고 하였다. 이진상은 이때부터 『성리대전』을 읽으며 성리학에 전념하였다 한다.

주지하다시피, 『성리대전』은 송나라의 성리학적 학문을 집대성한 서책이다. 그 편찬 목적은 차치하더라도,[14] 조선의 성리학자들은 일단 『성리대전』을 통해 송학의 다양성을 접하였다. 그러나 그들의 사유체계는 주로 정자와 주희의 학문을 토대로 한 것이었다. 이진상도 일찍이 『성리대전』을 기본텍스트로 하여 성리학적 논리체계를 치밀하게 분석하면서도 주로 주희의 「태

10) 『寒洲全書』 壹, 附錄, 卷1, 「年譜」〈甲午(十七歲〉, 811쪽 상단3 4-5행, "定憲公, (……) 爲士而不識義理本領, 負士之名矣. 因問禹謨言人心道心, 何者爲人, 何者爲道?"

11) 『寒洲全書』 壹, 附錄, 卷1, 「年譜」〈甲午(十七歲〉, 811쪽 상단3 6-7행, "先生曰: 人心未便是人欲. 此心從義理而發者, 道心也; 從形氣而發者, 人心也."

12) 이진상의 답변 내용은 주희의 인심도심을 그대로 수용하는 것이다(『朱子語類(下)』 卷118, 「朱子(15) · 訓門人(6)」〈琮錄〉, 1290쪽 상단25 15-17행, "人心, 堯舜不能無; 道心, 桀紂不能無. 蓋人心不全是人欲, 若全是人欲, 則直是喪亂, 豈止危而已哉!";『朱子大全』 中, 卷65, 「尙書 · 大禹謨」, 562쪽 상단25 14-15행, "心者, 人之知覺, 主於身而應事物者也. 指其生於形氣之私者而言, 則謂之人心; 指其發於義理之公者而言, 則謂之道心. 人心易動而難反, 故危而不安; 義理難明而易昧, 故微而不顯"). 그러므로 이진상이 심도 있게 성리학을 탐구하기 이전 이미 어느 정도 성리학에 대한 소양을 갖추고 있음을 알 수 있겠으나, 숙부 이원조가 이에 대한 질문을 한 것은 성리학에 대한 면밀한 고찰을 하도록 하는 것이었다고 볼 수 있다.

13) 『寒洲全書』 壹, 附錄, 卷1, 「年譜」〈甲午(十七歲〉, 811쪽 상단3 7-8행, "定憲公曰: 汝言是也. (……) 且曰: 汝長於窮究, 盍從事於性理之學?"

14) 『性理大全』이 학문적으로 性理學說의 종합에 목표를 둔 것이 아니라, 오히려 성리학설의 종합이란 名分을 빌어 성리학설이 탄생한 宋代의 自由批判 精神을 억압하고 永樂帝의 靖難을 非難하는 길을 막고, 학문의 내용을 제한하려는 데 목적이 있었다(權重達, 「性理大全의 形成과 그 影響」, 『中央史論』 제4집, 중앙대학교, 1995, 85쪽).

극도설해」에 나타난 논리구조를 정견(正見)으로 보았다. 그리고 주희의 초년설과 만년설을 철저하게 고증하면서 일치점을 터득하였어도 여러 경전에 절충(折衷)하여 그 본원을 완전히 구한 뒤에 귀착하였다.[15] 이진상은 16세 때「성명도설」을 지었는 바,

> 극(極)은 태극의 체(體)이고, 명(命)은 리가 부여된 것이요, 성(性)은 명을 품부받은 것이며, 정(情)은 성이 드러난 것이요, 심은 성과 정의 전체명칭이다. 이 〈성명의〉 그림은 기를 섞지 않고 한결 같이 리를 말한 것이다. 성은 곧 자사(子思)의 이른바 대본(大本)이고 정은 그 달도(達道)이며, 심은 맹자의 이른바 양심이다.[16]

라고 하였다. 이러한 논리는 철저하게『성리대전』을 기초로 하여, 극·명·성·정·심 등을 정의한 것이다. 그는 이 개념들을 '리와 기 서로 섞이지 않음〔理氣不相雜〕' 의 차원에서 기를 개입시키지 않고 리만을 가지고 정의한 것이다. 그의 제자인 곽종석은 이진상의 '심과 리의 학문' 이 이미 이때부터 발현된 것이고 초년이나 말년의 학설이 이 그림에서 벗어나지 않는다고 지적하였다.[17] 그의 성리설의 기본원리인 심즉리설이 입문 초기에 형성되었

15)『寒洲全書』壹, 附錄, 卷1,「年譜」〈甲午(十七歲)〉, 811쪽 상단3 8-10행, "先生者言: 始讀性理大全, 苦於同異之難辨, 卽分抄兩錄, 歷考諸賢本集, 以相參訂考, 其早晚多寡分合之歸久之, 乃始有得於一致之地, 遂折衷于經傳, 要其本原, 然後始有著落.'

16)『寒洲全書』壹, 附錄, 卷1,「年譜」〈乙未(十八歲)〉, 811쪽 상단3 11-13행, "說略曰: 極者, 太極之體; 命者, 理之賦予; 性者, 命之稟受; 情者, 性之發見; 心者, 性情之總名. 此圖不雜乎氣, 一下言理. 性卽子思所謂大本, 而情其達道也, 心卽孟子所謂良心."

17)『寒洲全書』壹, 附錄, 卷3,「行狀」, 841쪽 상단3 12-18행, "性命圖說, 略曰: 命者, 理之賦予; 性者, 命之稟受; 情者, 性之發見; 心者, 性情之總名. 此圖不雜乎氣, 而一下言理. 性卽子思所謂大本, 而情其達道也, 心卽孟子所謂良心也. 蓋先生心理之學, 已自是而發. 得早在其晚暮之. 表裏融混, 精粗貫徹, 盡其大, 極其精, 而粹然無有一毫之雜者, 要不出此範圍之內而裕如也."

다고 볼 수 있으나,[18] 이 당시 그의 학문은 심과 리의 주재적인 차원이 아닌 개념적이고 원리적인 차원에서 심과 리의 관계를 전개한 것이다. 그는 20세 이후 안동(安東) 지방의 이황의 학맥과 연관을 맺으면서 보다 더 리를 강조하고, 기를 위주로 하는 학문경향을 배척하였다. 그는 「이단설(異端說)」에서 다음과 같이 말한다.

> 이단의 설은 백 갈래 천 갈래이나, 그것의 시작은 모두 기를 인정하는 것에서 연유하며, 그 종착도 모두 기를 주로하는 것으로 돌아간다. 저들은 한갓 기의 활동과 유전(流轉)만을 보고 리의 근저(根柢)와 추뉴(樞杻)에 이르지 못하고 있다. 기가 혹 국한된 것을 보면 근진(根塵)을 소거하고자 하고, 기의 무궁함을 보면 변화하는 천지를 말하고, 기의 때가 다함〔時盡〕을 보면 정신을 아끼고 막으며, 기의 억압할 수 없음을 보면 세력이 강성하여 제멋대로 굴어 방자하는 것이다. 노자(老子)의 수양, 불교의 인과(因果), 장자(莊子)와 열자(列子)의 기만과 거짓, 신불해(申不害)와 한비자(韓非子)의 각박하고 엄한 법 등이 분연하게 잡출(雜出)하여 명교(明敎)를 편란(煸亂)시켜, 가장 그 명칭을 우리의 유학으로 여기게 되고 심과 성을 오인하여 리와 기를 전도하여 더욱 심복(心腹)의 병이 되었다. 마치 고자(告子)가 생(生)을 성(性)으로 여기고 순경(荀卿)이 성(性)을 위(僞)로 하고 양웅(楊雄)이 선악을 혼합하여 사람을 의혹시키고 성인을 기망한 것과 같은 것은 모두 기를 주로 하여 숭상하는 것이다.[19]

---

18) 琴章泰, 「退溪學派의 學問(21) - 寒洲 李震相의 性理學과 心卽理說」, 『退溪學報』 第102輯, 퇴계학연구소, 1999, 176쪽.

19) 『寒洲全書』 壹, 附錄, 卷1, 「年譜」 〈庚子(二十三歲)〉, 812쪽 상단5 6-11행, "異端之說, 百塗千岐, 而其始皆由於認氣, 其終皆歸於主氣. 彼徒有見於彼氣之活動流轉, 而不達乎是理之根柢樞杻; 見氣之或局, 則欲掃去根塵; 見氣之無窮, 則謂之變化天地; 見氣之有時盡, 則欲吝精閉神; 見氣之不可抑, 則便熾蕩自恣. 老之修養, 佛之因果, 莊列詭誕, 申韓刻覈, 紛然雜出, 煸亂名教, 最其名爲吾儒, 而誤認心性, 顚倒理氣, 尤爲心腹之疾, 如告子認生爲性, 荀卿以性爲僞, 楊雄混善惡, 誤人罔聖, 皆主氣爲祟."

그에 의하면, 노장학 · 불학 · 신불해 · 한비자 · 고자 · 순자 · 양웅 등의 이단은 모두 주기론(主氣論)과 관계된 것이다. 즉 성리학적 관점에서 보면, 리와 기의 위상을 전도시킴으로써 이단사설이 횡행하게 된다는 것이다. 그리하여 그는 '주리(主理)' 두 글자는 이전 성현들이 서로 전한 심법(心法)이라고 강조하고,[20] 기 중시적 학문경향을 철저히 배격하였다. 그는 "성현이 성현이 되고 이단이 이단이 되는 까닭은 주리와 주기의 사이에 존재할 뿐"이라고 하였다.[21] 그렇지만, 이진상은 기를 벗어나서 리를 구한다면 리는 공적(空寂)으로 빠지고, 기와 섞어 리를 구한다면 리는 그 주재성을 잃어버린다는 논리를 제시한다.[22] 즉, 이진상은 리와 기의 서로 분리되지 않음과 섞이지 않음을 동시에 고려하면서도 리를 중심으로 하는 학문적 성격을 지니고 있음을 알 수 있다. 현상윤은 이진상의 학문적 배경을 다음과 같이 말한다.

> 갈암(李玄逸)[23]에게서 시작한 호발설 옹호의 이론이 밀암(李栽)[24]에 와서는 기의 작용을 기다리지 않고 리만으로도 일용사위(日用事爲)의 체용이 기본적으로 본구(本具)하였다는 것을 말하게 되었고 대산(李象靖)[25]에게 전하여서는

20) 『寒洲全書』 壹, 『寒洲集』, 卷16, 「答李器汝」, 367쪽 하단12 16-17행, "主理二字, 自是千聖相傳之心法."

21) 『寒洲全書』 壹, 『寒洲集』 卷16, 「答李器汝」, 368쪽 하단14 16-17행, "從古聖賢之所以爲聖賢, 異端之所以爲異端, 特在乎主理主氣之間而已."

22) 『寒洲全書』 壹, 『寒洲集』 卷19, 「答郭鳴遠疑問(贄疑錄 ◑庚午)」, 422쪽 하단6 17-18행, "離氣而求理, 則理淪於空寂; 雜氣而求理, 則理失其主宰."

23) 李玄逸: 1627~1704(인조 5~숙종 30), 조선 후기의 성리학자, 자는 翼升, 호는 葛庵, 본관은 재령. 장흥효의 외손. 저서로는 『葛庵集』, 『愁州管窺錄』, 『洪範衍義』, 『惇典粹語』 등이 있다.

24) 李栽: 1657~1730(효종 8~영조 6), 조선 후기의 학자, 자는 幼材, 호는 密庵, 본관은 재령. 이현일의 아들. 경북 英陽 출신. 이현일의 아들. 아버지와 숙부 이숭일에게서 수학. 저서로는 『密庵集』, 『密庵謳餘』, 『蒼狗客日錄』, 『朱全集覽』, 『朱語要略』, 『朱書講錄刊補』, 『聖喩錄』, 『錦水記聞』, 『顔曾全書』 등이 있다.

리가 단순히 무위무력(無爲無力)한 정지체가 아니요, 리 자신으로 능히 발휘운용(發揮運用)할 수 있는 활물(活物)이라는 것을 말하게 되었고, 또다시 정재(柳致明)[26]에게 전하여서는 리에 능동능정(能動能靜)하는 신용(神用)이 있을 뿐만 아니라 이 자발적 동정으로부터 음양오행의 기가 출생한다는 것을 말하는 동시에 리는 우주의 주체 심의 본체가 된다는 것을 지적하였는데, 이같이 발달한 리의 개념을 더한층 확충하여 '심즉리(心卽理)'라고 단언하여 주리설(主理說)의 절정을 지은 것은 이진상의 성리설이 이것이다.[27]

현상윤에 의하면, 이진상의 학문적 배경은 이황 … → 이현일 → 이재 → 이상정 → 유치명 → 이진상 순으로 되어 있다. 현상윤이 영남학파 사승관계에서 유치명 다음에 이진상을 둔 것은 『한주집(寒洲集)』에 이진상이 스승의 예를 갖추어 유치명에게 서한을 보낸 편지가 있기 때문이 아닌가 생각된다.[28] 하지만 이진상은 초기에 직접적으로 숙부 이원조에 의해 성리사상을 연구하였던 만큼 이원조의 철학사상을 수용하여 주희와 이황을 학문의 모범으로 삼은 것으로 보인다.

그 외로 간접적으로 이제겸(李濟兼),[29] 박손경(朴孫慶),[30] 박래오(朴來

---

25) 李象靖: 1711~1781(숙종 37~정조 5), 조선 후기의 성리학자, 자는 景文, 호는 大山, 본관은 한산. 이색의 후손이며 외조부 이재를 사사하며 허목을 사숙. 저서로는 『大山集』, 『大山續集』, 『大山實記』, 『理氣彙編』, 『心經箚錄刊補』, 『敬齋箴集說』, 『四禮常變通攷』, 『決訟場補』, 『制養錄』, 『約中篇』 등이 있고, 편서로는 『朱子語節要』, 『延平答問續錄』, 『濂溪全書』, 『退溪書節要』 등이 있다.

26) 柳致明: 1777~1861(정조 1~철종 12), 조선 후기의 학자·문신, 자는 誠伯, 호는 定齋, 본관은 전주. 이상정의 외손으로 이상정의 문인 남한조의 문하에서 수학하고 뒤에 정종로와 李瑀의 문하에서도 수학. 저서로는 『定齋集』(續集)이 있다.

27) 玄相允, 『朝鮮儒學史』, 玄音社, 1982, 359-360쪽 참조.

28) 유치명의 고족제자로는 金興洛(1827~1899)을 들 수 있다. 굳이 현상윤이 유치명 다음에 이진상을 거론한 것(사실 이진상은 주희와 이황을 사숙하였다고 하지만)은 이진상이 서한을 통해 심과 명덕에 토의, 그리고 이론에 대한 인가(『寒洲集』 卷40 「花峽法語」)를 받아 당시 영남지역을 대표하는 학자로 여겼기 때문일 것이다.

吾)[31]의 도학정신[32]과 이우윤(李佑贇)[33]의 리기동정(理氣動靜)에 대한 이론에서도 많은 영향을 받은 것으로 보인다.[34] 특히, 이진상이 살았던 성주는 지역적으로 경북의 안동과 경남의 진주를 잇는 만큼, 학자들의 학문적 풍토나 특색도 대체로 안동의 이황(李滉)의 학문과 진주의 조식(曺植)의 학문을 절충·종합하려는 학문경향이 있었다. 그의 숙부 이원조도 주희와 이황을 학문의 모범으로 삼으면서 조식의 학통도 수용하고 있는 바, 이진상 역시 이원조의 영향을 받아 이황과 조식의 학문을 두루 섭렵하며 학술활동을 하였다.[35] 특히 그의 학문에 대한 편력(遍歷)은 오랜 기간 선유들의 문집을 두루 상고하고 췌록(萃錄)하면서 지은 『사례집요(四禮輯要)』를 보아도 그러한 사실을 알 수 있을 것이다.[36]

---

29) 李濟兼: 1683~1742(숙종 9~영조 18), 조선 후기의 학자·문신, 자는 善卿, 호는 杜陵, 본관은 진성. 저서로는 『杜陵集』이 있다.

30) 朴孫慶: 1713~1782(숙종 39~정조 6), 조선 후기의 학자, 자는 孝有, 호는 南野, 본관은 함양. 이황을 사숙. 저서로는 『南野集』, 『論語或問精義』 등이 있다.

31) 朴來吾: 1713~1785(숙종 39~정조 9), 조선 후기의 학자, 자는 復初, 호는 尼溪, 본관은 밀양. 저서로는 『尼溪集』이 있다.

32) 『寒洲全書』 壹, 『寒洲集』 卷37, 「尼溪朴公行狀」, 779쪽 하단18 12-15행, "頃吾鄕有僑窩成公, 涉以文學名世, 骯髒少許, 可嘗曰: 嶺以南見高士三人. 太白山下, 有杜陵李公, 赤城南, 有南野朴公, 頭流東, 有尼溪朴公. 若使孔子順在者, 必以天下士許之."

33) 李佑贇: 1792~1855(정조 16~철종 6), 조선 후기의 학자, 자는 禹爾, 호는 月浦, 본관은 성주. 족대부 李志容에게 수학. 저서로는 『月浦集』이 있다.

34) 『寒洲全書』 壹, 『寒洲集』 卷37, 「成均進士月浦李公行狀」, 786쪽 하단32 16-787쪽 상단33 3행, "余於公尤有所感歎而不已者, 聖賢之千言萬語, 要歸在主理. 而世之學者, 方且認理爲死物, 賺氣爲大本, 理無動靜, 氣爲體用之說, 橫流一世. 而公之言曰: 太極動而陽生焉, 太極靜而陰生焉, 動靜者, 太極之動靜也; 又曰: 無動無靜, 而涵動靜者, 理之體也; 一動一靜, 而能動靜者, 理之用也. 此雖似依樣之陳言, 而其實, 則朱李之的訣也."

35) 琴章泰, 『朝鮮 後期의 儒學思想』, 서울대학교출판부, 1998, 258-267쪽.

36) 이진상은 48세 때 완성하고 生을 마칠 무렵인 68세에 저서들 가운데 가장 마지막으로 교감한 『四禮輯要』를 편찬하는 데 있어 여러 서책(중국의 서책 91권과 국내의 서책 84권으로 총 175권)을 두루 참고·인용하여 자신의 학문에 대한 편력을 보여주었다. 『寒洲全書』 貳, 『四禮輯要』, 382쪽 상단1 2행-384쪽 상단5 11행.

이진상은 34세 때 당시 퇴계학파의 정맥인 안동의 유치명을 예방하여 심과 명덕(明德)에 대해 질의(質疑)한 적이 있다. 이에 대해 유치명은 심과 명덕이 모두 리와 기를 합한 것이라고 하면서도, 본체적 관점에서 리를 주로 하여 규정하였는 바,[37] 이진상은 유치명의 이러한 관점에서 많은 영향을 받은 것으로 보인다. 그후 그는 유치명의 문인 이만각(李晩慤)[38] · 최영록(崔永祿)[39]과 리기동정의 문제를 토론하였다. 이만각과는 자신의 성리학적 방법론 가운데 역추와 순추라는 유추법으로 동정을 설명하였고, 최영록과는 수간 · 횡간 · 도간의 인식방법을 사용하면 자신의 논지를 전개하였다. 그는 이들과 학문적 교류를 가지면서 자연 퇴계학파의 이현일 · 이재 · 이상정의 이론을 두루 섭렵하는 계기가 마련하였다고 볼 수 있다.

주지하다시피, 성리학에서 보다 더 궁극적 의미를 지닌 것은 기가 아니라 본체로서 리이다. 영남에서 이진상이 리와 기 가운데 리의 궁극성을 추구하였지만, 반드시 퇴계학파의 정맥이라 할 수 있는 유치명 그리고 그의 문인 이만각 · 최영록의 리중시적 성리설과 같은 계열인 것은 아니다. 왜냐하면 그는 일찍이 『성리대전』과 선유들의 문집을 통해 중국의 여러 학자들의 학문경향을 섭렵하며 리를 중시하는 철학체계를 갖추었기 때문이다.

이진상은 35세 때 조선 성리학 가운데 가장 쟁점이 되었던 사단칠정론(四端七情論)과, 한원진의 성리설을 철저하게 고찰하였다. 특히 35, 36세 때에

---

37) 『定齋文集』 3, 卷17, 「讀書瑣語」, 352쪽 2-5행, "明德以心之本體光明者言, 心是合理氣, 明德亦合理氣, 而謂之心, 則眞妄邪正, 皆擧之矣; 謂之明德, 則指心上道理光明照澈處言, 是皆合理氣中主理者也, 名言之際, 亦有些用意不同處." 『定齋文集』은 경인문화사 영인본(『韓國歷代文集叢書』 993-1000, 1987)을 저본으로 하였다. 이하 동일.

38) 李晩慤: 1815~1874(순조 15~고종 11), 조선 후기의 학자, 자는 謹休, 호는 愼庵 · 巖后, 본관은 진성. 외숙 유치명의 문하에서 수학. 저서로는 『愼庵文集』이 있다.

39) 崔永祿: 1793~1871(정조 17~고종 8), 조선 후기의 학자, 자는 幼夫, 호는 海菴 · 鷺睡 · 錦翁, 본관은 영천. 경북 성주 출신. 유치명의 문하에서 수학. 저서로는 『拙守齋集』이 있다.

많은 분량의 논저들 가운데 『성리대전』에 실려 있는 『태극도설』과 『통서(通書)』를 분석함으로 성리학적 사유의 다양한 주석을 접하였다. 또한 『근사록(近思錄)』을 분석함으로 사유의 다양성을 경험하기 되었다. 이를 통해 그는 39세에 「주재도설」을 지음으로써 리의 주재성과 심의 주재성을 상호 연결시키려 노력하였다. 이진상은 그 이듬해 겨울 재차 안동을 방문하여 유치명·김흥락(金興洛)[40]과 성리사상 전반에 관하여 토론하면서 자신의 성리사상을 유감없이 발휘하고 그들로부터 인정을 받기에 이른다.[41] 43세 때에는 비로소 자신의 학문의 결정체라 할 수 있는 「심즉리설」을 지어 심과 리를 일치시키는 계기를 마련하였다.

특히 이진상은 조선유학사에서 논쟁이 극대화된 사단칠정론을 근원적으로 탐구하고자 하였다. 그는 먼저 『주자어류(朱子語類)』의 "사단은 리의 발현이고 칠정은 기의 발현이다"[42]라는 말은 주희가 이미 교열을 마친 것으로 고증하고 있다.[43] 이것은 이황의 '사칠리기호발설(四七理氣互發說)'을 횡간적 관점에서 인정한 것이다. 하지만 그는 수간이라는 궁극적인 관점에 가서는 '리발일로설(理發一路說)'을 주장하였다. 그리하여 그는 주희의 성리학이 리발(理發)의 토대에서 전개되었음을 여러 전거들에서 찾고 있다.

---

40) 金興洛: 1827~1899(순조 27~광무 3), 조선 말기의 학자, 자는 繼孟, 호는 西山·病翁, 본관은 의성. 경북 안동 출신. 김성일의 11대손으로 이상정을 사숙하며 유치명의 문하에서 수학. 저서로는 『西山集』, 『諸訓集說要覽』, 『困學錄』, 『家禮儀』 등이 있다.

41) 『寒洲全書』 壹, 附錄, 卷1, 「年譜」〈丁巳(四十歲)〉, 815쪽 상단11 12행-하단12 4행 참조. 이에 대한 자세한 내용은 『寒洲集』 卷40 「花峽法語」에 수록되었다. 현 아세아문화사에 영인한 판본에는 본 내용은 없는 바, 奎章閣 소장본 참조.

42) 『朱子語類』 上, 卷53, 「孟子3·公孫丑上之下·人皆有不忍之心章」〈廣錄〉, 661쪽 하단 17 18행, "四端是理之發, 七情是氣之發."

43) 『寒洲全書』 貳, 『理學綜要』 卷10, 「情(理之發見)弟五下」, 164쪽 하단30 16-18행(細註), "按: 大全答輔漢卿書曰: 所記鄙語亦有小小差誤; 再書曰: 所錄語儘有商量; 三書曰: 所錄册子看得一半少未備者; 頗爲補足後, 便方寄去. 書首言年垂七十, 然則輔公所錄, 已經朱子勘正. 此語如有未當, 則便是大差誤, 豈不刪改耶."

> 살피건대, 리발의 설은 『예기』「악기(樂記)」에서 근원하나 주희 역시 자세히 드러내었다. 『논어집주(論語集註)』에서 네 계절이 행하고 모든 만물이 생겨남이 천리의 발현 아닌 것이 없다고 하고, 『중용』에서의 귀신을 논하여 그것은 모두 실리처(實理處)에서 드러남이라고 하고, 『맹자』의 성선(性善)을 논하되 리가 발한 곳에 나아가 말한 것이라 하고, 『통서』에서의 성기(誠幾)를 해석하되 실리가 발현한 단서이고〔또 사람의 마음에서 조금이라도 움직이면 천리가 진실로 발현한다고 하고, 또 사려(思慮)의 움직임을 말하여 순순히 발출하는 것은 당연의 리가 아닌 것이 없다고 한다〕, 중절(中節)의 정을 논하되 역시 마음 속에 있는 리가 발하여 외부로 드러난다고 하니, 이 모두가 사단과 칠정을 가릴 것 없이 공히 리의 발현임을 말한 것이다. 도심이 리에서 발하고 사단은 리의 발현이라고 한 것으로 치자면, 하인을 바꿔가며 세도록 해도 이루 다 세지 못할 것이다.[44]

이진상이 이와 같이 리를 중시하는 성리사상은 주희의 만년정론에 의거한 것이다. 이진상의 리발일로설(理發一路說)은 이이의 '기발리승일도설(氣發理乘一途說)'과 논리적 구조가 서로 비슷하다고 하겠으나 그 관점이 서로 다르다. 즉 이이와 이진상의 리와 기에 대한 중점이 서로 다른 것이다. 이진상은 철저하게 기 중시적 이이의 성리사상을 비판하였던 것이다.

이진상은 기존의 성리학설을 철저히 주도면밀하게 객관적인 입장에서, 즉 수간 · 횡간 · 도간이라는 3단계 인식방법과 역추 · 순추라는 2단계 논리형식에서 계통적으로 서술하였다.[45] 이진상은 이러한 방법론을 기초로 하

44) 『寒洲全書』 貳, 『理學綜要』 卷9, 「情(理之發見)第五上」, 148쪽 하단40 13-20행, "按: 理發之說, 原於樂記, 而朱子又詳著之. 論語註曰: 四時行百物生, 莫非天理之發見. 論中庸鬼神曰: 他皆實理處見. 論孟子性善曰: 亦就理之發處說. 解通書誠幾說曰: 實理發見之端(又曰: 動於人心之微, 則天理固當發見, 又說思慮動曰: 順發出來無非當然之理), 論中節之情, 亦曰卽此在中之理發形於外. 此皆不分四七, 而通言理發也. 若乃道心之發於理, 四端之爲理之發, 又更僕, 而不可悉數者也."

여 선유들의 학문경향을 분석하면서 궁극적으로 '기가 발한다' 고 하는 기호학파의 성리설을 비판한다. 그리고 그는 이황의 리기호발설에서 '리가 발한다' 고 하는 측면을 주희의 만년정설과 연관시켜 자신의 학문을 구축하였다.

이진상은 이황의 '강학(講學)' 이라는 시[46]의 운자를 그대로 따라 자신도 시를 지어 학문성향을 다음과 같이 읊고 있다.

陸禪迷似鄭聲淫	육구연과 선학의 미혹은 정나라 음악 소리의 음탕함과 같아
朱李書中正脈尋	주희와 이황의 글 속에서 그 정맥을 찾았네
珠出泥時明本性	옥구슬이 진흙탕 속에서 나왔을 때 그 본성을 밝히고
鏡無塵處見眞心	거울의 티끌없는 곳에서 참마음을 보았네
萬理究來該鉅細	모든 리를 궁구하여 가면 크고 작은 것을 구비하고
一誠存得便崇深	하나의 성(誠)을 보존하면 덕이 산처럼 높고 물속처럼 깊네
講求履踐元非二	진리를 강구(講求)하고 실천함은 원래 둘이 아니니
聖聖相傳只此欽	성인마다 서로 전한 것을 다만 공경할 뿐이네[47]

이진상은 주희와 이황의 학문을 토대로 양명학과 불교의 선학을 철저하게 배척하고, 수양을 통해 자신의 본성을 밝히고 나아가서는 자신의 참마음을 보고자 한 것이다. 또한 지식을 탐구하고 그것을 하나의 성공부(誠工夫)

---

45) '心卽理라고 단언하여 主理說의 절정' 이었다고 하여, 李震相의 성리사상을 一元論 내지 唯理論으로 평가하는 경우가 있다. 그러나 李震相의 방법론에 의하면 원리적 측면(理)과 현상적 측면(氣)을 동시에 전개하고 있다. 그가 理를 氣보다 더 중시하는 것은 理의 가치로서의 大本性이다. 그러므로 그의 성리사상을 一元論 내지 唯理論으로 평가하는 것은 적절하지 못하다 하겠다.

46) 『退溪全書』 一, 『退溪集』 卷3, 「和子中閒居二十詠」 〈講學〉, 108쪽 상단21 20행-하단22 3행 참조. 『退溪全書』는 성균관대학교 大東文化硏究院 영인본(1971년)을 저본으로 하였다. 이하 동일.

47) 『寒洲全書』 壹, 『寒洲集』 卷1, 「次李子閒居詠」 〈講學〉, 35쪽 상단7 1.

로 보존하려 하였고, 나아가 진리를 구하고 실천하는 것을 일관된 자세로서 추구하였음을 알 수 있다. 즉 그의 학문성향은 근원적인 진리로서의 '리'를 후세에 전하고자 하는 것이었다.

이진상의 학문적 배경은 주희와 이황의 학문에서 그 정맥을 찾을 수 있으나, 철저하게 주희가 만년에 중시한 리의 주재성을 수용하고 숙부 이원조의 구방심(求放心)을 위한 심학(心學)을 계승하면서, 퇴계학파의 유치명 그리고 그의 문인들과 교류하며 결실을 맺은 것이다. 즉 이진상은 심의 주재성과 리를 동일하게 여기고, 당시 기 중시적 경향을 배격하고 본체로서의 리를 주재자로 확립하는 철학체계로 나아갔다.

이진상의 학문과 사상은 전심(傳心)의 고족제자(高足弟子)로 곽종석(郭鍾錫)[48]과 아들인 이승희(李承熙)[49]를 비롯하여, 허유(許愈)[50]·장석영(張錫英)[51]·김진호(金鎭祜)[52]·이정모(李正模)[53]·이두훈(李斗勳)[54]·윤주하(尹胄夏)[55] 등 이른바 '주문팔현(洲門八賢)'이라고 불리우는 학자들에게 이

48) 郭鍾錫: 1846(헌종 12)~1919, 조선 말기의 성리학자, 자는 鳴遠, 호는 俛宇, 본관은 玄風. 경남 단성 출신. 저서로는 『俛宇集』, 『茶田經義問答』 등이 있다.

49) 李承熙: 1847(헌종 13)~1916, 조선 말기의 학자·독립운동가, 자는 啓道, 호는 韓溪·剛齋·大溪, 본관은 성산. 저서로는 『韓溪遺稿』, 『內則章句』, 『日則銘』, 『五綱十目』, 『家範』, 『孔教教科論』, 『孔教進行論』, 『孔子世紀』 등이 있다.

50) 許愈: 1833(순조 33)~1904, 조선 말기의 학자, 자는 退而, 호는 后山·南黎, 본관은 김해. 저서로는 『后山集』, 『聖學十圖附錄』 등이 있다.

51) 張錫英: 1851(철종 2)~1929, 근대의 유학자·독립운동가, 자는 舜華, 호는 晦堂, 본관은 인동. 저서로는 『晦堂集』이 있다.

52) 金鎭祜: 1845(헌종 11)~1907, 조선 말기의 학자, 자는 致受, 호는 勿川, 본관은 상산. 저서로는 『勿川文集』이 있다.

53) 李正模: 1848(헌종 14)~1915, 조선 말기의 학자, 자는 聖養, 호는 紫東, 본관은 고성. 저서로는 『紫東集』이 있다.

54) 李斗勳: 1856(철종 7)~1918, 조선 말기의 학자, 자는 大衡, 호는 弘窩, 본관은 성산. 저서로는 『弘窩文集』이 있다.

55) 尹胄夏: 1846(헌종 12)~1906, 조선 말기의 학자, 자는 忠汝, 호는 膠宇, 본관은 파평. 저서로는 『膠宇文集』이 있다.

寒洲 李震相의 學脈圖[56)]

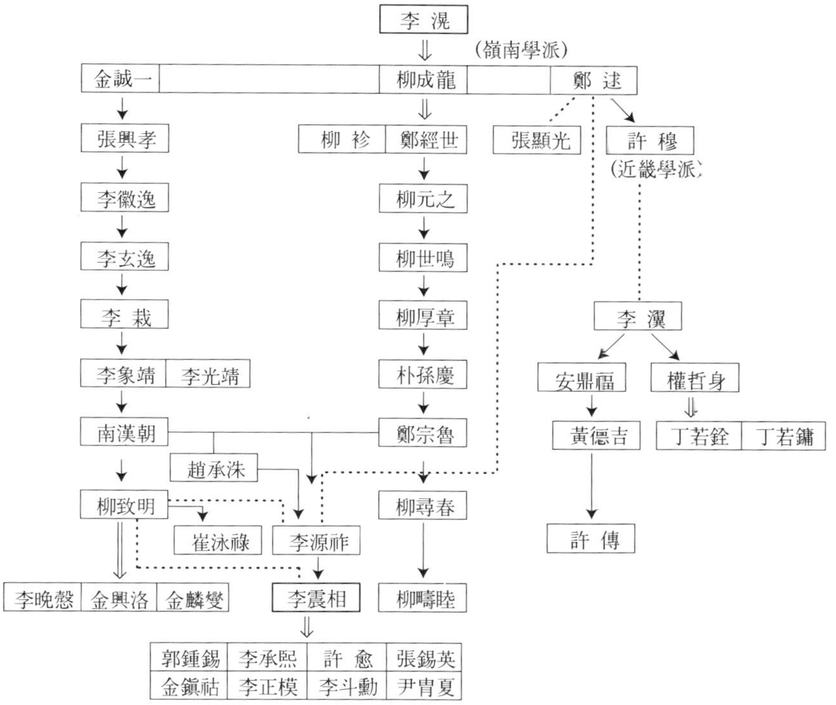

※ '↓' 는 사승관계('⇓' 는 아래의 전체가 사승관계를 가리킴), '⋮' 는 학문적 영향을 말한다.

어져 '한주학파(寒洲學派)' 를 형성할 정도로 상당한 면모를 갖추게 된다.

56) 李佑成, 「韓國儒學史上 退溪學派의 形成과 그 展開」, 『退溪學報』 제26집(퇴계학연구소, 1979), 참조.
朴庭魯, 「『凝窩全集』 解題」, 『凝窩全集』, 여강출판사, 1980, 21쪽, 〈別表 凝窩學派 道學淵源圖〉 참조.
崔英成, 『韓國儒學思想史』, 아세아문화사, 1994-1997.
李樹健, 『嶺南學派의 形成과 展開』, 일조각, 1995.
琴章泰, 『朝鮮 後期의 儒學思想』, 서울대학교출판부, 1998, 261쪽, 각주 4번 참조.

Ⅰ. 주요논저 저술연도 분류표

서명 연도	『寒洲全書』 『求志錄』	『寒洲全書』 『辨志錄』	『寒洲集』 (아세아문화사 영인본)	『寒洲集』 (규장각본)
1835(18세)			「性命圖說」*	
				「隨錄」(讀書 錄) 착수
1839(22세)				「性學圖說」
				「仁圖說」
1840(23세)	『心經 啓』 (『心經圖說』, 『心經箚義』)		「異端說」*	
1841(24세)			「書丁愚潭丁先生 四七辨證後」	
1844(27세)				「一原萬殊圖」
1845(28세)			「性情心說」**	
1851(34세)			『直字心訣』	
1852(35세)		「四七辨」	「四七辨後說」	
		「朱子言論同異攷辨」		
		「南塘集辨」		
		「記聞錄附理氣性情圖辨」		
		「困知記辨」	「困知記辨後說」	
	『大學(附或問) 箚義』		「大學箚義後說」	
	『中庸箚義』		「中庸箚義後說」	
	『太極圖說箚義』		「太極圖說箚義後說」	
1853(36세)			「心字攷證後說」	
	『通書箚義』		「通書箚義後說」	
	『近思錄箚義』		「近思錄箚義後說」	
			「理氣動靜集說」**	
			「性情集說」**	
			「理氣動靜考證後說」	
1856(39세)			「志動氣動辨」	
			「主宰圖說」	「附主宰說考」
			「讀黃勉齋答李公晦書」	
1857(40세)	『朱子語類箚 義』 착수		「擬請備北邊疏」	「花峽法語」
			「讀金農巖四端七情後」	

※ 도표에서 *표시는 연보에 학설 내용이 약간 있고, **표시는 학설 내용이 전혀 없음을 말한다.

서명 연도	『寒洲全書』 『求志錄』	『寒洲全書』 『辨志錄』	『寒洲集』 (아세아문화사 영인본)	『寒洲集』 (규장각본)
1859(42세)			「孟子怵惕說」	
1860(43세)		「巍巖集辨」	「書櫟泉集後」	
			『讀禮箚疑』	
1861(44세)	『論語箚義』			
	『朱子大全考疑』		「朱子大全考疑後說」	
	『退溪集箚疑』		「退溪集箚疑後說」	
		「林滄溪四七說辨」		
		「鹿門集攷辨」	「心卽理說」	
	『啓蒙箚疑』			
1862(45세)	『孟子箚義』		「應旨對三政策」	
			「書金美湖人物性說後」	
1864(47세)	『易學管窺』		『三易考』**	
	『大易圖象』			
1865(48세)	『易卦箚疑』			
			『四禮輯要』	
1866(49세)			『畝忠錄』	
			「擬陳時弊仍進畝忠錄疏」	
			「四七原委說」	
			「自警帖」	(「自警語擬壁帖」)
1867(50세)	『朱子語類箚義』 완성			
1868(51세)			「請崇莊獻世子王號疏」	
1869(52세)	『易卦原象』			
	『八卦集象』			
1870(53세)			「心易動靜圖說」	
1871(54세)			「請復設祠院疏」	
1875(58세)			『春秋集傳』	
1877(60세)			『春秋翼傳』	
			『千古心衡』	
1878(61세)	『朱子語類箚疑』 교감		『理學綜要』	「讀奇蘆沙妙合說」
			「明德說」	
			「命說」	
			「四七經緯說」	
			「人心道心考證後說」	

※ 도표에서 *표시는 연보에 학설 내용이 약간 있고, **표시는 학설 내용이 전혀 없음을 말한다.

서명 연도	『寒洲全書』 『求志錄』	『寒洲全書』 『辨志錄』	『寒洲集』 (아세아문화사 영인본)	『寒洲集』 (규장각본)
1883(66세)	『易學管窺』 교감			
	•『大易圖象』			
	•『啓蒙箚疑』			
	•『易卦箚疑』			
	•『易卦原象』			
	•『八卦集象』			
	•『原占』			
	『心經窾啓』 교감 (『心經圖說』, 『心經箚義』)			
1884(67세)	『儀禮箚義』		「衣制論」	
	『周禮箚義』			
	『禮記箚義』			
	『太極圖說箚義』 교감			
	『通書箚義』 교감			
	『近思錄箚義』 교감			
	『退溪集箚義』 교감			
	『大學箚義』 교감			
	『論語箚義』 교감			
	『孟子箚義』 교감			
	『中庸箚義』 교감			
	『詩傳箚義』 교감			
	『書傳箚義』 교감			
1885(68세)	『四禮輯要』 교감			

2. 寒洲性理學의 方法論

성리학은 모든 세계를 리와 기의 기본개념으로 설명하는 학문이다. 성리학자들은 대개 리와 기는 그 본질과 속성이 서로 다른 것으로 전제하고, 양자를 상호 연관시키면서 세계를 설명한다. 다양한 성리학자들의 사유의 저변에는 역시 다양한 학문 방법론이 구축되어 있다. 학문 방법론은 개인적 체득과 학문적 논리성을 종합한 사유방식이다. 이러한 사유방식으로 세계

II. 주요논저 저술연도(미상) 분류표

『寒洲全書』 (아세아문화사 영인본)	추정연도	『寒洲集』 (규장각본)	추정연도
「理氣先後考證後說」	미정	「讀同春年譜」	미정
「氣質之性考證後說」	〃	「讀葛庵集」	〃
「達道說」	〃	「讀權淸臺讀書錄」	〃
「人物性同異說」	〃	「讀密庵集」	〃
「書西厓柳先生主宰說後」	〃	「讀李星湖四七新編重跋」	〃
「書陶庵集後」	〃	「讀活齋集」	〃
「又書陶庵答尹屛溪心說後」	〃		
「書李巍巖理通氣局辨後」	〃		
「又書巍巖心說後」	〃		
「又書巍巖性說後」	〃		
「尊德性齋銘說(上)」	〃		
「尊德性齋銘說(下)」	〃		
「才字辨」	〃		
「天地四象論」	〃		
「八則陽生說」	〃		
「析合補空說」	〃		
「卦變說」	〃		
「卦畫說」	〃		
「周易卦序說」	〃		
「蠙珠喩」	〃		

를 인식하는 데 있어, 리를 중시하거나 기를 중시하는 학문경향이 드러난다. 이진상은 사유방식의 틀로서 성리사상을 구축하는 데 있어 인식론적 논리로서는 수간(竪看)·횡간(橫看)·도간(倒看), 유추방법으로서는 순추(順推)와 역추(逆推) 등을 들고 있다. 그의 사유방식은 리와 기의 '서로 분리되지 않음〔不相離〕' 와 '서로 섞이지 않음〔不相雜〕' 에 기초하고 있다. 이 절에서는 '불상리' 와 '불상잡' 을 토대로 한 이간(離看)과 합간(合看)을 먼저 살피고, 이를 토대로 수간·횡간·도간의 인식방법과 순추·역추의 유추법을 고찰하고자 한다.

1) 離看 · 合看의 看法

'이간' 이란 무엇이고 '합간' 이란 무엇인가? '이간' 은 관점상 리와 기의 '서로 섞이지 않음' 에 중심을 두는 것이고, '합간' 은 리와 기의 '서로 분리되지 않음' 에 치중한 것이다. 불상리 · 불상잡은 리와 기의 관계를 설명하는 성리학적 용어이다. 리와 기의 관계는 '하나이면서 둘이고 둘이면서 하나이다' 〔一而二 二而一〕는 구조를 가지고 있다. 이러한 리와 기의 관계를 파악하는 데 있어 '서로 분리되지 않음' 과 '서로 섞이지 않음' 은 필수불가결한 논법이다. 왜 리와 기를 불상리와 불상잡의 관점에서 파악해야 하는가? 그것은 리와 기의 본질(本質)과 속성(屬性)이 서로 다르기 때문이다.[57] 이간과 합간이라는 방법을 왜 적용해야 하는가? 그것은 리와 기를 상호 관련지어, 변화하는 현상과 불변의 원리를 종합적으로 설명하기 위함이다.

이진상의 이간과 합간이라는 방법을 살펴보기에 앞서, 리와 기에 대한 그의 기본적인 입장을 보면 다음과 같다.

> ① 천지의 사이에는 리가 있고 기가 있다. ② 리는 무형(無形)하고 기는 유형(有形)이며, 리는 무위(無爲)하고 기는 유위(有爲)이다. ③ 고요하여 기가 없으면 리는 괘탑(掛搭)할 바가 없고, 움직여도 기가 없으면 리는 운행할 수 없다. ④ 리는 본래 온전하지만 기는 치우칠 수도 있고, 리는 본래 밝지만 기는 어두울 수도 있으며, 리는 본래 순(順)하지만 기는 거스릴 수 있다. 발휘운용(發揮運用)의 권(權)이 아마 모두 기에서 발생하는 것으로 여기기 때문에 삼대(三代) 이후 세상에 '기를 주로 하는' 〔主氣〕 학문이 있게 되었다. (……) ⑤ 태극무동정설(太極無動靜說)이 나와 합벽(闔闢)이 모두 기기(氣機)로부터 연유하고〔吳

57) 리와 기의 속성과 본질을 살펴볼 때, 리는 형이상의 존재로서 원리의 세계인 存在原理 · 統制原理 · 道德原理이고, 기는 형이하의 陰陽과 五行을 나타내는 말로서 現象界에서 항상 유행변화하고 있는 존재들을 가리키는 것이다.

澄],[58] 원기무생멸론(元氣無生滅論)이 저술되어 조화가 이치를 완전히 없어버리고[庸齋], ⑥ 양명(陽明: 王守仁)[59]의 심즉리(心卽理)는 실로 정기(精氣)의 유취(流聚)를 가리킨 것이고, 정암(整庵: 羅欽順)[60]의 신즉심(神卽心)은 결국 형이하자(形而下者)에 돌아간다.[61]

위 인용문에 나타난 이진상의 리와 기에 대한 기본적 입장은, A는 천지의 사이에 존재하는 모든 것이 리와 기로 구성되었음을 말하고, B는 리와 기의 기본 성격, C는 리와 기의 관계, D · E · F는 리와 기의 관계에서 기를 중시하는 관점을 비판한 것이다. 다시 말하면, 리와 기의 속성과 본질, 또는 양자간의 관계, 기를 중시하는 학문의 원류와 심학(心學)에 대한 비판이다.

이진상은 불리부잡(不離不雜) 네 글자를 리기설의 주요한 요령(要領)[62]으로 또는 제일의제(第一義諦)[63]로 간주한다. 이는 불리부잡의 관계를 토대로 이간과 합간을 주장하는 것이다. 이진상은 주희가 『주자어류』에서 "일음일양(一陰一陽)을 도(道)라고 하는데 음양을 어떻게 도라고 할 수 있

58) 吳澄: 1249~1333, 중국 원대의 정주학자, 자는 幼淸, 호는 草廬, 강서성 崇仁 출신. 저서로는 『草廬文集』, 『五經纂言』, 『草廬精語』, 『道德經注』 등이 있다.

59) 王守仁: 1472~1528, 중국 명나라 때의 유학자, 자는 伯安, 세칭 陽明선생이라 함. 그의 유집으로는 『王陽明全集』이 있다.

60) 羅欽順: 1465~1547, 중국 명나라 때의 유학자, 자는 允升, 호는 整庵, 강서성 泰和 출신. 그의 저서에 『困知記』, 『整庵存稿』 등이 있다.

61) 『寒洲全書』 貳, 『理學綜要』, 「理學綜要序」, 4쪽 상단1 12행-하단2 3행, '天地之間, 有理斯有氣. 理無形, 而氣有形; 理無爲, 而氣有爲. 靜而無氣, 則理無所掛搭; 動而無氣, 則理不能運行. 理本全, 而氣能偏之; 理本明而氣昏之; 理本順, 而氣能逆之. 發揮運用之權, 疑若盡出於氣. 故三代以後, 世有主氣之學. (……) 太極無動靜之說出, 而闔闢都由氣機(吳澄), 元氣無生滅之論作, 而造化全沒理致(庸齋), 陽明之心卽理, 實指精氣之流聚, 整庵之神卽心, 卒歸之形而下者."

62) 『寒洲全書』 壹, 『寒洲集』, 卷11, 「答金聖汝」, 256쪽 상단25-14행, "不離不雜四字, 是理氣之要領."

63) 『寒洲全書』 四, 『求志錄』, 卷11, 「太極圖箚義」, 389쪽 상단 14-15행, "不離不雜四箇字, 乃是理氣說之第一義諦."

는가? 마땅히 이합(離合)하여 보아야 한다"[64]고 하는 것에 대하여 다음과 같이 말한다.

> 도는 본래 음양과 섞이지 아니하기 때문에 '이간' 해야 하고, 도는 본래 음양과 떨어지지 아니하기 때문에 '합간' 해야 한다. '분리시켜 드디어 교섭이 없고, 혼합시켜 드디어 분별이 없음' 을 말하는 것이 아니다.[65]

음양을 기로, 도를 리로 해석하는 것이 이진상의 기본입장이다. 이것을 방법적 차원에서 분석할 경우, 이간하여도 음양과 도가 서로 분리되어 교섭이 없는 존재가 아니고, 합간하여도 분별이 없는 혼잡한 존재가 아니라는 것이다. 부잡과 불리에 따른 이간과 합간의 방법론으로 주자학을 파악하는 것은 이진상뿐만 아니라 기존의 대부분의 성리학자들이 따랐던 인식방법론이다. 이렇게 볼 때, 이간과 합간은 성리학을 이해하고 파악하는 데 있어 하나의 사고틀 내지 방법론으로서 항상 저변에 깔려 있음을 엿볼 수 있다.

이진상은 리와 기를 이간과 합간하는 데 있어, 만약 이간에 치우치면 리도 근본이 되고 기도 근본이 되어 리는 작용하는 것으로 되고 기는 주재하는 것으로 되는 병폐가 생기고, 합간에 치우치면 리와 기는 일물(一物)이 되어 리는 공허한 관념(眞空)이 되며 기만이 묘하게 존재하는〔妙有〕 것으로 되는 병폐가 생긴다고 한다.[66] 그는 이러한 병폐를 막기 위하여 체용론(體

64) 『朱子語類』 下, 卷74, 「易」 〈可學錄〉, 900쪽 상단17 18행, "一陰一陽之謂道, 陰陽何以謂之道, 曰當離合看." 『朱子語類』는 中文出版社 영인본(1970년)을 저본으로 하였다. 이하 동일.

65) 『寒洲全書』 四, 『求志錄』, 卷11, 「太極圖箚義」, 400쪽 상단 13-15행, "當離合看: 道本不雜乎陰陽, 故可以離看; 道固不離乎陰陽, 故可以合看. 非謂離之而遂無交涉, 合之而遂無分別也."

66) 『寒洲全書』 四, 『求志錄』, 卷11, 「太極圖箚疑」, 389쪽 상단 20행-하단 3행, "理與氣, 合看則不相離, 分看則不相雜. 然偏於合則有一物之病, 偏於分則有二本之疑. 其爲一物, 則理爲眞空, 而氣爲妙有; 其爲二本, 則理或作用, 而氣或主宰."

用論)으로 이간과 합간을 설명한다.

> 자취가 있어 운전(運轉)할 수 있는 것은 기이고 조리(條理)가 있어 난잡(亂雜)하지 않은 것은 리이다. 기라는 것은 리가 행하는 소이이고 리라는 것은 기의 그러한 소이이다. 형체로써 사물을 말하자면, 한갓 리가 하나가 아닐 뿐만 아니라 기도 역시 하나가 아니다. 그러나 리와 기는 상자(相資)하여 체(體)가 되고 상대(相待)하여 용(用)이 된다. 이미 서로 분리되지 않고 또한 서로 섞이지 않으니, '이간' 하고 '합간' 하여도 이물(二物)임을 방해하지 않는다.[67]

리와 기는 불상잡·불상리에 따라 이간할 수도 있고 합간할 수도 있지만, 합간하여도 본래 두 존재임은 변함이 없다는 것이다. 그러나 이진상은 '서로 분리되지 않음' 과 '섞이지 않음' 어느 한쪽에 치우칠 수 없음을 말하는 바, 당시의 성리학자들에 대하여

> 세상에서 리를 말하는 사람들이 '서로 섞이지 않음' 을 말하면 '서로 분리되지 않음' 을 고집하여 '서로 섞이지 않음' 을 배척하고, '서로 분리되지 않음' 을 말하면 곧 '서로 섞이지 않음' 을 고집하여 '서로 분리되지 않음' 을 공박한다.[68]

고 말한다. 이는 두 관점 중 어느 한 측면을 주장하게 되면 폐단이 있게 됨을 말하는 것이다. 그리하여 이진상은 리와 기의 관계를 더욱 구체적으로

67) 『寒洲全書』 五, 『辨志錄』, 卷1, 「困知記辨」, 367쪽 하단 3-8행, "理果何物也哉? 通天地亘古今, 無非一氣而已. 有迹而能運者氣也, 有條而不亂者理也. 氣者理之所以行也, 理者氣之所以然也. 以形言物, 則不徒理非一物, 氣亦非一物. 然理與氣相資以爲體, 相待以爲用, 既不相離又不相雜, 則離看合看, 而不害爲二物也."

68) 『寒洲全書』 四, 『求志錄』, 卷11, 「太極圖箚義」, 389쪽 상단 15-17행, "世之言理者, 纔說不相雜, 便執不相離者而駁之, 纔說不相離, 便執不相雜者而攻之."

설명하기 위한 방법론으로 수간 · 횡간 · 도간이라는 간법(看法)을 제시하고 더 나아가 역추 · 순추라는 유추법을 제시한다.

2) 豎看 · 横看 · 倒看의 看法

이진상은 리와 기의 합간과 이간을 토대로 하여 수간 · 횡간 · 도간의 간법을 제시한다. 리와 기의 서로 분리되지 않는 곳에 나아가 겸간(兼看)하면 횡간적 관점이고, 서로 섞이지 않는 곳에 나아가 전간(專看)하면 수간적 관점이 되는 바,[69] 분리되지 않는 곳에서의 수간하는 것도 좋은 관점이고 또한 섞이지 않는 곳에서의 횡간하는 것도 좋은 관점이나, 이 두 관점은 서로 공박하여 극단에 치우치는 것이 아니고 서로 보완적 관계에 있다는 것이다.[70] 수간 · 횡간 · 도간의 간법을 파악하기 위해서는 먼저 사물에 대한 '상대'〔對〕의 개념을 알아야 한다. 이진상은 '상대'에 대한 개념을 다음과 같이 말한다.

> 내가 지은 수(豎) · 횡(横) 두 설은 본래 옛날〔古學說〕의 장점을 모으고 지금〔今學說〕의 것과 약간 종합한 것이다. 대개 천하의 사물 중에서 단독자(單獨者)는 없고 '상대'가 있다. '상대'하는 것은 '수대(豎對)'로 하거나 '횡대(横對)'로 하거나 '측대(側對)'로 한다. '수대'는 부자군신(父子君臣)과 같고, '횡대'는 물아빈주(物我賓主)와 같고, '측대'는 요걸순척(堯桀舜跖)과 같으니, 하나를 가지고는 말할 수 없다. 태극이 비록 지극히 높아 상대가 없으나 이미 음양을 생하면 곧 음양과 상대가 된다. 〈왜냐하면〉 리와 기는 결단코 두 존재이기

---

69) 『寒洲全書』壹, 『寒洲集』, 卷五「上崔海庵(癸丑) 別紙」, 124쪽 하단34 18-19행, "理與氣, 不相離不相雜. 故就不相離處, 兼看則謂之横; 就不相雜處, 專看則謂之豎."

70) 『寒洲全書』四, 『求志錄』, 卷11, 「太極圖箚義」, 389쪽 하단 4-11행, "不離處, 正好豎看. (……) 不雜處, 正好横看. (……) 何將横攻豎之惑哉?"

때문이다.[71]

이진상은, 모든 사물은 '상대' 적으로 존재하기 때문에 리와 기도 마찬가지로 '상대' 적으로 존재한다고 하는 것이다. 이것은 주희가 말한 리와 기의 "결시이물(決是二物)"을 수용한 것이다. 이 "결시이물"을 토대로 한 수간과 횡간은 독창적으로 개발한 것이 아니라 인용문에서 제시된 바와 같이 '본래 옛날의 장점을 모으고 지금의 것과 약간 종합한' 것이다. 고학설(古學說)이라고 하는 것은 주희와 송익필(宋翼弼)[72]이 제시한 횡간할 때의 '좌양우음(左陽右陰)' 과 수간할 때의 '상양하음(上陽下陰)' 을 가리키며,[73] 금학설(今學說)이라고 하는 것은 한원진의 '정(性)과 정(情)을 수간과 횡간의 차원에서 분석하는 것'[74]과, 이진상의 숙부 이원조의 '동정설(動靜說)에서 수간 · 횡간 · 도간을 어느 한편에 치우치지 않는 것'[75]을 가리키는 것이다.

71) 『寒洲全書』 壹, 『寒洲集』, 卷16, 「答李舜文」, 377쪽 상단31 20행-하단32 5행, "鄙所著竪橫兩說, 固亦集古之長, 而寡諧於今者也. 蓋天下物事, 無獨有對, 而所以對之者, 或以竪對, 或以橫對, 又或以側對. 竪對, 如父子君臣; 橫對, 如物我賓主; 側對, 如堯桀蹻跖, 不可以一槪論. 太極, 雖莫尊無對, 旣生陰陽, 便與陰陽爲對, 此理被氣, 決是二物故也."

72) 宋翼弼: 1534~1599(중종 29~선조 32), 조선 중기의 성리학자, 자는 雲長, 호는 龜峯, 본관은 礪山. 경기도 고양 출신. 辛巳誣獄을 일으킨 宋祀連의 아들. 저서로는 『龜峯集』, 『太極問』, 『禮問答』, 『家禮註說』 등이 있다.

73) 『朱子語類』 下, 卷94, 「周子之書 · 太極圖」〈德明錄〉, 1089쪽 하단9 22-23행, "陰陽, 無處無之. 橫看竪看, 皆可見. 橫看, 則左陽右陰; 竪看, 則上陽下陰."
『龜峯集』, 卷3, 「太極問」, 416쪽 하단12 7-10행, "問: 陰陽定位, 等數分明, 而今乃倏忽變化. 橫看則左陽右陰, 竪看則上陽下陰, 仰手爲陽, 覆手爲陰, 向面爲陽, 背後爲陰, 北之陽, 乃南之陰, 東之下, 乃西之上. 如是幻易, 使人莫測, 亦何義耶?" 『龜峯集』은 민족문화추진회 영인본(『韓國文集叢刊』 42, 1991)을 저본으로 하였다.

74) 『南塘集』 下, 『經義記問錄』, 卷6 附錄, 「性情橫看圖」 「性情竪看圖」, 1366-1367쪽. 『南塘集』은 雅盛文化社 영인본(1976)을 저본으로 하였다. 이하 동일.

75) 『凝窩全集』, 卷12, 「雜著」, 218쪽 하단12 19행-219쪽 상단12 1행, "從纔發處推本說, 則七情主氣, 四端主理, 所謂理發而氣隨之, 此謂之橫看也. 蓋竪看則偏主於理, 倒看則偏主於氣, 橫看則理氣各有所主."; 222쪽 상단19 16행-하단20 2행, "竪對, 如言太極之靜而

이원조에 이르러 도간이 사용된 것은 전에 없던 것으로 조선유학사의 발전적 일면이다.[76] 즉, 이원조는 어느 한편에 치우치지 않아 회통(會通)할 수 있는 방안을 모색하였다고 볼 수 있을 것이다.[77]

이진상은 숙부인 이원조의 관점을 수용하여 수간 · 횡간 · 도간의 토대 위에서 자신의 성리설을 구축해 간다. 그가 말하는 '수'와 '횡'의 의미를 살펴보면 다음과 같다.

> 하나의 사물이 직하(直下)하는 것을 '수(豎)'라고 하고, 두 개가 상대하는 것을 '횡(橫)'이라 한다. 합하여 하나로 여겨야만 '수'를 말할 수 있는 바, 나누어 둘로 하면 어떻게 '수'가 되겠는가?[78]

수간은 하나의 물체가 직하하는 것과 같은 것으로 논리상 위에서 아래〔上 → 下〕로 내려가는 수직적 입장이다. 횡간은 두 개의 서로 다른 물체가 상대하고 있는 것과 같은 것으로 수평적인 관계이다. 그리하여 그는 수간과 횡간이 모든 기준이 되다고 여겨, "수간하면 표준〔中〕이면서 올바르고, 횡간하면 하나〔一〕이면서 평등하다"[79]고 한다. 그리고 이진상이 말하는 '도간'은 리와 기를 전이시키는 도립(倒立) · 도착(倒錯)을 의미하는 것이다.[80]

陰動而陽, 是也, 故曰動靜不同時; 橫對, 如言陰靜陽動, 是也, 故曰一動一靜互爲其根. 有何無動無靜竝行雙峙之可疑耶? 若以人心之發未發言之, 則靜而五性全具, 動而七情迭用, 豎對說也; 靜而動之機, 未嘗息, 動而靜之體, 未嘗亡, 橫隊說也."

76) 劉明鍾, 『韓國儒學硏究』 以文出版社, 1988, 357쪽.

77) 『凝窩全集』 1, 卷10, 「答文聖中(鎭洛)」, 179쪽 상단14 14-16행, "理氣四七之辨, 其說甚長, 而要不外渾淪分開四字, 偏主一邊, 不能相通, 最爲痼病, 合兩說而會通, 則無此疑與病耳." 참조.

78) 『寒洲全書』 壹, 『寒洲集』, 卷10, 「答李稚肅 別紙」, 237쪽 상단41 10-12행, "一物直下之謂豎 兩邊相對謂之橫 合而一之 方可豎說 分而兩之 奈何爲豎也"

79) 『寒洲全書』 參, 『直字心訣』, 「直字心訣序」, 611쪽 상단 17행, "豎看則中而正, 橫看則一而平."

다시 말하면 기를 통한 리의 인식을 말하는 것이다. 이진상은 수간·횡간·도간을 물〔水〕의 흐름으로 비유하여 설명한다.

> 이제 하나의 물(水)이 있으니 위로부터 수간하면 샘으로부터 바다에 이름에 물줄기가 비록 많으나 한결 같이 샘물이 흘러간 것이다. 가운데로부터 횡간하면 물이 샘에 있는 것은 말할 수 없으나 이미 흘러 버린 후에는 스스로 분류하나니 강이 발할 적에 '타(沱)'가 따르고 '하(河)'가 발할 적에 '제(濟)'가 타니 역시 옳지 않음이 없다. 그 아래로부터 도간하면 근원이 멀어서 볼 수 없고 물줄기가 많아서 헤아릴 수 없으니, 다만 그 물의 같음만을 알 수 있다. 그런데도 억지로 하나로 여기고자 한다면 '제'를 '하'라고 여기고 '위(渭)'를 가리켜 '경(涇)'이라고 하게 되니, 마침내 물을 알지 못하는 사람이다.[81]

물로 비유한 수간·횡간·도간 중에서, 수간은 원천이라고 하는 하나에서부터 다양하게 드러난 것으로 인식해 가는 것이며, 횡간은 하나에서 나온 것이 여러 갈래로 나누어졌을 때 상호 주된 관점〔所主〕이 있는 것을 인식하는 것이며, 도간은 다양하게 드러나 보이는 현상계로부터 원천으로 지향하는 방법이다. 다시 말하면, 수간은 보편적인 것으로부터 특수한 것으로의 연역해 가는 방법이며, 도간은 특수한 것으로부터 보편적인 것으로 귀납해 가는 방법이며, 횡간은 이 두 관점 가운데 선후 없이 어느 관점이든지 주로

80) 송찬식 교수는 豎·横·倒의 의미에 대해서 "豎는 垂直 時間 經縱 直立 南北 正의 뜻이 포함되어 있으며, 横은 水平·空間·緯·横臥·東西·左右의 뜻이 포함되어 있으며, 倒는 倒立 倒錯의 뜻이 포함되어 있다"고 한다(宋贊植, 「朝鮮朝末 主理派의 認識論理」, 『한국학보』 9, 1977, 58쪽).

81) 『寒洲全書』 四, 『求志錄』, 卷11, 「太極圖箚義」〈箚義後說〉, 423쪽 하단 12-18항, "今有一水焉, 從上而豎看則自泉放海; 派別雖多而一是泉之放也. 從中而横看, 則水之在泉者, 不須言而旣達之後, 便自分流, 江發而沱隨, 河發而濟乘, 亦無不可. 其自下而倒看者, 源遠而不可見, 派衆而不可數. 只知其水之同, 而强欲一之, 則認濟爲河指渭爲涇, 終非知水之人也."

해서 보는 것이다. 이진상은 43세 때 심치문(沈穉文)에게 보내는 서한에서 수간 · 횡간 · 도간의 관점을 밝힌다.

생각건대, '리와 기의 묘함' 은 서로 분리되지 않음과 서로 섞이지 않음의 관계에 있기 때문이니, 그 요점은 사람이 이간하느냐 합간하느냐에 달려 있다. 그러므로 본원상(本原上)에 나아가 수간하는 것이 있으며, 유행처(流行處)에 나아가 횡간하는 것이 있으며, 형적상(形迹上)에 나아가 도간하는 것이 있다. '리를 궁구하는' 〔窮理〕 시초는 도간하여야 근거한 바가 있게 되고, '리를 분석하는' 〔析理〕 정밀성은 횡간하여야 유실하는 바가 없게 되며, '리를 분명히 하는' 〔明理〕 극치는 수간하여야 그 참다운 진리를 얻는다.[82)]

A. 有就本原上豎看者 → 明理之極 豎看而得其眞

B. 有就流行處橫看者 → 析理之精 橫看而無所遺

C. 有就形迹上倒看者 → 窮理之始 倒看而有所據

리와 기는 서로 섞이지 않고 분리되지 않는 관계에 있다. '서로 분리되지 않음' 이란 리와 기가 사실적으로 분리되지 않는 상태이며, '서로 섞이지 않음' 이란 리와 기의 본질이 달라 각각의 독자성을 갖는 것이다. 이진상은 이를 기초로 하여 수간 · 횡간 · 도간을 제시한다. 수간의 방법은 A에서 같이 본원상에서 리를 위주로 한 것이며, 횡간의 방법은 B에서와 같이 유행처에서 리와 기 중 어느 것이든지 위주로 할 수 있는 것이며, 도간은 C에서와 같이 형적상에서 기를 위주로 하여 리를 궁구하는 것이다. 주지하다시피, 본원과 유행의 관점에서 리와 기를 파악한 적은 있었다. 일찍이 주희는 리와

82) 『寒洲全書』 壹, 『寒洲集』, 卷7, 「答沈穉文 別紙」, 174쪽 상단41 18행-하단42 1행, "竊念理氣之妙, 不相離不相雜. 要在人離合看. 故有就本原上豎看者, 有就流行處橫看者, 有就形迹上倒看者. 窮理之始, 倒看而有所據; 析理之精, 橫看而無所遺; 明理之極, 豎看而得其眞."

기의 흠궐(欠闕)의 문제를 파악할 때, '본원(本原)과 품부(稟賦)' 를 대비하여 말하고[83] 태극의 동정에 대한 문제에서는 '본체(本體)와 유행(流行)' 을 대비하여 말하였다.[84] 또한 한원진은 리기선후 문제를 파악할 때 '유행과 본원 및 품부' 라는 관점으로 말하였다.[85] 이진상이 본원과 유행을 수용하면서 형적을 말하는데 그 형적은 품부받은 형적상에서 리와 기가 전개되는 관점으로 볼 수 있을 것이다.

이 세 가지 관점은 리발(理發) · 기발(氣發)에 대한 다양한 관점을 제공한다. 즉, 수간은 형이상의 본원상에서 리가 발하는 것으로부터 파악하는 방법론이라면, 도간은 그와 반대로 형이하의 형적상에서 기가 발하는 다양한 개체의 변화와 운동의 자취에서 리의 본질을 궁구하는 방법론이다. 그리고 횡간은 유행처에 나아가 형이상과 형이하를 아울러 보기 때문에 사물의 운동 변화과정에서 형이상과 형이하 어느 것이든지 주된 관점이 될 수 있다는 것이다. 그리하여 횡간은 리와 기의 선후가 없는, 다시 말하면 보는 관점에 따라 각각 선후가 될 수 있다는 방법론이다. 이하에서는 이진상이 제시한 수간 · 횡간 · 도간의 간법(看法)을 살펴본다.

---

83) 『朱子大全』 中, 卷59, 「答趙致道」, 418쪽 하단54 4-7행, "若論本原, 則有理然後有氣, 故不可以偏全論. 若論稟賦, 則有是氣而後, 理隨以具, 故有是氣則有是理, 無是氣則無是理, 是氣多卽是理多, 是氣少卽是理少, 又豈不可以偏全論也?" 『朱子大全』은 중화당 영인본(1994)을 저본으로 하였다.

84) 『朱子大全』 中, 卷45, 「答楊子直」, 41쪽 상단5 9-12행, "謂太極涵動靜則可(以本體而言也), 謂太極有動靜則可(以流行而言也). 若謂太極便是動靜, 則是形而上下者不可分, 而易有太極之言, 亦贅矣."

85) 『南塘集』 下, 『朱子言論同異攷』 卷1, 「理氣」, 1134쪽 상단1 8-12행, "其論理氣先後, 或言本無先後, 此以流行而言也(以流行言則動靜無端 陰陽無始); 或言理先氣後, 此以本源而言也(以本源言則氣之生生, 必須以理爲本, 此不得不言理先氣後也); 或言氣先理後, 此以稟賦而言也(以稟賦言則時機凝聚, 理方具於其中, 此不得不言氣先理後也.)."

(1) 竪看

태극〔리〕과 음양〔기〕을 상하 수직적 상대로 대비시키는 수간은 '본원상'에서 참다운 진리를 밝히는 것이다. 다시 말하면 형이상학적 원리의 세계가 현상계의 근거임을 밝히는 것이다. 원리적 세계로서의 태극은, 형체도 없고 방소(方所)도 없지만, 사물이 있기 이전에도 존재하고 형체가 있는 사물〔음양〕과 동시에 있어도 무위적 존재가 아니어서, 온갖 운동변화의 가능근거〔萬化之頭腦〕이고 모든 사물의 존재근거〔品彙之根柢〕이다.[86] 다시 말하면 태극은 필연적 근거 또는 당위적 근거로 규정되는 것이다.[87] 수간은 음양이 생기기 이전 태극의 근원에서 동정(動靜)을 논리적으로 설명하는 것으로, 동(動)은 태극의 동이고 정(靜)은 태극의 정이 된다는 관점이다.[88] 수간하면 동과 정은 태극에 근거하는 것이며, 또한 그것은 태극〔리〕과 음양〔기〕이 결합할 수 있는 구조적 역할을 하는 것이다.[89] 이진상은 '동정' 에 대하여 다음과 같이 말한다.

> 양동음정(陽動陰靜) 위에서 말할 것 같으면 또한 활간(活看)하는 것이 좋다. 대개 양동음정은 원래는 태극이 아니고, 동이양(動而陽) · 정이음(靜而陰)이게 하는 까닭이 바로 태극이다.[90]

---

86) 『寒洲全書』 貳, 『理學綜要』, 卷1, 「天道(理之大原)第一上」, 19쪽 상단27 10-12행, "太極者, 無形體無方所. 立於無物之先, 而不待有寓; 著乎有形之後, 而不是無爲, 此誠萬化之頭腦, 品彙之根底(竪看)."

87) 李相益, 『畿湖性理學硏究』, 한울아카데미, 1998, 41쪽, 각주 30번 참조.

88) 『寒洲全書』 壹, 『寒洲集』 卷5, 「上崔海庵」〈別紙〉, 124쪽 하단34 19-20행, "夫直自太極源頭竪看, 則動是太極之動, 靜是太極之靜."

89) 『寒洲全書』 貳, 『理學綜要』 卷1, 「天道(理之大原)第一上」, 9쪽 하단8 8-9행, "按: 理氣動靜之論, 實基於周子圖說, 而太極理也, 陰陽氣也. 動靜者, 理氣之合縫處."

90) 『寒洲全書』 壹, 『寒洲集』 卷9, 「附動靜說條辨」, 200쪽 상단5 19행-하단6 1행, "若從陽動陰靜上說, 則亦可活看. 蓋陽動陰靜, 元非太極, 所以動而陽靜而陰者, 乃是太極也."

현상적으로 보이는 양동과 음정은 태극 자체는 아니다. 태극은 운동변화할 수 있는 가능근거로서 말하는 것이다. 그래서 수간하면 태극은 음양보다 이전에 존재하고, 음양의 존재는 바로 태극에 근거하는 것이니,[91] 음양 자체가 저절로 생기는 것은 아니다.[92] 음양이 되게 하는 근거로서의 '소이'는 태극이다. 태극에서 음양이 되는 과정을 순차적으로 말하면 태극 → 동정 → 음양의 순이다. 그리하여 태극〔리〕과 음양〔기〕을 수간하면 리는 항상 앞에 존재하고 기는 항상 뒤에 존재하는 것이다.[93] 리가 기보다 앞서 존재한다는 '선후'는 시간적인 것이 아니라 논리적 인과성이고 가치적인 서열이다.[94] 그러나 이진상의 수간의 관점에서 드러난 '선후'는 가치적 선후도 있겠지만, 보다 원리적 또는 논리적 선후를 주장하는 면이 강하다. 리기선후의 문제는 리와 기의 대등한 관계를 말하는 것이 아니라, '결시이물'로서 리는 기의 근본이 되고 유행처에서 기를 타는 것을 말한다.[95] 현상적으로 리와 기를 인식할 때 두 존재가 대등하게 있는〔有是理, 便有是氣〕 것처럼 보이지만, 리는 근본이고 기는 리로부터 말하는 것이 수관의 관점이라 할 수 있다.[96]

이진상은 리의 체용에서 수간하면, 리 → 체 → 정, 리 → 용 → 동이 되는

91) 『寒洲全書』 壹, 『理學綜要』 卷1, 「天道(理之大原)第一上」, 20쪽 하단30 5-8행, "陰陽之生, 實由於太極動靜, 則從太極言動靜, 從動靜言陰陽, 豈容無漸次也? 竪看, 則太極在陰陽之先."

92) 『寒洲全書』 五, 『求志錄』 卷11, 「太極圖箚義」, 398쪽 상단 1-2행, "從理竪看, 則理有動靜, 方生陰陽, 而初非陰陽之自生也."

93) 『寒洲全書』 五, 『辨志錄』, 卷2, 「四七辨」, 433쪽 하단 14행, "竪看說, 則理常在先, 氣常在後."

94) 조성을 · 이동철 역, 戶川芳郎 · 蜂屋邦夫 · 溝口雄三 저, 『유교사』, 이론과실천, 1994년, 279쪽.

95) 『寒洲全書』 四, 『求志錄』, 卷11, 「太極圖箚義」, 389쪽 하단 3-4행, "竊謂: 不離處正, 好竪看. 竪看, 則理乃氣本, 而氣爲理乘(所乘)矣."

96) 『朱子語類』 上, 卷1, 「理氣上 · 太極天地上」, 147쪽, 상단1 27행 (夔孫錄), "有是理, 便有是氣. 但理是本, 而今且從理上說氣."

도식적 관계로서 리는 기보다 이전에 존재하고 기의 주인이 된다고 한다.[97] 이러한 구도에서 보면 태극의 동정은 천명의 유행이고, 음양은 태극이 동정할 때 받드는 것에 불과하다.[98]

이진상은 심성론의 성과 정의 원리적 관계를 수간으로서 다음과 같이 말한다.

> ① 태극은 성과 정의 묘함이니 바로 일동일정(一動一靜)이 미발이발(未發已發)의 리라고 하며, ② 충막무짐(沖漠無朕)은 리의 체(體)이고 수우발현(隨遇發見)은 리의 용(用)이라고 하며, ③ 느끼지 아니하였을 적에는 혼연(渾然)한 천리(天理)이고 느꼈을 적에는 리가 발한 것이라고 하며, ④ 발이중절(發而中節)은 마음속에 있는 리가 밖으로 발현된 것이라고 하며, ⑤ 인(仁)은 바로 측은(惻隱)의 리이나 그것이 발출(發出)하여야 측은이 있고, 의(義)는 바로 수오(羞惡)의 리이나 그것이 발출하여야 수오가 있다고 한다. 이 다섯 가지가 수간설(竪看說)이다.[99]

이는 수간설을 다섯 가지로 구분한 것이다. 즉, 첫째는 태극(太極) = 성(性) → 정(靜): 미발; 정(情) → 동(動): 이발이 되는 도식적 구조를 하나의 리라는 관점에서 말하는 것이고, 둘째는 가능태(可能態)로서의 리의 체(體)와 실현태(實現態)로서의 리의 용(用)을 말하는 것이고, 셋째는 외부 사물에

---

97) 『寒洲全書』 壹, 『寒洲集』, 卷33, 「太極圖箚義」〈箚疑後說〉, 704쪽 상단7 17-18행, "竪看, 則理在氣先. 理爲氣主, 而靜則理之體, 動則理之用也."

98) 『寒洲全書』 四, 『辨志錄』, 卷2, 「四七辨」, 418쪽 하단 7-9행, "竪看說, 則理在氣先, 而靜卽理之體, 動卽理之用, 天命之流行, 莫非太極之動靜也, 太極動靜而陰陽承之矣."

99) 『寒洲全書』 壹, 『寒洲集』, 卷7, 「答沈穉文」〈別紙〉, 174쪽 하단42 4-9행, "曰: 太極者性情之妙, 乃一動一靜, 未發已發之理. 又曰: 沖漠無朕, 理之體; 隨遇發見, 理之用. 又曰: 未有感時, 便是渾然天理, 及其有感, 便是此理之發. 又曰: 發而中節, 卽此在中之理, 發見於外. 又曰: 仁, 却是惻隱之理, 發出來方有惻隱; 義, 却是羞惡之理, 發出來, 方有羞惡, 此竪看說也."

대한 감응의 여부에 의해 구별되는 것이고, 넷째는 정(情)이 발현되어 절도에 모두 알맞은 리가 그대로 발현된 것이며, 다섯째는 '인'이 그대로 발출하여 측은의 감정이 되고 '의'가 그대로 발출하여 수오의 감정이 되는 것을 말하는 것이다. 그리하여 이진상은 사단과 칠정이 횡수(橫遂)와 직수(直遂)에 의해 구분되고 인심과 도심이 사사로움〔私〕과 올바름〔正〕에 의해 구분되었다고 말하나 이는 모두 성에서 발한 것이므로 기발(氣發)이 아니고 모두 리발(理發)이고 선과 악은 리가 발할 때 기의 순응여부에 두는 것이라고 한다.[100] 이러한 관점이 바로 심성론에서 수간이다. 이것은 성과 정을 다른 존재로 보는 것이 아니다. 다시 말하면 성은 하늘로부터 품부받은 것이고 정은 성이 발현한 것이다.

리는 기를 타고 발하는 것이고 또한 리가 발할 때 기는 그것을 부축하는 것이어서, 발할 것은 리이고 발하는 것을 기라 하는 것이다.[101] 즉, 본원으로부터 수간하면 리는 기를 타고 곧바로 발할 뿐이어서 원래 리와 기가 상대하고 갈라져 각각 나오는 때가 없는 것이다.[102] 그리하여 수간의 간법에서 보면, 이이의 '기발리승일도설(氣發理乘一途說)'을 부정하고 이황의 '리기호발설(理氣互發說)' 가운데 오직 '리발이기수지(理發而氣隨之)'만을 인정하고 있다. 하지만 이진상은 지나치게 수간을 주로 하게 되면 하나의 물건이 되는 것으로 착각하는 병폐에 빠진다고 경계하고 있다.[103]

100) 『寒洲全書』 四, 『求志錄』, 卷11, 「太極圖箚義」〈箚義後說〉, 423쪽 하단 6-8행, "四七雖分橫直, 人道雖分私正, 而皆自性發. 非有二岐, 則性卽理也, 不可謂之氣發. 其善也, 理發而氣隨之也; 其惡也, 理發而氣掩之也. 此則豎看說也."

101) 『寒洲全書』 五, 『辨志錄』, 卷2, 「四七辨」, 418쪽 상단 6-7행, '豎看說, 則理乘氣而發也, 理發而氣夾之也, 發者理, 發之者氣也."

102) 『寒洲全書』 五, 『求志錄』 卷23, 「退溪集箚疑」, 309쪽 하단 9-10행, "從本原豎看, 則只是理乘氣而直發, 元無理氣相對, 分岐各出之時."

103) 『寒洲全書』 壹, 『寒洲集』 卷10, 「與姜耘父(丁巳)」, 218쪽 하단4 5-6행, "主豎者 或歸於一物."

(2) 橫看

횡간은 유행처에서 리와 기를 동시에 언급되는 방법론이다. 유행처란 태극의 동정에 의해 음양이 생기면 태극〔리〕과 음양〔기〕이 현상적으로 서로 분리되지 않아 선후가 전혀 없는 것을 말하는 것이다. 태극음양〔리기〕의 선후는 수간의 관점에서 보면 반드시 태극선음양(太極先陰陽後: 理氣先後)이지만, 횡간의 관점에서 보면 태극은 음양 가운데 내재하고 있는 것이다.[104] 그래서 태극과 음양은 선후가 없다. 그러나 '선후가 없다' 는 이 말은 리와 기가 서로 선후가 될 가능성을 지니고 있는 것이다.[105] 수간에서의 선후는 가치적 · 원리적 · 논리적인 입장이 강하게 드러났지만, 횡간의 관점에서의 선후는 관점에 따라 태극을 주로 할 것인가 아니면 음양을 주로 할 것인가의 관점을 말한다 하겠다. 즉, 이는 태극과 음양의 어느 일면만을 주장하는 것이 아니라, 유행처에서 인식상 어느 면을 주장하느냐의 관점을 말하는 것이다.

이진상은 태극과 음양으로 구분하여 횡간할 때, 음과 양이 상대하여도 태극은 음과 양 두 측면에 내재하기 때문에 태극과 음양〔기〕을 동시에 말할 수 있다고 한다.[106] 유행처에서 태극(太極) → 동(動) → 양(陽) → 용(用), 그리고 태극(太極) → 정(靜) → 음(陰) → 체(體)가 되는 것이 횡간의 관점이다.[107] 따라서 유행처에서 횡간하면 형이상학적 본체의 측면〔主太極〕과 형이하학적 현상의 측면〔主陰陽〕이 동시에 언급되는 바, 이진상은 이를 자연

---

104) 『寒洲全書』 貳, 『理學綜要』, 卷1, 「天道第一上」, 20쪽 하단30 8-9행, "橫看, 則太極在於陰陽之中."

105) 『寒洲全書』 五, 『辨志錄』, 卷2, 「四七辨」, 433쪽 하단 14행, "橫看說, 則理或先氣, 氣或先理(大原稟賦)."

106) 『寒洲全書』 壹, 『寒洲集』, 卷15, 「答許退而」 〈別紙〉, 350쪽 상단15 6-7행, "橫看分處, 則陰陽相對而太極無不在焉, 故兼氣立說."

107) 『寒洲全書』 壹, 『寒洲集』, 卷5, 「上崔海庵」 〈別紙〉, 124쪽 하단34 20행 125쪽 상단35 2행, "自其流行處橫看, 則動便屬陽, 太極乘陽而用行, 靜便屬陰, 太極乘陰而體立."

학적 입장에서 다음과 같이 말한다.

> 횡간하면 주태극(主太極)과 주음양(主陰陽)의 분별이 있다. 원(元)·형(亨)·이(利)·정(貞)의 리가 목(木)·화(火)·금(金)·수(水)의 기를 타고 사계절〔春·夏·秋·冬〕에서 유행한다. 원은 낳고 형은 자라고 이는 이루고 정은 견고하다는 것은 리가 주(主)가 되고 기는 자(資)가 되는 것이다. 비〔雨〕·우레〔雷〕·안개〔霧〕·번개〔電〕·구름〔雲〕·서리〔霜〕·바람〔風〕의 기가 양건(陽健)·음순(陰順)의 리를 끼고 사계절의 속에서 교착(交錯)하여 상서로움이 되기도 하고 혹 멸망하는 것은 곧 기가 주(主)가 되고 리는 묘(妙)가 되기 때문이다. 태극이 움직일 때에 음양이 끼고 음양이 운전할 때는 태극이 탄다.[108)]

위 예문에서 '리주기자(理主氣資)' 는 수간의 관점에서 보는 형이상학적 원리의 측면이고, '기주묘리(氣主理妙)' 는 도간의 관점에서 보는 형이하적 현상의 측면이다. 그래서 태극이 움직일 때 음양이 끼고 음양이 운전할 때 태극이 탄다는 것은 곧 '주태극' · '주음양' 의 전개이다. 횡간은 리일변(理一邊)만을 주장하거나 또는 기일변(氣一邊)만을 주장하는 것이 아니라, 두 차원을 모두 포섭하여 주된 관점〔主〕에 따라 이해하는 방식이다. 그러므로 태극〔리〕과 음양〔기〕의 선후성으로 보면, 리는 기보다 앞서기도 하고 기가 리보다 앞서기도 하는 것이어서, 주희가 말하는 형이상학적 측면의 본원(本原)과 형이하학적 측면의 품부(稟賦)를 동시에 말하는 것이다.[109)] 리기는

108) 『寒洲全書』 五, 『辨志錄』, 卷2, 「四七辨」, 418쪽 하단 9-15행. "橫看說, 則有主太極主陰陽之別, 元亨利貞之理, 乘那木火金水之氣, 而流行於春夏秋冬之時, 元以生之, 亨以養之, 利以遂之, 貞以固之者, 卽理爲主而氣爲資者也; 雨雷霧電雲霜風之氣, 夾那陽健陰順之理, 而交錯於春夏秋冬之間, 或爲祥或爲沴者, 卽氣爲主而理爲妙者也; 太極動而陰陽夾之, 陰陽運而太極乘之矣."

109) 『寒洲全書』 五, 『辨志錄』, 卷2, 「四七辨」, 433쪽 하단 14행, "橫看說, 則理或先氣, 氣或先理(大原稟賦)."

서로 선후가 되기도 하고 또는 주체와 객체가 되기 때문에, 리를 중심으로 보면 기는 단순히 리에 의지하는〔理動氣挾〕 입장이고, 기를 중심으로 보면 리는 단순히 기를 따르는〔或氣動理隨〕 입장이다.[110] 그런데 이진상은 기로부터 횡간하는 것을 말한다.

> 기로부터 횡간하면 본말(本末)이 없고 선후(先後)가 없다. 또한 리와 기가 이미 서로 분리될 수 없다면 기의 본말이 곧 리의 본말이고 기의 선후가 곧 리의 선후이지, 반드시 피유(彼有)·차무(此無)의 리는 없다. 담일청허(湛一淸虛)가 기의 근본이라면 담일청허한 가운데 리가 더 추가되는 것이 아니고, 조박외로(糟粕煨燼)가 기의 끝(末)이라면 조박외로 가운데 리가 사멸되는 것이 아니다.[111]

리와 기가 항상 동시에 존재하는 것이나, 리와 기를 합간〔不相離〕하여 기의 관점에서 보면 선후와 본말이 없다. 그런데, 이진상은 "섞이지 않는 곳에서 횡간하는 것이 좋다. 횡간하면 기와 리가 함께 존재하는 것으로서, 리는 기에 끼어 있는 것이다"고 한다.[112] 이것은 원래 '서로 분리되지 않는' 관점에서 횡간하는 것이 원칙이나 '서로 분리되지 않음'을 지나치게 주장하면 하나가 되는 병폐가 있기 때문에 이렇게 말한 것으로 생각된다.

이진상은 횡간의 관점에서 성과 정의 묘함을 구분하여 다음과 같이 말하

---

110) 『寒洲全書』 四, 『求志錄』, 卷11, 「太極圖箚義」〈箚疑後說〉, 423쪽 하단 19-20행, "橫看則理氣, 迭相先後(朱子本原稟賦), 迭相賓主, 而或理動氣挾, 或氣動理隨."

111) 『寒洲全書』 五, 『辨志錄』, 卷2, 「四七辨」, 432쪽 하단 3-7행, "從氣橫看, 而無本末無先後者也. 且理氣旣不能相離, 則氣之本末, 卽理之本末, 氣之先後, 卽理之先後, 必無彼有此無之理. 湛一淸虛爲氣之本, 則湛一淸虛之中, 理不添也; 糟粕煨燼爲氣之末, 則糟粕煨燼之中, 理不滅也."

112) 『寒洲全書』 四, 『求志錄』, 卷11, 「太極圖箚義」, 389쪽 하단 5행, "不雜處正好橫看, 橫看則氣與理俱, 而理爲氣夾矣."

기도 한다.

> 횡간하면 성과 정의 묘함〔妙〕이 모두 심에 모인다. 그런데 심이 지각하는 바가 동일하지 않으니, 그 발하는 것이 혹은 리를 따르기도 하고 혹은 기를 따르기도 하므로, '리발(理發)'과 '기발(氣發)'로 구분하는 말이 생기는 것이다.[113)]

심의 지각에 따라 리발과 기발을 구분한 것은 원래 이황의 리기호발설을 염두에 둔 것이라 하겠다. 그리하여 횡간하면 리에서 발현되는 경우도 있고 또한 기로부터 발현되는 경우도 있다. 이진상은 이에 대해 "이미 발현된 후에 횡간하여 소종래(所從來)의 묘맥(苗脈)을 분변하면, 기에서 생기는 것을 기발이라고 하고 리에서 근본하는 것을 리발이라 한다. 이는 원래 기발에 소승지리(所乘之理)가 있고, 리발에 소수지기(所隨之氣)가 있는 것이다"[114)]고 한다. 이는 현상적으로 이미 발현한 후에 논리적으로 고찰하면 리가 발하기도 하고 기가 발하기도 한다는 것이다. 즉 그 소종래의 됴맥이 동일하지 않기 때문에 그 명칭과 의의가 서로 다름을 가리키는 것이다. 그리하여 이진상은 맹자의 사단은 다만 리로부터 발한 것으로 도심(道心)에 부합되는 것이고 「예운(禮運)」의 칠정은 다만 기로부터 발한 것으로 인심(人心)에 부합되는 바, 이것이 주희와 이황의 호발론(互發論)의 근본이라고 한다.[115)] 기에 감응되어 기를 따르면 기가 도리어 중심이 되고, 리에 감응되어 리를

---

113) 『寒洲全書』 五, 『辨志錄』, 卷2, 「四七辨」〈後說〉, .446쪽 상단 2-3행, "其橫說, 曰性情之妙, 統會於心, 而心之所覺不同, 其發也, 或從理或從氣, 所以有理發氣發之分言也."

114) 『寒洲全書』 四, 『求志錄』, 卷12, 「近思錄箚疑」, 457쪽 상단 21행-하단 2행, "橫看於旣發之後, 而辨其所從來之苗脈, 則生於氣者, 謂之氣發, 根於理者, 謂之理發. 而氣發者, 元有所乘之理; 理發者, 元有所隨(乘故自隨)之氣也."

115) 『寒洲全書』 四, 『求志錄』, 卷12, 「近思錄箚疑」, 457쪽 상단 17-19행, "孟子之四端, 獨言其從理發者, 而合乎道心之說, 禮運之七情; 獨言其從氣發者, 而合乎人心之說, 此朱李互發之論所本也."

따르면 리가 주인이 된다.[116)]

결론적으로 횡간의 관점에서 보면, 유행처에서는 태극과 음양은 선후가 없음과 동시에 서로 선후가 될 가능성을 내포한 것이며, 심성론에서는 심이 무엇을 지각하느냐에 따라 리가 발하느냐 기가 발하느냐라는 호발론이 성립될 수 있는 것이다. 하지만 이진상은 횡간만을 주로 하게 되면 두 갈래로 되는 것으로 착각하는 의혹을 면하지 못한다고 경계하고 있다.[117)]

(3) 倒看

이진상은 도간을 정의하기를, 형적상(形迹上)에서 리와 기를 파악하는 것으로서, 궁리(窮理)의 시작이라고 한다. 이진상이 말하는 '형적상'은 현상계에서 구체적으로 드러난 개개 사물을 의미하는 것이며, '궁리'는 개개 사물의 형적상 이면에 내재된 리를 궁구하는 것이다.

주희는 태극과 동정을 다음과 같이 말한다.

> 천지 사이에는 동과 정의 두 단서가 순환하여 그치지 아니할 뿐, 다시 그밖의 일이 있는 것은 아니니, 이것을 역(易)이라 한다. 그런데 그 동정하는 데에는 반드시 동정하는 까닭의 리가 있으니 이것이 이른바 태극이다.[118)]

우주의 구체적 사물에는 동과 정의 두 단서가 끊임없이 순환하고 있는 바, 그렇게 하는 소이가 바로 태극〔리〕이다. 다시 말하면 동과 정이 끊임없

116) 『寒洲全書』 四, 『求志錄』, 卷11, 「太極圖箚義」〈箚義後說〉, 423쪽 하단 9-11행, "其或謂理發, 或謂氣發者, 見其苗脈之不同, 而指其名義之互主也. 感於氣而從氣者, 氣反重, 感於理而從理者, 理爲主, 此則橫看說也."

117) 『寒洲全書』 壹, 『寒洲集』 卷10, 「與姜耘父(丁巳)」, 218쪽 하단4 5-6행, "主竪者, 或歸於一物."

118) 『朱子大全』 中, 卷45, 「答楊子直」, 40쪽 하단14 12-14행, "蓋天地之間, 只有動靜兩端, 循環不已, 更無餘事, 此之謂易, 而其動其靜, 必有所以動靜之理, 是則所謂太極者也."

이 순환하는 '변역의 세계'〔生成變化〕 곧 현상계에는 반드시 그렇게 하는 원인으로서 리가 존재하는 것이다. 즉 '변역하게 하는 법칙이 있으므로 변역하는〔生成變化〕 현상이 있다'는 것이다. 이진상은 주희의 이 말이 바로 도간설이라고 설명한다.[119] 즉, 동과 정이 끊임없이 순환하는 가운데 동정의 리를 궁구하는 것이 도간이다. 다시 말하면 변화 그 자체의 이면에 내재한 법칙으로서의 태극〔리〕을 궁구하는 것, 즉 현상을 통해서 형이상학적 원리를 파악하는 것이 도간이다. 이진상은 변화 자체에 입각하여 기발의 차원을 다음과 같이 설명한다.

> 혹 오로지 기발이라고만 하는 것은 그 작용의 형세가 중요한 것을 보고 그 형적의 근거될 수 있음을 가리킨 것이니, 이것이 도간설이다.[120]

생성변화하는 현상계는 기의 운동을 통해 전개된다. 그래서 인간이 보는 것은 시시각각으로 변화하는 형이하학적 현상이다. 하지만 시시각각으로 변화하는 현상계에서 그 근거되는 까닭을 궁구하는 시발점이 바로 도간이다. 이는 형이상학적 법칙 또는 원리에서 보는 관점이 아니고, 먼저 인식상 현상으로 보이는 형체에서 리를 탐구하고 궁구하는〔卽物而窮理〕 방법이다.

이진상이 말하는 도간은 궁리의 시작이기 때문에, 변화하는 현상에서 리〔太極〕를 궁구해야만 하는 것이다. 하지만 기의 '동정' 또는 '기발' 만을 강조하는 선유들은 현상계의 원리로서의 리를 경시하는 경향 때문에 실재하는 사물의 형적만을 강조한다고 하여 그 폐단을 다음과 같이 지적한다.

---

119) 『寒洲全書』 壹, 『寒洲集』, 卷7, 「答沈穉文」〈別紙〉, 174쪽 하단42 1-3행, "故朱子曰天地之間, 只有動靜兩端 循環不已, 此之謂易, 而其動其靜, 必有所以動靜之理. 此倒看說也."

120) 『寒洲全書』 壹, 『寒洲集』, 卷33, 「太極圖箚義後說」, 704쪽 상단7 15-17행, "其或專謂之氣發者, 見其作用之勢重, 而指其形迹之可據也, 此則倒看說也."

도간할 때에 단지 기의 운용(運用)만을 보고 리의 충막(冲漠)은 보지 않는다. 그러므로 우주의 조화를 모두 기화(氣化)로 한다면 태극은 공적(空寂)으로 전락할 것이고, 내 마음의 발현을 모두 기발로 한다면 성명(性命)은 거의 멸식(滅息)할 것이다. 그것〔성명〕이 사물(死物)로서의 차승(借乘)이고 시위(尸位: 제사 때의 尸童의 자리)로서의 허위(虛位)가 된다면 도리어 무엇이 이롭겠는가?[121]

리와 기를 합간의 방법론으로서 고찰해 보면 리와 기는 합일 내지 혼일(混一)한 상태이다. 도간은 구체적 사물〔형이하〕에 내재된 리를 궁구하는 것인데, 그 리를 궁구하지 못하고 사물에 치우쳐 기발일로(氣發一路)만을 주장하게 되면, '궁극적 근본'〔綱頭〕에 이르지 못하고 도리어 본말이 전도되는 양상이 되는 것이다.[122]

도간의 관점에서 리와 기를 보면 사실 사물에 내재된 리가 상대적으로 약화되고 현상계에서 운용하는 기에 중심이 있다 하겠다. 하지만 도간은 기를 통해서 그 기에 내재된 리 즉 충막무짐(沖漠無朕)한 형이상의 리를 궁구하고 인식해야 한다는 관점에서 제시된 것이다. 만약 현상계만을 보고 기의 동정이나 기발만을 인정하면, 태극과 성명은 유명무실하게 된다. 그러므로 사물을 인식하는 과정에서는 기에 비해 상대적으로 리는 약하지만, 부득이하게 기에 의존하여 리를 인식하는 다시 말하면 '나물에 나아가 리를 궁구하는'〔卽物而窮理的〕 방법을 도간이라고 말하는 것이다.

---

121) 『寒洲全書』 五, 『辨志錄』, 卷2, 「四七辨」, 412쪽 하단 14-17행, "倒看, 則只見得氣之運用, 而理之沖漠, 不可見. 故便以天地之化, 皆作氣化, 而太極淪於空寂矣. 吾心之發, 皆作氣發, 而性命幾乎滅息矣. 其爲死物之借乘, 尸位之虛尊, 顧何益哉?"

122) 『寒洲全書』 五, 『辨志錄』, 卷2, 「發於理發於氣只是大綱說」 407쪽 상단 8-9행, "今只得從下倒看, 而便氣發一路者, 見未到綱頭, 而只擧一邊認綸爲經者也." 綸과 經에 대한 의미는 『中庸』 32장 "唯天下至誠, 爲能經綸天下之大經, 立天下之大本, 知天地之化育, 夫焉有所倚?" 에서, 주희의 『中庸章句』 「集註」, 830쪽 상단 3-6행, "經者其緖而分之 綸者比其類而合之" 참고. 『中庸』과 『中庸章句』는 성균관대학교 대동문화연구원 영인본(『經書』, 1968)을 저본으로 하였다. 이하 동일.

3) 逆推 · 順推의 類推法

이진상은 자신의 성리설을 구축하는 데 있어 수간 · 횡간 · 도간의 방법론을 이용하면서 더 나아가 순추(順推) · 역추(逆推)라는 유추법과 연관시켜 전개하기도 한다. 이진상은 『대학』의 팔조목(八條目)과 『중용』의 비은(費隱) 등을 통해 순추와 역추를 설명한다.[123] 하나의 목표를 알기 위한 공부(工夫) 방법으로서는 역추를 말하고, 공효(功效)는 어떠한 것도 조장하거나 엽등(躐等)함이 없어야 한다는 점에서 순추로 설명한다. 그는 이러한 유추법을 발전시켜 태극과 음양의 관계에 대해서도 설명한다.[124]

이진상은 주희의 "현재의 사물에서 보면 음양은 태극을 포함하고, 그 근본을 추론해 보면 태극이 음양을 생한다"[125]는 말을 역추와 순추로 다음과 같이 말한다.

> 사물을 보는 것은 역추이고 그 근본을 추론하는 것은 순추이다. 역추는 사람이 보는 시작이고 순추는 천리의 근원이다. 사물상에서 역추하면 실상에 의지하고 원리하에서 순추하면 참〔眞〕을 얻는다.[126]

---

123) 『寒洲全書』 四, 『求志錄』, 卷4, 「中庸箚疑」, 158쪽 상단 4행-하단 2행, "遠之近, 道之無間於彼此, 而此爲彼之由; 風之自, 道之無間於表裏, 而裏爲表之主; 微之顯, 道之無間於費隱, 而費爲隱之用也. 此段言誠之之道, 而三知字, 皆致知之事. 今以大學序推之, 遠之近, 平天下之本於治國, 而治國之本於齊家也; 風之自, 天下國家之本在身, 而身之本在心也; 微之顯, 誠意正心以下順推工夫也."

124) 『寒洲全書』 四, 『求志錄』, 卷1, 「大學箚義」, 17쪽 상단 10-12행, "工夫則逆推, 而功效則順推. 蓋工夫則欲其先知, 究竟有所向望, 故自遠而逆推來; 功效則不可欲速助長, 躐等忘求, 故自近而順推去."

125) 『朱子語類』 下, 卷75, 「易11 · 繫辭上之下」 〈學履錄〉, 913쪽 하단15 14-15행, "自見在事物而觀之, 則陰陽函太極; 推其本, 則太極生陰陽."

126) 『寒洲全書』 貳, 『理學綜要』, 卷1, 「天道第一上」, 12쪽 하단14 17-19행, "觀乎物者, 逆推也; 推其本者, 順推也. 逆推者, 人見之始; 順推者, 天理之原. 物上逆推, 則靠實; 理下順推, 則得眞."

곧 역추는 사물을 보는 것으로 인식의 시작점이며, 순추는 근본을 추론하는 것으로 천리의 근원이다. 역추는 '현재의 사물에서 보면 음양은 태극을 포함한다' 는 측면을 말하는 것이고 순추는 '그 근본을 추론해 보면 태극이 음양을 생한다' 는 측면을 말하는 것이다. '현재의 사물에서 보면 음양은 태극을 포함한다' 에서 중심점은 태극보다는 음양에 있다. 왜냐하면 음양이 태극을 포함하고 있기 때문이다. 그래서 역추한다는 것은 사물 곧 음양에 의지하여 태극을 추론하는 것이다. 반면에 '그 근본을 추론해 보면 태극이 음양을 생한다' 에서 중심점은 태극에 있다. 왜냐하면 태극이 음양을 생하기 때문이다. 그래서 순추한다는 것은 태극에서 음양이 나오는 것을 추론하는 것이다. 순추는 근원적 리〔원리〕에서 현상적 기〔현상〕로 설명해 가는 방법이고, 역추는 이와는 반대로 현상적 기에서 근원적 리를 추론하는 방법이다.

이진상은 순추와 역추의 관점을 『주역』과 「태극도설」에 근거를 두면서 다음과 같이 말하였다.

> 부자(夫子: 공자)가 이미 『주역』에서 태극을 말하여 비로소 원리하에서 음양을 말하였다. 주렴계는 음양권내(陰陽圈內)에서 태극의 본체를 안착시키고, 태극이 형체가 있는 것으로 의심할까 두려워 다시 위에 도출시켜, 동양정음(動陽靜陰)의 근본으로 삼았다.[127]

> 공자가 '역(易)에 태극이 있다' 고 하고, 주자(周子: 주돈이)가 음양권내에서 태극인 본체를 도출한 것은 바로 기(器)로 인하여 도(道)를 밝힌 것이다. 사람이 보는 것으로부터 역추하면 이와 같다. 그러므로 주자(朱子: 주희)는 분리되

---

127) 『寒洲全書』 貳, 『理學綜要』, 卷1, 「天道第一上」, 12쪽 하단14 19행-13쪽 상단15 4행, "故夫子旣從易上說太極, 而方從理下說陰陽; 廉溪亦於陰陽圈內, 安了太極本體, 而見得太極疑於有形, 故挑出在上, 以爲動陽靜陰之本."

지 않는 실상을 먼저 하였다. 공자는 태극이 양의(兩儀)를 생한다고 하고, 주돈이는 태극이 음양을 생한다고 한 것은 바로 도를 먼저 하고 기를 뒤로 함이다. 천도(天道)로부터 순추하면 이와 같다. 그러므로 주자(주희)도 또한 섞이지 않는 묘함〔妙〕을 가지고 이를 계승하였다.[128)]

리〔태극〕와 기〔음양〕의 관계는 역추할 수도 있고 순추할 수도 있다. 리와 기는 역추하면 '서로 분리되지 않음'이 되고, 순추하면 '서로 섞이지 않음'이 된다. 다시 말하면 역추와 순추도 이간과 합간이 그 기저에 있는 것이다.

역추는 '종인견(從人見)'의 차원 곧 사람이 인식할 수 있는 현상계의 개개 존재에 나아가 원리〔도〕를 밝히는 것이다. 그 반면에 순추는 '유천리(由天理)'의 차원 곧 원리를 먼저 밝히고 개개 존재를 뒤로 하는 것이다. 역추는 사람이 구체적인 사물〔器〕을 보는 상황에서 형이상학적 도를 밝히는 입장, 즉 구체적인 사물〔생생하게 변화하는 陰陽圈內〕에 나아가 추상적인 도〔본체〕인 태극을 밝히는 관점이므로, 구체적인 사물을 선구(先究)하는 것이고 형이상의 도는 후구(後究)하는 것이다. 그리하여 이진상은 공자와 주돈이도 현상에서 리를 추론하는 역추를 사용하였으나 그 경계〔界分〕와 차서(次序)가 조금도 난잡스럽거나 문란하지 않았다고 한다.[129)]

그러나 「태극도해」를 그림의 순서에 따라 순추하게 되면 태극 → 동정 → 음양의 관계가 되는 것이기 때문에, 현상계의 동정은 태극으로부터 나오는 것임을 설명하는 것이다.[130)] 순추는 구체적인 사물이 되도록 하는 원리의

128) 『寒洲全書』 壹, 『寒洲集』, 卷11, 「答金聖汝」 256쪽 상단25 15행-하단26 1행, "夫子之言, 易有太極, 周子之於陰陽圈內, 挑出太極本體者, 是乃因器而明道也. 從人見, 而逆推則如此, 故朱子亦以不離之實先之. 夫子之言, 太極生兩儀, 周子之言, 太極生陰陽者, 是乃先道而後器也. 由天道, 而順推則如此, 故朱子亦以不雜之妙繼之."

129) 『寒洲全書』 貳, 『理學綜要』, 卷1, 「天道(理之大原)第一上」, 19쪽 하단28 4-7행, "孔聖係易, 先言易有太極, 而方言是生兩儀; 周子作圖, 就陰陽圈內, 挑出太極本體. 兩聖闡理, 固未嘗不逆推也, 而界分終不可亂也, 次序終不可紊也."

세계에서 보는 입장이므로, 순추는 태극이 양의〔음양〕를 생하는 차원을 먼저 하는 관점이어서, 형이상의 관점에서의 도는 선구(先究)의 대상이고 구체적인 사물은 후구(後究)의 대상인 것이다. 다시 말하면 역추는 개개 사물의 드러난 현상은 보기 쉽기 때문에 현상을 연유하여 원리를 궁구하는 유추법이고, 순추는 원리와 현상에서 원리가 보다 더 근본이 되기 때문에 원리를 먼저 유추하는 것이고 현상은 뒤에 유추하는 것이다. 이진상은 리와 기에 대하여 역추와 순추로서 다음과 같이 말한다.

> 리는 본래 형체가 없어 먼저 볼 수 있는 것이 아니다. 기도 서로 번갈아 들어볼 수 있는 시작점이 없다. 그러므로 역추할 때에는 서로 비슷하여 정지된 듯하다. 만일 여기서 순추하면 선천(先天)과 후천(後天)에서도 리는 하나이나 기는 저절로 새로워진다.[131)]

형체가 없는 리의 '우선성'〔先〕과 현상계에서 계속적으로 번갈아 드는 기의 '시작점'〔始〕 모두 인간의 인식이 불가능하다. 그러므로 역추할 때 리와 기의 '우선성'과 '시작점'에 대한 인식 불가능하다는 차원에서 보면 동등하게 머무는 것이다. 즉 역추는 서로 비슷한 경우가 되어 선후가 없는 듯하다는 것이다. 그러나 순추하면 선천과 후천의 세계에서의 리는 항상 동일성을 갖고 기는 선천에서 후천으로 옮겨갈 때 새로워지는 것이다. 다시 말하면 리는 기와 분리되지 않았으나, 기는 구기(舊氣)가 끝나자마자 신기(新氣)로 시작하여 구기와 신기 사이에는 약간의 틈도 없는 것이다.[132)]

---

130) 『寒洲全書』 貳, 『理學綜要』, 卷1, 「天道第一上」, 12쪽 하단14 19행-13쪽 상단15 4행, "及著圖說, 則依圖序順推, 故主太極而言動靜, 由動靜而言陰陽. 先生此書, 亦因動靜兩端, 推到所以靜之理, 然後乃從太極上, 滔滔說去."

131) 『寒洲全書』 貳, 『理學綜要』, 卷1, 「天道(理之大原)第一上」, 21쪽 하단32 16-18행, "理本無形, 非有可見之先. 氣亦迭至, 非有可見之始. 故逆推之際, 相似而止然. 若於此順推, 則先天後天, 理則一, 而氣自新."

이진상은 근원상에서 순추법을 다음과 같이 설명한다.

> 리는 본래 형체가 없고 기는 자취가 있다. 그러니 볼 수 있는 것에서 말하면 움직이는 것은 양이고 고요한 것은 음이다. 그러나 대원상(大原上)에서 곧바로 순추하면 움직임〔動〕과 고요함〔靜〕은 진실로 태극의 유행(流行)이니, 진실로 〈태극의〉 동정이 없다면 음양 두 기는 자체적으로 생겨날 까닭이 없다.[133]

인식할 수 있는 차원에서는〔自其可見〕 움직임〔動〕은 양이고 고요함〔靜〕은 음이다. 그러나 근원적 측면〔大原上〕에서 순추하면 동정(動靜)은 태극의 유행에 불과하다. 현상계의 모든 것은 음양이 구성한 것처럼 보인다. 하지만 그 근거로서 태극의 유행과 동정이 없다면, 현상계의 동정은 그 자체적으로 생겨날 수 없는 것이다. 따라서 순추하면 태극 → 동정 → 음양의 순으로 되는 것이다.

이진상은 또한 장재(張載)[134]의 「서명(西銘)」과 주돈이의 「태극도설」을 '리일분수(理一分殊)' 로 설명하면서 역추와 순추를 다음과 같이 말한다.

> 「서명」은 분수(分殊)로부터 리일(理一)을 추구해 나가는 것이다. 그러므로 서두에 건곤부모양체상(乾坤父母兩體上)에서 리일을 말하니, 이것은 두 개가 서지 아니하면〔兩不立〕 하나〔一〕를 볼 수 없다. 이것이 역추의 시작이다. '태극도(太極圖)' 는 리일을 연유해서 분수를 추구해 나가는 것이다. 그러므로 서

132) 『寒洲全書』 貳, 『理學綜要』, 卷1, 「天道(理之大原)第一上」, 21쪽 하단32 11-12행, "理不離氣, 舊氣之終, 便接新氣之始, 初非截然有罅縫也."

133) 『寒洲全書』 貳, 『理學綜要』, 卷1, 「天道(理之大原)第一上」, 9쪽 하단8 16-19행, "理本無形, 氣爲有迹, 則自其可見者言之, 動者是陽, 靜者是陰. 然直從大原上順推, 則動者靜者, 固太極之流行, 而苟無動靜, 則陰陽二氣, 無自以生也."

134) 張載: 1020~1077, 중국 북송 때의 유학자, 자는 자후, 세칭 横渠선생이라 함, 關學의 창시자, 저서로 『正蒙』, 『横渠易說』, 『經學理窟』, 『張子語錄』 등이 있다.

두에 태극동정일원상(太極動靜一原上)에서 분수를 말하니 이른바 하나가 먼저 하지 아니하면〔一不先〕 두 개〔二〕가 생길 수 없다. 이것이 순추의 극치이다.[135)]

장재의 「서명」은 유교의 기본적 이념인 인애(仁愛)의 실천방법을 설명한 것이고, 주돈이의 「태극도설」은 형이상학적 원리에서 구체적 현상으로의 세계를 추론한 것이다. 그런데 이진상은 양자를 모두 리일분수로 설명한다. 리일분수는 성리학의 핵심 명제로서, 리일은 세계를 관철할 수 있는 궁극적 실체, 즉 절대적 원리 · 법칙이고 분수는 현상계에서 구체적이면서 개별적인 사물에 내재한 각각의 특수한 법칙을 설명하는 것이다. 역추의 관점에서 「서명」을 보면 분수 → 리일을 추구하는 것인데, 구체적 현상계의 분수가 성립되지 않으면 형이상적 리일을 유추할 수 없는 것이다. 또한 순추의 관점에서 「태극도설」을 보면 리일 → 분수를 추론하는 것인데, 형이상학적 리일이 선차(先次)하지 않으면 분수를 유추할 수 없는 것이다. 즉, 궁극적 실체〔절대적 원리〕의 체와 용을 밝히고 대본을 세워야 할 경우에는 「태극도설」처럼 순추의 방법에 입각해야 하지만, '마음을 확립하는'〔立心〕 것에 있어서는 「서명」처럼 역추의 방법에 입각해야 한다는 것이다.[136)]

역추와 순추를 상하(上下)의 개념으로 살펴보면, 역추는 현상에서 근원적 원리를 찾기 위해 위로 가는 것이고, 순추는 근원적 원리에서 현상으로 내려오는 것이다.[137)] 이진상은 수간 · 횡간 · 도간이라는 세 가지 간법과 역

135) 『寒洲全書』 四, 『求志錄』, 卷12, 「近思錄箚疑」, 469쪽 하단 12-21행, "西銘, 是因分殊而推理一, 故首於乾坤父母兩體上說那理一, 所謂兩不立, 則一不可見者也, 逆推之始事也. 太極圖, 是因理一而推分殊, 故首於太極動靜一原上說那分殊, 所謂一不先, 則兩無從生者也, 順推之極致也." 이진상은 이 문장에서 "故首於太極動靜一原上說"을 말하고 있으나 '那分殊'를 덧붙여 "故首於太極動靜一原上說那分殊"이라고 하여야 앞뒤의 문장이 성립될 것으로 생각한다. 따라서 논자는 '那分殊'를 첨가하여 번역하였다.

136) 『寒洲全書』 四, 『求志錄』, 卷12, 「近思錄箚疑」, 469쪽 하단 16-18행, "學者立心, 當自西銘始, 而苟欲明體適用, 立大本而行達道, 則當以太極圖爲主, 西銘, 豈不是體用兼備, 但不如太極圖之大且全也."

추 · 순추를 연관시켜 논리를 전개한다. 먼저 이진상은 역추와 도간을 연관시켜 다음과 같이 말한다.

> 만약 역추하여 도간하면 단지 기의 운용(運用)만 보고, 리의 충막(冲漠)은 볼 수 없다. 그러므로 천지의 변화를 모두 기의 변화〔氣化〕로 여길 적에 태극은 텅 비고 아무것도 없는〔空寂〕으로 빠지며, 내 마음의 발동을 모두 기발(氣發)로 여길 적에 성명(性命)은 거의 없어질 것이다. 그리하여 그것이 사물(死物)의 차승(借乘)이 되고 시위(尸位)의 허위(虛尊)이 되면 도리어 무슨 유익함이 있겠는가?[138]

기를 위주로 역추하고 도간하면, 기의 움직이는 작용만 볼 수 있고 리의 충막한 것은 볼 수 없다. 그렇게 되면 기발만 인정하게 되어 리〔太極〕를 텅 비고 아무것도 없는 존재로 인식할 것이고, 나아가 심성론에서 심의 발동을 기발로만 인정한다면 본성 차원에서의 '성명'은 존재하지 않는 것으로 간주될 것이다. 그리하여 이진상은 현상계의 형적(形迹)을 가진 구체적 사물 이면에 리〔태극〕가 존재하는 바, 리를 탐구하는데 역추의 지극한 경지에까지 도달해야 하는 것을 다음과 같이 말한다.

> 역추가 지극하면 대원(大原)이 저절로 나타나게 된다. 그러니 반드시 먼저 리가 있어야 비로소 기가 있는 것이다. 그러나 기의 지나가고〔往過〕 계속적으

137) 『寒洲全書』 壹, 『寒洲集』, 卷9, 「李謹休(戊午)」 〈別紙〉, 203쪽 하단12 1-6행, "鄙說中以所以然者爲體, 所能然者爲用. 旣遵考亭定訓, 而必然當然, 都該其中. 今若以動者爲氣, 而動之者爲理, 則賓主互換, 體用俱欠, 豈自然之理也? 盛說則逆推上去而如彼, 鄙說則順推下來而如此. (……) 無以見大原之眞也."

138) 『寒洲全書』 五, 『辨志錄』, 卷2, 「四七辨」, 412쪽 하단 13-17행, "若逆推而倒看, 則只見得氣之運用, 而理之沖漠, 不可見, 故便以天地之化, 皆作氣化而太極淪於空寂矣. 吾心之發, 皆作氣發, 而性命幾乎滅息矣, 其爲死物之借乘, 尸位之虛尊, 顧何益哉?"

로 오는〔來續〕 것은 쉴 틈이 없다. 애초에 금일에 리가 있고 명일에 기가 있지 아니하다면 비록 대원두(大源頭)로부터 말하더라도 원래 절연(截然)히 선후의 형세가 없는 것이다. 리로써 말하면 리선기후로 말하지 않을 수 없을 뿐이다.[139]

이진상은 무엇 때문에 역추의 지극한 경지를 말한 것인가? 구체적 형기(形器)에서 역추할 때, 기는 드러나고 리는 드러나지 않으며 기는 강하고 리는 약하게 보일지라도 기의 변화과정에는 리가 타고 있는 것이다.[140] 이진상이 역추의 지극한 경지를 말하는 의도는 바로 기가 사라지고 앞으로 계속적으로 오는 그러한 현상 속에서도 불변의 형이상학적 본질을 파악하고자 하는 것이다. 위 인용문에서 '역추가 지극하면 대원이 저절로 나타나게 된다' 란 격물치지(格物致知)에서 오늘도 격물하고 내일도 격물하기를 그만두지 않게 된다면 어느 한순간에 근원〔大原〕을 알 수 있는 '활연관통(豁然貫通)' 의 경지와 같은 것이라 말할 수 있을 것이다. 그래서 활연관통된 리를 위주로 하여 말하면, 리가 먼저 존재하고 비로소 기가 존재한다는 것을 알 수 있을 것이다. 이와 반대로 리를 유추하기 위한 인식의 출발점으로서의 역추는 기를 통해 리를 인식하기 때문에 기선리후적(氣先理後的) 관점이라 하겠다.

이진상은 원두로부터 순추하는 과정으로서 세 가지 간법을 다음과 같이 말한다.

---

139) 『寒洲全書』 四, 『求志錄』, 卷15, 「語類箚疑」, 4쪽 하단 14-17행, "逆推之極, 大原自見, 畢竟是先有此理, 方生此氣. 然氣之往過來續, 無間可息. 初非今日有理, 而明日有氣, 則雖直從大源頭說, 元無截然先後之勢. 以理言之, 不得不以理先氣後言之耳."

140) 『寒洲全書』 五, 『辨志錄』, 卷2 「四七辨」, 418쪽 하단 15-17행, "若從形器上逆推, 則氣顯而理隱, 氣强而理弱, 雖謂氣化而理乘可也."

원두(源頭)로부터 순추하여 말하면 수간은 전체(全體)이고 횡간은 당체(當體)이고 도간은 편체(偏體)이다.[141)]

역추의 지극한 경지는 바로 원두처로부터 순추하기 위한 것이다. 위에서 '수간은 전체' 라는 것은 태극의 동정과 체용에 의해 음양이 전개된다는 태극선음양후〔리선기후〕라는 논리를 말하는 것이다. 다음으로 '횡간은 당체' 라는 것은 '태극을 주로 하고' '음양을 주로 하는' 것을 말하는 바, 즉 태극도 하나의 당체이고 음양도 하나의 당체라는 것으로, 태극과 음양 가운데 그 무엇을 먼저 할 수 없기 때문에 두 개 모두 각각의 당체를 갖는다는 것이다. 다시 말하면 리와 기의 선후가 없다는 리기무선후의 입장이라고 할 수 있겠다. 마지막으로 '도간은 편체' 라는 것은 기는 강하고 리는 약하여, 기는 잘 드러나고 리는 드러나지 않기 때문에, 기에 치우치는 것을 편체라고 말하는 것이다. 기에 치우친 도간은 인식상 최초로 현상의 구체적 형기를 인식하는 기선리후의 입장이라 하겠다.

리와 기의 관계는 여러 관점에서 설명할 수 있다.[142)] 이진상에 의하면 수간・횡간・도간이라는 간법과 순추・역추라는 유추법은 각각 용어가 다르지만, 이런 방법론으로 성리설을 구축하는 것은, 어느 한 방식만을 고수하여 편견을 주장하거나 학설을 세우는 것이 불가하기 때문이라고 말한다.[143)] 그리하여 이진상은 간법과 유추법에 의한 방식을 두루 회통하여 리기심성론을 탐구하고자 하는 의도에서 다음과 같이 말한다.

---

141) 『寒洲全書』 五, 『辨志錄』, 卷2 「四七辨」, 418쪽 하단 17-18행, "然而從源頭順推說, 則豎看者, 全體也; 橫看者, 當體也; 倒看者, 偏體也."

142) 『寒洲全書』 五, 『辨志錄』, 卷2, 「四七辨」, 409쪽 하단 14-15행, "理與氣有先後上下之別, 有精粗本末之差, 有輕重大小之倫." 참조.

143) 『寒洲全書』 五, 『辨志錄』, 卷2, 「四七辨」, 445쪽 상단 20행-하단 4행, "仍竊念: 理氣之說, 如千蹊萬徑, 同出一塗, 橫看竪看, 順推逆推, 雖所見或異, 爲說多端, 而見得到說得透, 則只在這處, 切不可各主偏見, 各擧一說 將前攻後, 信葉疑根."

> 체인(體認)의 공부는 처음에 그 형적으로 말미암아 소급하여 추구하고 궁극처에 도달하여 순추해서 내려오는 것을 회피해서는 안된다. 그러니 이를 가지고 입설(立說)한 뒤에는 대본(大本)이 잘못되지 않는다. 이제 바로 도간하는 처음의 곳을 위주로 하여 근본〔本〕을 삼고 궁극처에 도달하는 것을 끝〔末〕을 삼는다. 먼저 어린아이를 말하고 그것으로 말미암아 측은(惻隱)을 말하며, 먼저 측은을 말하고 이에 인(仁)의 근본을 말하니 이것은 본래 체인의 선후이고 그 성 · 정과 체 · 용을 말하는 것이다. 아마 이치를 거스리고 절차를 능멸하는 폐단이 있음을 면하지 못하는 것은 도간에서 연유하나 다시 수간하지 않고, 역추에서 연유하나 순추하지 않기 때문이다. 무릇 어린아이가 우물에 들어갈 때 측은의 마음은 반드시 발한다. 이 마음〔情으로써 마음을 말함〕이 과연 어디로부터 발하겠는가? 인은 목(木)을 탄다. 목은 기이다. 이와 같이 추측하여야 한 곳에 빠져 천착하는 것이 없다.[144)]

이진상은 현상에 대한 인식은 사실적 차원〔實見〕이므로 이 사실적 차원을 통해 도의 본체에 이르고 순추를 통해 수간하여야 도의 참모습을 잃지 않는다고 한다.[145)] 즉 현상계의 형적에서 출발하여 도간하여 궁극〔도의 본체〕에 이르고, 그 궁극에서 순차적으로 하향하여 순추한다면 대본이 잘못되는 병폐가 일어나지 않을 것이다. 그래서 역추해 보면 현상계의 처음 그 곳이 근본〔本〕이 되고 궁극처에 도달하는 것은 끝〔末〕이 될 것이고, 그와

---

144) 『寒洲全書』 五, 『辨志錄』, 卷2, 「四七辨」, 417쪽 하단 18행-418쪽 상단 3행, "蓋體認之工, 初不免因其形迹, 倒去推究, 而究到極處, 順推下來, 以此立說, 而後大本不差. 今乃主倒看始處而爲之本, 究到極處爲之末. 先言孺子, 而因言惻隱, 先言惻隱, 而乃言仁本, 此固體認之先後, 而其言性情體用, 恐未免有逆理凌節之弊. 此由於倒看, 而更不竪看, 逆推, 而更不順推故也. 夫見孺子入井, 則惻隱之心必發. 此心(以情言心), 果何自而發乎? 仁乘木也. 木卽氣也. 如是推之, 方無闕鑿處."

145) 『寒洲全書』 貳, 『理學綜要』, 卷1, 「天道第一上」, 12쪽 하단15 4 8행, "蓋逆推者, 學之實見也; 順推者, 道之本體也. 實見旣到於本體, 則竪看而不失眞面. 乃爲亭當, 若遽以逆推之見, 遂謂本體之亦然, 則形下者爲主, 而形上者爲資, 種種病弊, 皆由此出."

반대로 순추해 보면 본체계의 처음 그 곳이 근본이 되고 현상계에 이르는 것이 끝이 될 수 있음을 말하는 것이다. 그리하여 이진상은 성리학을 추구하는 데 있어 세 가지 간법과 두 가지 유추법 — 수간 · 횡간 · 도간, 순추 · 역추 — 을 사용한 것이다. 다시 말하면, 도간만 하고 다시 수간하지 않는 경향과 역추만 하고 순추하지 않는 경향에서 오는 병폐를 지양(止揚)하고자 하였다고 말할 수 있겠다.

따라서, 리와 기의 '서로 분리되지 않음' · '서로 섞이지 않음'의 관계 위에서 이간 · 합간, 수간 · 횡간 · 도간의 인식방법과 순추 · 역추의 유추법으로 우주와 인간세계를 설명하는 방식은 어느 한편에 치우치지 않는 전관적(全觀的) 방법이라 할 수 있다. 이진상의 학문 방법론은 특정 당론(黨論)에 얽매인 것이 아니라 주자학에 대한 철저한 반성 속에서 이루어진 것이다. 그는 이런 방법론을 통해 성리학의 여러 논리들을 철저하게 주시하면서 기존의 성리학 논쟁을 활간(活看)하고자 하였다.

제2장

理氣論

리기론은 리와 기의 개념으로 우주와 인간에 관한 여러 문제를 탐구하는 사유틀이다. 리와 기로 제반 현상을 사유하는 데 있어, 어느 쪽에 중점을 두느냐에 따라 성리학자의 학문 방향이 결정되는 것이다. 그러므로 성리학자의 사유틀을 살펴보기 위해서는 먼저 리와 기의 의미와 특성을 파악하는 것이 중요하다. 본 장에서는 이진상의 리기론이 어떻게 형성되고 전개되었는지에 그 주안점을 둘 것이다.

1. 太極·陰陽五行에 대한 기본입장

태극과 음양오행을 성리학에서는 각각 리와 기로 규정한다. 성리학에서의 태극과 음양오행에 대한 이론적 전개는 주돈이의 「태극도설」에서 연유한다. 「태극도설」은 크게 본체론(本體論)과 인성론(人性論)으로 구성되었다. 본 절에서는 본체론과 인성론의 측면에서 이론을 전개하는 것은 아니고, 이진상이 성리학적 사유틀을 형성하는 데 있어 태극과 음양오행에 대한 기본입장을 간략히 살펴보고자 한다.

1) 太極論

주돈이의 「태극도설」의 주요 내용은, 전반부가 천도론(天道論)이고 후반부가 인성론(人性論)으로 구성되었다. 이는 천도론과 인성론을 종적(從的)으로 연결시킨 송대 성리학의 최초 철학적 이론이다. 성리학은 주돈이의 철학을 기점으로 발전되었기 때문에 그를 성리학의 선하(先河)로 삼는 것이다.[1] 특히 「태극도설」의 그림〔圖〕은 본체론적 우주론을 추상적으로 논의하는 것을 뛰어 넘어 구체적으로 사유하고 탐구할 수 있도록 하는 계기를 제공하였다.

이 도설에서의 주요 개념들은 태극(太極)·동정(動靜)·음양(陰陽)·오행(五行)·건곤(乾坤)·남녀(男女)·만물(萬物) 등이다. 이진상이 「태극도설」을 분석하는 데 있어 가장 주안점을 둔 것은 바로 동정이다. 왜냐하면 동정은 태극과 음양을 연결하는 매개자처럼 보이기 때문이다.

주돈이의 「태극도설」 첫머리의 "무극이면서 태극이다"〔無極而太極〕는 성리학의 우주 본체론을 연구하는 사상적 원형이라 할 수 있다.[2] 이에 대한 여러 주석들이 있지만, 주희가 무극과 태극의 관계는 서로 독립적 존재도 아니고 차서(次序)도 없다[3]고 한 이래로, 조선의 성리학자들 대부분은 주희의 논리를 그대로 수용한다. 이진상도 그 예외는 아니다.

"무극이면서 태극이다"는 「태극도」의 첫 번째 그림의 둥근원〔第一圈〕에 해당한다. 이진상은 이에 대해 "'태극은 본래 무극이다' 는 첫째의 둥근원

---

1) 金忠烈, 「宋代 太極論의 諸問題」, 『東洋哲學의 本體論과 人性論』, 연세대학교 출판부, 1982, 77-79쪽 참조.

2) '無極而太極' 에 대한 사상적 변천과정의 자세한 언급은 본 절에서 전개하지 않는다. 이에 대한 자세한 전개는 今井宇三郞, 『宋代易學の硏究』(明治圖書出版株式會社, 昭和33年) 참조.

3) 오하마 아끼라(大濱晧) 지음, 이형성 옮김, 『범주로 보는 주자학(朱子の哲學)』, 예문서원, 1997, 73-79쪽.

이다"[4]고 한다. 이 말은 「태극도설」의 "태극은 본래 무극이다"와 같은 말이다. 그러므로 무극과 태극은 시간적으로 선후의 의미가 있는 것은 아니다. 즉 무극과 태극의 관계를 유출론적(流出論的)으로 보아서는 안되는 것이다. 이진상이 말하는 무극과 태극의 의미는 음양이 생기기 전 우주〔천지〕의 대원두(大源頭)에 나아가 말하는 것이다.[5] 이진상은 '태극도'의 첫 번째 그림의 둥근원에 대하여 다음과 같이 말한다.

> 이 그림이 비록 〈주돈이에 의해〉 늦게 이루어졌으나, 그 이치는 만고에까지 걸쳐 있으므로 처음과 끝이 없는 것이다. 첫 번째의 부분이 비록 적으나 그 도는 육합(六合)에 가득하여 안과 밖이 없는 것이다. 텅 빈 것은 이치의 무형한 것을 형상한 것이고, 둥근원은 이치의 방소가 없는 것을 형상한 것이다. 태극의 본체는 지극히 텅 비어있으면서 지극히 실하여 모든 실상의 근본이 되고, 지극히 없으면서 지극히 있어서 우주의 모든 존재의 기초가 된다.[6]

즉 무극과 태극은 동일한 것으로 우주의 본체이며 만물의 시원이라는 것이다. 이진상은 무극과 태극을 시공적으로 생성한다는 논리로 전개하지는 않았다. 그러므로 '태극은 본래 무극이다'에서 '본래'라는 말의 의미는 태극과 무극이 동시적 존재임을 강력하게 제시하는 것이다. 그러므로 태극은 무극이 전제된 것이요, 태극을 떠나 무극이 별도로 존재하는 것은 아니다. 다시 말하면 태극은 형체가 없기 때문에 경험적 인식의 차원을 초월하고 있

---

4) 『寒洲全書』(4), 「太極圖箚義」, 387쪽 상단 2행, "第一圈) 此卽太極本無極之圈."

5) 『寒洲全書』 四, 『求志錄』, 卷11, 「太極圖箚義」, 387쪽 상단 3-4행, "第一圈) (……) 周子就天地大源頭, 見得陰陽未生."

6) 『寒洲全書』 四, 『求志錄』, 卷11, 「太極圖箚義」, 387쪽 상단 5-8행, "第一圈) (……) 是圖雖晩, 其理亘萬古, 而無始無終; 是圈雖小, 其道彌六合, 而無外無內. 虛, 所以狀此理之無形; 圓, 所以狀此理之無方. 盖太極之體. 至虛而至實, 能爲萬實之本; 至無而至有, 能爲萬有之基."

지만, 허무하고 공적한 존재가 아니라 만물의 존재와 생성의 실재적인 근거임을 언표한 것이다.

다음으로 우주의 본체로서의 무극과 태극이 다음 단계로 넘어갈 때에는 바로 동정의 문제가 제기된다. 유가의 경전, 특히 『주역』과 『예기』에 보이는 동정은 단순한 시간적(時間的) 개념과 대대적(對待的) 원리에 불과하다가, 중국 한나라 정현(鄭玄)[7]에 이르러 음양과 배합(配合)하여 전개될 뿐이었다.[8] 동정론은 주돈이에 의해 새롭게 전개되는 바, 주돈이는 「태극도설」에서 태극과 동정의 관계를 다음과 같이 설명한다.

> 태극이 움직여 양(陽)을 낳고 동(動)이 극에 이르면 정(靜)이 되며, 〈태극이〉 고요하여 음(陰)을 낳고 고요함이 극에 이르면 다시 동(動)이 된다. 한 번 움직이고 한 번 고요함이 서로 그 뿌리가 되고, 음으로 나뉘고 양으로 나뉘어서 양의(兩儀)가 세워진다.[9]

위 인용문은 성리학의 주요 본체론적 개념인 태극 · 동정 · 음양 등이 보이는 문장이다. 여기서 주의해야 할 것은 태극이 '움직여 양을 낳는다'〔動而生陽〕와 '고요하여 음을 낳는다'〔靜而生陰〕에서의 '동정' 문제이다. 「태극도설」에서 말하는 '동정'의 주체는 과연 무엇인가? 주돈이의 위 인용문을 자세히 고찰하면, 태극이 동정하여 음과 양을 낳고 그 낳은 다음에는 음양의 가운데 구비되는 것으로 생각된다.[10] 즉 주돈이의 입장에서 동정을 보면, 분명히 동정은 태극과 음양을 매개하는 중간자라 할 수 있을 것이다.

---

7) 鄭玄: 127~200, 중국 한나라(후한) 때의 경학자, 자는 康成.

8) 今井宇三郎, 『宋代易學の硏究』, 明治圖書出版株式會社, 1958, 424-425쪽 참조.

9) 『性理大全』, 卷1, 「太極圖說」, 22쪽 상단15 7-8행, "太極, 動而生陽, 動極而靜; 靜而生陰, 靜極復動. 一動一靜, 互爲其根. 分陰分陽, 兩儀立焉." 『性理大全』은 보경문화사 영인본(1984)을 저본으로 하였다.

10) 馮友蘭, 『中國哲學史』, 민족문화사, 1985, 825쪽.

이진상은 주희의 동정관, 즉 '동정은 태극이 타는 바 기틀' 이라고 정의한 것을 '태극의 동정이 음양의 근본' 이라는 관점에서 이해한다.[11] 즉 태극의 동정이 음양을 생출하는 근본이라는 것이다.[12] 이를 논리적으로 설명하면, 동정은 분명히 음양보다 먼저 있다는 결과가 되고, 동정은 태극 자체에 내포된 것이 된다. 그러므로 태극과 동정의 관계는 분리될 수 있는 것이 아니고, 동정은 태극 자체에 내포된 것이다. 이러한 논의는 태극을 죽은 물건으로 오인하는 것을 막기 위한 것이다.[13]

2) 陰陽五行論

음양사상은, 중국 고대〔선진〕의 문헌을 살펴보면, 자연계의 순환적 현상을 설명하는 것이 대부분이었지만, 『역경(易經)』에서는 음양이 강유(剛柔)·남녀(男女)·존비(尊卑) 등의 의미를 포괄하는 철학적 개념으로도 쓰이게 되었다.[14] 그 이후 음양사상은 전국(戰國) 시대와 한나라를 걸쳐 여러 학파의 사상가들에게 영향을 끼쳐, 음양의 범주는 철학적 문제뿐만 아니라, 정교(政敎)·의학(醫學)·악률(樂律)·명록(命祿) 등의 여러 계통에서 응용되며 이론적으로 발전하였다.[15] 즉 음양의 개념은 인류생활사에 인식되는 자연현상을 모체로 하여 발전한 개념이지만, 이는 사회현상의 해석에 쓰이고 또한 오행사상과 결합하여 새로운 중국의 철학체계를 형성하였다.[16]

---

11) 『寒洲全書』 貳, 『理學綜要』, 卷1, 「天道(理之大原)」 第一上, 12쪽 하단14 19행-하단14 2행, "按: 此以太極之動靜爲陰陽之本, 則動靜者, 所乘之機, 當以此意看."

12) 『寒洲全書』 壹, 『寒洲集』, 卷9, 「答李謹休(戊午)」 〈別紙〉, 203쪽 하단12 7행, "太極之有動靜, 二氣生出之本也."

13) 動靜論은 본장 理의 特性 가운데 理有動靜論에서 논의될 것이다.

14) 井上聰, 『古代中國陰陽五行の研究』, 翰林書房, 1996年, 24-43쪽; 鄺芷人, 『陰陽五行及其體系』, 文津出版社, 中華民國 81年, 10쪽.

15) 鄺芷人, 『陰陽五行及其體系』, 文津出版社, 中華民國 81年, 7-8쪽.

16) 井上聰, 『古代中國陰陽五行の研究』, 翰林書房, 1996年, 21쪽.

음양사상이 성리학의 음양론에 영향을 끼친 것은 바로 『주역』「계사전」의 "한 번 음이 되고 한 번 양이 되는 것을 도라 한다"[17]이다. 이는 변화하는 과정에서의 음양이 상즉(相卽)하고 순환(循環)하는 것을 말한다. 여기서의 '도'는 음양이 상즉하고 순환하는 법칙을 의미하는 것이다. 주돈이는 『주역』의 '한 번 음이 되고 한 번 양이 된다'〔一陰一陽〕는 논리를 「태극도설」에서는 태극의 동정에 의한 음양의 전개로 설명한다.[18] 이러한 논리를 그림상에서 보면, 두 번째의 백흑(白黑)이 교차하는 '음정양동(陰靜陽動)'의 둥근 원이 되는 것이다. 이는 현실의 존재를 보여주는 것이며, 또한 본체인 태극이 음양과 서로 분리될 수 없는 것을 말하는 것이다. 이진상은 두 번째의 백흑이 교차하는 둥근 원에 대하여 다음과 같이 말한다.

> 이것은 '음양이 하나의 태극이 되는 것'을 표현한 것이다. 중간의 텅 빈 곳의 하나의 둥근원은 곧 그 본체이다. 음양이 이미 생기면 태극은 그 가운데 깃들어 있다. 애초에 첫 번째 하나의 둥근 원인 태극의 밖에 별도로 두 번째의 태극이 있는 것이 아니다. 왼쪽은 곧 양의 둥근 원이나 음이 양에 뿌리하고 있으며, 오른쪽은 곧 음의 둥근 원이나 양이 음에 뿌리하고 있는 것이다. 검은색은 음이고 흰색은 양이다.[19]

이는 음양이 이미 태극의 동정에 의해 생긴 이후이나, 본체인 태극이 그 음양의 가운데 깃들어 있는 것이다. 다시 말하면, 음양이 이미 생긴 뒤에는

---

17) 『周易』「繫辭傳(上)」, 〈第5章〉, 568쪽 하단30 3행, "一陰一陽之謂道." 『周易』은 보경문화사 영인본(1983)을 저본으로 하였다. 이하 동일.

18) 『性理大全』, 卷1, 「太極圖說」, 22쪽 상단15 7-8행, "太極, 動而生陽, 動極而靜; 靜而生陰, 靜極復動. 一動一靜, 互爲其根. 分陰分陽, 兩儀立焉."

19) 『寒洲全書』 四, 『求志錄』, 卷11, 「太極圖箚義」, 387쪽 상단 14-17행, "第二圈) 此卽陰陽一太極之圈. 中間虛處一圈, 卽其本體. 陰陽旣生, 理寓於其中. 初非第一圈太極之外, 別有第二太極也. 左卽陽圈, 而陰根於陽, 右卽陰圈, 而陽根於陰, 黑陰而白陽也."

첫 번째 둥근 원인 태극 본체가 그 가운데 자리 잡고 있는 것이다. 나아가 음과 양이 유행하는 현상에서 양이 변하고 음이 합하는 과정에 수 · 화 · 목 · 금 · 토가 생기고, 이 오행이 고루 퍼져 사시(四時)가 운행되는 것이다.[20] 즉 현실의 어느 개체를 막론하고 모든 존재는 음 · 양 두 측면이 서로 상극하고 순환하며 변화하더라도 그 가운데에 태극 본체가 있다는 것이다. 이진상은 두 번째의 백흑이 교차하는 '음정양동'에 오행의 근본이 이미 구비되었다고 하여 다음과 같이 말한다.

> 이 둥근 원 내에는 오행의 근본이 이미 구비되었다. 대개 오기(五氣)가 비로소 생기는 순서로 말하면, 양인 '수(水)'가 먼저 생기는데 왼쪽 가운데의 흰색 부분이 이것이고, 음인 '화(火)'가 다음으로 생기는데 오른쪽 가운데의 검은색 부분이 이것이고, 음인 '목(木)'은 '수'에서 자라 양인 '목'이 생겨나니 오른쪽 흰색 부분이 이것이고, 음인 '금(金)'은 '화'에 잠복되어 양인 '금'이 생기니 왼쪽 검은색 부분이 이것이고, '토(土)'는 가장 뒤에 생기니 음인 '토'와 양인 '토'는 모두 양쪽 바깥부분에 있다. 그 음인 '수'는 양인 '금'에서 느끼고, 양인 '화'는 음인 '목'에 뿌리하여 '수'와 '화'가 자리를 정하고, '토'는 질(質)을 생성하는 시작이다. 대개 양이 변하고 음이 합하기 이전에는 다만 생성하는 묘맥만 있을 뿐이지 바로 생출하는 것이 아니다.[21]

주돈이는 '음정양동'만을 말하였을 뿐 오행의 생출을 원리적으로 설명하

---

20) 『性理大全』, 卷1, 「太極圖說」, 27쪽 하단26 14행, "陽變陰合, 而生水火木金土, 五氣順布, 四時行焉."

21) 『寒洲全書』 四, 『求志錄』, 卷11, 「太極圖箚義」, 387쪽 상단 17행-하단 3행, "第二圈) (……) 此圈內, 五行之根本已具. 盖以五氣始生之序言, 則陽水先生, 而左中之白是也; 陰火次生, 而右中之黑是也; 陰木滋於水, 而陽木生焉, 右白是也; 陽金伏於火, 而陰金生焉, 左黑是也. 土最後生, 而陰土陽土, 都在兩外, 其陰水則感於陽金, 陽水則根於陰木, 而水火定位, 土爲生質之始, 盖陽變陰合之前, 只有生底苗脈 而未便是生出也."

지 않은 데 반하여, 이진상은 '음정양동' 하는 사이에 오행이 내함되었다는 것을 설명한 것이다. 그리고 이진상은 세 번째의 오행의 그림에 대하여 다음과 같이 말한다.

> 이것은 오행이 하나의 태극이 되는 둥근 원이다. 오행을 나누어 기를 전파하면 각각 하나의 태극이 되기 때문에 5개의 원으로 나눈 것이요, 오행을 합하여 질(質)을 이루면 동일한 하나의 태극이 되기 때문에 하나의 둥근 원으로 합한 것이다. 기질이 교운(交運)하여 사람과 사물이 장차 생하기 때문에 본체가 아래에 있어 기화(氣化)와 형화(形化)의 주체가 된다. '수(水)' 는 양(陽)을 근본하여 음(陰)에서 변하기 때문에 오른쪽에 위치하여 음의 성대함이 된다. '화(火)' 는 음을 근본하여 양에서 합하기 때문에 왼쪽에 위치하여 음의 성함이 된다. (……) 오기(五氣)의 순포는, '목(木)' 에서 홍기하여, 좌로 선회하여 '화(火)' 를 생성하고, '화' 는 가운데로 보내져 '토(土)' 를 생성하며, '토' 는 서쪽으로 운행하여 '금(金)' 을 생성하고, '금' 은 북쪽으로 흘러 '수' 를 생성한다. 순화하며 상생하여도 태극은 존재하지 않음이 없다.[22)]

이는 오행의 생성순환하는 과정 속에는 태극의 본체가 내재되어 있다. 음양오행의 끊임없는 순환과정에서도 태극본체는 항상 내재하여 음양오행의

---

22) 『寒洲全書』 四, 『求志錄』, 卷11, 「太極圖箚義」, 387쪽 하단 20-388쪽 상단 14행, "第三圈) 此卽五行一太極之圈. 分五行而播氣, 則各一太極, 故分爲五圈; 合五行而成質, 則同一太極, 故合以一圈. 氣質交運, 人物將生. 故本體在下, 爲氣化形化之主. 水本陽而變於陰, 故居右而爲陰盛; 火本陰而合於陽, 故居左而爲陽盛. 蓋天一生水, 一固陽穉, 而質成於地六, 六爲陰盛; 地二生火, 二固陰穉, 而質成於天七, 七爲陽盛. 水體, 而中變爲; 火體, 而中合爲. 在八卦, 則坎化坤而離化乾也. 天三生木, 三爲陽長, 而成於地八, 八爲陰衰, 不能變之盡, 木於是從其所合, 而次於火; 地四生金, 四爲陰長, 而成於天九, 九爲陽衰, 不能合之盡, 金於是從其所變, 而次於水. 土本冲氣, 故居中, 而爲成質之主. 五質旣成, 五氣順布, 起於木, 左旋生火, 火輪於中, 而生土, 土運於西, 而生金, 金流於北, 而生水. 循環相生, 而太極無不在焉."

순환과 같이 한다. 즉 오행의 바탕에 각각의 본성을 하나씩 구비하고서 상생(相生)하는 것이다. 그러므로 주돈이는 "오행은 하나의 음양이요 음양은 하나의 태극이고 태극은 본래 무극인 것이다"[23]라고 한 것이다. 즉 만물은 '무극의 참다움'(眞)과 '음양오행의 정기'〔精〕가 묘하게 합한 것으로, 하늘의 원리는 남성적인 것을 이루고 땅의 원리는 여성적인 것을 이루면서, '음양' 이기(二氣)가 서로 감응하여 만물을 낳고 낳아 끊임없이 변화하는 것이다.[24] 즉 음양의 대대와 순환에 의하여 오행이 생기고 오행에 의해 만물은 생생하는 것이다.

이진상은 주희의 「태극도설해」에 의거하여 자신의 태극음양론을 구축한다. 주희는 태극과 음양의 관계를 다음과 같이 말한다.

> '무극이태극(無極而太極)'은 이른바 무극이면서 태극이니, 움직여 양이 되고 고요하여 음이 되는 소이의 본체이다. 그러나 음양과 분리되어 있는 것이 아니다. 음양에 나아가 그 본체를 가리킨 것으로, 음양과 섞지 아니하고 말한 것이다. '양동음정(陽動陰靜)'은 태극이 움직여 양이 되고 고요하여 음이 되는 것이다. '양동음정'의 가운데 ○는 그 본체이다. '양동'은 양의 움직임으로서 태극의 용(用)이 행하는 까닭이고, '음정'은 음의 고요함으로서 태극의 체(體)가 서는 까닭이다.[25]

---

23) 『性理大全』, 卷1, 「太極圖說」, 30쪽 상단32 9행, "五行, 一陰陽也; 陰陽, 一太極也; 太極, 本無極也."

24) 『性理大全』, 卷1, 「太極圖說」, 31쪽 상단33 6-7행, "無極之眞, 二五之精, 妙合而凝, 乾道成男, 坤道成女. 二氣交感, 萬物生生, 而變化無窮焉."

25) 『性理大全』, 卷1, 「太極圖」, 15쪽 상단1 20행-하단2 4행, "○此所謂無極而太極也, 所以動而陽靜而陰之本體也. 然非有以離乎陰陽也. 卽陰陽而指其本體, 不雜乎陰陽而爲言耳. (陽動陰靜)○之動而陽靜而陰也. 中○者, 其本體也. (陽動)者, 陽之動也, ○之用所以行也, (陰靜)者, 陰之靜也, ○之體所以立也."

이진상은 주희의 태극과 음양에 관한 이러한 논의를 주희의 만년정설로 여기고, 자신 또한 이를 중심으로 성리사상을 구축한다.[26] 특히 이진상은 태극과 음양을 매개시키는 동정에 대해 주돈이의 「태극도설」과 정자의 "동정은 음양의 근본이다"[27]를 중심으로 하여 주희의 "리에 동정이 있기 때문에 기에 동정이 있다"[28]는 이론을 보다 더 명확하게 입증하고 있다. 즉 그는 음양오행의 동정은 궁극적으로 태극의 동정에 근거한다는 이론을 확립한 것이다.

이진상은 『주역』「계사전」의 "역(易)에 태극이 있다"고 하는 것에 대해, 역(易)은 이기(二氣: 음양)가 서로 변하는 것을 이름한 것이며, 태극은 리의 참되고 지극한 것을 이름한 것이라고 해석하였다.[29] 그는 태극은 리, 음양은 기로 규정하고, 음양오행〔기〕은 태극〔리〕의 자료적 도구로서, 태극은 음양오행을 타고 유행하는 것으로 여겼다. 이러한 논리는 리중시 사상을 구축하는 계기가 된다. 이진상은 이러한 입장을 토대로 리기론(理氣論)과 심성정론(心性情論)을 전개한다.

---

26) 『寒洲全書』 壹, 『寒洲集』, 卷5, 「上崔海庵」〈別紙〉, 129쪽 상단43 2-5행, "竊按: 渾然在中者, 固是太極之體, 而粲然流行者, 又是太極之用. 方其靜也, 體立於陰, 及其動也, 用行於陽, 元非先有此至靜之太極, 而後有此陽動陰靜之用也"; 卷7, 「與柳東林(己未)」〈別紙〉, 168쪽 하단29 16-20행, "愚則曰: 天命之行, 動者靜者固太極, 而動之靜之者氣也. 人心之動, 發者理, 發之者氣也. 太極之妙, 以其能自會動靜, 靜而陰者, 太極之體, 所以立, 動而陽者, 太極之用, 所以行, 動之靜之, 果非陰陽之運用乎?"

27) 『二程集』, 『河南程氏粹言』, 卷2, 「天地篇」 1227쪽, "子曰: 動靜者, 陰陽之本也."; 『寒洲全書』 貳, 『理學綜要』, 卷1, 「天道(理之大原) 第一上」, 12쪽 5행 참조. 『二程集』은 漢京文化事業 有限公司印行 활자본(1983)을 저본으로 하였다. 이하 동일.

28) 『朱子大全』 中, 卷56, 「答鄭子上」, 333쪽 상단43 18-19행, "理有動靜, 故氣有動靜. 若理無動靜, 則氣何自而有動靜乎?"

29) 『寒洲全書』 四, 『求志錄』, 卷11, 『太極圖箚義』, 「後說」, 422쪽 상단 15-16행, "千古理氣之論, 根柢於易有太極之一言, 而易者, 二氣交變之名也, 極者, 一理眞至之號也."

2. 理의 特性

성리학은 리와 기를 기본 개념으로 삼는다. 리기론에서 문제가 되는 것은 리와 기의 서로 섞이지 않음과 분리되지 않음, 선(先)과 후(後), 동(動)과 정(靜), 체(體)와 용(用) 등이다. 본 절에서는 이를 중심으로 이진상의 리의 특성을 살펴보고자 한다.

1) 理氣의 槪念

리는 형이상(形而上)의 도(道)로서 모든 사물을 낳는 근본이고, 기는 형이하(形而下)의 器로서 모든 사물을 낳는 재료이다.[30] 리는 원리로서 존재원리 · 통제원리 · 도덕원리이고, 기는 음양과 오행을 나타내는 말로서 항상 유행 · 변화하고 있는 현상 및 현상적 존재의 재료를 가리킨다.

성리학은 리 · 기 개념과 그 관계를 가지고 우주와 인생의 문제 그리고 인간 사회의 질서 등을 설명하려는 학문이다. 리와 기의 관계는 보통 '서로 분리되지 않음' 과 '서로 섞이지 않음' 이라는 두 가지 명제로 설명된다. '서로 분리되지 않음' 이란 현상적 측면에서 보는 것〔在物上看〕으로서 이때 리와 기는 '하나' 로 인식되고, '서로 섞이지 않음' 이란 원리적 측면에서 보는 것〔在理上看〕으로서, 이때 리와 기는 '둘' 로 인식된다.[31] 그리하여 리와 기의 관계는 "하나이면서 둘이고 둘이면서 하나이다"〔一而二 二而一〕[32]라고 한

---

30)『朱子大全』中, 卷58,「答黃道夫」, 367쪽 상단5 17-18행, "天地之間, 有理有氣. 理也者, 形而上之道也, 生物之本也; 氣也者, 形而下之器也, 生物之具也."

31)『朱子大全』中, 卷46,「答劉叔文」, 78쪽 상단31 12-15행, "所謂理與氣, 此決是二物. 但在物上看, 則二物渾淪, 不可分開, 各在一處. 然不害二物之各爲一物也; 若在理上看, 則雖未有物, 而已有物之理, 然亦但有其理而已, 未嘗實有是物也."

32)『朱子語類』上, 卷5,「性理2 · 性情心意等名義」〈砥錄〉, 182쪽 상단5 14-16행 "性猶太極也, 心猶陰陽也. 太極只在陰陽之中, 非能離陰陽也. 然至論太極, 自是太極; 陰陽自是

다. 이것은 리와 기가 일체적 존재이면서 별개의 존재, 별개의 존재이면서 일체적 존재라는 것을 설명하는 논리이다. 이러한 논리적 체계에서 성리학을 고찰하다 보면 다양한 특징이 드러난다.[33] 성리학의 대명제라 할 수 있는 이러한 논리체계를 벗어나서 주희의 리기철학을 탐구하고 이해한다는 것은 불가능하다.

리는 정의(情意)·계탁(計度)·조작(造作)도 없으며 깨끗하고 공활(空闊)한 세계로 형적이 없는 반면, 기는 응결하고 조작하여 사물을 생성하는 특징을 가진다.[34] 이 리를 능연(能然)·필연(必然)·당연(當然)·자연(自然) 등의 뜻으로 구분하는 경향도 있지만,[35] 리는 '소이연의 이유'와 '소당연의 법칙'[36]이라는 이중적 성격을 이해하는 것이 무엇보다도 중요하다.[37]

陰陽. 惟性與心亦然. 所謂一而二, 二而一也."

33) 미조구치 유조오(溝口雄三)는 주자학의 리기론의 특징을 여섯 가지로 요약한다. 첫째, 萬物·萬象을 기의 聚散과 운동에 의한 것으로 간주한다. 둘째, 만물·만상의 생성과 변화는 리〔법칙성〕를 토대로 이룬다고 간주한다 - 理氣相卽, 理氣一元. 셋째, 태극을 리로 간주한다. 곧 만물·만상의 존재의 근거를 리로 여기는 것이다 - 本體論, 所以然之故. 넷째, 無→有라는 전통적 틀을 계승하여 리를 존재물〔氣〕의 본체 또는 근원으로서 간주한다 - 理先氣後, 理氣二元的. 다섯째, 萬事·만물은 각각에 개별의 리를 구비하고 있음과 동시에 우주 보편의 리를 공유한다고 간주한다 - 理一分殊. 여섯째, 리는 성(性)으로, 인간에게는 仁義禮智라는 도덕본성이라는 것, 곧 인간의 도덕성과 자연법칙을 일관하는 것으로 간주한다. 주희 철학의 특징 가운데 첫째와 둘째를 가지고 보면, 주희 당시의 氣重視的 성향과 理와 氣의 不離性이 팽배했기 때문에 주희도 그 사고의 틀을 벗어나지 못한 것으로 보인다. 『世界像の形成』, 일본: 東京大學出版會, 1994, 119쪽.

34) 『朱子語類』 上, 卷1, 「理氣上·太極天地上」〈僩錄〉, 148쪽 상단3 1-4행, "蓋氣則能凝結造作, 理却無情意, 無計度, 無造作. (……) 若理則只是个淨潔空闊底世界無形迹, 他却不會造作. 氣則能醞釀凝聚生物也."

35) 『朱子大全』 中, 卷57, 「答陳安卿」 358쪽 상단43 19-20행, "理有能然有必然有當然有自然處, 皆須兼之, 方於理字訓義爲備否."

36) 『大學或問』, 8쪽, 상단11 7-8행, "至於天下之物, 則必各有所以然之故, 與其所當然之則, 所謂理也." 『大學或問』은 보경문화사 영인본(1986)을 저본으로 하였다. 이하 동일.

37) 『朱子大全』 中, 卷57, 「答陳安卿」 359쪽 상단45 9-10행, "此意甚備. 大學本亦有所以然一句, 後來看得且要見得所當然是要切處, 若果得不容已處, 卽自可默會矣."

'소이연'과 '소당연'은 리의 두 측면을 설명하는 것이다.

이진상은 리기론을 통해 자신들의 사유세계를 확립하고 넓혀갔다. 그는 주희와 이황을 계승하고 그들의 성리학 체계를 보완 내지 발전시켜 나갔지만, 리기론이 「태극도설」에 부합지 않는 것은 잘못된 학문이라고 한다.[38] 그는 리기론적 사유를 통해 제 현상 속에서 원리를 탐구하고, 선을 밝히고 악을 제거하고자 하였다.[39] 그의 성리학의 기본 입장을 살펴보면, 리기론에서는 리중시적 관점이 강하게 드러난다. 이진상은 리와 기의 기본성격을 주희의 설명방식에 따르면서 다음과 같이 말한다.

> 리란 것은 생멸하지도 않으며 처음과 끝이 없고, 기는 생멸이 있으며 처음과 끝이 있는 것이다.[40] 기는 보기 쉬우나 리는 밝히기 어렵다.[41] 리가 유행함에 반드시 그 기를 타니, 기는 가히 볼 수 있으나 리는 보기 어렵다.[42] 기라는 것은 자취가 있어 가히 볼 수 있으며 밝히기 쉽다.[43] 기란 것은 굴신(屈伸)하고 변화하며 승강(升降)하고 비양(飛揚)하여 생사(生死)가 있고 형체와 방소(方所)가 있고, 이 리가 타는 그릇이 된다.[44]

---

38) 『寒洲全書(4)』, 『辨志錄』, 卷11, 『太極圖箚義』, 「後說」, 424쪽 하단 6-7행. "論理氣, 而不合於太極圖者, 皆倒學也."

39) 『寒洲全書』 壹, 『寒洲集』, 卷11, 「答金聖汝」 257쪽 하단27 2-3행, "講明理氣之原委, 欲其明善去惡而已." 참조.

40) 『寒洲全書』 壹, 『寒洲集』, 卷11, 「答金聖汝」, 257쪽 상단27 9-10행, "理也者, 不生不滅, 無始無終者也. 氣也者, 有生有滅, 有始有終者也."

41) 『寒洲全書』 壹, 『寒洲集』, 卷32, 「四七經緯說(戊寅)」, 683쪽 하단14 16행, "氣易見, 而理難明."

42) 『寒洲全書』 貳, 『理學綜要』, 卷1, 「天道(理之大原)第一下」, 40쪽 상단31 7행, "理之流行, 必乘其氣, 氣可見, 而理明."

43) 『寒洲全書』 貳, 『理學綜要』, 卷1, 「심(理之主宰)第四下」, 112쪽 하단6 9-10행, "蓋氣也者, 有迹可見, 而理明者也."

44) 『寒洲全書』 壹, 『寒洲集』, 卷19, 「答郭鳴遠疑問(贅疑錄 ◑庚午)」, 422쪽 하단6 14-15행, "氣也者, 屈伸變化, 升降飛揚, 有生有死, 有形有方, 爲此理乘載之器者也."

이상 총론하면, 리는 생멸과 시종(始終)이 없는 존재이기 때문에 볼 수도 없고 밝히기도 어려운 것이며, 기는 굴신(屈伸)·변화(變化)·승강(升降)·비양(飛揚)·생사(生死)가 있고 형체와 자취가 있어 볼 수 있으며 밝히기 쉬운 것이다. 곧 기는 경험적으로 인식할 수 있는 존재이지만, 리는 경험할 수 없는 존재이다. 이진상은 리는 무위(無爲)이고 기는 유위(有爲)라고 하는 것에 대하여,

> 무위(無爲)란 '발할 것〔所發〕' 이 없음을 말하는 것이 아니요 그 작위가 없음을 말하는 것이다. 유위(有爲)란 스스로 '발할 수 있음〔能發〕' 을 말하는 것이 아니요 그 작위가 있음을 말하는 것이다.[45)]

라고 한다. 리의 무위란 다만 작위가 없다는 것으로서, 리는 기의 운동(作爲)의 근거이면서 기의 운동을 통해 발현되는 것이다. 기의 '유위' 란 다만 작위가 있다는 것으로서, 기가 리에 근거하지 않고도 스스로 '발현할 수 있다' 는 뜻이 아니다.[46)] 리는 정의(情意)와 조작(造作)이 없으나 그 묘용(妙用)은 실로 능히 현실계에 드러나는 것이다.[47)] 이진상은 리의 무위와 기의 유위를 군신관계로 비유한다.

> 생각컨대 리가 '무위' 이고 기가 '유위' 가 있는 것은 마치 임금이 팔을 드리고

---

45) 『寒洲全書』 壹, 『寒洲集』, 卷7, 「答沈穉文(庚申)」〈別紙〉, 175쪽 하단44 12-14행, "先輩之論, 以爲理無爲而氣有爲. 無爲者, 非謂無所發也, 言其無作爲也. 有爲者, 非謂自能發也, 言其有作爲也."

46) 바로 이 점이 이진상과 李珥가 구별되는 점이다. 李珥는 氣를 能發者로 규정하고, 氣의 운동을 '기틀이 스스로 그러한 것(機自爾)' 으로 설명하였다. 즉 李珥는 운동을 氣의 고유한 속성으로 간주한 것이다. 그러나 이진상은 氣가 운동할 수 있는 것은 太極이 근저가 되기 때문이라고 하여, 氣의 能發을 부정한 것이다.

47) 『寒洲全書』 壹, 『寒洲集』, 卷16, 「答李器汝」〈別紙〉, 369쪽 하단16 3-4행, "無爲而爲, 言其無情意無造作, 而妙用實能顯行也, 理自如此, 更安有所由而爲之乎?"

> 말하면 신하는 그 말을 찬양(讚揚)하는 것과 같다. 임금의 도는 무위가 없으나 복과 위엄을 만들 수 있으니 이는 '무위(無爲)'의 '위(爲)'가 유위(有爲)가 되는 것이다. 신하의 도는 유위이나 복과 위엄을 만들 수 없으니 이는 '유위(有爲)'의 '위(爲)'가 무위(無爲)가 되는 것이다. (……) 리가 과연 무위라면 능히 만화(萬化)의 추뉴(樞紐)가 될 수 없고, 기만이 유위라면 반드시 리의 주재를 기다리지 않을 것이다. 이것은 리의 무위라는 것이 그 충막(沖漠)하여 조짐이 없는 묘함을 가리킬 뿐, 어찌 '느껴 드디어 통한다'〔感而遂通〕와 '성이 발하여 정이 된다'〔性發爲情〕는 뜻까지 말한 것이겠는가? 또 기의 유위라는 것이 그 운동하고 周流하는 자취만을 가리키는 것이니, 어찌 '선한 리가 곧바로 나온다'〔善理直出〕와 '기가 용사하지 않는다'〔氣不用事〕는 단서까지 말한 것이겠는가?[48]

리의 무위는 다만 형이하적인 작위가 없다는 것일 뿐, 충막무짐한 본체의 묘용을 부정하는 것이 아니며, 기의 유위는 형이하적 작위가 있다는 것일 뿐, 그것이 태극의 본체에 근거하지 않고도 스스로 작위할 수 있다는 뜻이 아니다. 즉 임금의 '무위'는 목석과 같은 것이 아니고 신하를 명령하는 것이며, 신하의 '유위'는 스스로 구체적인 정사를 시행하는 것이나 그 실질은 임금의 명령에 의한 것이다. 즉 리의 무위는 아무것도 하지 않는 무위가 아니라 만물의 근본이 되는 '무위(無爲)'의 '위(爲)'인 것이다. 기의 유위는 자신의 작위를 통해 리의 명령을 시행하는 것이다. 더 나아가 이진상은 리를 소이연(所以然)·소당연(所當然)·소능연(所能然)으로 구분하여 다음과 같이 말한다.

---

48) 『寒洲全書』 五, 『辨志錄』, 卷2, 「四七辨」, 〈理無爲而氣有爲〉, 425쪽 상단 3-11행, "按: 理無爲而氣有爲. 如君垂拱而臣贊讓, 君道無爲而作福作威. 是無爲之爲, 爲有爲也. 臣道有爲, 而不敢作福作威. 是有爲之爲, 爲無爲也. …… 理果無爲, 則不能爲萬化之樞紐; 氣獨有爲, 則不必待一理之主宰. 是知理無爲者, 只指其沖漠無朕之妙而已. 何嘗言感而遂通, 性發爲情之義也? 氣有爲者, 只指其運動周流之迹, 何嘗言善理直出, 氣不用事之端乎?"

태극은 소리와 냄새가 없으나 실은 능히 동정하게 하는 묘한 것이 있다. 만약 형체가 있다면, 형체에 국한되어, 고요하면 움직임이 없게 되고 움직이면 고요함이 없게 된다. 대저 리는 지극히 없는 것 같으면서 지극히 있고, 지극히 비어 있는 것 같으면서 지극히 실속이 있으며, 하는 것이 없는 것 같지만 항상 무언가를 하고 있고, 이르름이 없는 것 같지만 이르는 것이다. 〈그러니〉 먼저 '소이연' 이 있어 '소당연' 에 도달하며, '소당연' 이 있어 '소능연' 에 도달한다.[49]

리는 냄새 · 소리 · 형체도 없기 때문에 경험적으로 인식할 수 없다. 그러나 리에는 동정할 수 있는 원리가 있다. 그 리는 지극히 없는 존재 같으나 지극히 있는 존재이고, 지극히 텅 비어 아무것도 없는 것 같으나 지극히 실속이 있는 존재이며, 이르름이 없는 것 같으나 이르는 존재이다. 그러므로 리는 이 세계의 소이연이면서 소당연이며, 소당연이자 소능연인 것이다. 이는 주희의 '소이연' 과 '소당연' 의 이중적 설명을 삼중적으로 구분한 것이다. '소이연' · '소당연' · '소능연' 은 서로 분리될 수 없는 것이다. 다시 말하면, 리는 하나의 존재이지만 원리계에서 현실계의 전개과정을 '소이연' → '소당연' → '소능연' 으로 설명한 것이다.

이진상이 말하는 리는 현상적으로는 작위가 없는 것이지만, '현상적 작위〔기의 운동〕' 의 근거가 되는 것이다. 따라서 리는 죽은 물건이 아니라 '활물(活物)' 인 것이다. 그렇다면 이 리를 어떻게 인식해야 하는가? 그는 기의 변화 가운데 리의 본연성이 있으니 기에 나아가 리를 인식해야 한다고 말한다.[50] 이는 기선리후적(氣先理後的) 인식방법이라 할 수 있다. 그러나

---

49) 『寒洲全書』 貳, 『理學綜要』, 卷1, 「天道(理之大原)第一上」, 11쪽 상단11 11-15행, "太極, 無聲無臭, 而實有能動能靜之妙. 若果有形, 則局於形, 而靜而無動, 動而無靜矣. 夫是理也, 至無而至有, 至虛而至實, 莫之爲而爲, 莫之致而至. 先有箇所以然, 而達之於所當然, 旣有箇所當然, 而達之於所能然."

50) 『寒洲全書(4)』, 『求志錄』, 卷11, 『太極圖箚義』, 「後說」, 422쪽 상단 16-17행, "此謂陰陽交易變易之中, 實有太極本然之妙, 旣從氣上說理矣."

그는 리와 기에서 리를 주로 하는 것이야말로 천성(千聖)이 서로 전한 심법(心法)이라 하였다.[51] 이를 보면, 그의 성리학은 기를 앞세우는 것이 아니고, 철저하게 리중시적 학문경향으로 나아갔음을 알 수 있다.

2) 理의 先在性

리와 기는 그 개념의 내용과 의의가 서로 차이가 있다. 하지만 리와 기는 현상계에서는 항상 혼연하게 붙어있기 때문에 구분할 수 있는 것은 아니다. 리와 기의 관계를 보면, 리 없는 기가 있지 아니하고, 기 없는 리도 있지 않다.[52] 그런데 리와 기의 선후 문제는 한 철학자의 사고방식을 표현하는 중요한 문제이다. 리와 기의 선후를 논하자면, 리선기후(理先氣後) · 기선리후(氣先理後) · 리기무선후(理氣無先後)를 들 수 있다. 이러한 세 가지는 존재론적 문제로 구사되기도 하지만, 그 보다는 인식론적이고 논리적인 상태에서 언급되는 경우가 많다.

이진상은 선후의 문제에 있어 궁극적으로 리선기후의 입장을 가지고 있다. 이진상은 기보다 리를 중시하는 것이다. 그는 「리기선후고증후설(理氣先後攷證後說)」의 첫부분에서

> 리는 형체가 없으나 기를 생하고 기에 탑재한다. 기는 무형하나 질(質)을 이루고 질에 깃들인다. 기가 없으면 리도 없는 것인가? 무형의 리는 탑재함이 없다고 하여 없는 것이 아니다. 질이 없으면 기도 없는 것인가? 무형의 기는 깃들임이 없다고 하여 없는 것이 아니다.[53]

---

51) 『寒洲全書』 壹, 『寒洲集』, 卷16, 「答李器汝」 367쪽 하단12 16-17행, "主理二字, 自是千聖相傳之心法."

52) 『朱子語類』 上, 卷1, 「理氣上 · 太極天地上」 〈銖錄〉, 147쪽 상단1 23행, "天下, 未有無理之氣, 亦未有無氣之理."

라고 하여, 리와 기, 기와 질의 관계를 설명하고 있다. 리는 탑재하는 기가 없어도 존재하고, 기는 깃들이는 형질이 없어도 존재하는 것이다. 이진상은 리기선후에 대한 근원적인 탐구를 『주역』의 "역에 태극이 있으니 이것이 양의를 낳는다"[54]와, 주돈이의 「태극도설」에서 "태극이 움직여 양을 낳는다"[55]라는 두 문장에 대한 논의로부터 시작한다.[56] 그리고 주희가 이 두 문장을 이론적으로 분명하게 주석한 "태극이 움직여 양을 낳으니, 리가 기를 낳는다. 리가 있은 뒤에 기를 낳는다",[57] "동은 태극의 동이고 정은 태극의 정이다. 움직인 뒤에 양을 낳고 고요한 뒤에 음을 낳는다는 것은 음양의 기를 낳는 것이다. '움직여 낳는다' '고요하여 낳는다' 고 하였으니 순서〔漸次〕가 있는 것이다"[58]를 자신의 이론적 토대로 삼는다.[59] 이진상은 이에 대하여 다음과 같이 말한다.

음양이 생기는 것이 태극의 동정으로부터 연유된다면, 태극으로부터 동정을 말하고 동정으로부터 음양을 말하는 것이니, 어찌 점차적인 순서가 없을 수 있겠는가? 대체로 수간(竪看)하면 태극은 음양의 앞에 있고, 횡간(橫看)하면 태극

---

53) 『寒洲全書』 貳, 『理學綜要』, 卷1, 「天道(理之大原)第一上」〈附攷證後說〉, 22쪽 상단33 6-8행, "理無形, 生氣而搭乎氣; 氣無形, 成質而寓乎質. 無這氣, 無這理乎, 無形之理, 不以無搭而無也; 無這質, 無這氣乎, 無形之氣, 不以無寓而無也." '附攷證後說' 은 '理氣先後攷證後說' 을 말한다(『寒洲全書』 壹, 卷33, 「理氣先後攷證後說」, 715쪽 상단29 6행-하단30 20행).

54) 『周易』, 「繫辭上傳」, 506쪽 하단86 9행, "易有太極, 是生兩儀."

55) 『性理大全』, 卷1, 「太極圖說解」, 22쪽 상단15 17행, "太極, 動而生陽."

56) 『寒洲全書』 貳, 『理學綜要』, 卷1, 「天道(理之大原)第一上」, 20쪽 상단29 17행.

57) 『寒洲全書』 貳, 『理學綜要』, 卷1, 「天道(理之大原)第一上」, 20쪽 상단29 19행, "朱子曰: 太極動而生陽, 理生氣也. 有是理, 後生是氣."

58) 『朱子語類』 下, 卷94, 「周子之書・太極圖」〈謨錄〉, 1086쪽 상단2 22-24행, "動卽太極之動, 靜卽太極之靜. 動而後生陽, 靜而後生陰, 生此陰陽之氣. 謂之動而生靜而生, 則有漸次也."

59) 『寒洲全書』 貳, 『理學綜要』, 卷1, 「天道(理之大原)第一上」, 20쪽 상단29 19-하단30 4행.

은 음양의 가운데 있다. 횡간과 수간은 하나의 원리이므로 횡간을 믿고 수간을 의심하면 그 폐단은 마침내 기로부터 도간하여 리가 죽은 물건이 되는 데로 귀착할 것이다.[60)]

기〔음양〕가 생기는 것은 태극의 동정에 의한 것, 즉 태극 → 동정 → 음양이 되는 점차적인 순서에 의한 것이다. 그러나 리가 기를 낳은 이후로는, 리는 기 없는 리가 없고 기는 리 없는 기가 없는 것이다. 따라서 선후를 논하는 것은 다만 논리적 측면에서만 가능한 것이요, 본래 리 · 기 자체에 선후가 있다는 것은 아니라고 본다.[61)] 그런데 이진상은 논리적 측면의 선차성을 학문적 방법론인 수간과 횡간을 통해 설명한다. 수간하면 태극은 음양 이전에 존재하는 것이고, 횡간하면 태극은 음양에 내재하고 있는 것이다. 그렇다면, '음양이 생기는 것이 태극의 동정으로부터 연유한다'와 '리가 기를 낳은 이후'라는 말은 생성론적 의미가 아니고 인식론과 방법론적인 의미로 해석될 수 있을 것이다.

이진상은 리를 죽은 물건으로 여기는 것을 강력히 반대하고 리의 근본성을 말하는데, 이것은 바로 주자학에서 리가 있으면 기도 있지만, 리가 근본일 뿐이므로 리로부터 기를 말한다는 논리와 같은 것이다.[62)] 즉 리로부터 기를 말하는 것이지, 리보다 더 위에서 기를 구하는 것은 아니다. 이진상은 다음과 같이 말한다.

---

60) 『寒洲全書』 貳, 『理學綜要』, 卷1, 「天道(理之大原)第一上」〈明理氣先後〉, 20쪽 상단30 6-8행, "陰陽之生, 實由於太極動靜, 則從太極言動靜, 從動靜言陰陽, 豈容無漸次也. 蓋豎看, 則太極在陰陽之先; 橫看, 則太極在陰陽之中. 橫豎一理, 而信橫疑豎, 則其弊終歸於從氣倒看, 而理爲死物矣."

61) 『寒洲全書』 五, 『辨志錄』, 卷2, 「四七辨」, 433쪽 하단 16-18행, "理生氣以後, 理無無氣之理, 氣無無理之氣, 則言語以先之, 殆非體段之相先也."

62) 『朱子語類』 上, 卷1, 「理氣(上) · 太極天地(上)」, 147쪽 상단1 27행, "問理與氣. 曰: 有是理, 便有是氣, 但理是本, 而今且從理上說氣."

리 위에서 기를 구하면 태극은 동정을 내함하므로 음양오행의 묘함이 그 태극의 가운데서 찬연(粲然)하다. 이는 정자(程子)의 이른바 충막하여 조짐이 없지만 모든 현상이 삼연하게 이미 구비하였다는 것이다. 그러나 리는 형체가 없고 위가 없는 것이다. 만일 반드시 리 위에서 기를 구하고자 한다면 태극은 하나의 물건과 동일하게 되어 모든 변화의 근본이 될 수 없는 것이다.[63)]

즉 리 위에서 기를 구한다는 것은 음양오행의 묘한 것이 태극의 리 자체 안에 찬연하게 존재하는 것을 말하는 것이지, 리보다 한 단계 더 위에서 기를 구한다는 논리는 아니다. 리보다 한 단계 더 위에서 기를 구하게 되면 리는 기보다 아래의 존재가 되어 모든 생성변화되는 현상계의 근본이 될 수 없는 것이다. 리와 기를 형이상과 형이하로 구분하면, 선후를 논할 수 있지만, 상(上)·하(下) 자체가 선(先)·후(後)를 의미하는 것은 아니다.[64)] 또한 음양이 있기 전에도 음양의 리는 존재하기 때문에 리 위에서 기를 말할 수 있지만, 리보다 한 단계 더 위에 기가 존재한다는 것은 아니다.[65)] 이진상이 리로부터 기에 이르는 것을 말하면서도 기보다 리를 우선시하는 것은 리의 근원성을 주장하기 때문이다. 이상의 내용은 리가 기의 추뉴근저(樞紐根柢)라는 관점에서 리의 논리적 선재(先在)를 말한 것이다. 그런데 이진상은 리선기후를 현상계의 사실적 관점에서 설명하기도 한다. 그는 다음과 같이

---

63) 『寒洲全書』 壹, 『寒洲集』, 卷19, 「答郭鳴遠疑問(贅疑錄 ◑庚午)」, 422쪽 하단6 8-12행, "理上求氣, 則太極涵動靜, 而陰陽五行之妙, 粲然乎其中, 程子所謂冲漠無朕, 而萬象森然已具者也. 然理者, 無形而無上者也. 若必欲於理上求氣, 則太極同於一物, 不足爲萬化根柢."

64) 『寒洲全書』 五, 『求志錄』, 卷15, 『朱子語類箚疑』(1), 1卷, 「太極天地」, 4쪽 하단 9-11행, "自形而上下言, 豈無先後) 以其形而上者, 故不嫌於在氣之先, 無形不待有寓故也; 以其形而下者, 故不嫌於在理之後, 有形不容無本故也. 非以上下爲先後也."

65) 『寒洲全書』 五, 『求志錄』, 卷15, 『朱子語類箚疑』(1), 1卷, 「太極天地」, 4쪽 하단 7-8행, "理上說氣) 未有陰, 而陰之理具; 未有陽, 而陽之理具. 故就理上, 可以說氣也. 此乃從理說到氣, 非謂須在理上也."

말한다.

> 리는 생멸이 없기 때문에 선후로 나눌 수 없다. 기는 단지 새로운 기〔新氣〕만 있다. 결코 선천지(先天地)의 이미 오므라든 기가 다시 후천지(後天地)의 막 펴지는 기로 되는 것이 아니다. 때문에 반드시 먼저 리가 있고 뒤에 기가 있다고 하여야 한다.[66]

리 자체는 생멸이 없기 때문에 항존(恒存)하는 것이다. 그러나 기는 날마다 새롭게 생겨나는 새로운 기만 있을 뿐이다. 그러므로 선천의 기는 후천의 기가 아닌 것이다.[67] 그러므로 이진상은 "리는 선후가 없고 기는 선후가 있다. 선천의 리는 곧 후천의 리이지만, 후천의 기가 선천의 기는 아니다. 따라서 리와 기를 상대하여 말할 때 어찌 리선기후가 아니겠는가"[68]라고 하기도 하고, 다음과 같이 말하기도 한다.

> 기는 존재하지 않음이 있으나, 리는 도리어 항상 존재한다. (……) 대체로 기는 리에서 생겨 오므라듦과 폄이 있다. 막 오므라들면 기는 존재하지 않음이 있고, 이미 오므라들면 리가 바로 〈새로운 기를〉 낳는다. 이미 생기면 기는 바로 펴질 수 있다. 오므라들고 펴지는 때에 리는 도리어 항상 존재하는 묘합을 볼 수 있다. 그 기틀은 터럭 하나도 용납할 틈이 없지만, 선천과 후천의 구분이 여기에 있다. 이른바 리선기후란 또한 이에 즉하여 말하는 것일 뿐이다.[69]

---

66) 『寒洲全書』 貳, 『理學綜要』, 卷1, 「天道(理之大原)第一上」 〈明理氣先後〉, 20쪽 상단30 16-18행, "蓋理無生滅, 故不可分先後. 氣只是新氣, 初非以先天地已屈之氣, 復爲後天地方伸之氣, 故須說先有理後有氣."

67) 이는 서경덕의 一氣長存論을 배격하는 것이다.

68) 『寒洲全書』 五, 『辨志錄』, 卷3, 『南塘同異考辨』, 452쪽 상단 19-20행, "理無先後, 氣有先後. 故先天之理, 卽後天之理, 而後天之氣, 非先天之氣, 則對理氣言時, 豈不理先氣後?"

위의 인용문은 현상계의 사실적 관점에서 보더라도 리가 기보다 앞선다는 것을 주장한 것이다. 즉 기는 나날이 새롭게 생겨나는 것으로서, 이미 오므라든 기는 없어지고 새로운 기가 생겨나는 것이다. 따라서 오늘 새롭게 생겨난 기는 어제는 없었던 것이다. 그런데 리는 어제도 있었으므로, 사실적으로도 리가 〈오늘의 새로운〉 기보다 앞선다는 것이다. 다만, 태초에 리만 있고 기는 없었다는 말은 아니다. 기는 리와 함께 태초부터 존재하는 것이다.[70] 다만 기는 생멸(生滅)이 있는 것 즉 생생불식(生生不息)하는 것이기 때문에 과거에 이미 소멸된 기는 이미 소멸된 것이요, 현재의 기는 새롭게 생겨난 기라는 것이다.

이제 이진상의 다음과 같은 말을 보자.

> 리는 진실로 선(先)이고, 기는 진실로 후(後)이다. 그런데 리가 있으면 바로 기가 있게 되니, 그러므로 '있으면 함께 있다〔有則皆有〕' 고 하는 것이다. 그런데 또 '하나의 사물이 없었던 때에도 천하 공공의 리는 있다' 는 말도 있다.[71]

위의 인용문에서 '있으면 함께 있다' 는 것은 사실적 관점에서 리와 기의 동시공재를 설명한 것이다. 그런데 이진상은 리와 기의 동시공재를 인정하면서도 동시에 기에는 생(生)·멸(滅) 즉 신(新)·구(舊)가 있다는 관점에서

---

69) 『寒洲全書』 壹, 『寒洲集』, 卷16, 「答李器汝」, 369쪽 상단15 6-10행, "氣有不存, 理却常在. (……) 蓋氣生於理, 而有屈有伸. 纔屈, 則氣有不存, 旣屈, 則理便會生, 旣生, 則氣便得伸. 屈伸之際, 可見理却常在之妙, 其機, 則間不容髮, 而先天後天之分在此, 所謂理先氣後, 亦卽此而言之耳."

70) 『寒洲全書』 貳, 『理學綜要』, 卷1, 「天道(理之大原)第一上」 〈明理氣先後〉, 21쪽 상단31 4-6행, "有則皆有, 卽旣有此理, 便有此氣."

71) 『寒洲全書』 五, 『求志錄』, 卷19, 『朱子語類箚疑』(5), 36卷, 「周子書」, 201쪽 상단 201 1-2행, "有則皆有) 理固先, 氣固後, 而纔有理, 便有氣. 故曰有則皆有. 而又言未有一物之時, 是有天下公共之理."

리선기후를 주장하는 것이다. 위의 인용문에서 '하나의 사물이 없었던 때에도 천하 공공의 리는 있다' 고 한 것은 리가 기의 소종래(所從來)라는 관점 즉 리가 기의 추뉴근저라는 관점에서 리선기후를 주장한 것이다.

이상의 내용을 종합하자면, 리와 기는 물론 동시에 함께 존재하는 것이지만, 그럼에도 불구하고 분명 선후가 있는 것이다. 첫째는 리는 기의 추뉴근저이기 때문에 논리적으로 리가 기보다 선재한다는 것이요, 둘째는 리는 항존하는 것임에 반하여 기는 생멸(生滅: 新舊)이 있기 때문에 사실적으로도 리가 기보다 선재한다는 것이다. 이진상의 이러한 논리는 기존의 리선기후에 대한 설명과는 차이가 있다. 즉 기존 성리학자들의 리기 선후에 대한 설명은, 대체로 논리적으로 보면 리가 기의 추뉴근저이기 때문에 리선기후인 것이나, 사실적 관점에서 보면 리와 기는 혼융무간하기 동시공재하는 것이기 때문에 리기무선후(理氣無先後)라는 것이었다. 이진상은 이러한 설명을 모두 수용하면서도,[72] 기에는 생멸(生滅)이 있다는 점에 착안하여, 사실적 관점에서도 리가 기〔新氣〕보다 앞선다고 주장하는 것이다.

이제 이진상이 리 · 기의 선 · 후 문제와 역추 · 순추의 유추법을 연관시키는 내용들을 살펴보자. 그는 다음과 같이 말한다.

> 리는 본래 무형이기 때문에 볼 수 있는 최초(先)가 있지 않으며, 기 또한 계속 〈舊氣와 新氣가〉 갈마들기 때문에 볼 수 있는 시초〔始〕가 있지 않다. 그러므로 역추할 때에는 서로 비슷해 보일 뿐이다. 그러나 만일 순추한다면, 선천과 후천을 통해, 리는 동일하고 기는 스스로 새로워진다.[73]

72) 다만 이진상은 기존의 '사실적 관점에서의 理氣無先後' 라는 말을 그대로 수용하지 않고 '罅縫' 이 없다는 말로 표현한다. '理氣無先後' 라는 말과 '理先氣後' 라는 같은 형식 논리상 모순이기 때문에 '理氣無先後' 라는 표현을 피한 것이다. 『寒洲全書』 貳, 『理學綜要』, 卷1, 「天道(理之大原)第一上」〈明理氣先後〉, 21쪽 하단32 11-12행, "理不離氣, 舊氣之終, 便接新氣之始, 初非截然有罅縫也. 推其所從來, 則理實生氣, 所以有先後也."

리는 형이상자이기 때문에 그 시초를 볼 수 없고, 기는 생생불식하기 때문에 그 시초를 볼 수 없다. 이와 같이 리와 기가 모두 그 시초를 볼 수 없다고 한다면, 리와 기는 선후를 말할 수 없는 것이 되고 만다. 이것은 현상계로부터 파악한 역추의 논리이다. 그러나 논리적으로 순추하면, 리와 기의 선후를 부정할 수 없다는 것이다.[74] 이와 같이 이진상의 리기의 선후에 대한 이해는 그의 순추·역추의 방법론과 밀접하게 관련된 것이다.

3) 理有動靜論

이진상의 동정론(動靜論)은 이황의 학문을 계승하는 '이상정의 리의 활물(活物)과 유치명의 리의 능동능정(能動能靜)'[75]에서 학문적 영향을 받았다고 생각된다.[76] 하지만 그는 보다 근원적으로 주돈이와 정자 그리고 주희

---

73) 『寒洲全書』 貳, 『理學綜要』, 卷1, 「天道(理之大原)第一上」〈明理氣先後〉, 21쪽 상단32 16-17행, "按: 理本無形, 非有可見之先, 氣亦迭至, 非有可見之始. 故逆推之際, 相似而止. 然若於此順推, 則先天後天, 理則一而氣自新."

74) 『寒洲全書』 五, 『求志錄』, 卷15, 『朱子語類箚疑』(1), 1卷, 「太極天地」, 4쪽 하단 14-17행, "理在先, 氣在後, 相似) 逆推之極, 大原自見. 畢竟是先有此理, 方生此氣. 然氣之往過來續, 無間可息, 初非今日有理, 而明日有氣, 則雖直從大原頭說, 元無截然先後之勢, 以理推之, 不得不以理先氣後言之耳."

75) 玄相允, 『朝鮮儒學史』, 현음사, 1982, 361쪽.

76) 『定齋文集』 3, 卷19, 「理動靜說」, 7쪽 6행-9쪽 1행, "至大山先生爲理氣動靜說而曰: 理本搭於氣, 故謂之有動靜也, 而其本體之無爲者自若也; 實主於氣, 故謂之無動靜也, 而其至神之妙用, 又未嘗或損也. 是其爲言周徧精切, 而理之有動靜者, 益可見也. 如曰: 理無動靜, 則是特認爲死灰無情之物, 而氣便無所自而爲動靜矣. 大抵是理活物也. 洋洋乎流動充滿, 無乎不在, 是豈漠然無爲者哉. 故曰天道流行發育萬物, 又曰一陰一陽之謂道, 又曰太極動而生陽靜而生陰, 夫其所謂道也太極也, 卽理之謂也; 曰流行, 則非有靜而無動也. 曰陰之陽之, 則非一於無爲也, 曰動而生陽靜而生陰, 則又直言理之動靜也. 今於四端之發, 獨曰: 理不能自發也, 發之者氣也. 是將曰天道非流行也, 流行者陰陽也. 非陰之陽之也, 乃陰陽爲之也, 是不亦害理之甚乎? 意見一差, 生出許多弊病, 學者, 可不深念而屢省之哉?"

의 동정론을 분석, 종합하여 자신의 동정론을 정립한 것이다.

주돈이는 『통서』와 「태극도설」에서 동정론을 전개하였다. 『통서』에서는 일반 사물의 동정과 신(神)의 동정을 구분하여 다음과 같이 설명한 바 있다.

> '움직이면〔動〕' '고요함〔靜〕' 이 없고, '고요하면' '움직임' 이 없는 것은 '사물〔物〕' 이다. 움직이되 움직임이 없고, 고요하되 고요함이 없는 것은 '신(神)' 이다. '움직이되 움직임이 없고 고요하되 고요함이 없다' 는 것은 '움직이지 않고 고요하지 않는다' 는 말이 아니다.[77]

주돈이에 의하면, 일반 '사물' 은 동시에 동정을 겸할 수 없으나, '신' 은 동시에 동정을 겸한다. 주희도 이와 마찬가지로 '사물' 과 '신' 을 구별한다. 형체가 있는 사물은 움직임 · 고요함 어느 한편에 치우치게 되나, '신' 은 "형체에서 분리되지 않으면서도 형체에 갇혀 있지 않기 때문에, 움직임 가운데 고요함을 머금고 있고 고요함 가운데 움직임을 머금고 있다"는 것이다.[78] 이진상은 이러한 논리들을 원용하여 '태극의 동정' 을 설명한다. 그는 다음과 같이 말한다.

> '움직이면 고요함이 없고, 고요하면 움직임이 없는 것' 은 '태극이 갖추고 있는 그릇' 이다. 움직임 가운데 고요함을 머금고, 고요함 가운데 움직임을 머금는 것은 '태극의 본연(本然)한 묘함(妙)' 이다. '움직이면서 능히 고요할 수 있고, 고요하면서 능히 움직일 수 있는 것' 은 '태극이 탈 바의 기틀' 이다. '움직

---

77) 『通書』, 卷2, 「動靜」 第16, 64쪽 하단22 9-13행, "動而無靜, 靜而無動, 物也. 動而無動, 靜而無靜, 神也. 動而無動, 靜而無靜, 非不動不靜也." 『通書』는 보경문화사 영인본(『性理大全』, 1984)을 저본으로 하였다. 이하 동일.

78) 『性理大全』, 卷2, 『通書解』, 卷2, 「動靜」 第16, 64쪽 하단22 10-14행, "有形, 則滯於一偏. 神則不離於形, 而不囿於形矣. 動中有靜, 靜中有動."

이면서 움직임이 없다' 는 것은 움직이지 않는다는 말이 아니요, '고요하면서 고요함이 없다' 는 것은 고요하지 않는다는 말이 아니다. 따라서 이것이야말로 참된 동정(動靜)임이 분명하다.[79]

'움직이면 고요함이 없고, 고요하면 움직임이 없는 것' 은 일반 사물로서, 그것은 '태극이 갖추고 있는 그릇' 이다. 그런데 이진상은 현상적인 사물의 동정은 참된 동정일 수 없다고 본다. 참된 동정은 '움직이면서도 움직임이 없고 고요하면서도 고요함이 없는 것' 즉 '무형한 동정(動靜)' 이라는 것이다. 리의 동정(動靜)은 모양이 없다. 따라서 리야말로 참된 동정의 주체라는 것이다.[80] 이진상이 이와 같이 '참된 동정' 을 주장하는 것은 리가 '죽은 물건' 이 아닌 '활물(活物)' 임을 재확인하고자 하는 것이라 하겠다.

이러한 맥락에서 이진상은 '태극동이생양 정이생음(太極動而生陽 靜而生陰)' 을 글자 그대로 해석하여, 동정의 주체를 태극으로 설정하고 있다. 주돈이는 "태극이 움직여 양(陽)을 낳고 움직임이 극에 이르면 고요함이 되며, 〈태극이〉 고요하여 음(陰)을 낳는다"[81]고 하여, 동정의 주체를 태극으로 여기고, 음양은 태극의 동정에 의해 생하는 것으로 보고 있다. 이를 순차적으로 보면, 태극 → 동정 → 음양이 된다. 즉 주돈이의 동정은 태극과 음양을 연계시키는 매개자로 볼 수 있겠다.

주희는 「태극도설」의 "태극이 움직여 양을 낳고 움직임이 극에 이르면 고요함이 되며, 〈태극이〉 고요하여 음을 낳는다" 에 대하여, 태극에 동정이 있

---

79) 『寒洲全書』 貳, 『理學綜要』, 卷1, 「天道(理之大原)」 第一上, 12쪽 상단13 19행-하단14 2행, "按: 動而無靜, 靜而無動者, 卽太極所具之器也; 動中有靜, 靜中有動者, 卽太極本然之妙也; 動而能靜, 靜而能動者, 卽太極所乘之機也. 動而無動, 而非不動, 靜而無靜, 而非不靜, 則此其爲眞動靜, 明矣."

80) 『寒洲全書』 壹, 『寒洲集』, 卷14, 「答宋康叟」 〈別紙〉, 333쪽 상단29 11-12행, "無形之動靜, 方是眞動靜. 理之能動能靜, 何嘗有模樣乎?"

81) 『性理大全』, 卷1, 「太極圖說」, 22쪽 상단15 7행, "太極, 動而生陽, 動極而靜; 靜而生陰."

는 것은 천명의 유행이라고 하면서도[82] “태극은 본연의 ‘묘함’(妙)이고 동정은 타는 ‘기틀’〔機〕이며, 태극은 형이상의 도(道)이고 음양은 형이하의 그릇〔器〕이다”[83]고 하여, 동정을 태극과 분리시키고 오히려 음양에 소속시키려는 태도를 취하였다. 또한 주희는 태극과 동정을 사람과 말로 비유하여 그 두 존재가 서로 분리되지 않고 항상 의지한다는 논리를 펼쳤다.[84] 이를 보면, 주희의 동정은 분명히 기인 것이 분명하다. 그러나 또한 “리에 동정이 있으므로 기에 동정이 있는 것이다. 만약 리에 동정이 없다면 곧 기는 어디로부터 말미암아 동정이 있겠는가”[85]라고 하여, 리에 동정이 있음을 시사한다. 이와 같은 주희의 동정론은 일견 모순적인 것으로 보인다. 이진상은 이러한 내용들을 보다 정합적으로 설명하고자 하였다.

이진상은 주희의 “리〔태극〕에 동정이 있는 것은 천명의 유행”이라는 것에 대해서 다음과 같이 설명한다.

> 리기 동정론은 사실 주자(周子)의 「태극도설」에 기초를 둔다. 태극은 리이며 음양은 기이고 동정은 리와 기가 만나는 곳이다. 이미 ‘태극이 움직여 〈양을〉 낳고 고요하여 〈음을〉 낳는다’ 고 하였으니, 움직임은 태극의 움직임이며 고요함은 태극의 고요함이다. 태극은 본체를 가리키는 것이며, 동정은 〈태극의〉 유행을 가리키는 것이다.[86]

---

82) 『性理大全』, 卷1, 「太極圖說解」, 22쪽 상단15 9행, “太極之有動靜, 是天命之流行也.”

83) 『性理大全』, 卷1, 「太極圖說解」, 22쪽 상단15 15-16행, “太極者, 本然之妙也, 動靜者, 所乘之機也; 太極, 形而上之道也, 陰陽, 形而下之器也.”

84) 『朱子語類』 下, 卷94, 「周子之書 · 太極圖」 〈銖錄〉, 1090쪽 상단10 10-13행, “問: 動靜者, 所乘之機. 曰: 太極理也, 動靜氣也. 氣行則理亦行, 二者常相依, 而未嘗相離也. 太極猶人, 動靜猶馬. 馬所以載人, 人所以乘馬. 馬之一出一入, 人亦與之一出一入. 蓋一動一靜, 而太極之妙, 未嘗不在焉.”

85) 『朱子大全』 中, 卷56, 「答鄭子上」, 333쪽 상단43 18-19행, “理有動靜, 故氣有動靜. 若理無動靜, 則氣何自而有動靜乎?”

이진상은 동정을 천명(天命: 理)의 유행으로 설명했다. 이것은 주희의 설명과 다름이 없는 것이다. 그러나 이진상은, 주희가 동정을 기로 보아 말에 비유한 것은 잘못되었다고 주장한다.[87] 본래 주희는 태극을 사람에 비유하고 동정을 말에 비유하였다.[88] 그러나 이진상은 음양을 말에 비유하고, 동정을 출입에 비유하여, 다음과 같은 비판을 전개한다.

> 태극은 리이고 음양은 기이며, 동정은 리의 유행이면서 기의 관려(關棙)이다. 태극은 사람과 같고 음양은 말과 같다. 동정은 사람에게 출입이 있는 것이다. 사람의 출입은 반드시 말을 타는 것이니, 리의 동정은 반드시 그 기를 탈 따름이다. 이제 동정을 기로 여긴다면, 음양은 다시 무슨 물건인가? 기가 행하면 리도 행하는 것은 진실로 그러하다. 그러나 이제 동정이 행하면 태극이 행한다고 하는 것은 과연 말이 성립하는가? 리에 동정이 있는 것은 사람에게 출입이 있는 것과 같다. 이제 사람과 출입이 서로 의지하여 분리하지 않는다는 말이 성립하는가? 동정이 말과 같다면 이제 출입을 말로 여기는 것이 옳은가? 말에는 진실로 출입이 있지만 이제 동정에 출입이 있다고 하는 것이 옳은가? 또 말이 출입함에 사람도 말과 함께 출입하는 것이니, 말이 사람을 부릴 수 있고 사람은 말의 의도를 따르는 것이며, 말은 주체가 되고 사람은 객체가 되는 것이니, 바로 죽은 사람이 산 말에 태워지는 것과 같다.[89]

---

86) 『寒洲全書』 貳, 『理學綜要』, 卷1, 「天道(理之大原)第一上」, 9쪽 하단8 8-11행, "按: 理氣動靜之論, 實基於周子圖說. 而太極, 理也; 陰陽, 氣也; 動靜者, 理氣之合縫處. 旣謂太極動而生靜而生, 則動是太極之動, 靜是太極之靜, 而太極, 是指本體, 動靜, 是指流行."

87) 『寒洲全書』 五, 『求志錄』 15, 『語類箚義』, 202쪽 하단 10행, "動靜猶馬) 此錄有誤."

88) 『朱子語類』 下, 卷94, 「周子之書 · 太極圖」 〈銖錄〉, 1090쪽 상단10 10-12행, "太極理也, 動靜氣也. 氣行則理亦行, 二者, 常相依而未嘗相離也. 太極猶人, 動靜猶馬. 馬所以載人, 人所以乘馬. 馬之一出一入, 人亦與之一出一入."

89) 『寒洲全書』 五, 『求志錄』 15, 『語類箚義』, 202쪽 하단 10-20행, "太極, 理也; 陰陽, 氣也; 動靜者, 理之流行, 而氣之關棙也. 太極猶人, 陰陽猶馬. 動靜者, 人之有出入也. 人之出入, 必乘其馬, 理之動靜, 必乘其氣而已. 今以動靜爲氣, 則陰陽, 更是何物乎? 氣行則理

주희와 이진상이 서로 비유를 설정한 것 자체가 다르므로, 이진상의 위와 같은 비판이 그대로 적실하다고는 볼 수 없을 것이다. 그러나 이를 통해서 이진상의 입장은 분명히 드러난다. 이진상에 의하면, 리가 기를 타고 동정하는 것은 사람이 말을 타고 출입하는 것과 같다. 따라서 동정은 '말' 에 비유될 것이 아니라 '출입(出入)' 에 비유되어야 한다는 것이다.[90] 위의 인용문에서 '동정은 리의 유행이면서 기의 관려이다' 고 할 때의 '관려(關棙)' 는 '기틀' 을 의미한다.[91] 이진상은 동정을 리와 기의 매개자로 인식하였다. 이진상은 정자의 "동정은 음양의 근본이다"[92]라는 말을 원용하면서 '동정' 에 대하여 다음과 같이 말한다.

그윽히 살피건대, 동정은 사용하는 글자일 뿐이어서 원래 형체가 있는 한 물건이 아니다. 그러므로 정자는 음양의 근본이라고 하였는데〔본체의 근본이 아니고 바로 생출의 근본이다〕, 주자도 '〈동정은〉 타는 기틀이다' 고 하니, 이것은 다만 리가 기를 생하는 곳이다.[93]

亦行, 固矣. 而今謂動靜行, 則太極行, 果成說乎? 理之有動靜, 猶人之有出入. 今謂人與出入, 相依而不相離, 可乎? 動靜猶馬, 則今以出入爲馬, 可乎? 馬固有出入, 而今謂動靜之有出入, 可乎? 且馬之出入, 人亦與之出入, 則馬能役人, 人隨馬意矣. 馬爲主而人爲客, 便似死人之䭾活馬矣."

90) 음양과 동정에 있어서, 주희는 動 자체를 陽으로, 靜 자체를 陰으로 본 것이다. 즉 주희에게 있어서 '陰陽과 動靜' 은 '실체와 작용' 의 관계가 아니라, 陰陽이 곧 動靜인 것이었다. 그러나 이진상은 陰陽이라는 실체가 動靜이라는 작용을 하는 것으로 설명하는 것이다.

91) 『朱子語類』 下, 卷94, 「周子之書 · 太極圖」 〈義剛錄〉, 1090쪽 상단10 15항, "機是關棙子."

92) 『二程集』, 『河南程氏粹言』, 卷2, 「天地篇」 1227쪽, "子曰: 動靜者, 陰陽之本也. 五氣之運, 則參差不齊矣."

93) 『寒洲全書』 壹, 『寒洲集』, 卷5, 「上崔海庵」 〈別紙〉, 128쪽 하단42 14-16행, "竊按: 動靜, 只是使用底字, 元非有形之一物. 故程子以爲陰陽之本(非本體之本, 乃生出之本), 而朱子亦以爲所乘之機, 則此只是理生氣處."

이진상은 동정을 실체가 아니요 다만 운동인 것으로 이해했다. 그는 주희가 동정을 '말'에 비유한 것은, '소승지기(所乘之機)' 라는 말과도 어긋나는 것으로, 동정을 구체적인 '물사(物事: 實體)' 로 이해한 오류를 범한 것이라고 비판하는 것이다.[94] 이진상에 의하면, '동정이 음양의 근본이다' 고 할 때 '근본' 은 본체의 의미가 아니고, 음양이 생출되는 근본이다. 즉 태극의 동정이 음양을 생출하는 근본이라는 것이다.[95] 현상적 측면에서 보면 동정은 기로 여길 수 있으나 원리적 측면에서 보면 동정은 리에 속하는 바, 허자로 사용하는 동정을 가지고 현상계의 기로 여기면 '움직여 양을 낳고 고요하여 음을 낳는다' 는 것은 바로 허자의 기가 음양의 기를 낳는 꼴이 되어 논리적으로 모순을 야기한다는 것이다.[96] 이진상에 의하면 태극은 리이며 음양은 기이고, 동정은 리와 기가 만나는 하나의 지점이다.[97] 다시 말하면 동정은 리가 기를 생출하는 단서이고 음양은 기가 형체를 구성하는 정분(定分)을 가리킨다.[98] 그리하여 이진상은 주희의 동정관 즉 '동정은 타는 바의 기틀이다' 를 이러한 관점에서 이해해야 한다고 말한다.[99] 그는 주희가 진술한 '동정은 기이다' 고 언표한 것을 주희의 초년설로 간주하여 수용하지 않고, '리에 동정이 있다' 는 것을 주희의 만년설로 여기고 적극 자신의 철

---

94) 『寒洲集』, 卷40, 「花峽法語」, 21-59쪽, "不當以動靜之虛字, 爲所乘之物事."

95) 『寒洲全書』 壹, 『寒洲集』, 卷9, 「答李謹休(戊午)」〈別紙〉, 203쪽 하단12 7행, "太極之有動靜, 二氣生出之本也, 萬化形著之始也."

96) 『寒洲全書』 貳, 『理學綜要』, 卷1, 「天道(理之大原)第一上」, 15쪽 상단18 20-하단20 3행, "盖從陽動陰靜處言, 則動靜, 固亦氣也. 而先說太極, 則動亦理之動也, 靜亦理之靜也. 太極之動靜, 若謂之氣, 則動而生陽, 靜而生陰, 乃爲氣而生氣也. 動靜, 只是使用之虛字, 亦豈可乘之物乎?"

97) 『寒洲全書』 四, 『求志錄』 11, 『太極圖箚義』, 399쪽 상단 17-18행, "太極, 理也; 陰陽, 氣也; 動靜者, 理氣之合縫處."

98) 『寒洲全書』 壹, 『寒洲集』, 卷15, 「答許退而」〈別紙〉, 349쪽 하단14 8-9행, "動靜者, 理生氣之端緖, 陰陽者, 氣成形之定分也."

99) 『寒洲全書』 貳, 『理學綜要』, 卷1, 「天道(理之大原)」 第一上, 12쪽 하단14 19행-하단14 2행, "按: 此以太極之動靜爲陰陽之本, 則動靜者, 所乘之機, 當以此意看."

학체계에 활용한다. 이는 주돈이의 「태극도설」의 원리에 정자의 '동정관'을 결합시킨 것이다.

이진상은 주희의 '소승지기(所乘之機)'에서의 '승(乘)'과 '기(機)'에 대한 자신의 사유 역정을 다음과 같이 술회한다.

> '동정은 스승지기(所乘之機)이다'는 것에 대해, 처음에는 '탈 것〔所乘〕'을 음양으로 생각하고 사람이 말을 탄다고 할 때의 탄다는 뜻으로 보았으나, 그 후 다시 '승(乘)'이란 승시승세(乘時乘勢)의 '승(乘)'이라고 생각을 바꾸게 되었다. '기(機)'는 장차 음하고 양하는 움〔由〕인 것이다. 태극이 움직이는 '기'를 타면 이는 움이 터서 양을 낳는 것이며, 고요한 기틀을 타면 이는 움이 터서 음을 낳는 것이다. 그리고 음양이 나뉘는 곳에서도 역시 그러하다. 대개 태극은 본래 다만 음양하는 소이의 리이므로, 그 동정은 바로 장차 음하고 양하는 '기'인 것이다. 처음부터 먼저 음양의 기가 있는 뒤에 동정의 '기'가 있는 것은 아니다.[100]

이진상에 의하면, '승(乘)'은 '때를 타고 형세를 탄다'는 의미이지 '말을 탄다'고 할 때의 '탄다'는 의미가 아니며, '기(機)'는 기계(機械)나 말과 같은 '탈 것'이 아니라 기회(機會)나 기틀 또는 '움'인 것이다. 이진상은 다음과 같이 말하기도 한다.

> '태극승기(太極乘機)'의 '승(乘)'은 만약 이 기회(機會)를 탄다는 '승(乘)'으

---

100) 『寒洲全書』 壹, 『寒洲集』, 卷22, 「答郭鳴遠(乙酉)」 〈別紙〉, 495쪽 상단23 5-11행, "動靜, 所乘之機, 初間以所乘爲陰陽, 看得如人乘馬之乘, 而其後更說, 如乘時升勢之乘, 機, 乃將陰將陽之由. 太極乘箇動底機, 則這是所由以生陽者也; 乘箇靜底機, 則這是所由以生陰者也. 及到分陰分陽亦然. 蓋太極, 本只是所以陰陽之理, 故其動其靜, 便是將陰將陽之機, 初非先有陰陽之氣而後, 有動靜之機也."

로 간주한다면 병폐가 되지 않는다. 그러나 말을 탄다는 '승'과 같이 간주한다면, 동정은 애초에 어찌 탈 수 있는 것이겠는가? 세상에는 스스로 움직이면서 움직임을 타고 스스로 고요하면서 고요함을 타는 것이 있게 된다. 하물며 이 양동음정(陽動陰靜)의 기틀을 탄다면, 이것은 바로 먼저 음양이 있은 다음에 동정이 있는 것이니, 아마도 이러한 이치는 없을 것이다.[101]

이진상에 의하면, '승'의 대상을 '말'과 같은 것으로 전제한다면, 다음과 같은 두 병폐가 야기되는 것이다. 첫째는 "세상에는 스스로 움직이면서 움직임을 타고 스스로 고요하면서 고요함을 타는 것이 있게 된다"는 것이니, 말은 스스로 동정하면서도 또 동정을 탄다는 논리가 되어 어불성설이라는 것이다. 둘째는 "먼저 음양이 있은 다음에 동정이 있는 것"이 되니, 그것도 역시 어불성설이라는 것이다.[102] 그리하여 이진상은 '승'의 대상을, '말'이 아닌, '기틀'이나 '기회' 또는 '움'으로 설명하는 것이다. 그는 "이제 동정을 음양으로 간주한다면, 이는 '기(機)'를 '기(器)'로 여기는 것이다"[103]라고 하여, 동정을 음양으로 여기는 것이나 '기(機)'를 '기(器: 機械나 말 등)'로 여기는 것 모두를 거부한다.

이진상은 "동정은 태극의 소위(所爲)이며, 음양은 태극이 탈 바〔所乘〕이다. 이와 같이 추론한다면 어찌 이치가 순조롭지 않겠는가"[104]라고 하여, 일단 동정의 주체를 태극이라고 확언한다. 그런데 그에 의하면, 태극도 동정

---

101) 『寒洲全書』 壹, 『寒洲集』, 卷15, 「答許退而」〈別紙〉, 348쪽 하단12 20행-349쪽 상단13 3행, "太極乘機之乘, 若如乘此機會之乘, 則不做病, 而謂如乘馬之乘, 則動靜, 初豈可乘之物乎? 世有自動而乘動, 自靜而乘靜者也, 况乘此陽動陰靜之機, 則是乃先有陰陽, 而後有動靜也. 恐無是理."

102) 「태극도설」에서는 "動하여 陽을 낳고 靜하여 陰을 낳는다"고 하여, 動靜이 陰陽보다 先行하는 것으로 설명했었다.

103) 『寒洲集』, 卷40, 「花峽法語」, 21-59쪽 2-3행, "今以動靜爲陰陽, 則是以機爲器也."

104) 『寒洲集』, 卷40, 「花峽法語」, 21-59쪽 7-8행, "動靜者, 太極之所爲, 陰陽者, 太極之所乘. 如是推之, 豈不理順乎?"

하는 것이고 음양도 동정하는 것이다. 즉 태극은 동정을 통해 음양을 낳고, 이렇게 하여 생겨난 음양은 태극을 태우고 동정하는 것이다. 그의 이러한 논리를 순서대로 살펴보자. 그는 다음과 같이 말한다.

> 태극의 움직임〔動〕은 양(陽)이 생겨나는 기틀(機)이고, 태극의 고요함은 음이 생겨나는 기틀이다.[105)]

> 동정은 음양이 생겨나는 근본이며, 태극은 동정의 주체이다. 움직이고 고요한 것은 진실로 리이다.[106)]

> 태극의 동정은 음양이 생겨나지 않았을 때이고, 음정양동(陰靜陽動)은 음양이 이미 생겨난 다음이다.[107)]

> 태극의 동정은 음양이 생겨나는 것이니, 한 근원〔一原〕의 참됨이다. 음양의 동정은 태극이 타는 것이니, 만 가지로 다름〔萬殊〕의 자취이다.[108)]

> 음양이 아직 생기지 않았을 때에는 태극이 스스로 동정하여 음양을 낳는다. 음양이 이미 생겨났으면 태극은 음양을 타고 동정을 신묘하게 한다.[109)]

---

105) 『寒洲集』, 卷40, 「花峽法語」, 21－59쪽 6-7행, "太極之動, 陽生之機也; 太極之靜, 陰生之機也."

106) 『寒洲全書』 壹, 『寒洲集』, 卷7, 「與柳仲思(甲寅)」 〈別紙〉, 157쪽 하단8 3-4행, "動靜, 爲陰陽之本, 而太極, 爲動靜之主. 動者靜者, 固理也."

107) 『寒洲全書』 貳, 『理學綜要』, 卷1, 「天道(理之大原)第一上」, 14쪽 하단18 19-20행, "按: 太極動靜, 是陰陽未生時, 陰靜陽動, 是陰陽旣生後."

108) 『寒洲全書』 壹, 『寒洲集』, 卷7, 「與柳東林(戊午)」 〈別紙〉, 163쪽 하단20 4-6행, "太極動靜, 陰陽生焉者, 一原之眞也, 陰陽動靜, 太極乘焉, 萬殊之迹也."

109) 『寒洲全書』 壹, 『寒洲集』, 卷15, 「答許退而」 〈別紙〉, 349쪽 하단14 18-20행, "陰陽未生, 太極自動靜而生陰陽; 陰陽旣生, 太極乘陰陽而妙動靜."

태극이 동정하는 묘함은 은미하여 밝히기 어렵지만, 음양이 동정하는 묘함은 드러나서 알기 쉽다. 그러나 태극은 동정의 주체요, 음양은 동정의 자료이며 도구〔資具〕이다.[110)]

위의 인용문들은 이진상의 동정론을 여실하게 보여준다. 그에 의하면, 태극은 동정을 통하여 음양을 낳고, 그렇게 하여 생겨난 음양은 다시 태극을 태우고 동정하는 것이다. 그런데 태극의 동정은 스스로 동정하는 것이요, 음양의 동정은 태극의 주재에 따라 동정하는 것이다. 그리하여 그는 '태극은 동정의 주체요, 음양은 동정의 자료이며 도구〔資具〕' 라고 하였던 것이다.[111)] 태극이 스스로 동정하는 것은 음양을 낳는 역할을 하는 것이며, 음양이 태극의 주재에 따라 동정하는 것은 온갖 조화(造化)를 빚어내는 역할을 하는 것이다. 이것을 '사람 · 말 · 출입' 에 비유하자면, 사람이 말을 주재하여 출입하면, 자신의 목적대로 말을 동정하게 하는 것이 된다. 그러나 사람의 주재 없이 말이 스스로 움직인다면 그것은 망동(妄動)에 불과하여 질서정연한 조화를 빚어낼 수 없는 것이다.[112)] 여기서 '사람의 주재에 따르는 말' 은 동정의 주체가 아닌 자료이며 도구〔資具〕인 것이다. 그리하여 그는 '동정의 주체는 태극이요, 음양은 동정의 자료이며 도구〔資具〕' 라는 논리

---

110) 『寒洲全書』 壹, 『寒洲集』, 卷7, 「與柳東林」〈別紙(太極圖說條問)〉, 163쪽 상단19 14-16행, "太極動靜之妙, 微而難明; 陰陽動靜之妙, 著而易見. 然太極者, 動靜之主也; 陰陽者, 動靜之具也."

111) 음양은 동정의 資具가 된다고 하는 것은 음양이 생겨난 다음에 해당되는 말이다. 즉 애초에 태극이 동정하여 음양을 낳는 시점에서는 태극은 스스로 동정하는 것이요, 음양을 資具로 삼아 동정하는 것이 아니다. 음양이 생겨나기 이전에는 음양이 資具 역할을 할 수도 없는 것이다. 『寒洲全書』 壹, 『寒洲集』, 卷14, 「答宋康叟」〈別紙〉, 333쪽 상단29 12-14행, "氣爲動靜之資, 當就分陰分陽以後說, 於其生氣之際, 豈有氣爲之資乎?"

112) 이진상은 태극을 사람에, 음양을 말에, 동정을 출입에 비유하였다. 이러한 비유에서는 태극이 동정하여 음양을 낳는다는 측면은 설명되기 어렵다. 그것은 사람이 동정하여 말을 낳는 것이 되기 때문이다.

를 확정하는 것이다. 그런데 흔히 사람들은 태극의 동정은 은미하여 잘 알지 못하고, 이미 드러난 음양의 동정만을 알아, 음양을 동정의 주체로 간주하고 태극은 동정이 없는 것으로 오인(誤認)한다는 것이다. 이진상은 다음과 같이 말한다.

> 태극에 동정이 있는 것은 곧 태극이 스스로 동정하는 것이다. 요즈음 리는 스스로 움직이지 않는다고 하는 사람은 매양 동정의 자취에 구애되어 기(氣)는 없는 때가 없다고 말한다. 그러나, 〈우주의〉 혼돈(混沌)한 미개(未開)의 상태와 사람 마음의 미발(未發)의 상태는 동일한 맥락인데, 기가 용사(用事)하지 아니한 경우에는 오직 리일 뿐이다. 이미 오므라든 기는 다시 살아나지 아니하니, 〈새로운〉 기가 처음 생하는 곳은 과연 리가 스스로 움직이는 때가 아니겠는가? 리는 형체가 없고 기는 형체가 있어 비록 리는 동정이 없고 기만 동정이 있는 것 같지만, 그러나 리의 움직임은 기로 인해 움직이는 것이 아니고, 기의 움직임은 곧 리로 말미암아 움직이는 것이니, 이것이 리가 스스로 움직이는 것이 아니고 무엇인가?[113)]

이진상은 리가 스스로 동정하지 않으면 기를 낳을 수 없다는 관점에서 '리의 자동정(自動靜)'을 옹호하는 것이다. 위의 인용문에서 강조하는 사항은 다음과 같은 두 가지이다. 하나는 리는 스스로 동정하여 기를 낳는다는 것이고, 다른 하나는 리의 동정은 스스로 동정하는 것이지만 기의 동정은 리에 의지하는 동정이라는 것이다. 그는 다음과 같이 말하기도 한다.

---

113) 『寒洲全書』 壹, 『寒洲集』, 卷10, 「與郭鳴遠」 〈別紙〉, 490쪽 상단13 18행-하단14 4행, "太極之有動靜, 乃太極之自動靜也. 今之言理不自動者, 每拘於動靜之迹, 謂無無氣之時. 然混沌之未開, 人心之未發, 同一機緘, 氣不用事, 則惟理而已. 已屈之氣, 不復爲方生之氣, 則氣之始生處, 果非理之自動時乎? 理無形而氣有形, 雖若理無動而氣有動. 然理之動, 非爲氣而動, 氣之動, 乃由理而動, 此非理之自動而何?"

음양이 이미 생겼으면 진실로 태극의 자료이며 도구가 된다. 그러나 음양이 아직 생기지 않았을 때에는 태극이 바로 스스로 동정한다. 대개 동정은 기가 아직 형체를 이루지 않은 것이고, 음양은 기가 이미 형체를 이룬 것이다. 곧바로 대원두(大原頭)로부터 말하면, 옛날의 기〔舊氣〕가 단절되자마자 태극이 바로 새로운 기〔新氣〕를 생출하는데, 생출이 시작될 때에 동정은 그 기틀이 되는 것이다.[114)]

음양이 아직 생겨나지 않았을 때에는 태극이 스스로 동정하여 음양을 낳는다. 이렇게 하여 생겨난 음양은 태극의 자구가 된다. 그런데 기는 생생불식하는 것으로, 옛날의 기가 소멸하면 새로운 기가 다시 생겨나는 것인데, 새로운 기가 생겨날 때에도 태극의 동정이 그 기틀이 된다는 것이다. 즉 기의 생생 자체도 기의 자연적 속성에 따르는 것이 아니라, 태극의 동정에 의한 것인 셈이다. 이러한 맥락에서 그는 태극의 동정은 항상 음양의 동정에 선행하는 것이라고 보았다. 그는 다음과 같이 말한다.

먼저 태극의 동정을 논하지 않고 문득 음양의 동정을 먼저 말한다면, 이것은 태극은 동정이 없고 다만 음양의 동정을 자구로 삼아 바야흐로 동정할 수 있다는 것이니, 그것이 어찌 본연지묘(本然之妙)가 될 수 있겠으며, 어찌 묘용지리(妙用之理)가 될 수 있겠는가?[115)]

이진상의 일관된 입장은 음양의 동정은 태극의 동정을 전제로 해서만 가

114) 『寒洲全書』 壹, 『寒洲集』, 卷15, 「答許退而」 〈別紙〉, 348쪽 상단11 11-14행, "陰陽已生, 固爲太極之所資, 而陰陽未生, 太極便自會動靜. 蓋動靜者, 氣之未形者也, 陰陽者, 氣之已形者也. 直從大原頭說, 則舊氣纔絶, 太極便生出新氣, 而生出之始, 動靜爲其機焉."

115) 『寒洲全書』 壹, 『寒洲集』, 卷15, 「答許退而衡」 〈別紙〉, 348쪽 상단13 6-8행, "不先論太極動靜, 而便先說陰陽動靜, 則是乃太極無動無靜, 而但資陰陽之動靜, 方會動靜, 烏在其爲本然之妙乎? 烏在其爲妙用之理乎?"

능하다는 것이다. 그러나 그의 이러한 논리는 다음과 같은 세 문제를 내포하고 있다. 첫째는 형이상자와 형이하자의 구분이 애매해진다는 점이다. 태극도 동정하고 음양도 동정한다면, 태극과 음양의 형이상·형이하 구분이 애매해지는 것이다. 둘째는 그는 태극이 동정하여 음양을 낳는다고 주장하는 바, 이러한 생각은 생출론(生出論)에 가까우며, 태극이 음양을 낳기 전에는 음양은 없고 태극만 존재하는 시점이 있게 된다. 셋째는 음양의 동정이 철저하게 태극의 주재에 의한 것이라면, 현상계에는 선만 있고 악은 없어야 할 것인 바, 따라서 현상계에서의 악의 실재 문제를 설명하기 어렵게 된다.

이진상은 "동정은 태극도 아니고 음양도 아니다. 태극의 유행이며 장차 음양이 되는 기틀이다"[116]라고 하였다. 이진상에 의하면 '태극'과 '동정'의 관계는 '본체'와 '묘용'의 관계이다.[117] 이러한 맥락에서 태극과 동정의 문제는 '리의 체용(體用)' 문제와 연결되게 된다.

4) 理有體用論

체(體)와 용(用)은 성리학 이론체계 내에서 하나의 중요한 개념이다. 이를 현대 철학적 용어로 굳이 말하면 실체와 작용 또는 본질과 현상을 의미한다. 체는 용으로 발현될 수 있는 모든 원리를 구비한 존재로서 실체 또는 본질이며, 용은 체가 유행하여 현상계에 발현되는 것이다.[118] 주자학에서의

---

116) 『寒洲全書』 壹, 『寒洲集』, 卷15, 「答許退而」 〈別紙〉, 349쪽 하단14 3-8행, "若乃動靜, 則非太極非陰陽, 而乃是太極之流行, 陰陽之關棙也."

117) 『寒洲全書(4)』, 『求志錄』 11, 『太極圖箚義』, 399쪽 상단 18-19행, "太極者, 動靜之本體; 動靜者, 太極之妙用; 動靜者, 將陽將陰之機也; 陰陽者, 其動其靜之器也."

118) 熊十力, 『新唯識論(中卷)』(臺北: 洪氏出版社, 1974), 85쪽. 이 부분은 崔英辰 교수의 논문 「退溪 理思想의 體用論的 構造」(『朝鮮朝 儒學思想의 探究』, 여강출판사, 1988, 97쪽)에서 熊十力의 인용문을 참조하였음을 밝힌다.

체와 용의 관계는 대략 네 가지로 설명할 수 있다.[119] 첫째는 사물의 자체와 운용(運用)이고,[120] 둘째는 체가 용의 근원이고,[121] 셋째는 체와 용이 한 사물의 두 가지 양태이고,[122] 넷째는 체가 용의 원인이다.[123] 그러나 체와 용은 결코 분리될 수 없는 관계이다. 주자학의 체용론은 리 · 기, 심 · 성 · 정 등과 유기적으로 얽혀 있어, 매우 복잡하게 전개된다.

이진상은 이황의 '리에는 체와 용이 있다' 는 이론[124]을 수용한다. 하지만 이진상이 체와 용을 '사용하는 글자' 라고 정의하는 것은 기존 성리학자들과 차이가 있다.[125] 그는 리에는 체와 용이 있으나, 기에는 체와 용이 없다

119) 陳榮捷은 『宋明理學之概念與歷史』(臺北: 中央硏究院 中國文哲硏究所, 1986)에서 주희의 體用論을 대략 네 가지로 구분하고 있다. 논자는 陳榮捷이 밝히고 있는 원문은 각주로 처리하였음을 밝힌다.

120) 『朱子語類』, 卷1, 「理氣(上) · 太極天地(上)」〈祖道錄〉, 147쪽 하단2 24-25행, "假如耳便是體, 聽便是用; 目是體, 見是用."; 『朱子語類』, 卷16, 「大學(三) · 傳五章釋格物致知」〈道夫錄〉, 276쪽 하단9 16-17행, "體用元不相離. 如人行坐: 坐則此身全坐, 便是體; 行則此體全行, 便是用."; 『朱子語類』, 卷5, 「性理(二) · 性情心意等名義」〈端蒙錄〉, 180쪽 하단1 10행, "理者天之體, 命者理之用."

121) 『朱子語類』, 卷20, 「論語(二) · 學而篇(上) · 有子曰其爲人也孝弟章」〈賀孫錄〉, 333쪽 하단15 28행-334쪽 상단16 1행, "仁是體, 愛是用. (……) 愛自仁出也."; 『朱子語類』, 卷6, 「性理三 · 仁義禮智等名義」〈端蒙錄〉, 187쪽 상단2 24행, "見在底, 便是體; 後來生底, 便是用."

122) 『朱子語類』, 卷5, 「性理二 · 性情心意等名義」〈端蒙錄〉, 184쪽 하단10 23-25행, "有指體而言者, 寂然不同者是也, 此言性也. 有指用而言者, 感而遂通者是也, 此言情也."

123) 『朱子語類』, 卷17, 「大學四(或問上) · 經一章 · 顧諟天之明命一段」〈淳錄〉, 301쪽 하단14 6-8행, "赤子匍匐將入井, 皆有怵剔惻隱之心, 只此一端, 體用便可見. 如喜怒哀樂是用, 所以喜怒哀樂是體."

124) 崔英辰, 「退溪 體用論의 妥當性 問題」, 『首善論集』 제5집, 성균관대학교, 1980.
______, 「退溪의 體用論과 理에 관한 考察」, 『공주사대논문집』 제20집, 공주대학교, 1982.
______ , 「退溪 理思想의 體用論的 構造」, 『朝鮮朝 儒學思想의 探究』, 여강출판사, 1988.

125) 『寒洲全書』 壹, 『寒洲集』, 卷10, 「答姜耘父」〈別紙〉, 226쪽 하단20 13-12행, "夫體用, 只是使用底字."

고 한다.[126] 그의 체용론은 리를 주로 하는 것이다.[127] 또한 '리와 기는 이물(二物)' 이나 '체와 용은 일물(一物)' [128]이므로, 리기론(理氣論)과 체용론(體用論)은 같은 맥락일 수 없다고 본다. 체와 용은 비록 다르지만, 하나의 리일 뿐이다.[129]

이진상은 '리의 체용' 을 주로 '리의 동정' 의 문제와 연관시켜 논한다. 우선 이진상의 다음과 같은 말을 살펴보자.

> 주자는 초년에 '태극을 체로 동정은 용' 으로 여겼는 데, 뒤에 그 병통을 깨달았다. 그것을 수정하여 '정(靜)은 태극의 체이고, 동(動)은 태극의 용' 이라고 하였다〔分說〕. 또 말하기를 '본체(本體)로 말하면 태극은 동정을 내함(內涵)하고, 유행(流行)으로 말하면 태극은 동정이 있다' 고 하였다〔合說〕. 이와 같다면 음양동정(陰陽動靜)을 태극의 용으로 삼을 수 없음이 분명하다.[130]

이진상은 주희가 '태극을 체로 동정을 용' 으로 여긴 초년설을 수용하지 않았다. 그 이유는 "태극의 동정을 음양으로 여긴다면, 리와 기는 일물(一物)이 되고, 리는 체가 되고 기는 용이 되기 때문" [131]이며, "만약 체와 용을

---

126) 『寒洲全書』 壹, 『寒洲集』, 卷23, 「答張舞華」〈別紙(大學疑義〉, 516쪽 하단24 7-8행, "理自有體有用, 而氣未能自有體用, 明矣."

127) 『寒洲全書』 壹, 『寒洲集』, 卷16, 「答李濟汝(相奭○壬午)」, 428쪽 하단2 14행, "體用之說, 本主乎理."

128) 『寒洲全書』 壹, 『寒洲集』, 卷19, 「答郭鳴遠疑問」, 428쪽 상단17 6행, "理氣是二物, 而體用是一物."

129) 『寒洲全書』 壹, 『寒洲集』, 卷28, 「答川谷書院儒生問目(心經疑義 丁巳)」, 604쪽 상단1 6-8행, "體用雖異, 而只是一理."

130) 『寒洲全書』 壹, 『寒洲集』, 卷19, 「答郭鳴遠疑問」, 428쪽 상단17 6-7행, '朱子初年, 以太極爲體動靜爲用, 而後覺其有病(見答楊子直書). 改之曰: 靜是太極之體, 動是太極之用(分說). 又曰: 以本體言, 則太極涵動靜, 以流行言, 則太極有動靜(合說). 若爾, 則陰陽動靜, 不可作太極之用 明矣."

131) 『寒洲集』, 卷41, 「讀密庵集」, 22－8쪽 12-13행, "旣云太極之動靜, 而謂便是陰陽, 則是

리체기용(理體氣用)으로 양립시키면, 리는 정(靜)만 있고 동(動)이 없으며, 기는 동만 있고 정은 없게 된다. 체와 용이 둘로 분리되면 어떻게 조화를 이루겠는가"[132)]라는 문제점 때문이었다. 주희도 이러한 병폐를 깨닫고 새로운 논리를 제시했다는 것이다. 이진상은 주희의 새로운 입장을 다시 분설(分說)과 합설(合說)로 구분하였다. '분설' 이란 '동과 정을 구분' 해 말했다는 것이고, '합설' 이란 '동과 정을 통합' 해 말했다는 것이다. 우선 분설의 경우를 살펴보자. 이진상은 다음과 같이 말한다.

> 태극의 묘함은 능히 스스로 동정할 수 있기 때문이다. 정이음(靜而陰)은 태극의 체가 확립되는 까닭이고, 동이양(動而陽)은 태극의 용이 운행되는 까닭이다.[133)]

동정을 분설하여 태극의 체용을 설명하면, 정(靜)은 태극의 체가 되고, 동(動)은 태극의 용이 된다. 이진상은 이러한 맥락에서 '리체기용' 을 부정한다. 이진상은 "이제 만일 리가 체가 되고 기가 용이 된다고 하면, 리는 '정' 만 있고 '동' 은 없으며, 기는 '정' 은 없고 '동' 만 있게 되니, 체와 용이 두 개로 절단되면 어디로부터 조화될 수 있겠는가"[134)]라고 말한다. 이진상이 '리체기용' 을 거부하는 것은, 그것은 결국 체용이 이물(二物)로 괴리되어 조화를 불가능하게 만든다는 이유 때문이었다. 다음 합설의 경우를 살펴보

以理氣爲一物, 而理體氣用也."

132) 『寒洲全書』 壹, 『寒洲集』, 卷16, 「答李濟汝」, 362쪽 하단2 7-9행, "今若曰理體氣用, 則理爲靜有而動無, 氣爲靜無而動有, 體用兩截, 何自而成造化乎?"

133) 『寒洲全書』 壹, 『寒洲集』, 卷7, 「與柳東林(己未)」〈別紙〉, 168쪽 하단29 16-20행, "太極之妙, 以其能自會動靜, 靜而陰者, 太極之體, 所以立, 動而陽者, 太極之用, 所以行."

134) 『寒洲全書』 壹, 『寒洲集』, 卷16, 「答李濟汝(相奭○壬午)」, 326쪽 하단2 6-7행, "蓋嘗論之, 理與氣, 相須爲體, 相待爲用. 太極在陰靜而體立, 太極乘陽動而用行. 今若曰理體氣用, 則理爲靜有而動無, 氣爲靜無而動有, 體用兩截, 何自而成造化乎?"

자. 이진상은 다음과 같이 말한다.

> '동(動)' 도 없고 '정(靜)' 도 없으면서 '동' 과 '정' 의 묘함을 함축하고 있는 것은 리의 체이고, 능히 움직일 수 있고 능히 고요할 수 있어 동정의 기틀이 있는 것은 리의 용이다. 기는 움직이면 고요하지 않고 고요하면 움직이지 않으니, 결코 스스로 동정할 수 있는 것이 아니다. '동' 과 '정' 의 소이연(所以然)은 리의 은(隱)이고, '동' 과 '정' 의 소능연(所能然)은 리의 비(費)이다.[135]

동정을 합설하여 태극의 체용을 설명하면, '동정의 묘함' 이 태극의 체이고, '동정의 기틀' 가 태극의 용이다. 이진상은 이러한 맥락에서 '기가 스스로 동정한다' 는 것을 부정한다. 이진상이 '기가 스스로 동정한다' 는 명제를 거부하는 것은 다음과 같은 두 이유 때문인 것으로 보인다. 기가 스스로 동정한다면 한편으로는 그것은 망동(妄動), 즉 무질서한 현실을 초래할 것이기 때문이요, 다른 한편으로는 그것은 리를 죽은 존재로 여기는 것이 되기 때문이다. 그리하여 리의 동정이 있다는 것을 보다 확고하기 위하여 『중용』의 제12장 비은(費隱)에 대한 논지를 언급한다. 즉 '비' 는 용의 광대함이고 '은' 은 체의 은미함이다.[136] 곧 '비' 는 현상계의 다양한 존재가 그렇게 할 수밖에 없는 변화〔所能然〕이며, '은' 은 광대무변한 현상계를 떠나 그러한 까닭으로서 존재하는 것〔所以然〕이다. 이진상은 '동' 으로서 '용' 은 소능연의 영역, '정' 으로서 '은' 은 소이연의 영역을 말하여 리의 동정성을 주장한다.

---

135) 『寒洲全書』 壹, 『寒洲集』 附錄, 卷1, 「年譜」 〈癸丑(三十六歲) 與愼菴李公書論理氣動靜〉, 813쪽 하단8 15-19행, "無動無靜, 而涵動靜之妙者, 理之體也, 能動能靜, 而有動靜之幾者, 理之用也. 氣, 則動而無靜, 靜而無動, 而決非自動自靜之物, 則動靜之所以然, 理之隱者也, 動靜之所能然, 理之費者也."

136) 『中庸章句』 第12章, 786쪽 상단 12-13행, "費, 用之廣也; 隱, 體之微也."

주희는 "형이상자(形而上者)로 말하면 충막(冲漠)한 것이 체이고, 사물에 발현하는 것이 용이다. 형이하자(形而下者)로 말하면 사물이 체이고, 그 리의 발현이 용이다"[137]라고 말한 바 있다. 즉 주희는 '리의 체용' 도 인정하고, '기의 체용' 도 인정한 것이다. 그러나 이진상은 "리의 경우 충막과 발현을 체와 용이라 하는 것은 옳다. 그러나 기의 경우, 사물을 체로 여기니 체는 그 체가 아니며, 리에 연유하여 용이 되니 용은 그 용이 아니다"[138]라고 하여, '리의 체용' 만 인정하고 '기의 체용' 은 부정한다. 이진상은 다음과 같이 말하기도 한다.

'사물이 체가 된다' 고 할 때의 체는 형체(形體)로 말한 것이다. 대개 리는 본래 무형(無形)이기 때문에, 무형〔드러나 볼 수 있는 존재〕을 체로 삼고 유형을 용으로 삼는다. 기는 본래 유형(有形)이기 때문에, 유형을 체〔사물〕로 삼고 무형〔리의 발현은 사물에 비하면 무형이다〕을 용으로 삼는다. 사물은 리의 체가 아니다. 그러나 리는 반드시 사물 위에서 발현하고 그 발현한 것은 실제로 기를 타는 것이다. 기는 본래 체와 용이 없으므로, 그 깃들인 것〔事物〕에 연유하여 체를 삼고 그 발현하는 것〔理〕에 연유하여 용을 삼는 것이다. 그런데 지금의 배우는 사람들은 '리에 체와 용이 없다' 고 여기고, 기로 인해서 체(體: 陰)를 삼고 용(用: 陽)을 삼으니, 이것은 주자의 학문과 서로 반대되는 것이다.[139]

---

137) 『朱子大全』 中, 卷48, 「答呂子約」, 117쪽 상단21 7-9행, "若以形而上者言之, 則冲漠者, 固爲體, 而其發見於事物之間者, 謂之用; 若以形而下者言之, 則事物, 又爲體, 而其理之發見者, 謂之用."

138) 『寒洲全書』 壹, 『寒洲集』, 卷16, 「答李濟汝」, 363쪽 상단3 6-8행, "夫理之曰冲漠曰發見, 體用皆眞; 而氣之以物爲體, 體非其體, 因理爲用, 用非其用."

139) 『寒洲全書』 壹, 『寒洲集』, 卷24, 「答張舜華」 528쪽 상단15 4-10행, "事物爲體之體, 以形體言. 蓋理本無形, 故以無形者爲體, 以有形者爲用(著而可見), 氣本有形, 故以有形者爲體(事物是也), 以無形者(理之發見, 比物則無形)爲用. 事物非理之體, 然理必發見在事物上, 其所發見, 實亦乘氣, 氣本無體用, 因其所寓者(事物)爲體, 所發者(理)爲用. 今之學者, 乃謂理無體用, 而因氣爲體(陰), 因氣爲用(陽), 是與朱子之學相反者也."

위의 인용문은 '기의 체용' 을 일정 부분 인정하기도 하는 것이다. 그러나 '기는 본래 체용이 없다' 는 것이 이진상의 확고한 입장이다. 따라서 주희가 '기의 경우 사물이 체가 된다' 고 했을 때의 '체' 란 '본체(本體)의 체' 가 아니라 '형체(形體)의 체' 라고 그 의미를 격하시키는 것이다. 그리고 '리의 체용' 을 부정하고 체용을 기와 연관시키는 입장들을 '주자와 반대되는 것' 으로 규정, 비판하는 것이다. 요컨대, 이진상은 '기의 체용' 을 부정하고 '리의 체용' 만을 인정함으로써, 리의 '활물적(活物的)' 성격을 재확인하고, 주재자로서의 리의 위상을 강화시켰던 것이다.[140)]

3. 理氣의 普遍性과 特殊性의 問題

리와 기는 현상계의 모든 존재를 설명하는 성리학의 기본개념이자 사유틀이다. 성리학에서는 보편(普遍)과 특수(特殊)의 문제를 리와 기의 상호관계로 설명한다. 리와 기는 서로 다른 속성을 갖고 있지만 모든 현상을 설명할 때에는 불가분적(不可分的)으로 공존한다. 본 절에서는 이진상의 리일분수론(理一分殊論)과 리기통국론(理氣通局論)을 통해 보편과 특수의 문제가 어떻게 전개되고 있는지를 고찰한다.

1) 理一分殊論

'리일분수(理一分殊)' 는 정이(程頤)[141)]가 처음으로 제시한 명제이다.[142)]

---

140) 『寒洲全書』 壹, 『寒洲集』, 卷25, 「答崔肅仲(正基○乙亥)」, 539쪽 상단1 18-20행, "夫理者, 氣之主宰也; 氣者, 理之資具也. 理爲眞體, 體是一原; 理爲妙用, 用亦一路."

141) 程頤: 1033~1107, 중국 북송 때의 성리학자, 자는 正叔, 세칭 伊川선생이라 함. 저서로 『易傳』, 『春秋傳』, 『伊川文集』, 『語錄』 등이 있고, 형 程顥의 문집과 함께 『二程遺書』,

양시(楊時)[143]가 장재(張載)의 "건(乾)을 아버지라고 일컫고 곤(坤)을 어머니라고 부른다"로 시작되는 「서명(西銘)」을 묵자(墨子)의 겸애설(兼愛說)과 유사하다고 하자,[144] 정이는 「서명」은 '리일분수'를 밝힌 것으로 묵자의 겸애설과는 다른 것이라고 설명하였다.[145] 정이는 '리일분수'라는 명제를 제시만 했을 뿐 자세한 설명을 가하지는 않았다. 그러나 이후 '리일분수'는 주희 등에 의해서 그 의미가 부연되면서, 성리학의 핵심명제로 자리잡게 되었다. 그것은 궁극적 실체의 통일성과 현상적 개체의 다양성을 리와 기의 개념으로 설명하는 명제로 발전하였다.[146]

리일분수란 '리'는 본래 '하나'〔一〕이나 그 '분(分)'은 '다름'〔殊〕을 말한다. 일반적으로, '리는 하나'라는 것은 형이상적 본체〔리〕의 통일성을 말하는 것이고, '분이 다르다'는 것은 현상적 세계의 다양성을 가리키는 것이다. 성리학자들은 리일분수론을 전개하는 데 있어 '리가 하나이다'는 측면

『二程外書』가 합간되었다.

142) 陳榮捷, 『宋明理學之槪念與歷史』, 臺北: 中央硏究院 中國文哲硏究所, 1986, 143쪽.
龐萬理, 『二程哲學體系』, 中國: 北京航空航天大學出版社, 1992, 96쪽.
市川安司, 『程伊川哲學의 硏究』, 日本: 東京大學出版會, 1964, 286쪽.

143) 楊時: 1053~1135, 중국 북송 때의 성리학자, 자는 中立, 호는 龜山, 閔學의 창시자, 저서에 『龜山集』, 『龜山語錄』, 『二程粹言』 등이 있다.

144) 『龜山集』, 卷16, 「寄伊川先生」, 266쪽 하단6 7행-267쪽 상단7 5행; 卷16, 「答伊川先生」, 267쪽 하단8 2행-268쪽 상단9 7행, 참조. 『龜山集』은 臺灣商務印書館發行 영인본(『文淵閣四庫全書』 1125, 集部3, 別集類, 중화민국 75년)을 저본으로 하였다.

145) 『二程集』 二, 『程氏文集』, 卷9, 「答楊時論西銘書」, 609쪽, "前所寄史論十篇, 其意甚正, 纔一觀, 便爲人借去, 俟更子細看. 西銘之論, 則未然. 橫渠立言, 誠有過者, 乃在正蒙. 西銘之爲書, 推理以存義, 擴前聖所未發, 與孟子性善養氣之論同功(二者亦前聖所未發), 豈墨氏之比哉? 西銘明理一而分殊, 墨氏則二本而無分(老幼及人, 理一也. 愛無差等, 本二也). 分殊之蔽, 私勝而失仁; 無分之罪, 兼愛而無義. 分立而推理一, 以止私勝之流, 仁之方也. 無別而迷兼愛, 至於無父之極, 義之賊也. 子比而同之, 過矣. 且謂言體而不及用. 彼欲使人推而行之, 本爲用也, 反謂不及, 不亦異乎?"

146) 崔英辰, 「蘆沙 奇正鎭의 理一分殊說에 관한 고찰」, 『朝鮮朝 儒學思想의 探究』, 驪江出版社, 1988, 265쪽.

을 중시하는 경우도 있고, '분은 다르다' 는 측면을 중시하는 경우도 있으나, 그들 모두는 세계의 통일성과 다양성을 아울러 조망하고자 하였다.

조선의 성리학자들도 전반적으로 리일분수론을 수용하여 자신들의 성리학을 전개하고 있지만, 그 가운데 특히 이진상은 선유들의 학설을 심도있게 분석하면서 자신의 리일분수론을 확립한다. 그는 리일분수 네 글자는 천만년토록 도(道)를 논하는 법(法)이자[147] 또한 성리학을 탐구하는 근본적인 토대요,[148] 그리고 학문을 하는 두뇌처(頭腦處)[149]라고 강조한다. 리(理) · 기(氣)와 성(性) · 명(命)을 자세하게 아는 데 있어 리일분수는 간략하면서 극진하다고 한다.[150] 그는 리(理)와 분(分)의 의미와 관계를 다음과 같이 말한다.

> 대저 '리' 는 '분이 혼연(渾然)한 것' 이고 '분' 은 '리가 찬연(粲然)한 것' 이다. 그 조리(條理)가 있는 것을 리라 하고, 그 등분(等分)이 있은 것을 '분' 이라 한다. 애초에 '리' 밖에 '분' 이 있어 판연(判然)히 두 개의 물건이 되는 것이 아니다. 대개 '이 리는 지극한 하나이면서도 그 분은 다름' 을 말할 뿐이다.[151]

'리' 는 '분의 혼연한 것' 이기 때문에 '하나' 라 하고, '분' 은 '리의 찬연한

---

147) 『寒洲全書』 貳, 『理學綜要』, 卷11, 「總要(理之分合)第六」〈明理一分殊亦只是理〉, 180쪽 상단9 3행, "按: 理一分殊四字, 乃千萬世論道之三尺也."

148) 『寒洲全書』 五, 『辨志錄』, 卷4, 「南塘集」〈理一分殊說〉, 512쪽 상단 6행, "理一分殊四字, 固千萬世論道之根基."

149) 『寒洲全書』 壹, 『寒洲集』, 卷16, 「答李濟汝」, 363쪽 하단4 9행, "理一分殊, 自是學問頭腦."

150) 『寒洲全書』 壹, 『寒洲集』, 卷19, 「答郭鳴遠疑問」, 424쪽 상단9 17행, "性命理氣之說, 勘到十分, 則理一分殊四字, 約而盡."

151) 『寒洲全書』 貳, 『理學綜要』, 卷11, 「總要(理之分合)第六」〈明理一分殊亦只是理〉, 180쪽 상단9 8-11행, "夫理者, 分之渾然者也; 分者, 理之粲然者也. 自其有條理而謂之理, 自其有等分而謂之分, 初非理外有分, 判爲兩物也. 蓋謂這理至一, 而其分則殊耳."

것' 이기 때문에 '다르다' 고 하는 것이다. 애초에 리 밖에 분이 있어, 스스로 두 개의 물건이 되는 것이 아니다. 대개 '이 리는 지극한 하나이면서도 그 분은 다름' 을 말할 뿐이다.[152]

여기서 '리는 분의 혼연' 이라는 것은 형이상의 다양한 원리들〔分〕의 혼연한 전체성을 말하며, '조리가 있다' 는 것은 각 원리들〔分〕의 맥락이 서로 관통하고 있음을 말한다. '혼연한 전체' 가 조리가 있어 서로 맥락이 관통하는 것을 '리일(理一)' 이라 한다. 반면 '분은 리의 찬연' 이라는 것은 리의 찬연한 다양성을 말하며, '등분이 있다' 는 것은 찬연한 다양성에는 각각 영역이 있어서 서로 침해할 수 없다는 것이다. 찬연한 다양성이 등분이 있어 서로 침해하지 않는 것을 '분수(分殊)' 라 한다. 그런데 이일과 분수는 원래 두 개가 아니고 하나의 존재라는 것이다. 이진상은 다음과 같이 말한다.

리는 분의 근본이고, 분은 리의 단서로서, 두 개의 물건이 아니다. 이를 깨닫지 못하고 '리일' 을 리에 분속시키고 '분수' 를 기에 분속시키니, 이는 온당하지 못하다.[153]

주지하다시피, 이이는 "이는 본래 하나인데, 기를 타고 유행함으로써 분수가 생긴다"[154]고 하여, 분수의 원인을 기로 규정하였었다. 위의 인용문은 바로 이이와 같은 논법을 비판하는 것이다. 이진상의 리일분수론은 리일과

---

152) 『寒洲全書』 五, 『辨志錄』, 卷4, 「南塘集」 〈理一分殊說〉, 512쪽 상단 6-15행, "理者, 分之渾然者, 故曰一; 分者, 理之粲然者, 故曰殊, 初非理外有分, 自作兩物也. 盖謂這理至一, 而其分則殊耳."

153) 『寒洲全書』 壹, 『寒洲集』, 卷19, 「答郭鳴遠疑問」, 424쪽 상단9 18-19행, "理是分之統, 分是理之緖, 初非兩物. 或者未達, 以理一屬之理, 分殊屬之氣, 恐未然."

154) 『栗谷全書』, 卷10, 「答成浩原(壬申)」, 197쪽 상단2 15-18행, "夫理 一而已矣 (……) 理雖一 而旣乘於氣 其分萬殊."

분수를 리와 기로 분속시키는 것이 아니라, 리일과 분수를 모두 리 자체의 양면성으로 설명하는 것이다.[155] 리의 두 측면, 즉 리의 혼연한 것을 리일이라 하고 리의 찬연한 것을 분수라 하는 것이다.[156]

이진상은 리일과 분수를 소이연(所以然)·소당연(所當然)과 연관시켜 설명하기도 한다.

> 대개 리의 소이연의 곳은 진실로 스스로 충막(冲漠)하나 찬연(粲然)한 것이 그 가운데 있으며, 리의 소당연의 곳은 진실로 스스로 찬연하나 충막한 것이 그 가운데 있다. 리일과 분수는 원래 한 곳에 있는 것이다. 충막은 리일이고 찬연은 분수이다. 충막한 가운데 하나의 찬연한 것이 따로 있지 아니하고, 찬연한 가운데 하나의 충막한 것이 따로 있지 아니하다.[157]

소이연으로서의 리는 진실로 충막하고 소당연으로서의 리는 진실로 찬연하다. 그러나 충막한 가운데 찬연함이 있고, 찬연한 가운데 충막함이 있다는 것이다. 이것을 사회의 현실에 적용시켜 설명하자면, 사람들마다 각자의 지위에 따라 직분은 다양한 것이니, 이것이 '소당연의 찬연함', 즉 '분수'라 하겠다. 그러나 다양한 직분들에는 인의 실현 또는 정의의 실현 또는 공동체의 번영이라는 공통된 목표가 관통하는 것인 바, 이것이 '소이연의 충막함' 즉 '리일'이라 하겠다. 그런데 다양한 직분과 공통된 목표가 별개

155) 『寒洲全書』 貳, 『理學綜要』, 卷11, 「總要(理之分合)第六」, 180쪽 하단10 4행, "右明理一分殊, 亦只是理."

156) 『寒洲全書』 五, 『求志錄(15)』, 『朱子語類箚疑』, 卷1, 「三卷仁義禮智等名義」, 24쪽 상단 15-16행, "自其理之渾然者而謂之理一, 自其理之粲然者而謂之分殊."

157) 『寒洲全書』 壹, 『寒洲集』, 卷12, 「答金聖汝別紙(論巍巖集)」, 259쪽 상단31 9-14행, "蓋理之所以然處, 固自冲漠, 而粲然者, 在其中矣; 理之所當然處, 固自粲然, 而冲漠者, 在其中矣. 理一分殊, 元在一處. 冲漠者, 理之一也; 粲然者, 分之殊也. 非謂冲漠之中, 別有一物粲然, 粲然之中, 別有一物冲漠也."

로 존재하는 것이 아니다. 다양한 직분은 공통된 목표를 통해 존재근거를 확보하는 것이고, 공통된 목표는 다양한 직분을 통해 실현근거를 확보하는 것이다. 이러한 맥락에서 이진상은 '리일' 속에 '분수'가 있고 '분수' 속에 '리일'이 있다고, 즉 '리일'과 '분수'는 상호의존하는 것이라고 주장하는 것이다.[158] 만약 소이연과 소당연이 각각 혼연과 찬연 어느 하나에만 치우친 것이라고 본다면 다음과 같은 병폐가 생긴다는 것이다.

> 만약 다만 소당연 곳에서만 찬연을 말한다면, 정일변(靜一邊)을 빠뜨린 것일 뿐만 아니라 또한 리가 공적(空寂)에 빠진다. 만약 다만 소이연의 곳에서만 홀로 충막을 말한다면, 동일변(動一邊)을 빠뜨린 것일 뿐만 아니라 또한 리가 찬연히 빛남을 잃게 된다.[159]

짐작하건대, 위의 인용문에서 말하는 '정일변'이란 '체(體)'를 의미하는 것이며, 동일변이란 '용(用)'을 의미하는 것이다. 즉 소당연에서 찬연만을 말한다면, 그것은 소당연에는 '체'가 없게 되고, '리일'은 공적(空寂)에 빠진다는 것이다. 또한 소이연에서 충막만을 말한다면, 그것은 소이연에는 '용'이 없게 되고, 분수는 찬연한 빛을 잃게 된다는 것이다. 이러한 맥락에서 이진상은 소이연과 소당연, 혼연과 찬연, '리일'과 '분수'의 상함성을 강조하는 것이다.

이진상은 성(性)·명(命)과 리·기, 심·성·정에 대해서도 리일분수로 설명한다.

---

158) 『寒洲全書』 壹, 『寒洲集』, 卷16, 「答李濟汝」, 363쪽 하단4 11행, "分殊非外於理一."

159) 『寒洲全書』 壹, 『寒洲集』, 卷12, 「答金聖汝別紙(論巍巖集)」, 259쪽 상단31 14-17행, "雖謂之冲漠卽粲然, 粲然卽冲漠, 可也. 若只曰所當然處, 方謂冲漠, 則非徒闕却靜一邊, 而理淪於空寂矣; 若只曰所以然處, 獨自冲漠, 則非徒闕却動一邊, 而理失之閃爍矣."

성과 명으로 말하면, 성은 리일이 되고 명은 분수가 된다. (……) 심·성·정으로 말하면, 심은 태극이며, 성은 태극의 고요함이며, 정은 태극의 움직임이다. 심은 '리일' 이고, 성·정은 '분수' 이다. 심과 성으로 말하면, 주재가 항상 일정한 것은 심이니 '리일' 이고, 발출이 동일하지 않은 것은 성이니 '분수' 이다. 성과 정으로 말하면, 성은 '체' 의 하나가 되고 정은 '용' 의 다름이 된다.[160]

성과 명의 관계를 살펴보면, 명은 하늘이 만물에게 부여하는 측면에서 말하는 것이고, 성은 만물이 부여받은 측면에서 언급되는 것이다. 그러므로 명령하는 주체〔天〕는 리일이 되지만 명령하는 그 내용〔命〕은 '분수' 이며, 부여받는 자의 입장에서 보면 그 본질적 내용〔性〕을 하나의 전체성으로 간주하기 때문에 '리일' 이 되는 것이다. 인간의 심·성·정의 관계에서 리일분수를 말하면, 심은 태극이 되는 것으로 '리일' 이 되는 반면에 성과 정은 태극의 동과 정이 되는 것으로 '분수' 가 되는 것이다. 그런데 먼저 심과 성의 관계를 보면, 주재로서의 심은 '리일' 이 되고 발출로서의 성은 '분수' 가 되는 것이다. 이진상은 심과 성의 관계를 보다 더 구체적으로 다음과 같이 말한다.

'심이 태극이 된다' 는 뜻으로 미루어보면, 심은 리일이 되고 성은 분수가 된다. 그러므로 주자(朱子)는 주재가 항상 일정한 것은 심이고 발출함이 같지 않은 것은 성이라 하였다. 주재가 항상 일정한 것은 태극전체의 혼연한 것이 가운데 있고, 발출함이 같지 않은 것은 인(仁)·의(義)·예(禮)·지(智)가 각각 단서가 있는 것을 가리킨다. 그렇다면 성이 발출하는 것은 고연 심의 분수처가 아니

160) 『寒洲全書』 壹, 『寒洲集』, 卷19, 「答郭鳴遠疑問」, 424쪽 상단9 19행-하단10 6행, "以性命言, 則性爲理一, 而命爲分殊. (……) 以心性情言, 則心爲太極, 而性乃太極之靜, 情乃太極之動, 心爲理一, 而性情爲分殊. 以心性言, 則主宰常定底是心, 理之一也, 發出不同底是性, 分之殊也. 以性情言, 則性爲體之一, 而情爲用之殊也."

냐? 심이 체가 없고 성은 체가 된다는 설로 미루어보면, 성은 바로 심이어서 심과 성은 하나의 리이다. 그러므로 주자가 말하기를 심은 진실로 주재하는 것인데, 이른바 주재는 곧 리이니 이 심 밖에 하나의 리가 있거나 리 밖에 하나의 심이 있는 것이 아니다고 하였다. 그렇다면 심의 주재는 과연 성의 리일이 아니냐?[161]

즉 심은 태극이 되며 주재가 되는 것으로 '리일' 이고 성은 인 · 의 · 예 · 지라는 내용이자 발출할 단서로써 '분수' 를 말하는 것이다. 이진상은 "성이 발출하는 것은 심의 분수처이고, 심이 주재하는 것이 성의 리일처로서 분수가 리일에서 벗어나는 것이 아니다"[162]고 하여, 심의 '리일' 과 성의 '분수' 는 서로 내함(內涵)하고 있다는 상함성(相涵性)을 주장한다. 다음으로 성과 정의 관계를 보면, 성은 체로서 리일이 되고 정은 용으로서 분수가 되는 것이다.

그러나 심과 성정을 보면, 심은 혼연한 전체 태극으로서 '리일' 이고, 성정을 동정에서 보면 성은 체, 정은 용으로 '분수' 가 되는 것이지만, 성 그 자체에서 보면 성에 인 · 의 · 예 · 지 · 신의 '분수' 가 있고 정 그 자체에도 애(愛) · 의(宜) · 공(恭) · 별(別) · 실(實)의 '분수' 가 있으므로, 심의 체와 용에 각각 '분수' 가 있게 되는 것이다.[163] '분수' 의 '분' 은 천리의 등차이고

161) 『寒洲全書』 壹, 『寒洲集』, 卷16, 「答李濟汝」, 363쪽 하단4 11-18행, "以心爲太極之意推之, 則心爲理一, 而性爲分殊. 故朱子曰: 主宰常定底是心, 發出不同底是性. 主宰常定, 是言太極全體之渾然在中; 發出不同, 是指仁義禮智之各有端緒也. 然則性之發出底, 果非心之分殊處耶? 以心無體以性爲體之說推之, 則性便是心, 心性一理. 故朱子曰: 心固是主宰底, 而所謂主宰者, 卽此理, 此非心外別有箇理, 理外別有箇心. 然則心之主宰, 果非性之理一底乎?"

162) 『寒洲全書』 壹, 『寒洲集』, 卷16, 「答李濟汝」, 363쪽 상단3 18-19행, "須知性之發出底, 便是心之分殊處, 心之主宰底, 便是性之理一處, 分殊非有外於理一也."

163) 『寒洲全書』 壹, 『寒洲集』, 卷16, 「答李濟汝」, 599쪽 상단29 12-17행, "在人則心爲太極, 亦自是渾然全體, 而以動靜分, 則性爲體, 而情爲用, 是有性情之殊. 朱子所謂太極者,

당연의 법칙이 되지만,[164] 그것은 기 때문에 다름이 있다고 하면 긍정할 수 있으나 '분' 을 기로 여길 수 없다는 것이다.[165] '분' 이 다르다는 것은 군신의 리와 부자의 리가 다르다는 것을 말하는 것이다.[166] 기를 인식의 관점에서 배제한 상태에서 보면, '리일' 의 가운데 '분' 이 다르지 않은 적이 없고 '분수' 의 곳에 리가 하나가 아닌 적이 없는 것이다.[167] 이진상은 다음과 같이 말한다.

'리' 는 리의 조리(條理)를 가리켜 말하는 것이고 '분' 은 리의 분한(分限)을 가리켜 말하는 것이다. 그 '리' 가 하나이나 '분' 은 다르지 않은 적이 없고〔하나의 태극이나 元 · 亨 · 利 · 貞이 있고 하나의 성이나 인 · 의 · 예 · 지가 있다〕, 그 '분' 은 다르나 '리' 는 하나 아닌 적이 없다〔偏과 全은 비록 다르나 성의 선함은 같다〕. 유행에서 말하면 '리' 는 하나이고 '기' 도 하나이며, '분' 은 다르고 '기' 도 다르다. 기의 용사(用事)는 비록 '분수' 에 있으나 '분' 은 기가 아니다. 어떻게 둘로 절단하여 기를 '분수' 로 하고 리를 '리일' 이라 할 수 있겠는가?[168]

性情之妙者, 是也. 自性言, 則有仁義禮智信之分殊; 以情言, 則有愛恭宜別實之分殊, 此非徒用上方有分殊, 體上亦有分殊, 明矣."

164) 『寒洲全書』 五, 『求志錄(15)』, 『朱子語類箚疑』, 卷1, 「三卷仁義禮智等名義」, 24쪽 상단 14-16행, "(其分不同) (……) 分者, 天理之等差而當然之則也."

165) 『寒洲全書』 壹, 『寒洲集』, 卷16, 「答李濟汝」, 599쪽 상단29 8-10행, "分只是理之等差, 謂之因氣有殊則可, 而不可以分爲氣也."

166) 『寒洲全書』 五, 『求志錄(15)』, 『朱子語類箚疑』, 卷1, 「三卷仁義禮智等名義」, 24쪽 상단16행, "(其分不同) (……) 世多以分殊爲氣. 然此言君臣之理, 父子之理."

167) 『寒洲全書』 壹, 『寒洲集』, 卷16, 「答李濟汝」, 599쪽 상단29 19-20행, "要之, 理一之中, 分未嘗不殊, 而分殊之處, 理未嘗不一耳."

168) 『寒洲全書』 五, 『辨志錄(3)』, 『南塘同異考辨』, 453쪽 상단 4-8행, "理者, 指理之條理而言; 分者, 指理之有分劑而言. 其理一, 而分未嘗不殊(一太極而有元亨利貞, 一性而有仁義禮智), 其分殊, 而理未嘗不一(偏全雖殊, 性善則同). 從流行看, 則理一而氣亦一, 分殊而氣亦殊. 氣之用事, 雖在於分殊, 而分非氣也, 焉得截斷爲二, 以氣爲分殊, 而理爲理一也?"

리기의 관계로서 리일분수의 이론을 살펴보자. 본원적 측면에서 수직적으로 보면〔竪看〕 리가 기를 낳는 것은 '리일' 이 되고, 유행적 측면에서 횡적으로 보면〔橫看〕 리가 기를 타는 것은 '분수' 가 된다.[169] 리가 기를 타고 유행하는 데 만 가지로 가지런하지 않은 것이 '분수' 이기 때문에 이는 리로 말하는 것이지만, 리와 기의 분리되지 않는 성격을 가지고 '분수' 라고 하거나 섞이지 않는 성격을 가지고 '리일' 이라고 하면 동일선상에서 이해가 된다고 하더라도 논리적으로 두 물건으로 될 위험을 내포하게 되는데, 만약 '리' 와 '분' 을 두 물건으로 여기면 '리' 와 '분' 은 쓸모없는 존재가 되어 '리' 는 공적으로 빠지고 '분' 은 형기(形氣)를 띠게 된다고 이진상은 비판한다.[170] 이진상의 리일분수관은 '리' 자체에도 '분' 의 성질을 내포하고 있으며 '분' 에도 '리' 의 성질이 있다는 상함적인 관계에서 전개되는 것이다.[171] 그리고 '분수' 가 생기는 것은 기로 인하여 생기더라도 기 자체에 분수의 성질이 있는 것이 아니고 '리' 자체에 '분수' 의 성질이 이미 존재하고 있기 때문이라고 말한다.

이진상은 하늘에 있어서 리와 명의 관계를 리일분수로 설명하고 인간에 있어서 성과 정의 관계를 리일분수로 설명하고 있어, 천인일리(天人一理) 차원에서 리일분수론을 전개하는 것이 특징이라 할 것이다.[172] 그의 상함적

169) 『寒洲全書』 壹, 『寒洲集』, 卷19, 「答郭鳴遠疑問」, 424쪽 상단9 19행-하단10 6행, "以理氣言, 則理生氣, 是本原底, 理之一也, 理乘氣, 是流行底, 分之殊也."

170) 『寒洲全書』 五, 『辨志錄』, 卷4, 「南塘集」 〈理一分殊說〉, 512쪽 상단 15행-하단 2행, "南塘始以乘氣流行不齊萬端者謂分之殊, 則若以理言; 而終以理氣之不離言分殊, 理氣之不雜言理一, 則反涉於理自是理, 而分自是氣, 雖說那同一地頭, 而不害爲兩物也. 理與分, 果是兩物, 則理爲混沌骨董, 而淪於空寂矣, 分爲破碎玷缺, 而滯於形氣矣."

171) 『寒洲全書』 壹, 『寒洲集』, 卷16, 「答李濟汝」, 599쪽 상단29 9-12행, "太極固是理一, 而是理也, 在陽爲建, 在陰爲順, 已有健順之分殊矣. 播五行於四時, 而爲元亨爲利貞, 莫非一誠之所行, 而纔說四德, 便是其分之殊, 健順四德之外, 寧有太極乎?"

172) 『寒洲全書』 五, 『辨志錄』, 卷1, 「困知記辨」 〈人生而靜 (…)〉 371쪽 하단 3-6행, "在天, 則理爲一, 而命爲分殊, 然乾坤四德, 一中之殊; 而於穆不已, 殊中之一也. 在人, 則性爲

리일분수관은 리중시적 관점에서 하늘과 인간의 합일점을 찾는 이론이라고 말할 수 있을 것이다.

2) 理氣通局論

이이는 리통기국론(理通氣局論)을 주창한 바 있다. 이이의 주장은 '리는 통(通)하고 기는 국(局)하다'는 것으로서, 이이는 '리와 통'을 연결시키고 '기와 국'을 연결시켰을 뿐이다. 그런데 이진상은 리에도 통국(通局)이 있고 기에도 통국이 있다고 본다. 본고에서는 이진상의 이러한 입장을 '리기통국론(理氣通局論)'이라 부르고자 한다. 여기서는 먼저 이이의 이통기국론을 개관한 다음 이진상의 리기통국론을 논의하기로 한다.

이이의 리통기국설에 대해, 혹자는 리일분수설에서 발상이 되었다 하고,[173] 혹자는 노불(老佛) 사상의 철학적 논리의 영향이라고 한다.[174] 어찌했든, 이이가 리통기국설을 주장하게 된 근본적 동기는 서경덕(徐敬德)[175]의 일기장존론(一氣長存論)을 비판하기 위한 것이었다.

서경덕은 담일청허(湛一淸虛)한 기는 공간적으로 가득 차 있고,[176] 시간적으로 생멸(生滅)이 없이 영원히 존재한다고 보았다.[177] 현상계의 개별적

一, 而情爲分殊, 然健順五常, 一中之殊, 而可以爲善, 殊中之一也. 此乃天人一理之妙."

173) 宋錫球, 「栗谷의 哲學思想硏究」, 동국대학교 박사학위논문, 1980, 50쪽.

174) 이러한 관점에 대해서, 이병도는 佛敎의 화엄철학의 '理事'와 '通局'의 영향이라고 하고(『율곡의 생애와 사상』, 瑞文堂, 1973, 69쪽), 안병주는 도가의 영향이라고 설명하고 있다(「天道策에 보이는 栗谷哲學의 氣重視的 要素」, 『千玉煥敎授華甲紀念論文集』, 201쪽).

175) 徐敬德: 1489~1546(성종 20~명종 1), 조선 중기의 성리학자, 자는 可久, 호는 花潭·복재復齋, 본관은 唐城. 황해도 개성출신. 저서로는 『花潭集』이 있다.

176) 『花潭集』, 卷2, 「鬼神死生論」, 307쪽 상단15 11행, "氣之湛一淸虛者, 彌漫無外之虛." 『花潭集』은 民族文化推進會 영인본(『韓國文集叢刊』 24, 1988)을 저본으로 하였다. 이하 동일.

사물들은 시작과 끝이 있고 생멸의 상을 연출하지만,[178] 기의 본체로서의 담일청허지기는 영원히 존재한다는 것이다.[179] 이이는 바로 이 점을 비판하는 것이다. 이이는 리는 형이상자로서 시공간적으로 제한을 받지 않으나, 기는 형이하자로서 시공간적으로 국한된 존재라고 규정한다. 리는 시공간적으로 제한을 받지 않기 때문에 '통' 한 존재이며, 기는 시공간적인 제한을 받기 때문에 '국' 한 존재이다. 이이의 리통기국론은 이러한 맥락에서 성립한다. 이이는 리통기국을 다음과 같이 설명한다.

리는 본래 선후도 본말(本末)도 없다. 본말과 선후가 없으므로 아직 대응하지 아니했을 때도 먼저가 아니며 이미 대응했어도 뒤가 아니다. 그러므로 리가 기를 타고 유행할 적에 참치부제(參差不齊)하여도 그 리의 본연의 묘는 있지 아니함이 없다. 기가 치우치면 리 또한 치우치나, 치우친 바는 리가 아니라 기이며, 기가 온전하면 리 또한 온전하나 온전한 바는 리가 아니라 기이다. 청탁수박(淸濁粹駁), 조박외신(糟粕煨燼), 분양오예(糞壤汙穢)의 가운데 이르러도 리가 있지 아니한 곳이 없어서 각각 그 성(性)이 되는데, 리 자체의 본연의 묘함은 자약(自若)함을 해치지 않는다. 이것을 리통(理通)이라 한다.[180]

---

177) 『花潭集』, 卷2, 「太虛說」, 306쪽 하단14 16행-307쪽 상단15 1행, "太虛, 虛而不虛, 虛卽氣. 虛無窮無外, 氣亦無窮無外. (……) 無始也, 無生也. 旣無始, 何所終? 旣無生, 何所滅?"; 卷2, 「鬼神死生論」, "氣之湛一淸虛者, 旣無其始, 又無其終."

178) 李相益, 『畿湖性理學硏究』, 한울아카데미, 1998, 178쪽.

179) 『花潭集』, 卷2, 「鬼神死生論」, 307쪽 하단16 2-3행, "死生人鬼, 只是氣之聚散而已. 有聚散而無有無, 氣之本體, 然矣."

180) 『栗谷全書』 一, 卷10, 「答成浩原」, 209쪽 상단26 2-8행, "理通者. 何謂也? 理者, 無本末也, 無先後也. 無本末, 無先後, 故未應不是先已應不是後. 程子說, 是故乘氣流行, 參差不齊, 而其本然之妙, 無乎不在. 氣之偏, 則理亦偏, 而所偏非理也氣也; 氣之全, 則理亦全, 而所全非理也氣也. 至於淸濁粹駁糟粕煨燼糞壤汙穢之中, 理無所不在, 各爲其性, 而其本然之妙, 則不害其自若也. 此之謂理之通也."

기는 형적에 간섭되어 본말과 선후가 있게 된다. 기의 본체는 담일청허할 뿐이니, 어찌 일찍이 조박외신, 분양오예의 기가 있겠는가? 다만 승강비양(升降飛揚)이 일찍이 그침이 없으니, 그러므로 참치부제하여 만 가지 변화가 생기는 것이다. 그래서 기는 유행에 따라 그 본연을 잃지 않는 것도 있고 그 본연을 잃는 것도 있다. 이미 그 본연을 잃었으면 기의 본연은 이미 있는 바가 없다. 치우친 것은 치우친 기요 온전한 기가 아니며, 맑은 것은 맑은 기요 탁한 기가 아니다. 조박외신은 조박외신의 기이고, 담일청허의 기가 아니다. 이것은 리가 만물에 있어서 본연의 묘함이 있지 않은 것이 없는 것과는 같지 않다. 이것을 기국(氣局)이라 한다.[181]

이이가 말하는 '리통'이란 본연지리(本然之理)의 통일성을 의미하는 것이다. 즉 리는 기의 참치부제로 인해 개별적 다양성을 노정하게 되지만, 리는 본래 참치부제한 기와 협잡하는 것이 아니므로 자약하다는 것이다. 예를 들어 나무의 형상은 현실적으로 고목(枯木)이라든가 생목(生木)이라는 질료의 다양성에 따라 차이를 드러내지만〔氣局에 의한 분수〕, 본연의 형상 자체는 변함이 없는 것〔自若〕이요, 이러한 관점에서 고목의 리는 곧 생목의 리라고 말한 것이다. 하지만 기는 시공의 제한을 받는 것이기 때문에 고목의 기는 고목의 기요 생목의 기가 아니라는 것이다. 이렇게 본다면, 이이의 리일분수론이나 리통기국론은 형상의 통일성과 완전성 및 질료의 다양성과 불완전성을 매개로 사물의 성질을 설명하고자 한 것이라 하겠다.[182]

---

181) 『栗谷全書』 一, 卷10, 「答成浩原」, 209쪽 상단26 8-16행, "氣局者, 何謂也? 氣已涉形迹, 故有本末也, 有先後也. 氣之本, 則湛一淸虛而已, 曷嘗有糟粕煨燼糞壤汙穢之氣哉? 惟其升降飛揚, 未嘗止息, 故參差不齊, 而萬變生焉. 於是氣之流行也, 有不失其本然者, 有失其本然者. 旣失其本然, 則氣之本然者, 已無所在. 偏者, 偏氣也, 非全氣也; 淸者, 淸氣也, 非濁氣也; 糟粕煨燼, 糟粕煨燼之氣也, 非湛一淸虛之氣也. 非若理之於萬物, 本然之妙, 無乎不在也. 此所謂氣之局也."

182) 李相益, 『畿湖性理學硏究』, 한울, 1998, 87쪽.

이진상은 이이의 리통기국설에 대하여, 그 종지(宗旨)는 절대로 정자와 주희, 이황의 학문에 어긋나지 않는다고 한다.[183] 그러면서도 이진상은 리에도 '통국' 이 있고, 기에도 '통국' 이 있다고 하여, 리통기국론을 그 자체로 수용하지는 않고 있다.

이진상은 우선 '통' 과 '국' 의 의미를 다시 검토한다. 그에 의하면, '통(通)' 이란 '주류방달(周流旁達)' 즉 '두루 유행하여 널리 통달함' 을 말하는 것이고, '국(局)' 이란 '대응편색(滯凝偏塞)' , 즉 '막히고 엉겨 한 쪽에 치우친 것' 을 말하는 것이다.[184] 이이는 리통의 원인을 '리의 무형성' 에 두고 기국의 원인은 '기의 유형성' 에 두었다.[185] 하지만 이진상은 유형 · 무형의 구분으로서는 '통 · 국' 을 말할 수 없다고 본다.

> 리는 기에 깃들어 있고 기는 질(質)에서 유행한다. 질은 형체가 있으나 기는 또한 형체가 없다. 그러므로 리가 발현되는 것은 기가 함께하지 않음이 없다. 형체를 가지고 말하면 애초에 통국을 말할 수 없다.[186]

기도 질에 비하면 무형인 것이며, 리도 발현할 때에는 기와 함께 하는 것이므로, 유형(有形)과 무형(無形)으로는 '통' · '국' 을 구분하기에 적절치 못하다는 것이다. 그리하여 이진상은 수간(竪看)과 횡간(橫看)의 관점으로

183) 『寒洲全書』 壹, 『寒洲集』, 卷30, 「書李巍庵理通氣局辨後」, 654쪽 상단19 7행, "理通氣局之說 始發於栗谷 而其旨不悖於程朱"
『寒洲全書』 壹, 『寒洲集』, 卷10, 「與姜耘父」〈別紙〉, 221쪽 상단9 5-6행, "(……) 理通氣局等處, 儘非有違於朱李之旨也."

184) 『寒洲全書』 五, 『辨志錄』, 卷2, 「四七辨」, 432쪽 상단 1-2행, "通者, 將非周流旁達之名乎? 局者, 將非滯凝偏塞之名乎?"

185) 『栗谷全書』 一, 卷10, 「答成浩原」, 209쪽 상단26 1행, "理無形而氣有形, 故理通而氣局."

186) 『寒洲全書』 五, 『辨志錄』, 卷2, 「四七辨」, 431쪽 하단 19행-432쪽 상단 2행, "按: 理寓於氣, 氣行乎質. 質則有形, 而氣亦無形. 故理之所發, 氣無不偕, 以形言, 則初無通局之可言."

'통' · '국' 을 설명하여야 그 뜻이 비로소 극진하게 된다고 주장한다.[187] 우선 이진상은 이이의 '리는 본래 선후도 본말도 없다' 는 것에 대하여 다음과 같이 말한다.

리가 하늘에 내재한 것을 주로 말하면 태극의 충막한 것은 모든 변화의 근본이 되고 유행하는 것은 만 가지로 다름의 끝이다. 〈그 리는〉 천지 이전에도 높음이 되지 않고 천지 이후에도 어그러지는 것이 없다. 리가 사람에게 내재한 것을 주로 말하면 미발(未發)의 중(中)은 대본(大本)이 되고 이발(已發)의 화(和)는 대용(大用)이 된다. 인 · 의 · 예 · 지가 발현할 때 서로 선후가 되며 경(敬) · 의(宜) · 충(忠) · 서(恕)의 공부도 차례가 있다. 원리적으로 수간하면 본말과 선후가 있게 되는 것이다.[188]

이진상은, 원리적으로 수간하면, 리의 충막함이 근본이고 리의 유행은 말단이 되는 것이며, 미발로서의 인 · 의 · 예 · 지의 리는 먼저〔先〕이고 이발로서의 경 · 의 · 충 · 서의 공부는 뒤〔後〕가 되는 것이다. 이진상은 리의 본말과 선후를 말하여, 리는 본말과 선후가 없다는 이이의 '리통' 의 논리를 비판한다. 이진상은 이이의 '기는 형적에 간섭되어 본말과 선후가 있게 된다' 는 것에 대해서도 '음(陰) 이전은 양(陽)이고 양 이전은 음이다' 는 관점에서, 기의 두 측면을 횡간하면 기도 역시 본말과 선후로 말할 수 없다고 비판한다.[189] 그리하여 그는 리에도 본말과 선후가 있고 기에도 본말과 선후

187) 『寒洲全書』 壹, 『寒洲集』, 卷30, 「書李巍庵理通氣局辨後」, 654쪽 상단19 14행, "此須橫竪說去, 其義方盡."

188) 『寒洲全書』 五, 『辨志錄』, 卷2, 「四七辨」, 432쪽 상단 16-20행, "主理之在天者言, 則太極之冲漠者, 爲萬化之本, 而流行者, 爲萬殊之末. 先天地而不爲高, 後天地而無所虧. 主理之在人者言, 則未發之中爲大本, 而已發之和爲大用. 仁義禮智之發, 迭相先後, 敬宜忠恕之工, 亦有次序. 則從理竪看, 而有本末有先後者也."

189) 『寒洲全書』 五, 『辨志錄』, 卷2, 「四七辨」, 432쪽 하단 1-4행, "主氣之在天者言, 則陰前

가 있다고 본다. 그는 다음과 같이 말한다.

> 기의 본말이 리의 본말이고, 기의 선후가 리의 선후이니, 반드시 저기에는 있고 여기에는 없는 이치는 없다. 담일청허(湛一淸虛)가 기의 근본이라면 담일청허의 가운데 리는 첨가되지 않으며 조박외신(糟粕煨燼)이 기의 말단이 된다면 조박외신의 가운데 리는 사멸되지 않는다.[190]

이이가 리의 무형적 측면에서 리통을 주장하고 기의 유형적 측면에서 기국을 주장한 것과는 달리, 이진상은 '통' · '국' 은 유형 · 무형이나 본말선후와는 관계없는 문제라고 보는 것이다. 이진상은 오히려 간법(看法)의 차이로 '통' · '국' 을 설명한다. 그는 리와 기의 관계에서 드러날 수 있는 '통국(通局)' 의 대강을 다음과 같이 말한다.

> '리가 통함에 기도 통함' 〔理通氣通〕이 있는 것은 태극이 만물에 널리 구체화되고 원기는 만고(萬古)에까지 유행하는 것이다. '기가 국한됨에 리도 국한됨' 〔氣局理局〕이 있는 것은 유기(遊氣)가 하나의 형체에 분산되어 드러나고 태극은 하나의 사물에 분산되어 들어가 있는 것이다. '기가 리로 인하여 통함' 〔氣因理通〕이 있는 것은 호연한 기〔浩然之氣〕가 천지에 가득찬 것이 이것이다. '리가 기로 인하여 국한됨' 〔理因氣局〕이 있는 것은 명덕(明德)이 기품에 구속된 것이 이것이다.[191]

是陽, 陽前是陰, 溟涬不是本, 坱圠不是末; 而其稟於人者, 呼前是吸, 吸前是呼, 淸明不是本, 昏濁不是末. 從氣橫看, 而無本末無先後者也."

190) 『寒洲全書』 五, 『辨志錄』, 卷2, 「四七辨」, 432쪽 하단 4-7행, "氣之本末, 卽理之本末, 氣之先後, 卽理之先後, 必無彼有此無之理, 湛一淸虛爲氣之本, 則湛一淸虛之中, 理不添也, 糟粕煨燼爲氣之末, 則糟粕煨燼之中, 理不滅也."

191) 『寒洲全書』 壹, 『寒洲集』, 卷30, 「書李巍庵理通氣局辨後」, 654쪽 상단19 8행-12행, "然此其大分也, 有理通而氣亦通者, 太極遍體於萬物, 而元氣流行於萬古也; 有氣局而理

이진상은 리와 기의 관계에서 논리적으로 발생할 수 있는 구조를 네 가지로 구분하고 있는 것이다. 첫째는 '리통기통(理通氣通)' 이고, 둘째는 '기국리국(氣局理局)' 이고, 셋째는 '기인리통(氣因理通)' 이고, 넷째는 '리인기국(理因氣局)' 이다. 이 가운데 '리가 통함으로 기도 통한다' 는 것과 '기가 국한됨으로 리가 국한된다' 는 것은 앞 인용문에서 '기의 본말이 리의 본말이고 기의 선후가 리의 선후이다' 는 것을 설명하는 것이다. 다시 말하면 기의 근본이 바로 리의 근본이고 기의 말엽이 리의 말엽이라는 것이다. 셋째의 '기가 리로 인하여 통한다' 는 '기인리통(氣因理通)' 에서 '기통(氣通)' 과 리가 기로 인하여 국한된다는 '리인기국(理因氣局)' 에서 '리국(理局)' 에 대하여 이진상은 다음과 같이 부연 설명하고 있다.

> 기의 통함은 마침내 국한됨으로 돌아간다. 이루어짐이 있으면 반드시 무너짐이 있고 생기는 것이 있으면 반드시 사멸하는 것이 있다. 리의 국한됨은 마침내 통하는 것이 있다. 탁한 기가 비록 막혔으나 선한 단서가 함께 나오고, 기의 기틀이 이미 멈추었어도 도리어 저 천리로 돌아가게 마련이다.[192]

이진상은 리기의 '통' · '국' 을 네 가지 관점으로 제시하고 있지만, 결국은 '리통기국' 을 가장 보편적인 사실로 승인하는 것이다. 다만 기에도 '통' 이 있을 수 있고 리에도 '국' 이 있을 수 있음을 지적하는 것에 그의 설명의 의의가 있는 것이라 하겠다.

이진상은 이이가 기발일도(氣發一途)만을 주장하는 것에 대해서도

亦局者, 遊氣倭著於一形, 而太極散入於一物也; 有氣因理而通者, 浩氣之塞于天地是已; 有理因氣而局者, 明德之拘於氣稟是已."

192) 『寒洲全書』 壹, 『寒洲集』, 卷30, 「書李巍庵理通氣局辨後」, 654쪽 상단19 12-15행, "但氣之通者, 終歸於局, 有成必有壞, 有起必有滅, 而理之局者, 終有所通, 濁氣雖塞, 而善端迸出, 氣機旣息, 還佗天理."

'통'·'국'의 관점에서 다음과 같이 비판한다.

> 이제 기발(氣發)을 주장하고 리발(理發)을 배척하면 통함은 발할 수 없고 국한됨이 발할 수 있으며, 적연(寂然)한 것이 도리어 통함이 되고 발하는 것이 도리어 국한됨이 될 것이다. 통함이 무위(無爲)이고 국한됨이 유위(有爲)이면, 통함이 도리어 뒤가 되고 국한됨이 도리어 먼저가 된다. 여러 차례 반복하여 생각하여도 끝내 깨우치지 못하겠다.[193]

이진상은 '국한된 것은 발하지 못하고 통한 것은 반드시 발하는 것'이야말로 천하의 올바른 이치라고 전제하고, 이이의 기발일도론을 비판하는 것이다.[194] 이진상은 당시 유행하던 '성은 리이고 정은 기이며, 인(仁)은 리이고 사랑은 기이다'는 식의 주장에 대해서도, 도리어 '리를 국한시키고 기를 통하게'〔局理通氣〕하는 것으로 귀착하게 된다고 비판한다.[195]

이진상은 이이의 리통기국론은 정자·주희·이황의 학문에 어긋나지 않는다고 하여 높이 평가하였다. 이진상의 이러한 평가는 이이의 기는 국하지만 리의 본질은 결코 변하지 않는다는 견해를 높이 산 것이다. 그러나 이진상은 이이의 리통기국론을 궁극적으로는 수용하면서도, 관점에 따라서는 리에도 '통국'이 있고 기에도 '통국'이 있다고 하여, 이이의 리통기국론을 보완하고자 하였던 것이다.

---

193) 『寒洲全書』 五, 『辨志錄』, 卷2, 「四七辨」, 432쪽 상단 6-9행, "今乃主氣發而斥理發, 則通者不得發, 而局者能發矣; 寂者還爲通, 而發者反爲局矣. 通者無爲, 而局者有爲, 通者反後, 而局者反先. 反覆思之, 終不可曉."

194) 『寒洲全書』 壹, 『寒洲集』, 卷30, 「書愚潭丁先生四七辨證後(辛丑)」, 652쪽 상단15 16-19행, "理果通矣, 氣果局矣, 則局者不發, 而通者必發, 天下之正理也. 栗谷斥理發而伸氣發, 自不免局理通氣."

195) 『寒洲全書』 壹, 『寒洲集』, 卷16, 「答李濟汝(相奭○壬午)」, 363쪽 상단3 9-10행, "近世性理情氣仁理愛氣之說, 反歸於局理通氣."

4. 理主氣資論과 理의 主宰性

현상계는 리와 기의 상호관계로 설명한다. 리가 '주(主)' 가 되고 기가 '자(資)' 가 되는 '리주기자론(理主氣資論)' 이 그것이며, 또한 발현의 차원에서 전개되는 발자리발지자기(發者理發之者氣)도 바로 그것이다. 이러한 논의는 리의 '주재성' 을 강조하는 측면이다. 본 절에서는 이진상의 '리주기자론', '발자리 발지자기' 의 논리, 리의 주재의 여러 측면을 어떻게 전개되고 있는지를 고찰한다.

1) 理主氣資論

이진상의 '리주기자론' 은 리는 '주' 가 되고 기는 '자' 가 된다는 것으로, 리와 기의 주종관계를 밝혀, 리의 '주재성' 을 강조하는 논리이다. 본래 성리학은 리의 주재성을 강조한다. 이진상의 리주기자론은, 멀리는 주희와 이황의 학설로부터 연원하는 것이지만, 보다 직접적으로는 이상정(李象靖)의 견해를 계승하는 것이다. 이상정은 "천지의 사이에는 리와 기의 동정(動靜)이 있을 뿐이다. 리는 동정을 주재하는 묘함〔妙〕이고, 기는 동정의 자료가 되는 도구〔具〕이다"[196]라고 말한 바 있다. 보다 먼저 정시한(丁時翰)[197]은 "리와 기가 묘합(妙合)한 가운데, 리는 항상 '주' 가 되고 기는 언제나 '보(輔)' 가 된다"[198]고 한 바 있다. 이진상의 리주기자론은 이러한 논리들을 계

196) 『大山全書』 二, 卷39, 126쪽 하단8 9-16행, "天地之間, 只有理氣之動靜. 理也者, 所主以動靜之妙也, 氣也者, 所資以動靜之具也." 『大山全書』는 驪江出版社 영인본(1990)을 저본으로 하였다.

197) 丁時翰: 1625~1707(인조 3~숙종 33), 조선 후기의 성리학자, 자는 君翊, 호는 愚潭, 본관 나주. 강원도 원주에 은거. 특별히 사승관계가 없고 단지 이황을 사숙. 저서로는 『愚潭集』, 『壬午錄』, 『辨誣錄』, 『漫錄』, 『山中日記』 등이 있다.

198) 『愚潭集』, 卷9, 「壬午錄」, 371쪽 상단29 15행, "以理氣妙合之中, 理常爲主, 氣常爲輔."

승하는 것이다.[199]

이진상은 이상정의 리주기자론을 '매우 극진한 논리'라고 평가하고 수용한다.[200] 이진상은 "리와 기의 묘(妙)함은 (……) 움직이면 함께 움직이고, 고요하면 함께 고요하다. 그러나 리는 '주(主)'가 되고 기는 '자(資)'가 된다"[201]고 하였다. 즉 리와 기는 함께 동정을 하지만 리는 '주'가 되고 기는 '자'가 되는 것이다. 여기서 '리가 주가 된다'는 것은 리는 주재자이고 근본이라는 말이며, '기가 자가 된다'는 것은 기는 자료이며 도구〔資具〕라는 말이다.[202] 이진상은 "리는 천명의 주체요, 기는 천명의 자료이다"[203]라고도 하고, "리는 기의 주재이고, 기는 리의 자료이며 도구이다"[204]라고도 말한다. 이진상은 이러한 맥락에서 리와 기의 '주자(主資)' 관계를 다음과 같이 설명한다.

> 리는 그 조리(條理)가 있음을 가리켜 말한 것으로, 그 체(體)는 혼연하고 그 용(用)은 찬연하여, 동정을 주재하는 묘함이다. 기는 기력(氣力)이 있음을 가리

『愚潭集』은 민족문화추진회 영인본(『韓國文集叢刊』 126, 1994)을 저본으로 하였다.

199) 劉明鍾, 『朝鮮後期 性理學』, 以文出版社, 1985, 342쪽.

200) 『寒洲全書』 壹, 『寒洲集』, 卷7, 「答柳仲思(乙卯)」〈別紙〉, 157쪽 상단7 19행-하단8 1행, "湖上先生曰: '理也者, 所主以動靜之妙也; 氣也者, 所資以動靜之具也.' 又曰: '動靜, 只是使用底字, 隨其所指, 皆可通用,' 動靜之於理氣. 此二言盡之矣."
『寒洲全書』 壹, 『寒洲集』, 卷15, 「答許退而」〈別紙〉, 350쪽 하단16 7-8행, "湖翁說曰: '理也者, 所主以動靜之妙也; 氣也者, 所資以動靜之具也.' 豈不是十分亭當處耶?

201) 『寒洲全書』 壹, 『寒洲集』, 卷16, 「答李器汝」, 368쪽 하단14 5-6행, "理氣之妙, …… 動則俱動, 靜則俱靜. 然理爲主而氣爲資."

202) 『寒洲全書』 壹, 『寒洲集』, 卷7, 「與尹士善別紙」, 188쪽 하단20 17행, "理爲主本, 而氣爲資具."

203) 『寒洲全書』 貳, 『理學綜要』, 卷3, 「命(理之賦予)第二」〈命說〉, 45쪽 상단9 15-17쪽, "朱子曰: '太極之有動靜, 乃天命之流行.' 盖理旣生氣, 乘是氣而流行, 氣以成形, 因其形而賦予. 理者, 命之主也, 氣者, 命之資也."

204) 『寒洲全書』 壹, 『寒洲集』, 卷25, 「答崔肅仲(正基○乙亥)」, 539쪽 상단1 18-19행, "夫理者, 氣之主宰也; 氣者, 理之資具也."

켜 말한 것으로, 그 올바름은 호연(浩然)하고 그 변함은 감연(欿然)하여, 동정의 자료가 되는 도구이다. 리는 기를 타고 때로 발하고, 기는 리에 근본하여 날로 생한다.[205)]

위의 인용문으로 보면, 기가 리의 '자료이며 도구'라는 것은 기가 리의 '탈 것〔所乘〕' 임을 의미하고, 리가 기의 '주재(主宰)'라는 것은 리가 기의 '근본(根本)' 임을 의미하는 것이다. 이진상은 리주기자론을 사람과 말에 비유하여 다음과 같이 설명한다.

태극은 사람과 같고 음양은 말과 같다. 리가 기를 타고 동정하는 것은 사람이 말을 타고 출입하는 것과 같다. 기가 한 번 움직이고 한 번 고요하면 리 역시 그것과 함께 한 번 움직이고 한 번 고요하고, 말이 한 번 나가고 한 번 들어오면 사람 역시 그것과 함께 한 번 나가고 한 번 들어온다. 이것은 오히려 기에서〔氣上〕 리를 보는 논리이나, 그 실상은 사람이 출입의 주재자〔主〕이고 말은 출입의 자료이니, 다만 사람의 출입을 말할 수 있을 뿐이다. 리는 동정의 주재자이고 기는 동정의 자료이니, 다만 리의 동정을 말할 수 있을 뿐이다.[206)]

사람이 말을 타고 출입할 때에, 출입이라는 운동의 주체는 분명 말이다. 그러나 말의 운동은 사람의 주재를 받는 것이고, 말은 사람이 타고 출입하

---

205) 『寒洲全書』 壹, 『寒洲集』, 卷11, 「答金聖汝」 256쪽 하단26 18행-257쪽 상단27 1행, "理者, 指其有條理者言之, 其體渾然而其用燦然, 所主以動靜之妙也. 氣者, 指其有氣力者言之, 其正浩然而其變欿然, 所資以動靜之具也. 理則乘乎氣而時發, 氣則根於理而日生."

206) 『寒洲全書』 貳, 『理學綜要』, 卷1, 「天道(理之大原)」 第一上, 15쪽 하단20 3-2행, "太極猶人, 陰陽猶馬. 理之乘氣而動靜, 猶人之乘馬而出入. 氣之一動一靜, 而理亦與之一動一靜; 馬之一出一入, 而人亦與之一出一入. 此猶爲從氣上看理之論. 而其實, 則人爲出入之主, 而馬爲出入之資, 只可言人之出入矣; 理爲動靜之主, 而氣爲動靜之資, 只可言理之動靜矣."

는 수단인 것이다. 그러므로 이진상은 출입〔운동〕의 주재자는 사람이요, 말은 사람의 출입을 도와주는 '자료이며 도구' 라고 말하는 것이다. 이와 같은 맥락에서, 이진상은 리가 동정〔출입〕의 주재자요, 기는 동정의 자료이며 도구라고 말하는 것이다. 이진상의 리발설(理發說)은 이러한 맥락에서 이해해야 할 것이다. 이진상은 다음과 같이 말하기도 한다.

> 리가 활물(活物)이 되는 것은 동정의 '주' 가 되기 때문이고, 기에 작용이 있는 것은 동정의 '자' 가 되기 때문이다. 리는 본래 무형(無形)하여 그 가운데 존재하니 기가 행하는 곳이 곧 리가 행하는 것이다.[207)]

이진상이 리의 주재를 강조하는 것은 곧 리가 활물(活物)임을 강조하는 것이다. 리는 기를 주재하여 운동하게 하나, 운동의 실제 주체는 기이다. 그런데 기의 운동은 리의 주재에 의한 것이므로, 리가 운동하는 것이라고 말하는 것이다. 또한 리는 운동의 주재자요, 항상 기는 리의 주재를 받아 운동하므로, 주재자인 리를 언급하면 자구인 기는 항상 그 가운데 이미 언급된 셈이다.[208)] 따라서 이진상의 맥락에서는 리발(理發)이라고 하는 것이 결코 기를 배제하는 것이 아닌 것이다. 위의 인용문에서 "리는 본래 무형(無形)하여 그 가운데 존재하니 기가 행하는 곳이 곧 리가 행하는 것" 이라는 말이 이것을 의미한다.

이진상은 '사람이 말을 타고 출입하는 것' 은 '사람이 출입한다' 고 표현하는 것이 마땅하며, '말이 출입한다' 고 표현하는 것은 적당치 못하다고 본

---

207) 『寒洲全書』 壹, 『寒洲集』, 卷19, 「答郭鳴遠」〈別紙(大學疑義)〉, 432쪽 상단25 15-17행, "理之爲活物, 以其爲動靜之主也; 氣之有作用, 以其爲動靜之資也. 理本無形, 存乎其中, 氣之行處, 卽理之行底."

208) 『寒洲全書』 壹, 『寒洲集』, 卷25, 「答崔肅仲(丙子)」, 540쪽 상단3 17행, "理爲之主, 氣爲之資, 單說其主, 而資具自隨."

다. 같은 맥락에서 '리가 기를 타고 동정하는 것' 도 역시 '리발(理發)' 이라고 표현해야 마땅하고, '기발(氣發)' 이라고 표현하는 것은 마땅하지 못하다고 본다.[209] 리는 주재자로서 기를 타고 동정을 주재하는 것인데, 그것을 기발이라고 말하는 것은 부당하다는 것이다. 기는 다만 동정의 자료이며 도구요, 리의 자료이며 도구인데, 그것을 기발이라고 한다면 마치 기가 주인인 것처럼 여겨지기 때문이다. 어디까지나 주재자는 리인 것이고, 기는 자료이며 도구인 것이다.[210] 이진상이 이이의 기발론(氣發論)을 비판하는 것은 이러한 맥락에 입각한 것이다. 이진상은 다음과 같이 말한다.

> 리는 본래 '주' 이기 때문에, 리를 주로 하여 말할 수 있는 것이다. 그러나 기가 본래 '자' 이니, 어찌 기를 주로 하여 말할 수 있겠는가? 기를 주로 말하면 곧 도를 어지럽히는 것이다.[211]

이이는 기가 운동의 주체라는 관점에서 '기발' 을 주장한 것이다. 그러나 이진상의 관점에서 볼 때, 그것은 주객(主客)을 전도(顚倒)시킨 것으로서, 결국 '도(道)를 어지럽히는 것' 이 되고 마는 것이다. 다시 말해 이이의 '기발리승(氣發理乘)' 이나 이진상의 '리승기이발(理乘氣而發)' 은 현상을 설명하는 내용적 측면에서는 같은 말이나, 어디에 주안점을 두고 말하는 것이냐의 차이가 있는 것이다. 이진상은 리가 주재한 것이라는 측면을 강조하여 '리발' 이라는 말을 고집하는 것이다. 이진상은 리주기자론에 입각하여 '발자리 발지자기' 라는 명제를 제시한다. 이제 그에 대해 살펴보자.

---

209) 『寒洲全書』 壹, 『寒洲集』, 卷7, 「與尹士善別紙」, 188쪽 하단20 17-18행, "謂之理發則順, 謂之氣發則逆矣." 참조.

210) 『寒洲全書』 壹, 『寒洲集』, 卷34, 「讀黃勉齋答李公晦書(丙辰)」, 723쪽 하단12 13-14행, "理乘氣而發也, 理爲主而氣爲資, 固有主與資之別矣."

211) 『寒洲全書』 壹, 『寒洲集』, 卷8, 「與尹士善(己未)」, 180쪽 상단3 19-20행, "理本主也, 可以主理而言; 而氣本資也, 烏可主氣而言乎? 纔主氣便亂道."

2) 發者理와 發之者氣의 關係

리와 기는 논리적으로 보면 결시이물(決是二物)이지만 현실적으로는 서로 분리될 수 없다. 이진상의 리주기자론(理主氣資論)은 리와 기의 분리되지 않은 성격〔不離性〕을 강조한 말이기도 하다. 그는 '리주기자'와 '리와 기의 분리되지 않은 성격'을 "발자(發者)는 리이고 발지자(發之者)는 기이다"라는 명제를 제시하고, 이것은 나의 평생 동안의 주요 견해라고 강조하였다.[212] '발자리(發者理)'란 '발현의 주재자는 리(理)'라는 말이고 '발지자기(發之者氣)'란 '발현의 자료이며 도구〔資具〕는 氣'라는 말이다.[213]

이이는 일찍이 "발자기야 소이발자리야(發者氣也 所以發者理也)"[214]라고 하기도 하고, 나아가 '발자기야(發者氣也)'에 '지(之)' 글자를 추가하여

> '발지자(發之者)'는 기이고 '소이발자(所以發者)'는 리이다. 기가 아니면 발현할 수 없고 리가 아니면 발현할 것이 없다.[215]

고 하기도 하였다. 이이가 말하는 '발자기야 소이발자리야(發者氣也 所以發者理也)'와 '발지자기야 소이발자리야(發之者氣也 所以發者理也)'의 구절을 해석하면, 전자는 "발하는 것은 기이고 발하는 소이는 리이다"[216]고

---

212) 『寒洲全書』 壹, 『寒洲集』, 卷19, 「答郭鳴遠疑問」, 425쪽 하단12 5행, "發者理也, 發之者氣也, 乃鄙人平生主見."

213) 『寒洲全書』 壹, 『寒洲集』, 卷7, 「答沈穉文(庚申)」 〈別紙〉, 172쪽 상단37 9행, "竊意謂之發者, 則發之主也, 發之者, 則發之資也."

214) 『栗谷全書』 一, 卷10, 「答成浩原」, 198쪽 하단5 1-4행, "大抵, 未發則性也, 已發則情也, 發而計較商量則意也. 心爲性情意之主. 故未發已發, 及其計較, 皆可謂之心也. 發者氣也, 所以發者理也."

215) 『栗谷全書』 一, 卷10, 「答成浩原」, 198쪽 하단5 1-3행, "大抵, 發之者氣也, 所以發者理也. 非氣則不能發, 非理則無所發."

216) 韓國精神文化研究院, 『國譯 栗谷全書(III)』, 朝銀文化社, 1996, 46 · 56쪽.

하고, 후자는 "발하는 것은 기이고 발하는 까닭은 리이다"[217]로 하는 것이 학계의 일반적 해설이다. 그렇다면 '발자기야(發者氣也)' 에 대한 해석, 그리고 '지(之)' 글자를 추가한 '발지자기야(發之者氣也)' 의 해석은 큰 차이가 없음을 알 수 있다. 이이가 '기가 아니면 발현할 수 없고 리가 아니면 발현할 것이 없다' 고 한 것은, 리는 무위(無爲)한 소발자(所發者)이고 기는 유위(有爲)한 능발자(能發者)라는 것이다. 이이가 기발리승일도론(氣發理乘一途論)을 주장하는 것은, 사람의 마음이 움직일 때 리와 기는 선후(先後)와 리합(離合)이 없다고 보았기 때문이요, 리는 소발자(所發者)이고 기는 능발자(能發者)라고 보았기 때문이다. 이이는 이러한 맥락에서 이황의 리기호발론(理氣互發論)을 부정하였다.[218]

이진상은 이황의 리기호발론을 인정하면서도 궁극적으로는 리발일로설(理發一路說)을 주장한다. 그의 리발일로설은 '발자(發者)는 리이고 발지자(發之者)는 기이다' 라는 맥락에서 성립한다. 이러한 이론적 배경에는 이이의 '소이발자리(所以發者理也)' · '발자기야(發者氣也)' · '발지자기야(發之者氣也)' 의 논리를 원용하는 측면이 있다. 이진상은 '소이발자리야(所以發者理也)' 에서 '소이(所以)' 를 제외하고 '발자리야(發者理也)' 를 이끌고, '발자기야(發者氣也)' · '발지자기야(發之者氣也)' 에서는 '발자기야(發者氣也)' 를 제외하고 '발지가기야(發之者氣也)' 를 원용하여 다음과 같

217) 韓國精神文化硏究院, 『國譯 栗谷全書(V)』, 朝銀文化社, 1996, 83쪽.

218) 『栗谷全書』 一, 卷10, 「答成浩原」, 198쪽 하단5 1-4행, "大抵, 發之者氣也, 所以發者理也. 非氣則不能發, 非理則無所發, 無先後無離合, 不可謂互發也. …… 退溪因此, 而立論曰: 四端理發而氣隨之, 七情氣發而理乘之, 所謂氣發而理乘之者可也. 非特七情爲然, 四端亦是氣發而理乘之也."

『栗谷全書』 一, 卷14, 「人心道心圖說」, 283쪽 하단4 10-12행, "理氣渾融, 元不相離. 心動爲情也, 發之者氣也, 所以發者理也. 非氣則不能發, 非理則無所發, 安有理發氣發之殊乎?"

『栗谷全書』 一, 卷20, 「聖學輯要」, 455쪽 하단57 10-12행, "凡情之發也, 發之者氣也, 所以發者理也, 非氣則不能發, 非理則無所發, 理氣渾融, 元不相離."

이 말한다.

'소이발자리(所以發者理)' 는 아마도 '기를 발현하는 것을 리라 한다' 는 말은 아닐텐데, 그렇다면 다만 '발자리(發者理)' 의 뜻일 것이다. '발지자기(發之者氣)' 또한 '이 리를 발현하는 것은 기' 라는 뜻이다. 그런데 '지(之)' 한 글자가 첨삭되는 사이에, 주체와 객체가 뒤바뀌는 것이다.[219]

이것은 이이가 '발자기(發者氣)' 라고도 말하고 '발지자기(發之者氣)' 라고도 말한 것에 대해, '발자기(發者氣)' 는 결국 기를 주로 하는 것으로서, 리기(理氣)의 주객(主客) 관계를 전도시키는 것이라고 비판하고, '발지자기(發之者氣)' 라는 말이 옳다고 주장하는 것이다. 이렇게 본다면, 이진상의 '발자(發者)는 리이고, 발지자(發之者)는 기이다' 라는 말은 이이의 '발지자(發之者)는 기이고, 소이발자(所以發者)는 리이다' 라는 말과 맥락을 같이 하는 것이다. 그럼에도 불구하고 이진상은 다음과 같이 말한다.

이이는 또 "기가 아니면 발할 수 없고〔不能發〕, 리가 아니면 발할 것이 없다〔無所發〕" 고도 하였다. 그렇다면 소발자(所發者)는 리이니, 마땅히 '발자리(發者理)' 라고 해야 할 것이요, 능발자(能發者)는 기이니, 마땅히 '발지자기(發之者氣)' 라고 해야 할 것이다. 리와 기는 선후와 상하의 구별이 있고, 정조(精粗)와 본말(本末)의 차이가 있으며, 경중(輕重)과 대소(大小)의 차례가 있다. 진실로 리로부터 순추(順推)하지 않고 다만 기로부터 역추(逆推)하면, 선후가 도착(倒着)되고, 본말이 바뀌며, 내외가 단절되고, 상하가 능탈(凌奪)하는 등 온갖 병폐가 생기게 된다. 이것이 '발자기 소이발자리(發者氣 所以發者理)' 라는 주

219) 『寒洲全書』 壹, 『寒洲集』, 卷7, 「答沈穉文(庚申)」 〈別紙〉, 172쪽 상단37 11-13행, "所以發者理, 恐非以發氣者謂之理, 則亦只是發者理之意; 發之者氣, 亦只是發此理者氣也之意, 而一之字添刪之間, 賓主頓殊."

장에 대해 의심을 품지 않을 수 없는 이유이다.[220)]

이진상이 이이의 '발자기, 소이발자리' 라는 주장을 일정 부분 인정하면서도 위와 같이 비판하는 이유는, 그것이 역추에 입각한 것으로서 결국은 리·기의 선후본말 관계를 전도시킨다고 보기 때문이다. 이진상의 '발자(發者)는 리이고, 발지자(發之者)는 기이다' 라는 주장은 순추하여 리의 선재성·근본성·상위성 즉 주재성을 확립하기 위한 것이었다.

이진상은 '발자(發者)' 에 대하여 '발(發)할 者라' 로 해석하고, 이것이 있고 난 다음에 발지자(發之者)가 있다고 하면서, 이것은 고칠 수 없는 올바른 원리라고 주장한다.[221)] 이진상은 다음과 같이 말한다.

사(事)에서 발현되는 것은 리이다. 그러므로 '발자리(發者理)' 라고 한다. 이 리를 발현하는 것은 기이다. 그러므로 '발지자기(發之者氣)' 라고 한다.[222)]

무릇 정(情)이 발현함에, 발자(發者)는 리이고, 발지자(發之者)는 기이다. '발자' 란 무엇인가? '발현〔發〕의 주재자가 됨' 을 말한다. '발지자(發之者)' 란 무엇인가? '발현의 자료이며 도구가 됨' 을 말한다.[223)]

---

220) 『寒洲全書』 五, 『求志錄』, 卷2, 「四七辨」, 409쪽 하단 8-14행, "又曰: 非氣不能發, 非理無所發. 然則所發者理, 當曰發者理; 能發者氣, 當曰發之者氣. 理與氣, 有先後上下之別, 有精粗本末之差, 有輕重大小之倫, 苟不從理順推, 而徒欲從氣逆推, 則先後倒着, 本末互換, 內外斷截, 上下凌奪, 種種病敗, 皆由此出, 此發者氣所以發者理之說, 終不能無疑也."

221) 『寒洲全書』 五, 『求志錄』, 卷2, 「四七辨」, 414쪽 하단 8행, "按: 有發者(發홀者라)而後, 方有發之者, 不易之正理也."

222) 『寒洲集』, 卷40, 「花峽法語」, 21－61쪽 14-15행, "發於事者理也, 故曰發者理; 發此理者氣也, 故曰發之者氣."

223) 『寒洲全書』 壹, 『寒洲集』, 卷19, 「答郭鳴遠疑問」, 425쪽 하단12 7-9행, "凡情之發, 發者理也, 發之者氣也. 發者何, 以其爲所發之主也; 發之者何, 以其爲所發之資也."

이진상에게 있어서, 리는 '발현되는 것' 인 동시에 '발현의 주재자' 이고, 기는 '발현하는 것' 인 동시에 '발현의 자료이며 도구' 이다. 그런데 이진상은 리가 '발현의 주재자' 라는 점에서 리를 '발현하는 것', 즉 능동적 존재임을 강조한다.[224] 이진상에 의하면, 리는 '소이발자(所以發者)', 즉 '발현의 근거' 인 동시에 '소능발자(所能發者)', 즉 '발현의 능동적 주재자' 이기도 하다. 이진상이 '발자리(發者理)' 라고 할 때의 '발자(發者)' 는 '소이발자' 인 동시에 '소능발자' 인 것이다. 이진상은 이이와 같이 '소이발자' 만을 말하면, 리는 '체(體)만 있고 용(用)은 없는 것' 으로 전락한다고 비판한다.[225] 이진상은 다음과 같이 말하기도 한다.

> 대저 동자정자(動者靜者)를 기로 여기고 동지정지(動之靜之)를 리로 여기면 또한 장차 사람의 성정(性情)의 사이에 '발자(發者)' 가 기가 되고 '발지자(發之者)' 가 리가 될 것이다. 진실로 '발자(發者)' 를 기로 여기면 기가 대본(大本)이 되고 리는 차승(借乘: 기를 빌려 타는 존재)이 될 것이고, 진실로 '발지자(發之者)' 를 리로 여기면 리는 도리어 작용하고 기의 부림을 당하게 될 것이다.[226]

위의 인용문을 통해서 이진상이 '발자는 리이고, 발지자는 기이다' 라는 주장의 문제의식을 분명히 확인할 수 있다. 즉 이이와 같은 방식으로 말하

---

224) 즉, 이진상의 리는 기에 의해 발현되는 존재이라는 점에서는 수동적 존재이나, 기를 주재한다는 점에서는 능동적 존재인 것이다. 이진상은 리를 말할 때 항상 이 양자를 동시에 고려한다.

225) 『寒洲全書』 五, 『求志錄』, 卷2, 「四七辨」, 414쪽 하단 18행-415쪽 상단 2행, "且所以發者, 固是理, 而所能發者, 亦此理也. 故朱子曰: 未動而能動者, 理也. 陳北溪以能然言理, 而朱子許之. 孟子亦以仁之愛義之敬, 爲良能, 則單言所以發者, 爲有體而無用也. 但此處能字, 亦可活看."

226) 『寒洲全書』 壹, 『寒洲集』, 卷7, 「與柳東林(己未)」 〈別紙〉, 168쪽 상단29 4-8행, "夫以動者靜者爲氣, 而以動之靜之爲理, 則亦將於吾人性情之間, 以發者爲氣, 而發之者爲理. 苟謂發者爲氣, 則氣爲大本, 而理爲借乘; 苟謂發之者爲理, 則理反作用, 而爲氣所役."

면, 결국 리와 기의 주객 관계가 전도된다는 것이 이진상의 문제의식이었다.[227] 이진상은 '발지자기야(發之者氣也)' 에서 '지(之)' 에 다음과 같이 말한다.

음지양지자(陰之陽之者)를 도(道)라 하고, 그것으로 인하여 동지정지(動之靜之)를 태극이라고 여기는데, 사람의 성정을 논하는 것도 또한 발지자(發之者)를 리라고 하니, 이것은 바로 주기(主氣)의 그릇된 견해이어서 리를 작용기교(作用機巧)에 빠트리게 되는 것이다. 대체로 일음일양(一陰一陽), 일동일정(一動一靜)은 모두 태극의 도(道)이고, 계지성지(繼之成之)·동지정지(動之靜之)·저지발지(貯之發之)는 모두 음양의 기틀이니, 지자(之字)는 사용처(作用處)이다.[228]

'갈지' 글자는 작용하는 곳〔作用處〕, 즉 기의 작용상에서 이루어지는 것이다.[229] 따라서 '발지자(發之者)는 기' 인 것이다. 요컨대, 이진상에게 있어서 '주재하는 것은 리' 이고 '작용하는 것은 기' 이다.[230] 그가 '발자리(發者

227) 그러나 이것이 꼭 이이에 대한 적확한 비판인 것은 아니다. 왜냐하면, 이이의 '發者氣' 라는 말은 발하는 작용의 주체는 기라는 말이요, 기가 리의 주재를 받지 않고 발한다는 말은 아니기 때문이다. 그런데 이진상은 이이의 '發者氣' 를 '발현의 주재자는 氣' 라고 해석하고, 그렇게 되면 '기가 大本이 되는 것' 이라고 비판하는 것이다. 이이는 분명 '氣가 발현함에 理가 그것을 타고 주재한다' 고 보았으니, 이이에게 있어서도 '대본은 역시 리' 인 것이다.

228) 『寒洲全書』 貳, 『理學綜要』, 卷2, 「天道(理之大原)第一下」, 25쪽 하단2 19행-26쪽 상단3 3행, "按: 世之釋此段者, 以陰之陽之者爲道, 因以動之靜之爲太極, 而論人性情, 亦以發之者爲理, 此乃主氣之謬見, 而陷理於作用機巧者也. 蓋一陰一陽, 一動一靜, 皆太極之道, 而繼之成之, 動之靜之, 貯之發之, 皆陰陽之機也. 之字, 是作用處."

229) 『寒洲全書』 壹, 『寒洲集』, 卷7, 「與柳東林(己未)」〈別紙〉, 168쪽 하단30 1-2행, "順之逆之, 助之揜之, 皆在於氣之作用, 爲機括而發之者, 果非氣乎?"

230) 『寒洲全書』 壹, 『寒洲集』, 卷19, 「答郭鳴遠疑問」, 425쪽 하단12 6-7행, "太一將分, 理生氣, 衆萬交運, 理乘氣. 主宰在理, 作用在氣."

理)' 라고 한 것은 '발의 주재자는 리' 라는 뜻이고, '발지자기(發之者氣)' 라고 한 것은 '발하는 작용을 하는 것은 기' 라는 뜻이었다.[231)]

이진상의 '발자는 리' 이고 '발지자는 기' 라는 리발일로설(理發一路說)은 대본(大本: 理)로부터 수간(豎看)한 것이다.[232)] 이진상은 그러나 횡간(橫看)의 관점에서는 이황의 리기호발설(理氣互發說)도 성립할 수 있다고 본다. 그는 다음과 같이 말한다.

> 리발(理發) · 기발(氣發)은 발한 곳에 나아가 횡설(橫說)한 것이다. 발자(發者)는 리이기 때문에 리가 주체가 되어 '리발' 이 되는 것이 있고, 발지자(發之者)는 기이기 때문에 기가 도리어 중시되어 '기발' 이 되는 것이 있으니, 그 기틀이 서로 연유하는 것이다.[233)]

횡간하면, 리가 중심이 될 수도 있고, 기가 중심이 될 수도 있기 때문에, 호발설이 성립할 수 있다는 것이다. 이진상은 나아가 이이의 기발리승일도설에 대해서도 한편으로는 그러한 입론이 가능하다고 본다. 이진상은 다음과 같이 말한다.

> 대개 몸과 마음의 사이에서 內外를 겸하여 말하면, 귀의 총명함과 눈의 봄은 모두 기이다. 율곡(栗谷)의 이른바 '발지자(發之者)' 및 '기가 아니면 발할 수 없다' 는 것은 이것을 말한 것이다. 그 내출(內出)의 단서를 오로지 지적하면,

---

231) 『寒洲集』, 卷40, 「花峽法語」, 21-61쪽 15-16행, "金丈曰: 發者理, 以主宰者言; 發之者氣, 以作用言否? 曰然."

232) 『寒洲全書』 壹, 『寒洲集』, 卷19, 「答郭鳴遠疑問」, 425쪽 하단12 9행, "蓋發者理, 發之者氣, 是從大本豎說."

233) 『寒洲全書』 壹, 『寒洲集』, 卷19, 「答郭鳴遠疑問」, 425쪽 하단12 9-11행, "理發氣發, 是就發處橫說. 然發者是理, 故有理爲主, 而爲理發者; 發之者是氣, 故有氣反重, 而爲氣發者, 其機相因也."

정(情)은 비록 만 가지이나 어느 것인들 인 · 의 · 예 · 지의 발현이 아니겠는가? 율곡의 이른바 '소이발자(所以發者)' 및 '리가 아니면 발현될 것이 없다' 는 것은 이것을 말한 것이다. 그러나 발현하는 곳에 나아가 그 묘맥과 의미를 분변하면, 사단의 발현은 리가 '주' 가 되고, 칠정의 발현은 기가 '주' 가 되니, 억지로 합하여 하나로 할 수 없는 것이다. 이것이 바로 주자(朱子)와 퇴도(退陶: 이황)의 뜻이다.[234]

이진상은 이이의 기발리승일도설도 관점에 따라 성립할 수 있음을 인정하였다. 그러나 사단은 본래 리를 주로 말한 것이고 칠정은 본래 기를 주로 한 것이라는 관점에서, 굳이 양자를 하나로 설명할 필요가 없다고 보고, 그러한 점에서 이황의 리기호발설의 의의를 부여하는 것이다.

이진상은 이황의 리기호발설과 이이의 기발리승일도설에 대해 각각 그 입론 근거와 의의를 인정하면서도, 궁극적으로는 '발자는 리이고 발지자는 기이다' 라는 '리발일로설' 을 주장한다. 이진상이 이와 같이 리발일로설을 고집한 것은 리와 기의 '주' · '자' 관계와 리 · 기의 서로 분리되지 않음을 분명히 하기 위한 의도였다. 즉 이진상의 리발일로설은 이이의 기발리승일도설에 견주어서는 '리의 주재성' 이 강조된 것이고, 이황의 리기호발설에 견주어서는 '리와 기의 분리되지 않은 성격' 이 강조된 것이다.

234) 『寒洲集』, 卷41, 「讀同春年譜」, 22－5쪽 1-7행, "盖於身心之間, 兼內外說, 則耳之聽目之視, 皆氣也. 栗說所謂發之者, 及非氣不能發者, 是也; 專指其內出之端, 則情雖萬般, 何莫非仁義禮智之發? 栗谷所謂所以發者, 及非理無所發者, 是也. 然各就其所發之處, 辨其苗脈意象, 則四端之發, 理爲主, 七情之發, 氣爲主, 不可强合而爲一者, 此卽朱子退陶之旨也."

3) 理의 主宰의 여러 의미들

이제까지 이진상에게 있어서 리의 주재 문제를 살펴보았는 바, 여기에서는 몇 가지만 더 보완적으로 논의하고자 한다.

리와 기는 그 기능이 서로 다르다. 이진상은 "주재(主宰)는 리(理)이고 작용(作用)은 기(氣)이다"[235]고 하여, 리와 기의 기능을 구분한다. 이진상은 주재와 작용을 다음과 같이 구분하여 말한다.

> 작용은 조작(造作)과 운용(運用)이니 인위적인 것에서 나오는 것이고, 주재는 주장(主張)과 재제(宰制)이니 천정(天定: 하늘이 정한 것)에서 나오는 것이다. 작용은 기에 있고 주재는 리에 있으니 서로 혼동할 수 없다.[236]

작용은 '조작(造作)'의 '작(作)'과 '운용(運用)'의 '용(用)'의 합성어이고, 주재는 '주장(主張)'의 '주(主)'와 '재제(宰制)'의 '재(宰)'의 합성어이다. 작용은 일을 꾸미고 만들며 움직여 사용하는 것 곧 인위적인 것에 반해, 주재는 일을 주장하고 재제하는 것인데 이는 '하늘이 정한 것'으로 자연적인 것을 의미하는 것이다. 이진상에게 있어서 주재와 작용의 구도는, 주재 - 자연 - 리, 작용 - 인위 - 기이다. 이진상은 리는 주재자이고 기는 작용자인 이유를 다음과 같이 설명한다.

> 리는 '지(知: 智)'가 있고 기는 '지'가 없기 때문에, 리는 주재할 수 있지만 기는 주재할 수 없다. 기는 작위(作爲)가 있고 리는 작위가 없기〔하는 것이 없지만 하는 것이 바로 無爲이다〕 때문에, 기는 작용할 수 있지만 리는 작용할 수

235) 『寒洲全書』 壹, 『寒洲集』, 卷27, 「答崔純夫」, 594쪽 상단19 15행, "主宰是理, 作用是氣."

236) 『寒洲集』, 卷39, 「主宰圖說」〈附主宰說考〉, 21－15쪽 10행-16쪽 12행, "作用者, 造作運用出於人爲者也; 主宰者, 主張宰制出於天定者也. 作用在氣, 主宰在理, 有不可相混."

없다.[237)]

리는 앎이 있기 때문에 주재할 수 있고, 기는 작위가 있기 때문에 작용할 수 있다는 것이다. 이러한 맥락에서, 이진상에게 있어서 주재자로서의 리와 작용자로서의 기의 위상이 명확히 구분된다. 그런데 이진상은 리의 주재를 여러 측면으로 구분하여 설명한다. '주'와 '재'를 구분하기도 하고, '동시(動時)'의 주재와 '정시(靜時)'의 주재를 구분하기도 하며, '리일(理一)'의 주재와 '분수(分殊)'의 주재를 구분하기도 하는 것이다.

우선 이진상은 '주'와 '재'를 합하여 하나로 보기도 하고, 구분하여 둘로 보기도 한다. 그는 다음과 같이 말한다.

> '주재(主宰)'를 전언(專言)하면 '주(主)'가 곧 '재(宰)'이고 '재'가 곧 '주'이다. '주재'를 분언(分言)하면, 고요함에 체(體)가 서는 것을 '주'라고 하니 인주(人主)가 팔짱을 낀 채로 하는 것이 없는 것에 해당되고, 움직임에 용(用)이 행하는 것을 '재'라고 하니 재상(宰相)이 여러 일을 재단(裁斷)하는 것에 해당된다.[238)]

이진상은 '주재'를 하나로 보기도 하고, '주'와 '재'로 분리해 보기도 하였다. '주재'를 오로지 말하는〔專言〕는 경우, '주'와 '재'는 동일한 의미이다. 다시 말하면 '주'만을 말하여도 주재가 되고, '재'만을 말하여도 주재가 된다는 것이다. '주재'를 구분하여 말하는〔分言〕 경우, '주'는 고요할

---

237) 『寒洲全書』 貳, 『理學綜要』, 卷6, 「心(理之主宰)第四上」, 87쪽 상단21 10-12행, "理有知(智), 而氣無知, 故理能主宰, 而氣不能主宰' 氣有爲, 而理無爲(莫之爲而爲, 便是無爲), 故氣能作用, 理不能作用."

238) 『寒洲全書』 壹, 『寒洲集』, 卷30, 「書西厓柳先生主宰說後」, 651쪽 상단13 10-13행, "專言主宰, 則主便是宰, 宰便是主. 而分言主宰, 則體立於靜者, 謂之主, 如人主之垂拱無爲, 是也; 用行乎動者, 謂之宰, 如宰相之裁斷庶務, 是也."

때〔靜時〕에 체(體)가 확립됨을 말하고, '재'는 움직일 때〔動時〕에 용(用)이 행하는 것을 말한다.

일찍이 주희는 "움직임과 고요함을 모두 주재한다. 움직이지 않을 때에는 〈구체적으로〉 사용하는 바가 없지만, 움직일 때에 비로소 주재함이 있다. 주재라고 말하면 혼연(渾然)한 체통(體統)이 스스로 그 가운데 있다"[239]고 하여, 고요함과 움직임을 주재한다고 한다. 이진상은 이를 다음과 같이 설명한다.

> 주재의 신묘함은 동정(動靜)의 간격이 없다. 고요할 때에 주재하면 하나의 리가 혼연(渾然)하여 기가 감히 가리지 못하고, 움직일 때에 주재하면 만 가지의 리가 찬연(粲然)하여 기가 엄폐할 수 없다.[240]

리가 고요함, 즉 미발 상태를 주재하면 본체계에서 기가 리를 엄폐하지 못하고 리가 하나의 혼연하게 되는 것이다. 또한 움직임, 즉 이발 상태를 주재하면 현상계에서 리가 기에 엄폐되지 아니하고 리가 그대로 실현되는 것이다.

다음, 이진상은 리의 주재를 리일분수론과 연관시켜 다양한 측면에서 설명한다. 즉 리일(理一) 상에서의 주재와 분수(分殊) 상에서의 주재는 구분되어야 한다는 것이다.

> 리일상(理一上)에 나아가 말하면, 태극은 동정의 신묘함을 포함하여 모든 변화의 주재가 되는 것이 이것이다. 성명의 리는 모두 이것으로 말미암아 나오니,

---

239) 『朱子語類』 上, 卷5, 「性理2・性情心意等名義」〈端蒙錄〉, 184쪽 하단10 20-22행, "動靜皆主宰, 非是動時無所用, 及至動時方有主宰也. 言主宰, 則混然體統自在其中."

240) 『寒洲集』, 卷39, 「主宰圖說」〈附主宰說考〉, 21－12쪽 17-18행, "按: 主宰之妙, 無間於動靜, 而主宰乎靜, 則一理渾然, 氣不敢蔽; 主宰乎動, 則萬里粲然, 氣不能掩."

〈탕고(湯誥)〉의 '강충(降衷)'[241]의 제(帝)가 이것이다〔所以然〕. 분수상(分殊上)에 나아가 말하면, 태극이 움직일 수도 있고 고요할 수도 있어 리를 주자(主張)하고 기를 재제(宰制)하니, 진체(眞體)는 자연스럽고 묘용(妙用)은 찬연하니 『주역』의 '묘물(妙物)의 신(神)'[242]이 이것이다〔所能然〕. 리일상에 나아가 분수를 보는 것이 있으니, 태극은 본래 네 가지 덕(德)을 구비하여 원(元)은 '생(生)'을 주장하고 목(木)을 재제하며 형(亨)은 '장(長)'을 주장하고 화(火)를 재제하며 이(利)는 '성(成)'을 주장하고 금(金)을 재제하며 정(貞)은 '고(固)'을 주장하고 수(水)를 재제한다. 원형(元亨)은 통합하여 건(健)이 되어 양(陽)을 주재하고 이정(利貞)은 통합하여 순(順)이 되어 음(陰)을 재제하니, 이것은 신(神)의 일이다〔所當然〕. 분수상에서 리일을 보는 것이 있으니, 하나의 리를 주장하여 모든 변화를 재제하는데, 적연하여 하는 것이 없는 듯하나 실상은 하는 것이 있으니, 주자의 이른바 '심(心)이 있을 때'[243]로서, 帝의 일이다〔自然必然〕.[244]

'리일'이라는 소이연(所以然)으로서의 주재성은 모든 변화의 주재가 되는 것이다. '분수'라는 소능연(所能然)으로서의 주재성은 리를 주장하고

---

241) 이 인용문은 『書經』의 말로 위대한 상제가 천하의 모든 백성에게 '中' 즉 中和에서 발현되지 않은 未發의 中을 내려주어서 모든 백성들은 그것을 그대로 따라(所以然的으로) 떳떳한 본성을 소유한 것을 말하는 것이다(『書經』 卷4, 「商書」〈湯誥〉, 155쪽 상단15 6-7행, "惟皇上帝降衷于下民, 若有恒性").

242) 『周易』 卷24, 「說卦傳」〈第六章〉 640쪽 하단16 4행, "神也者, 妙萬物而爲言者也."

243) '심이 있을 때'란 메마른 나무가 살고자 하는 것이다(『朱子語類』 卷1, 「理氣上 · 太極天地上」〈方錄〉 148쪽 하단4 8행, "萬物生長, 是天地無心時; 枯槁欲生, 是天地有心時."

244) 『寒洲全書』 壹, 『寒洲集』, 卷34, 「主宰圖說(丙辰)」, 718쪽 하단2 14행-719쪽 상단3 3행, "主宰之妙, 有就理一上說, 太極涵動靜之妙, 而爲萬化之主宰者, 是也. 性命之理, 都由此出, 湯誥降衷之帝, 是已(所以然). 有就分殊上說, 太極會動會靜, 主乎理而宰其氣, 眞體自然, 而妙用粲然, 大傳妙物之神, 是已(所能然). 有就理一上見得分殊者, 太極本具四德, 元主生而宰木, 亨主長而宰火, 利主成而宰金, 貞主固而宰水. 元亨統爲健, 而主宰乎陽; 利貞統爲順, 而主宰乎陰, 此神之爲也(所當然). 有就分殊上見得理一者, 主一理以宰萬化, 寂若無爲, 而實則有爲, 卽朱子所謂有心時, 帝之爲也(自然必然)."

기를 재제하는 것으로, 만물을 묘하게 하는 신묘성을 말한다. 그리고 리일에서 분수를 보는 측면에서의 소당연적 주재성은 태극이 네 가지를 덕을 구비하고 있는데, 리일의 태극이 분수로서의 원·형·이·정을 주장하고 오행〔목·화·토·금·수〕을 재제하는 것을 말한다. 분수에서 리일을 보는 측면에서의 자연·필연적 주재성은 리가 아무것도 하지 않는 존재처럼 보이나 사실 모든 것을 주재하고 있음을 말한다. 이진상은 리일과 분수에서 어느 하나에 치우치지 않고 리일과 분수의 유기적 관계에서 주재성을 전개한 바, ① 리일은 소이연의 측면에서 주재성을 전개하는 것이고, ② 분수는 소능연의 측면에서 주재성을 말하는 것이고, ③ 리일에서 분수를 보는 측면은 소당연적 주재성을 말하는 것이고, ④ 분수에서 리일을 보는 측면은 자연·필연적 측면에서의 주재를 말하는 것이다.

이진상이 다양한 관점에서 리의 주재를 설명하는 것은 '발자리(發者理)와 발지자기(發之者氣)'의 논리, 즉 리발일로설(理發一路說)을 다양한 측면에서 설명하기 위한 것이기도 하다. 즉 이진상의 '리발(理發)'은 소이연(所以然)의 측면, 소능연(所能然)의 측면, 소당연(所當然)의 측면, 자연(自然)의 측면, 필연(必然)의 측면을 두루 의미하고 있는 것이다.

제3장
心性情論

심성정론은 인간의 심·성·정 등의 주요 개념을 분석하고 또한 그 개념들의 상호 연관관계를 철학적으로 분석하는 것을 말한다. 선진유학(先秦儒學)은 심·성·정의 상호 관계를 철학적으로 연관시키지는 못하였다. 그러나 성리학은 심·성·정의 관계를 리와 기의 기본개념을 통해 철학적으로 연관시켜 논의한다. 본 장에서는 이진상의 심·성·정에 대한 이해를 분석하고 나아가 그 이론을 고찰하기로 한다. 심에 대한 연구는 한원진(韓元震)의 심즉기(心卽氣)와 양명학(陽明學)의 심즉리론(心卽理論)의 비판을 통한 이진상의 주요논지인 심즉리설(心卽理說)을 살피고, 성에 대한 연구는 본연지성(本然之性)에 대한 정의 그리고 인물성동이(人物性同異)의 견해를 고찰하고, 마지막으로 정에 대한 연구는 경위설(經緯說)에 따른 사단십정론(四端十情論)과 착종설(錯綜說)을 살핀다.

1. '心卽理說' 의 含意

심은 본래 신체의 일부분에 속하는 '심장(心腸)' 을 의미하였는데, 뒤에 '사유(思惟)와 지각(知覺)의 주체' 라는 의미로 발전하여, 철학적 차원에서는 후자가 오히려 중심적인 의미가 되었다. 심이 성·정과 유기적 연관을 맺으며 사상적으로 전개된 것은 성리학에 이르러서였다. 성리학에서 심은 중요한 역할을 담당하였으나, 그것이 리와 기로 논의될 때 논쟁의 여지가 있었다. '심은 리이다', '심은 기이다', '심은 리와 기의 합일이다' 라고 하는 것들이 바로 그것이다. 본 절에서는 이진상이 심을 어떻게 전개하고 있는지를 고찰한다.

1) 心의 定意와 心是氣論 批判

심에 대한 성리학적인 분석은 항상 태극〔리〕·음양〔기〕과 연결시켜 전개된다.[1] 먼저 주희의 심에 대한 정의를 살펴보자.

> 심은 사람의 몸을 주재하는 것이다. 〈心은〉 하나이고 두 개가 아니며, 주체가 되고 객체가 되지 않으며, 사물을 명령하는 것이요 사물에게 명령을 받는 것이 아니다.[2]

여기에서 심은 '하나'〔一〕라는 측면에서 보면 절대성을 가진다 하겠다. 절대주체이기 때문에 객체가 되지 않고 다른 것에 명령받지도 않는다. 심은 상대가 없다[3]는 측면에서 보면 더욱 절대성을 가진다고 생각할 수 있을 것이다. 주희의 심은 인식적 주체와 도덕적 주체로 구분될 수 있는 바,[4] 인식

1) 『朱子語類』 上, 卷5, 「性理2 · 性情心意等名義」〈砥錄〉, 182쪽 상단5 14-16행, "性猶太極也, 心猶陰陽也. 太極只在陰陽之中, 非能離陰陽也. 然至論太極, 自是太極; 陰陽自是陰陽. 惟性與心亦然. 所謂一而二, 二而一也."

2) 『朱子大全』 中, 卷67, 「觀心說」, 605쪽 하단24 7-9행, "心者, 人之所以主乎身者也, 一而不二者也, 爲主而不爲客者也, 命物而不命於物者也."

3) 『朱子語類』 上, 卷5, 「性理(2) · 性情心意等名義」〈方子錄〉, 181쪽 상단3 6행, "惟心無對."

4) 柳仁熙, 『朱子哲學과 中國哲學』, 汎學社, 1980, 201쪽.

적 주체는 지각(知覺)의 측면을 말하는 것이고, 도덕적 주체는 몸을 주재하여 중화(中和)된 지선(至善)의 경지를 추구하는 것을 말한다.

이진상은 주희의 학설을 계승하고 있으나, 『리학종요』 권6에서 선진 유가경전에 언급된 상제심 · 천심 · 천지의 심을 거론하며 심을 '리의 주재(主宰)' 로 설명한다.[5] 그리하여 심을 '리의 주재' 로 보지 않고 '기' 로 여기는 경향을 철저하게 비판한다.[6] 그는 심을 기로 여길 수 없다는 논리를 세우기 위해, 먼저 『성리대전』에 있는 소옹(邵雍)[7]의 "심은 태극이 된다"[8]는 것과 연관시키면서, 심을 다음과 같이 설명한다.

> 심은 사람의 태극이다.[9] 심은 태극이 사람에게 존재하는 것이다.[10] 심은 여러 이치가 모여진 곳이면서 사람의 태극이다.[11] 심의 본체는 태극이 사람에게 내재한 것이다.[12]

이진상의 심론은 소옹의 '심은 태극이 된다' 는 것을 대전제로 한다. 이진

---

5) 『理學綜要』, 卷6 · 7 · 8의 편명을 보면, 卷6은 「心(理之主宰)第四上」, 卷7은 「心(理之主宰)第四中」, 卷8은 「心(理之主宰)第四下」이다. 李震相은 心에 대하여 시종 理의 主宰性으로 보고 있다.

6) 『寒洲全書』 貳, 『理學綜要』, 卷6, 「心(理之主宰)第四上」, 77쪽 하단2 4-5행, "按: 世儒多以心爲氣, 而觀於上帝心, 天心之語, 尤可見心爲主宰之理."

7) 邵雍: 1011~1077, 중국 북송의 학자, 자는 堯夫, 호는 安樂 · 百泉. 저서로는 『皇極經世書』, 『觀物外篇』, 『伊川擊壤集』이 있다.

8) 『性理大全』, 卷11, 『皇極經世書(5)』, 「觀物外篇(上)」, 220쪽 상단31 18행, "心爲太極."

9) 『寒洲全書』 貳, 『理學綜要』, 卷6, 「心(理之主宰)第四上」, 86쪽 하단20 12행, "心者, 人之太極也."

10) 『寒洲全書』 壹, 『寒洲集』, 卷34, 「心易動靜圖(幷敍○庚午)」, 720쪽 상단5 11행, "心者, 太極之在人者也."

11) 『寒洲全書』 貳, 『理學綜要』, 卷6, 「心(理之主宰)第四上」, 84쪽 상단15 2행, "心是衆理之總會, 而人之太極也."

12) 『寒洲全書』 貳, 『理學綜要』, 卷6, 「心(理之主宰)第四上」, 88쪽 상단23 6행, "心之本體, 卽太極之在人者也."

상은 심을 '혼연한 전체' 라고 본다.[13] 그러나 심에는 체(體) · 용(用)이 있다고 본다. 이진상은 심의 체용(體用)을 다음과 같이 설명한다.

> 심이란 동(動)과 정(靜)을 관통하고 체와 용을 겸한다. 만일 여기에서 체와 용으로 구분하면, 미발(未發)일 때 지각이 어둡지 않으니 허령(虛靈)의 체이고 혼연한 하나의 근원이며, 이발(已發)일 때 지각이 어긋나지 않으니 허령의 용이고 찬연한 하나의 길이다.[14]

심은 혼연한 전체로서 하나이다. 그러나 심은 '미발' 과 '이발' 즉 체와 용으로 구분해 볼 수 있는 것이다. 심을 체와 용으로 구분한다 하더라도, 심은 어디까지나 하나인 것이다. 위에서 '혼연한 하나의 근원' 이라는 것은 심의 체가 하나임을 말하는 것이고, '찬연한 하나의 길' 이라는 것은 심의 용도 하나임을 말하는 것이다. 이진상은 심이 리로서 일신(一身: 形氣)을 주재한다고 말한다.

> 천리(天理)가 사람에 내재하여 한 몸을 주재하는 것은 심이다.[15] 심은 천리가 사람에 내재한 전체이고 형기의 주재이다.[16]

여기서 한 몸은 형기로서 심을 간직한 존재이다. 형기란 이(耳) · 목

13) 『寒洲全書』 貳, 『理學綜要』, 卷6, 「心(理之主宰)第四上」, 94쪽 상단35 5행, "心是渾然全體也."

14) 『寒洲全書』 壹, 『寒洲集』, 卷10, 「答權可器(庚申)」 〈別紙〉, 227쪽 하단22 5-7행, "心之爲物, 貫動靜兼體用. 若於此分體用, 則未發而知覺不昧, 便是虛靈底體, 而渾然一原矣; 已發而知覺不差, 便是虛靈底用, 而燦然一路矣."

15) 『寒洲全書』 四, 『求志錄』, 卷3, 「孟子箚義」, 99쪽 상단 3행, "夫天理之在人, 而主宰一身者, 心也."

16) 『寒洲全書』 貳, 『理學綜要』, 卷6, 「心(理之主宰)第四上」, 84쪽 하단16 3행, "心者, 天理在人之全體, 而形氣之主宰也."

(目)·구(口)·비(鼻)와 그 작용 즉 보고 듣고 말하는 것을 의미하는 것이다.[17] 즉 천리로서의 심은 한 몸의 행동거지와 감각 기관의 작용을 주재하는 것이다. 그러나 심은 심장과 분리시켜 생각하기도 어렵다. 그리하여 이진상은 심을 '본체(本體)'·'형체(形體)'·'묘용(妙用)'·'객용(客用)'으로 구분하여 다음과 같이 말한다.

> 인·의·예·지의 순수하고 지선한 것은 심의 '본체'이고, 외부가 둥글고 중심이 구멍이 뚫려 허명(虛明)하고 바르게 통하는 것은 심의 '형체'이고, 사단(四端)과 칠정(七情)으로 만물을 느끼고 서로 응하는 것은 심의 '묘용'이고, 사려(思慮)를 막고 잡박스럽게 하여 인욕(人欲)을 따라 방탕한 것은 심의 '객용'이다.[18]

이진상이 사용하는 '본체'·'형체'·'묘용'·'객용' 등을 보면, '본체'는 인간의 순수한 본성 자체로서 리이고,[19] '형체'는 인간의 오장(五臟) 가운데 하나인 심장(心臟)을 말하는 것이다. 이진상은 "본체가 없으면 심은 하나의 덩어리로서 비천한 것이 되고, 또한 형체가 없으면 심의 본체는 한 곳에 안착(安着)할 수 없는 허상적 그림자〔風影〕에 불과하다"[20]고 말한다. 즉 형체는 본체를 담고 있는 그릇이다. 다음으로 '묘용'과 '객용'은 무엇인가? 이는 모두 외부 대상세계에 감응하여 드러나는 작용을 의미한다. 그런데

---

17) 『寒洲全書』 壹, 『寒洲集』, 卷27, 「答金秀才(乙酉)」, 601쪽 하단36 6-8행. "形只是耳目口鼻, 而其氣行乎視聽言動之間. (……) 形氣較在外."

18) 『寒洲全書』 貳, 『理學綜要』, 卷8, 「心(理之主宰)第四下」, 127쪽 상단35 7-10행, "仁義禮智, 純粹而至善者, 心之本體也; 圓外竅中, 虛明而正通者, 心之形體也; 四端七情, 感物而迭應者, 心之妙用也; 閑思雜慮, 循人欲而熾蕩者, 心之客用也."

19) 『寒洲全書』 貳, 『理學綜要』, 卷6, 「心(理之主宰)卷四上」, 89쪽 상단25 9행, '明心之本體, 只是理."

20) 『寒洲全書』 貳, 『理學綜要』, 卷8, 「心(理之主宰)第四下」, 127쪽 상단35 10-11행, "無這本體, 則心是那一塊, 而不足貴也, 無這形體, 則心同於風影, 而非所泊也."

'심의 묘용' 은 '기의 작용' 이 아니고,[21] '리의 작용' 이라고 본다.[22] '객용' 은 의식에서의 사악한 생각〔사유〕이 육체의 감각적 욕구에 따르는 것으로서, 그것은 '형체의 작용' 이다. 이진상은 이에 대해 다음과 같이도 말한다.

> 오직 '묘용' 이 있기 때문에 일이 일어나더라도 인도(人道)가 닦여지며, '객용' 이 없을 수 없기 때문에 성인(聖人)과 광인(狂人)이 구분되고 사람과 금수가 판별된다. '묘용' 은 '본체' 에서 근원하기 때문에 '성' 과 '정' 의 명칭이 있게 되고, '객용' 은 '형체' 에서 기인하기 때문에 기질의 폐단이 생긴다.[23]

이 네 가지를 두 가지로 짝을 이루어 보면, '본체가 묘용' 을 낳고, '형체가 객용' 을 낳는다. 즉 '본체와 묘용' 은 '성과 정' 의 관계가 되고, '형체와 객용' 은 '몸과 욕망' 의 관계가 된다. 이진상에 의하면, 본체로서의 심은 성이 되며 묘용으로서의 심은 정이 된다. 묘용과 본체는 '체용일원(體用一原)' 의 관계이다.[24]

이진상은 심을 '혈육의 심' 〔血肉之心〕, '인의의 심' 〔仁義之心〕, '정상의 심' 〔精爽之心〕, '지각의 심' 〔知覺之心〕으로 구분하기도 한다.

> 혈육의 심은 '질(質)' 로 말하는 것이며, 인(仁) · 의(義)의 심은 '리' 로 말하는 것이며, 정상(精爽)의 심은 '기' 로부터 말하는 것이며, 지각(知覺)의 심은 '리

---

21) 『寒洲全書』 貳, 『理學綜要』, 卷2, 「天道(理之大原)卷之二」, 30쪽 하단12 20행, "按: 此是心之妙用, 非氣之作用."

22) 『寒洲全書』 貳, 『理學綜要』, 卷6, 「心(理之主宰)卷四上」, 97쪽 상단41 4행, "明心之妙用, 亦主乎理."

23) 『寒洲全書』 貳, 『理學綜要』, 卷8, 「心(理之主宰)第四下」, 127쪽 상단35 10-14행, "惟其有妙用, 故事功興, 而人道修焉, 不能無客用, 故聖狂分, 而人獸判焉. 妙用原於本體, 而性情之名立, 客用起於形體, 而氣質之弊生."

24) 『寒洲全書』 貳, 『理學綜要』, 卷7, 「心(理之主宰)第四中」, 107쪽 상단19 9행, "盖以妙用之心, 推認本體之心, 體用一原故也."

와 기'를 겸하여 말하는 것이다. 이는 각각 주장하는 것이 있고 또 서로 기다려서 이루어지는 것이다.[25)]

심이 하나이나 '질'·'기'·'리'·'리와 기의 합'에 따라 네 측면으로 구분할 수 있다는 것이다. 첫 번째는 오장 가운데 하나인 심장을 질로 보고, 두 번째 인·의의 심은 리로서의 심의 순수한 본성을 말하고, 세 번째 '정상'의 심은 기의 허명성(靈明性)을 말하는 것이고, 네 번째 '지각'의 심은 리와 기를 합쳐져 외부 사물을 인식하는 것을 가리킨다. 이같은 심의 분석은 논리적으로 명료하다고 말할 수 있다.

일찍이 이이는 심은 '리와 기가 합쳐진 것'〔心合理氣〕라고도 말했고, '심은 기'〔心是氣〕라고도 말했다. 그러나 기호학파의 거두 송시열(宋時烈)[26)]은 '심은 분명히 기'[27)]라고 단언하였고, 또한 그의 제자 한원진(韓元震)은 "유가의 종지는 심은 기요 성은 리라는 것"[28)]이라고 하였다. 즉 '심은 기이다'가 기호학파의 중심 논리로 자리잡았던 것이다. 이진상은 "한원진은

25) 『寒洲集』, 卷39, 「隨錄」, 21-33쪽 4-6행, "血肉之心, 以質言; 仁義之心, 以理言; 精爽之心, 從氣言; 知覺之心, 兼理氣言. 各有攸主, 相須乃成."

26) 宋時烈: 1607~1689(선조 40~숙종 15), 조선 후기의 학자·문신, 자는 英甫, 호는 尤庵·尤齋, 본관은 은진. 김장생과 김집의 문인으로 이이의 학통을 계승. 문묘에 종사됨. 저서로는 『尤菴集』, 『宋書拾遺』, 『朱子大全箚疑』, 『朱文抄選』, 『朱子語類小分』, 『二程書分類』, 『論孟問義通攷』, 『經禮疑義』, 『心經釋義』, 『纂定小學諺解』, 『尤庵易說』, 『尤庵禮說』 등이 있다.

27) 『宋子大全』 七, 附錄, 卷15, 「金榦錄」, 343쪽 상단7 14행-하단3 3행, "榦問: 心之虛靈, 只是氣歟? 抑以理氣合故歟? 先生曰: 是氣. 榦曰: 竊嘗思之, 天地間萬物之生, 莫非氣之所爲, 而惟人也, 得其氣之秀, 人之一身五臟百骸, 莫非氣之所成, 而惟心也, 尤是氣之秀. 是故其爲物, 自然虛靈洞徹, 而於其所具之理, 無所蔽隔, 然則所謂虛靈者, 只是稟氣淸氣故也. 不是理與氣合, 然後方爲虛靈. 今且將自家去體察吾心. 一時間身氣淸爽, 則心便惺惺; 一時怠惰了, 便昏昏, 此處亦見心之虛靈是氣. 先生曰: 然. 故栗谷先生, 嘗以心爲氣. 榦曰: 然則心之虛靈, 分明是氣歟? 先生曰: 分明是氣也." 『宋子大全』은 斯文學會 영인본(1971)을 저본으로 하였다.

28) 『南塘集』 上, 卷29, 「心純善辨證」, 699쪽 하단18 14행, "吾儒宗旨, 以心爲氣, 以性爲理."

'심즉기(心卽氣)' 를 평생의 명맥으로 삼아, 한편으로는 이간(李柬)[29]과 이재(李縡)[30]의 '심본선설(心本善說)' 배척하고, 한편으로는 주희와 이황의 리발설(理發說)을 비판하였다" [31]고 지적한다. 이진상이 심즉리설을 주장하는 의도는 이러한 한원진의 주장을 반박하고, 리발설을 옹호하기 위한 것이라 하겠다. 그러나 보다 근본적으로는 일신(一身)의 주재자는 기가 아니라 리라는 점을 강조하기 위한 것이었다. 이진상은 '심은 곧 기' 라는 주장이 야기하는 여러 폐단을 다음과 같이 열거한다.

'심이 곧 기' 라는 주장의 나쁜 점은 무엇인가? 심은 한 몸의 주재인데, 주재를 기에 속하게 하면, 천리가 형기의 명령을 듣게 되고, 허다한 악(惡)이 마음〔靈臺〕에 기반하게 될 것이다. 심은 체가 없어 성으로 체를 삼는데, 지금 〈심을〉 기로 말하면 성을 기로 여기게 될 것이니, 이는 고자(告子)의 견해로서 사람이 금수와 다름이 없게 될 것이다. 심은 성과 정의 총체적 명칭인데, 심을 기로 여기게 되면 대본(大本)과 달도(達道)가 모두 기로 돌아가게 되어, 리는 죽은 물건이 되고 적막함〔空寂〕에 빠지게 된다. 옛부터 성현은 의리를 주로 하여 심을 말하였는데, 심을 기로 여기는 설이 유행하면서 성현의 심법이 모두 허공으로 떨어져 학문의 근본〔頭腦〕이 없게 되어 세상의 가르침은 날로 혼란으로 나아가게 될 것이다.[32]

---

29) 李柬: 1677~1727(숙종 3~영조 3), 조선 후기의 성리학자 · 문신, 자는 公擧, 호는 巍巖 · 秋月軒, 본관은 예안. 권상하의 문하에서 수학. 저서로는 『巍巖遺稿』가 있다.

30) 李縡: 1680~1746(숙종 6~영조 22), 조선 후기의 성리학자 · 예학자 · 문신, 자는 熙卿, 호는 陶庵 · 寒泉, 본관은 우봉. 한양 출신. 김창협의 문하에서 수학하고 사숙. 저서로는 『陶庵集』, 『陶庵科詩』, 『四禮便覽』, 『朱子語類抄節』, 『經傳疑義問解』, 『泉上講說』, 『中庸講說』, 『論語講說』, 『孟子講說』, 『宙衡』 등이 있다.

31) 『寒洲全書』 壹, 『寒洲集』, 卷7, 「答沈穉文(庚申)」〈別紙〉, 173쪽 하단40 16-18행, "獨南塘之說, 則以心卽氣三字, 爲平生命脈, 一以斥巍陶本善之說, 一以駁朱李理發之旨."

32) 『寒洲全書』 壹, 『寒洲集』, 卷32, 「心卽理說」, 678쪽 하단4 15행-679쪽 상단5 2행, "夫謂

위의 인용문은 '심은 기이다'의 폐단을 네 가지로 요약한 것이다. 첫째는 기가 주재자가 되어, 리는 기의 명령을 받고, 악은 오히려 존재근거를 확보한다는 것이다. 이진상은 "만약 심이 기라고 한다면, 기가 한 몸의 주재가 되어, 성색취미(聲色臭味)의 욕망이 도리어 진심(眞心)이 되고, 부자군신(父子君臣)의 윤리는 군더더기가 될 것"[33]이라고 말하기도 하였다. 둘째는 심의 본체는 성인데, 심을 기라고 하면 중국 춘추시대 맹자와 논변한 고자의 학설과 같게 되어 인간이 짐승으로 전락하게 된다는 것이다. 셋째는 심은 성과 정을 통합한 것인데, 심을 기라고 하면 '대본'과 '달도'가 모두 기가 되고, 리는 아무것도 없는 적막함에 빠져 사물(死物)이 된다는 것이다. 넷째는 이제까지 성현들은 의리로 심을 밝혔는데, 심을 기라고 하면 학술은 두뇌처가 없게 되고 세상은 혼란에 빠진다는 것이다. 이렇게 볼 때, 이진상에게 있어서 '심은 기이다'라는 주장은 전혀 수용의 여지가 없었던 것이다.

이진상에 의하면, 심의 본체는 태극으로서, 결코 기를 겸하여 말할 수 있는 것이 아니다.[34] 이진상은 다음과 같이 말한다.

심은 뭇 리가 모인 것으로, 사람의 태극이다. 태극은 모든 변화의 근저(根柢)이다. 그러므로 사람의 심은 사덕(四德)이 뿌리내리는 곳이다. 〈태극과 심은〉 그 이치가 하나이다. 성은 발출이 다양한 것이기 때문에 그 근본은 심에 있다.

心卽氣者之所以爲不善, 何也? 心爲一身之主宰, 而以主宰屬之氣, 則天理聽命於形氣, 而許多麤惡, 盤據於靈臺矣. 心無體, 以性爲體, 而今謂之氣, 則認性爲氣, 告子之見也, 而人無以自異於禽獸矣. 心是性情之統名, 而以心爲氣, 則大本達道, 皆歸於氣, 而理爲死物, 淪於空寂矣. 從古聖賢, 莫不主義理以言心, 而以心爲氣之說行, 則聖賢心法, 一一落空學無頭腦, 世敎日就於昏亂矣."

33) 『寒洲全書』 壹, 『寒洲集』, 卷15, 「答李琢源(根洙)」, 353쪽 상단21 20행-하단22 2행, "今若以心爲氣, 則氣爲一身之主宰, 聲色臭味, 反爲眞心, 而父子君臣, 適爲剩物."

34) 『寒洲全書』 壹, 『寒洲集』, 卷15, 「答許退而(癸酉)」, 344쪽 하단4 12행, "朱子曰: 心之本體是太極, 太極, 果可以兼氣乎?"

심이 없으면 성도 없다. 세상의 학자들은 심은 기이고 성이 그 심에 뿌리박고 있다고 여긴다. 이와 같다면 기가 '대본(大本)'이 되고 리의 근본이 되니, 어찌 맹자의 뜻이겠는가?[35)]

이진상은 '심은 태극이 된다〔心爲太極〕' 이라는 입장에서, 심의 본체는 기와 무관한 것이라고 주장하고, 심시기론(心是氣論)은 기를 대본으로 삼는 것이라고 비판하는 것이다. 또한 기호학파의 심시기론은 성즉리론을 전제로 한 것인데, 이에 대해 이진상은 심과 성을 둘로 나누고 대본을 둘로 여기는 것이라고 비판한다.[36)] 이진상에 의하면, 심의 본체가 바로 성으로서, 그것이 대본인 것이다. 따라서 심과 성은 둘이 아니요, 대본도 하나뿐인 것이다.[37)] 이진상은 심의 지각과 성의 지혜도 하나라고 본다. 그는 다음과 같이 말한다.

심의 지각과 성의 지혜는 둘이 아니다. (……) 혹자는 '지각은 기의 영명(靈明)함이고 지혜는 분별(分別)의 리' 라고 말하니, 이것은 심과 성을 둘로 여긴 것이다. 기는 단지 청탁(淸濁)과 수박(粹駁)이 있을 뿐, 원래 영명함도 없고 지각도 없다. (……) 지혜는 지각의 '체(體)' 이고, 지각은 곧 지혜의 '용(用)' 이다. 지금 지각을 심이라 하고 오로지 기에 위탁하는 것은 또한 그 치우침을 들고 그

---

35) 『寒洲全書』 貳, 『理學綜要』, 卷6, 「心(理之主宰)第四上」, 84쪽 상단15 2-6행, "按: 心是衆理之總會, 而人之太極也. 太極爲萬化之根柢, 故人心爲四德之所根著, 其理一也. 性是發出不同底, 故其本在心, 無是心, 則無是性. 世學以心爲氣, 而看作性著根於心地. 如是, 則氣爲大本, 而爲理之所本, 豈孟子之旨哉?"

36) 『寒洲全書』 貳, 『理學綜要』, 卷6, 「心(理之主宰)第四上」, 85쪽 상단17 6-7행, "按: 專言心, 則兼體用貫動靜, 與性有間; 而言心之本體, 則性外無心, 初非心與性對爲二本也."

37) 『寒洲全書』 貳, 『理學綜要』, 卷6, 「心(理之主宰)第四上」, 85쪽 상단17 7-11행, "言心之主宰, 則心卽是理. 故程子釋盡心知性之義, 而斷然心性一理者, 明之. 今之判心性爲二, 而指心爲氣者, 得無二本之嫌乎?"

온전함을 빠뜨린 것이 아니겠는가?[38]

심의 지각과 성의 지혜는 원리적으로 분리될 수 없다는 것이다. 두 가지가 분리되면, 심의 지각은 불가능할 뿐만 아니라 본성으로서의 '지(智)' 도 무용한 존재가 되는 것이다. 심의 지각(知覺)은 성의 '지' 에 연결되고, '지' 로서의 성은 바로 리에 연결되는 것이다. 이와 같이 이진상에게 있어서 심과 성과 리는 일관된 맥락에서 논의되고 설명되는 것이다.

2) 陽明學의 心卽理說 批判

조선에서는 왕수인(王守仁)[39]의 학문을 크게 수용하지 않았다. 이는 주희(朱熹)가 양명학의 선구자인 육구연(陸九淵)[40]의 심학(心學)을 비판하는 태도를 가졌고, 또한 이황이 주자학설에 의거하여 왕수인의 심학을 배척하였기 때문일 것이다. 이황 이후, 조선의 많은 성리학자들은 양명학이 주희사상에 위배된다고 하여 비판적 태도를 견지하였다. 특히 기호학파에서는 심을 기로 보았고, 영남학파에서는 심을 리와 기를 겸한 존재로 보았기 때문에, 심즉리를 주장하는 양명학에 대해서 더욱 비판적이었던 것이다.[41] 이

---

38) 『寒洲全書』 貳, 『理學綜要』, 卷6, 「心(理之主宰)第四上」, 93쪽 상단33 18-하단34 13행, "按: 心之知, 性之智, 非有二致也. (……) 或謂知是氣之靈, 智乃別之理, 此以心性爲有二體也. 氣之有淸濁粹駁而已. 元未嘗有靈也. 元未嘗有知也. (……) 智乃知之體也, 知乃智之用也. 今之以知覺言心, 而專諉之氣者, 不亦擧其偏而遺其全乎?"

39) 王守仁: 1472~1528, 중국 명나라 때 유학자, 자는 伯安, 세칭 陽明이라 함. 저서로 『傳習錄』이 있고, 유집으로 『王陽明全集』이 있다.

40) 陸九淵: 1139~1192, 중국 송나라 때 유학자, 자는 子靜, 세칭 象山이라 함. 저서로 『象山全集』, 『語錄』 등이 있다.

41) 『寒洲全書』 五, 『求志錄』, 卷23, 『退溪集箚疑」, 352쪽 상단 6-9행, "專習錄辨首引陽明心卽理之說, 而但曰本是說窮理工夫. 盖此三字, 擧世之所深攻者. 湖學, 以心爲氣, 而彼與之相反; 嶺學, 以心爲兼理氣, 而彼專以爲理故也."

진상 또한 양명학에 대하여 비판적 태도를 지녔다. 양명학의 심즉리설은 사실은 기를 위주로 하는 사설(邪說)이라는 것이요,[42] 따라서 대본이 확립되지 못한다는 것이다.[43] 이진상의 양명학에 대한 비판을 살펴보기에 앞서, 양명학의 심즉리설을 간략히 살펴보자.

주희의 성즉리 사상에 반대하여 육구연은 심즉리설을 주장하였다. 성즉리와 심즉리는 주희와 육구연 철학의 본질적인 차이가 될 것이다. 육구연은 "하늘이 나에게 준 것이 바로 이 심이다. 사람은 모두 이 심이 있고 심은 이 리를 구비하고 있다. 심은 곧 리이다"[44]고 하여, 심과 리의 구분을 부정하고 인간의 심이 바로 절대이고 보편이라고 생각하였고, 또한 심을 우주사물의 법칙으로까지 확대 해석하였다.[45] 왕수인은 처음에는 주자학도였으나, 주희의 심과 리의 구분을 거부하고, 마침내 육구연의 심즉리설을 자신의 종지로 삼았다.

왕수인은 "심을 벗어나 리가 없으며 심을 벗어나 일도 없는 것이다"라고 하여 심을 참다운 실체로 여겼다. 왕수인은 심과 리, 심과 사물〔事〕의 관계에 관심이 있었다. 그의 관심은 심과 리·사물과 상즉(相卽)한 상태를 말하는 것이다. 왕수인은 심즉리에 대하여 다음과 같이 말한다.

---

42) 『寒洲全書』 壹, 『寒洲集』, 卷25, 「答崔肅仲(正基)○乙亥」, 539쪽 상단1 16-17행, "只緣主氣一隊硬把, 王餘姚, 認氣爲理之差, 斥之爲邪說久矣."

43) 『寒洲集』, 卷41, 「讀權淸臺讀書錄」, 22 7쪽 "陽明之心卽理, 所以見斥於吾道者, 以其所謂理者, 非吾之所謂理而把氣作理, 大本不立."

44) 『象山全集』, 卷11, 「與李宰」, 32면 2-3행, "天之所以與我者, 卽此心也. 人皆有是心, 心皆具是理, 心卽理也."; 卷22, 「雜說」, 451쪽 하단10 13행, "人心至靈, 此理至明. 人皆有是心, 心皆具是理." 『象山全集』은 臺灣商務印書館 영인본(『文淵閣四庫全書』 1125, 集部3, 別集類, 中華民國 75년)을 저본으로 하였다. 이하 동일. 단, 『象山全集』 卷11은 上海書店印行 영인본(1926)을 저본으로 하였음을 밝힌다.

45) 『象山全集』, 卷22, 「雜說」, 451쪽 하단10 2-3행, "四方上下曰宇, 往古來今曰宙, 便是吾心, 吾心卽是宇宙."

> 아버지를 섬기는 데 아버지 위에서 효(孝)의 리를 구해서는 안되고, 임금을 섬기는 데 임금 위에서 충(忠)의 리를 구해서는 안되며, 벗을 사귀고 백성을 다스리는 데 벗과 백성 위에서 신(信)과 인(仁)의 리를 구해서는 안된다. 모두 이 심에 있을 뿐이니, 심은 곧 리이다.[46]

즉 외재적 존재인 아버지 · 임금 · 벗 · 백성에게 그에 합당한 도덕적 원리가 있는 것이 아니고 자신의 심에 그 원리가 있다는 것이다. 심은 사욕이 없는 도덕적 천리이기 때문에 그 심을 그대로 외재적 존재인 아버지 · 임금 · 벗 · 백성에게 발현하면 구체적인 효 · 충 · 신 · 인이라는 도덕적 원리가 되는 것이다.[47] 즉 왕수인의 심즉리는 주체와 객체를 이분적으로 분리하지 않고 오직 주체의 내재적 원리를 외재적 대상계에 즉각적으로 표출한다는 측면에서 심즉리인 것이다. 이에 대한 이진상의 비판을 살펴보자.

> 임금에게 충성해야 하고 어버이에게 효도해야 하는 것은 사물〔物〕의 법칙이다. 나의 심의 인(仁)이 곧 효의 리이며, 나의 심의 의(義)가 곧 충의 리이다. 인(仁)을 어버이 섬기는 데 쓸 수 있으며, 의(義)를 임금 섬기는 데 쓸 수 있으니, 이것 역시 심의 법칙이다. 심의 리로써 사물의 리를 궁구한 뒤 비로소 충과 효의 도리를 실천할 수 있다. 이제 외부의 대상을 끊어버리고 오직 나의 심만 리로 여기려고 한다면, 효를 길가는 사람에게 베풀 수 있으며, 충을 다른 임금에게 베풀 수 있다. 어버이에게서 나를 낳아주고 나를 길러준 은혜를 궁구하지 않

46)『王陽明全集』上, 卷1, 語錄(1),『傳習錄』上, 2쪽, "事父不成, 去父上求箇孝的理; 事君不成, 去君上求箇忠的理; 交友治民不成, 去友上民上求箇信與仁的理. 都只在此心. 心卽理也."『王陽明全集』는 吳光 · 錢明 · 董平 · 姚延福이 編校한 上海古籍出版社出版(1992)에서 활자화한 것을 저본으로 하였다. 이하 동일.

47)『王陽明全集』上, 卷1, 語錄(1),『傳習錄』上, 2쪽, "此心無私欲之蔽, 卽是天理. 不須外面添一分. 以此純乎天理之心, 發之事父便是孝, 發之事君便是忠, 發之交友治民便是信與仁."

는다면, 어떻게 나의 심의 애(愛)를 발현할 수 있으며, 임금에게서 내가 녹을 먹고 관리의 우두머리가 되도록 한 은덕을 궁구하지 않는다면, 어떻게 나의 심의 충을 발현할 수 있겠는가? 심이 외물과 접촉하지 않고 어떻게 겨울에 따뜻하게 하고 여름에 시원하게 해 드릴 것을 알아 따뜻하고 시원하게 해 드릴 수 있겠는가?[48)]

이진상은 사물의 법칙과 심의 법칙을 구분한다. 심의 인과 의라는 법칙을 통해 외재적 존재인 아버지와 임금에게 해야 할 당위적 도덕성을 궁구하는 것이다. 심의 법칙을 통해 사물의 법칙을 궁구한 뒤에야 사물의 법칙을 극진히 할 수 있다는 것이다. 만일 외재적 존재에 나아가지 않고 나의 심만을 리라고 여긴다면 외재적 존재에 대한 차별성이 없게 되는 것이다. 즉 이것은 모든 사람에게 내재된 리의 보편성만을 아는 것이고 대상에 발현할 때의 특수성을 살피지 못하는 것이다.[49)] 충과 효의 리가 진실로 나의 본심이지만. 아버지와 임금은 나와 특수적으로 관계가 있기 때문에 효와 충으로 섬기는 것이다. 왕수인과 같이 나의 심에서만 충과 효의 원리를 구한다면 묵자의 차등이 없는 겸애설에 빠지는 결과를 가져오는 것이다.[50)] 즉 왕수인의 심즉리는 천하 사물의 리가 나의 심에만 있고 사물에 존재하지 않는다는 것

48) 『寒洲全書』 貳, 『理學綜要』, 卷21, 「通論(理學原委)第十中」, 348쪽 상단33 6-13행, "按: 於君當忠, 於父當孝, 物之則也. 吾心之仁, 卽孝的理; 吾心之義, 卽忠的理. 而仁可用於事親, 義可用於事君, 此又心之則也. 以心之理, 窮物之理, 然後方行得忠孝的道理. 今必欲絶去外物, 而惟以吾心爲理, 則孝可施於路人, 而忠可施於他君也. 不於父而究生我育我之恩, 則何以發吾心之愛; 不於君而究食我長我之德, 則何以發吾心之忠哉? 心不接物, 又何以知冬之可溫夏之可淸, 而得以溫淸其親乎?"

49) 『寒洲全書』 五, 『求志錄』, 卷23, 「退溪集箚疑」, 352쪽 하단 11-13행, "陽明言: 事父, 不成去父上求孝的理; 事君, 不成去君上求忠的理, 是只知其理之一, 而不察其分之殊也."

50) 『寒洲全書』 五, 『求志錄』, 卷23, 「退溪集箚疑」, 352쪽 하단 13-18행, "夫忠孝的理, 固是吾本心, 而父之生我, 元有當孝之理, 故我以孝事之; 君之主我, 元有當忠之理, 故我以忠事之. 苟徒求吾心之忠孝, 則將流於墨氏之愛, 無差等而馮道之, 何事非君矣?"

이다. 그리하여 이진상은 왕수인도 부모의 추위와 더위를 생각하고 따뜻함과 시원함의 도리를 부모에게 나아가 강구한다[51]는 논리를 들어 외재적 대상에서 도리의 근본을 보아야 한다고 말한다.[52] 나의 심의 법칙을 통해 객관적 대상에서 리를 궁구하지 않고서는 순수 도덕성은 불가능하는 것이다. 이진상은 다음과 같이도 비판한다.

> 양명이 말하는 심즉리라는 것은 사단(四端)과 오상(五常)의 리로 심을 말할 수 있는 것이 아니다. 천하 사물의 리를 모두 나의 심이 소유한 것으로 여긴 것이다. 사물에 나아가 리를 궁구하는 실상이 없다면 리는 실로 번잡하고 요란하게 되어 기품(氣稟)과 물욕(物欲)을 모두 천리로 간주하게 될 것이니 어찌 심의 본체(本體)와 묘용(妙用)에서 참다운 천리를 보게 될 것인가? 만일 리를 가지고 리라고 하여 '심즉리' 라고 한다면 어찌 선학(禪學)에 빠지는 근심이 있겠는가?[53]

이진상에 의하면, 왕수인의 리는 사단이나 오상의 도덕적 리가 아니고 나의 심에 구비된 천하 사물의 리만을 말하는 것이다. 객관적 사물에 나아가 리를 궁구하지 않고 심에 내재한 천하 사물의 리만을 구하게 된다면, 심이 가지는 '본체' · '묘용' 의 성격을 벗어나 기품과 물욕을 모두 천리로 간주하는 것이다. 그러므로 왕수인이 심과 리를 하나로 여기고 있으나 그것은

---

51) 『王陽明全集』 上, 卷1, 語錄(1), 『傳習錄』 上, 2쪽, "冬時自然思量父母的寒, 便自要去求箇溫的道理; 夏時自然思量父母的熱, 便自要去求箇淸的道理."

52) 『寒洲全書』 五, 『求志錄』, 卷23, 「退溪集箚疑」, 352쪽 하단 16-18행, "下段, 却說思量父母的寒, 求箇溫的道理, 依然是父上求. 事上求可見道理之本, 自如是也."

53) 『寒洲全書』 五, 『求志錄』, 卷23, 「退溪集箚疑」, 353쪽 상단 9-14행, "盖陽明謂心卽理者, 非能以四端五常之理, 謂之心也. 天下事物之理, 都看作吾心之所有而了. 無卽物窮理之實, 則此理裏許, 實不免叢雜擾攘, 而氣稟物欲, 都和作天理矣. 何嘗有見於心之本體妙用, 眞箇是天理者乎? 如果以理爲理, 而謂之心卽理也, 則豈有陷禪之患哉?"

기품과 물욕의 사사로움을 살피지 못한 것이어서 그 심이 외적 존재에 발현되더라도 리에 부합하지 않는 것이다.[54] 즉 이진상의 이론은 객관적 사물에 나아가 리를 분명하게 판단 · 인식하는 과정 가운데 '본체'와 '묘용'의 리를 상호연관시키는 속에서 천리를 주장하는 것이다.

왕수인은 외부대상을 보고 아는 능력이 심의 본체라고 하여 이를 양지(良知)라고 하였다.[55] 그는 양지를 여러 가지 관점에서 설명한다.

> 양지는 하나이나, 그 묘용(妙用)으로 말하면 신(神)이라고 하고, 그 유행(流行)으로 말하면 기(氣)라고 하고, 그 응취(凝聚)로 말하면 정(精)이라 하니, 어찌 형상(形象)과 방소(方所)가 있겠는가? 진음(眞陰)의 정(精)은 진양(眞陽)의 기의 어머니이고 진양(眞陽)의 기는 진음(眞陰)의 정(精)의 아버지이니, 음은 양을 뿌리고 양은 음을 뿌리하니 또한 두 개가 있는 것이 아니다.[56]

신 · 기 · 정은 각기 독립된 개별적 현상이나 실체를 의미하는 것이 아니라, 양지를 어느 측면에서 보느냐에 따른 표현상의 차이로 볼 수 있다. 이러

54) 『朱子語類』 下, 卷126, 「釋氏」 〈植錄〉, 1354쪽 하단8 7-11행, "吾以心與理爲一, 彼以心與理爲二. 亦非固欲如此, 乃是見處不同, 彼見得心空而無理, 此見得心. 雖空而萬理咸備也. 雖說心與理一, 而不察乎氣稟物欲之私, 是見得不眞, 故有此病. 大學所以貴格物也(近世一種學問, 雖說心與理一, 而不察乎氣稟物欲之私, 故其發, 亦不合理, 却與釋氏同病, 不可不察."
『寒洲全書』 五, 『求志錄』, 卷23, 『退溪集箚疑』, 352쪽 상단 12-15행, "陽明之陷於異端, 何也? 以其謂之理者, 本非理也. 朱子嘗曰: 儒釋之異, 正爲吾以心與理爲一, 而彼以心與理爲二. 然近世一種學問, 雖說心與理一, 而不察乎氣稟物欲之私, 故其發, 亦不合理."

55) 『王陽明全集』 上, 卷1, 語錄(1), 『傳習錄』 上, 6쪽, "知是心之本體, 心自然會知. 見父自然知孝, 見兄自然知弟, 見孺子入井, 自然知惻隱. 此便是良知, 不假外求."

56) 『王陽明全集』 上, 卷2, 語錄(2), 『傳習錄』 中, 「答陸原靜書」, 62쪽, "來書云: 元神元氣元精, 必各有寄藏發生之處. 又有眞陰之精, 眞陽之氣云云. 夫良知一也, 以其妙用而言謂之神, 以其流行而言謂之氣, 以其凝聚而言謂之精, 安可以形象方所求哉? 眞陰之精, 卽眞陽之氣之母; 眞陽之氣, 卽眞陰之精之父; 陰根陽, 陽根陰, 亦非有二也."

한 논리는 일찍이 왕수인이 선가(仙家)의 "원기(元氣) · 원신(元神) · 원정(元精)"[57]에 대한 질문을 받고, 다만 하나로서, 기는 유행이요, 정은 응취요, 신은 묘용이라고 설명한 것으로서[58] 이는 선가의 사상을 수용하여 양지를 여러 측면으로 전개하는 것이다. 왕수인은 이 양지를 바로 천리로 연결시켰다.[59] 위의 인용문에 보이듯이, 왕수인은 양지 · 천리를 음과 양이라는 기의 존재로 보기도 하였다. 이진상은 이를 다음과 같이 비판한다.

> 살피건대, 양명의 이른바 천리는 바로 정 · 기 · 신이 도인 것이다. 그러므로 심을 말하면 다만 형기신(形氣神)의 지각을 말할 뿐이고 성을 말하면 정신(精神)의 작용을 말할 뿐이다. 그 주장하는 골자는 오직 기의 조리(條理)에 있는 것이다. 그렇다면 백 개의 리를 말하더라도 또한 기를 주로하는 학문일 뿐이다.[60]

왕수인은 리인 성도 기와 구분하지 않고 하나의 물건으로 여긴다.[61] 그러므로 왕수인이 말하는 리는 주자학에서 말하는 기이므로, 기의 단서로 말하

---

57) 陳榮捷은 이에 대하여 다음과 같이 註釋하였다. "氣 · 精 · 神은 道家의 단련공부로, 사람이 몸이 있지 아니하여도 먼저 三元(氣 · 精 · 神)이 있다. 一氣의 妙用은 元神이 되고, 一氣의 流行은 元氣가 되고, 一氣의 凝聚는 元精이 된다. 여기서 氣는 호흡의 氣가 아니고, 精은 交感의 精이 아니고, 神은 思慮의 神이 아니다. 그래서 이것을 바로 만물의 근원적 요소 三元이라고 하고, 三華라고도 한다. 元性과 元情을 연접해서 五元이라고 한다." 陳榮捷, 『王陽明傳習錄詳註集評』, 臺灣: 學生書局, 中華民國 72年, 92쪽 참조.

58) 『王陽明全集』 上, 卷1, 語錄(1), 『傳習錄』 上, 19쪽, "問: 仙家元氣元神元精. 先生曰: 只是一件. 流行爲氣, 凝聚爲精, 妙用爲神."

59) 『王陽明全集』 上, 卷2, 語錄(2), 『傳習錄』 中, 「答顧東橋書」, 45쪽, "吾心之良知, 卽所謂天理也."

60) 『寒洲全書』 貳, 『理學綜要』, 卷21, 「通論(理學原委)第十中」, 548쪽 하단34 7-10행, "按: 陽明之所謂天理者, 乃精氣神之所會. 故言心, 則但言形氣神之知覺; 言性, 則但言精神之作用. 其立言骨子, 惟在氣之條理. 然則雖說出百理字, 亦只是主氣之學."

61) 『王陽明全集』 上, 卷2, 語錄(2), 『傳習錄』 中, 「啓問道通書」, 61쪽 "氣卽是性, 性卽是氣, 原無性氣之可分也."

면 왕수인의 심은 인 · 의 · 예 · 지의 본심이 아니다.[62] 즉 왕수인은 천리를 정 · 기 · 신의 통합체로 보기 때문에 심과 성도 기로 여긴다. 그러므로 왕수인의 심학은 기를 주로하는 측면이 그 이면에 짙게 내함되어 있다고 볼 수 있는 것이다.[63] 이진상은 왕수인이 말하는 천리에 대하여 다음과 같이 비판한다.

> 양명이 가리키는 천리는 진실로 천리의 발현처(發見處)를 본 점이 있으나, 다만 그가 말하는 천리는 바로 정신(精神)과 기백(氣魄), 진음(眞陰)과 진양(眞陽)이라는 것으로서 해당시키는 것이다. 이것은 바로 기를 리로 간주하는 것이다. 리와 기가 섞여 구별이 없다면 심즉리가 되는 설도 또한 기를 리로 여기는 견해에서 나온 것이다.[64]

왕수인이 리와 기를 이원적으로 구별하지 않고 기를 리로 간주한 것이다. 더욱이 왕수인은 리는 기의 조리이고 기는 리의 운용이 된다고 여긴다.[65] 그렇기 때문에 이진상에 의하면, 왕수인에게 있어서 천리가 발현한 것도 기가 발현한 것으로 간주하였다고 볼 수 있는 것이다. 이진상은 천리의 발현은 '지각(知覺)' 과 '지(智)' 의 관계가 된다고 하며 다음과 같이 말한다.

---

62) 『寒洲全書』 貳, 『理學綜要』, 卷21, 「通論(理學原委)第十中」, 348쪽 상단33 17-19행, "又按: 陽明所謂理, 卽吾儒之所謂氣, 特以氣之端緖言之, 則其所謂心者, 亦非仁義禮智之本心, 明矣."

63) 宋在雲, 『陽明哲學의 硏究』(서울: 思社硏, 1991), 133쪽.

64) 『寒洲全書』 貳, 『理學綜要』, 卷6, 「心(理之主宰)第四上」, 91쪽 하단30 16-20행, "陽明之指作天理者, 固有見於天理發見之處, 而但其所謂天理者, 乃以精神氣魄眞陰眞陰者, 當之. 此乃認氣而爲理也. 理氣雜而無別, 則其爲心卽理之說者, 亦出於認氣爲理之見也."

65) 『王陽明全集』 上, 卷2, 語錄(2), 『傳習錄』 中, 「答陸原靜」, 62쪽 "精一之精, 以理言, 精神' 之精, 以氣言. 理者, 氣之條理; 氣者, 理之運用. 無條理, 則不能運用; 無運用, 則亦無以見其所謂條理者矣."

> '지각'과 '지'의 관계는 바로 '사랑'〔愛〕과 '인(仁)'의 관계와 같다. '인'과 '지'는 바로 천리이고 '사랑'과 '지각'은 바로 천리의 발현이다. 양명은 '양지'를 천리로 여겼으니 과연 사랑을 인으로 여기는 것에 근사하다. 또한 남당(南塘: 한원진)이 '양지'를 기로 삼고 그 양지에서 천리의 작용을 보고자 한 것도 역시 '리를 기로 안 것'이다.[66]

이러한 논리를 미루어 보면, 한원진이 심을 기로 여기는 것은 곧 왕수인이 심을 리로 여기는 것과 같은 것이니, 왕수인은 기를 리로 간주하는 한원진이고, 한원진은 리를 기로 여기는 왕수인이라는 것이다.[67] 한원진이 기를 주로하여 전개하는 심즉기와 왕수인이 리를 주로하여 전개하는 심즉리의 논리는 서로 상반되는 듯하지만 일치한다고 이진상은 비판한다.[68]

이진상은 객관적 리만을 궁구하는 것도 아니고 또한 모든 리를 내재적 존재인 심에서 구하는 것도 아니다.[69] 그의 철학체계에서 왕수인의 심즉리 비판은 왕수인이 심을 우주의 본체로 여기고 외재적 존재 대상의 리를 궁구하지 않는 데 있는 것이며, 또한 왕수인이 모든 것을 심에서 구하려 하기 때문에 기품과 물욕을 천리와 같은 것으로 여기는 데 있는 것이다. 더욱이 이진

---

66) 『寒洲全書』 四, 『求志錄』, 卷1, 「大學箚義」, 16쪽 상단 12-15행, "知覺之於智, 正猶愛之於仁. 仁智, 便是天理, 愛與知, 乃其天理之發. 陽明, 直以良知爲天理, 則果近於認愛爲仁, 而南塘, 又以良知爲氣, 而欲其於良知上, 見得天理之用, 亦涉於認理爲氣."

67) 『寒洲全書』 四, 『求志錄』, 卷1, 「大學箚義」, 16쪽 상단 8-10행, "以是推之, 則南塘之認心爲氣, 乃是陽明之認心爲理. 陽明, 卽以氣爲理之南塘也; 南塘, 卽以理爲氣之陽明也."

68) 『寒洲全書』 壹, 『寒洲集』, 卷25, 「答李叔瑞(瑨鉉)」, 551쪽 상단26 8-12행, "吾東一隊之學, 主見從氣上入, 故刱爲心卽氣之說. 纔見人主理言心, 便曰心卽理, 乃陽明之學也. 以此爲揮斥理學之木覇柄, 其實陽明認氣爲理, 世學認理爲氣, 以心爲理 以心爲氣, 若相反而實相合也."

69) 『寒洲全書』 貳, 『理學綜要』, 卷21, 「通論(理學原委)第十中」, 348쪽 상단33 13-16행, "朱子嘗曰: 古人之學, 所貴乎存心者, 盖將推此以窮天下之理. 今之所謂識心者, 乃欲恃此, 而外天下之理. 是以, 古人, 知益崇, 而禮益卑; 今人, 則論益高, 而其狂妄恣睢也. 愈甚此言, 已深中陽明之失."

상은 한원진의 심즉기 또한 왕수인의 논리를 바탕하고 있다고 하여 부정적인 자세를 취하고 있다.

이진상에 의하면, 이황은 왕수인의 심즉리론을 비판하면서 본심의 체(體)와 용(用)으로 진지(眞至)의 리를 밝혔지만[70] 왕수인의 심이 리가 아니라는 데까지 이르지 못하였고, 또한 근세에 한원진이 왕수인을 비판하는 논리로 심즉기를 제시하고 있으나 그는 주재성을 버리고 작용성에 나아간 것이다.[71]

3) '心卽理說'의 定立

조선의 주자학자들은 주희의 '성즉리(性卽理)'를 철저하게 따르는 것이 일반적이었다. 이진상은 주자학자였음에도 불구하고, 양명학의 상징이었던 '심즉리' 용어를 자신의 학문 체계로 끌어들인다. 그러면서 이진상은 심즉리설은 맹자와 정자 이래로 본래 있는 종지로 내가 창출한 것이 아니라고 한다.[72] 그렇다면, 왕수인의 심즉리설과 이진상의 심즉리설은 용어는 같으나, 서로의 지향점이 다른 것이다. 앞에서도 지적한 것처럼, 이진상은 왕양명의 심즉리설은 기를 리로 여겨 대본이 확립되지 못한다고 한다. 이진상의 심즉리설은 소옹의 '심위태극'의 영향을 받고 영남학파의 심을 리와 기로 보는 견해를 진일보시킨 것이다. 그의 심즉리설은 심의 주재적 차원에서 주장하는 것이지만, 그 용어 자체가 양명학과 동일하였기 때문에 학계에 적지 않은

70) 『退溪全書』 二, 卷41, 「傳習錄論辨」, 333쪽 하단26 8-10행, "陽明, 徒患外物之爲心, 累不知民彛物則, 眞至之理, 卽吾心本具之理, 講學窮理, 正所以明本心之體, 達本心之用."

71) 『寒洲全書』 貳, 『理學綜要』, 卷21, 「通論(理學原委)第十中」, 348쪽 상단33 19행-하단34 2행, "退陶, 只以本心之體用, 明眞至之理, 而未嘗一言及於心之非理. 近世忽有心卽氣之論, 抛却主宰之體, 而專向作用上去, 其亦誤矣."

72) 『寒洲全書』 壹, 『寒洲集』, 卷25, 「答崔肅仲(正基)○乙亥」, 539쪽 상단1 15-16행, "心卽理云云, 實孟程以來, 固有之旨, 政非鄙人刱出."

물의를 일으켰다. 하지만 그는 심즉리 세 글자야말로 실로 모든 성인이 서로 전한 비결로 여겼다. 그는 「심즉리설」 첫머리에서 다음과 같이 말한다.

> 심을 논할 때 심즉리보다 더 좋은 것은 없고, 심즉기보다 더 나쁜 것이 없다. 심즉기 학설은 진실로 근세 유현(儒賢)으로부터 나왔는데, 세상에서 이 학문을 종사하는 자들이 많이 추종하였다. 이른바 심즉리 같은 것은 왕수인 따위가 미쳐 날뛰었던 주장이니, 우리 학문을 위하는 사람들이 그것이 도를 어지럽히는 것이라고 배척하지 않음이 없었것만, 이제 일절 이것과 반대로 하는 것은 무엇 때문인가?[73]

심즉리는 왕수인 따위가 주장하였던 명제였음에도 불구하고 이진상이 이 말을 고집하는 것은 분명 절실한 깨달음이 있었던 것이다. 물론 그 깨달음은 왕수인의 깨달음과는 본질이 다른 것이다.

이진상이 지은 「심즉리설」을 세부적으로 살펴보면, 그의 입론은 다음 여섯 가지에 근거한다. 첫 번째, 공자의 '종심소욕불유구(從心所欲不踰矩)'의 경지이고, 두 번째, '심이 태극이 된다'〔心爲太極〕는 관점이고, 세 번째는 '심 · 성 · 정이 하나의 리이다'〔心性情一理〕는 것이며, 네 번째는 심의 주재가 리라는 관점에서이고, 다섯 번째는 심의 대본은 리라는 관점에서이고, 여섯 번째는 양심(養心)의 차원에서이다. 이를 순서대로 살펴본다.

첫 번째로, 공자의 '심이 하고자 하는 바를 좇아도 법도에 넘지 않았다'를 심즉리의 근거로 보는 것이다.[74] 이는 자연스럽게 행동하고 억지로 노력

73) 『寒洲全書』 壹, 『寒洲集』, 卷32, 「心卽理說」, 677쪽 상단1 4-7행, "論心, 莫善於心卽理, 莫不善於心卽氣. 夫心卽氣之說, 實出於近世儒賢, 而世之從事此學者, 多從之. 若所謂心卽理, 乃陽明輩猖狂自恣者之說, 爲吾學者, 莫不斥之爲亂道, 今乃一切反之, 何也."

74) 『寒洲全書』 貳, 『寒洲集』, 卷32, 「心卽理說」, 677쪽 하단2 1-2행, "孔子之從心所欲不踰矩, 心卽理也."

하지 않아도 절도에 적중하는 경지이다.[75] 이것은 심의 본체에 이미 주재함이 있기 때문이다.[76] 그래서 도와 나의 심이 하나가 되어 현실의 모든 예법에 어긋남이 없이 가장 자연스러운 심으로서의 행동하는 것이라 하겠다.

두 번째로, '심이 태극이 된다' 의 관점에서 보면, 심의 본체는 태극이다.[77] 태극은 이이므로, 심이 태극인 한, 리인 것이 분명하다는 것이다.

세 번째로, '심 · 성 · 정이 하나의 리이다' 는 견해를 살펴보자. 이진상에 의하면, 심은 성과 정의 통체적 명칭으로, 성은 미발로서의 체이고 정은 심의 이발로서의 용인 바, 성과 정은 하나의 리로서 심을 벗어나지 않기 때문에 심 · 성 · 정이 하나의 리라고 여긴다.[78] 즉 이것은 천지가 만물을 생하는 원(元) · 형(亨) · 이(利) · 정(貞)의 심을 사람은 품부받고 있어, 미발상태에서는 인(仁) · 의(義) · 예(禮) · 지(智)가 구비되고 이발상태에서는 측은(惻隱) · 수오(羞惡) · 사양(辭讓) · 시비(是非)가 드러난다는 것을 일리적(一理的) 측면에서 설명한 것이다.[79] 또한 그는 다음과 같이 말하기도 한다.

> 천지의 심은 그 큰 근원이 유래가 있어 '천(天)' · '인(人)' 이 하나의 리임을 밝힌 것이고, 본체의 심은 태극이 각각 구비되어 심과 성이 하나의 리임을 밝

---

75) 『論語集註』, 卷2, 「爲政」, 79쪽 상단 16-18행, "從, 隨也. 矩, 法度之器, 所以爲方者也. 隨其心之所欲, 而自不過於法度, 安而行之, 不勉而中也." 『論語集註』는 성균관대학교 大東文化研究院 영인본(『經書』, 1968)을 저본으로 하였다. 이하 동일.

76) 『寒洲全書』 貳, 『理學綜要』, 卷6, 「心(理之主宰)第四上」, 90쪽 상단27 3-4행, "發處之不踰不違, 其本體有以主宰之也."

77) 『寒洲全書』 壹, 『寒洲集』, 卷18, 「答李聖養」, 403쪽 하단2 4행, "又曰: 心之本體, 是太極."

78) 『寒洲全書』 壹, 『寒洲集』, 卷18, 「答李聖養」, 403쪽 하단2 5-6행, "且此道: 心者性情之統名, 而性是未發之理, 情是已發之理, 性情之外, 果別有心乎?"
『寒洲全書』 壹, 『寒洲集』, 卷32, 「心卽理說」, 677쪽 하단2 7-11행, "夫心者性情之總名, 其體則性, 性外無心, 心外無性. (……) 心之所異於性者, 以其兼情, 而情乃已發之性也. 性情只是一理, 則心之爲理者, 固自若也."

79) 『寒洲全書』 壹, 『寒洲集』, 卷32, 「心卽理說」, 677쪽 하단2 17-18행, "又曰: 元亨利貞, 天地生物之心, 而人得之爲心, 未發而四德具, 已發而四端著."

힌 것이고, 묘용의 심은 그 태극이 유행하여 성과 정이 하나의 리임을 밝힌 것이다.[80)]

이를 세분하여 설명하면, ① '천' · '인' 이 하나의 리인 '천지의 심' 은 궁극적 실체〔大原=全體太極〕를 말하는 것이며, ② 심과 성이 하나의 리인 '본체의 심' 은 궁극적 실체가 한 몸〔氣質〕에 내재한 각구태극(各具太極)을 말하는 것이며, ③ 성과 정이 하나의 리인 '묘용의 심' 은 몸에 내재한 각구태극이 유행할 때 성이 정으로 그대로 드러나는〔性發爲情〕 것을 말한다. ①은 기가 완전히 배제된 상태의 전체태극을 말하는 반면, ②와 ③은 기질과 동시에 존재하나 기질〔물욕〕이나 사욕이 일호라도 개입되지 않은 차원에서 '심 · 성 · 정이 하나의 리이다' 를 말하는 것이다. 이진상의 심성론의 특징은 심 · 성 · 정을 세밀하게 분석하여 원리적〔형식적〕 측면의 일관성을 주장하는 것이다. 이진상은 이를 물에 비유하여, 심은 물과 같고 성은 물의 근원이고 정은 물의 흐름이라고 한다.[81)] 주희도 물로 이렇게 비유하고 있지만,[82)] 주희는 심성정일리를 강력하게 주장한 것은 아니다. 이진상의 심성정일리의 구조는 성리학의 심성론이 한층 발전된 것이라고 말할 수 있을 것이다.

네 번째로, 주재적 차원에서 살펴보자. 이진상은 심즉리설을 주장함에 있어서 심의 주재성을 강력히 강조한다. 이에 대한 근거로 『주자어류』에 언급된 것을 들고 있다.

80) 『寒洲全書』 貳, 『理學綜要』, 卷8, 「心(理之主宰)第四下」, 128쪽 상단32 8-11행, "首言天地之心者, 明其大原之有自而天人之一理也. 次言本體之心者, 明其太極各具而心性之一理也. 次言妙用之心者, 明其太極之流行而性情之一理也."

81) 『寒洲全書』 壹, 『寒洲集』, 卷18, 「答尹忠汝」 〈別紙〉, 410쪽 상단15 17-18행, "心猶水也, 性則水之源也, 情則水之流也."

82) 『朱子語類』 上, 卷5, 「性情心意等名義」 〈銖錄〉, 184쪽 하단10 11-12행, "心如水, 性猶水之靜, 情則水之流."

> 심은 진실로 주재의 뜻이다. 그러나 주재라는 것은 곧 리이다. 이 심을 벗어나 별도로 리가 있거나 리를 벗어나 심이 있는 것이 아니다.[83]

이진상은 주희의 이 말을 자주 인용하여 심즉리설을 전개한다. 이진상에 의하면, 심은 주재하는 것이고 주재하는 것은 리이니 리 밖에 별도로 심이 존재하는 것이 아니다.[84] 심의 본체는 성이나, 이 양자는 애초에 각각 분리하여 존재하는 것이 아니다. 다만 순수하고 지극히 선한 것을 성이라 하고, 광명하여 어둡지 않은 것을 심이라 하는 것으로, 그 실상은 하나이다.[85] 그런데 이진상은 심과 성을 구별하여, "심의 주재는 본래 리이고, 심의 리는 성이나, 성은 주재로 말할 수 없다. 대개 성이란 오행 가운데 각각 하나의 리이고 주재는 태극 본체의 묘이다"[86]고 하고, "심은 주재의 리이고, 성은 발출(發出)의 리이니, 리는 하나일 따름이다. 이것은 혼연(渾然)한 것이고 저것은 찬연(燦然)한 것이다"[87]라고 한다. 즉, 심은 리의 전체성이고 성은 리의 각구성이라고 하여 양자를 구별한다.[88] 하지만, 주재로서의 심과 발출로서

---

83) 『朱子語類』 上, 「理氣(上)·太極天地(上)」 〈夔孫錄〉, 148쪽 상단3 14-17행, "心固是主宰底意, 然所謂主宰者, 卽是理也, 不是心外別有箇理, 理外別有箇心."

84) 『寒洲全書』 壹, 『寒洲集』, 卷18, 「答李聖養」, 403쪽 하단2 1-3행, "若吾儒之所謂心, 則便曰: 心固是主宰底, 而主宰底, 卽此理也, 不是理外別有箇心."

85) 『寒洲全書』 壹, 『寒洲集』, 卷32, 「心卽理說」, 677쪽 하단2 16-17행, "又曰: 心固是主宰底, 而而所謂主宰者, 卽此理也."

85) 『寒洲全書』 四, 『求志錄』, 卷3, 「孟子箚義」, 85쪽 하단 15-17행, "性只是心之體, 心性元非各有其初. 而以純粹至善者言, 則便指性之初; 以光明不昧者言, 則便指心之初, 其實一也."

86) 『寒洲全書』 貳, 『理學綜要』, 卷6, 「心(心之主宰)第四上」, 86쪽 하단20 9-11행, "心之主宰, 固是理, 心之理固是性, 而性不可以主宰言. 蓋性者五行各一之理, 而主宰者太極本體之妙也."

87) 『寒洲集』, 卷39, 「主宰圖說」 〈附主宰說考〉, 21－17쪽 6-8행, "以心則爲主宰之理, 以性則爲發出之理, 理則一而已, 此以渾然者言也, 彼以粲然者言也."

88) 『寒洲集』, 卷39, 「主宰圖說」 〈附主宰說考〉, 21－10쪽 20행-11쪽 1행, "心以理之總會者言, 性以理之各具者言, 此心性之別也."

의 성이 하나의 리라고 한다. 여기서 혼연은 통체태극(統體太極)을 말하고, 찬연은 각구태극을 의미하는 바, 심과 성은 이질적 존재로 분리되어 있는 것이 아니라,[89] 한 존재의 두 양상에 불과한 것이다. 단지 심과 성의 구별점은 리를 서로 다른 측면에서 가리키는 것에 있다. 그는 다음과 같이 말한다.

> 심은 리가 사람을 주재하는 것이고, 성은 리를 하늘에서 얻은 것이다. 진체(眞體)에 나아가 말하면 심은 성이다. 심의 주재되는 것은 성이다. 그러나 심은 성을 포함할 수 있으나 성은 심을 포함할 수 없다. 그러므로 주재의 리를 말하면 심에 존재하고 발출의 리를 말하면 성에서 유래되는 것이니, 두 가지 원리가 있어 그러한 것이 아니다. 하나의 리가 근본한 것을 각각 가리키면 성이니, 성은 단지 인·의·예·지가 있을 뿐이다. 만 가지의 리가 모인 것을 통틀어 가리키면 심이니, 심은 천리가 사람에 존재한 전체이다. 그렇다면 심이 주재하는 소이는 이미 리가 아니라고 말할 수 없고 또한 성이라고 말할 수 없으니, 이것은 바로 단지 리를 가리키는 곳에서의 심과 성의 구별이다.[90]

심은 사람을 주재하는 것이고 성은 하늘로부터 받은 리다. 그러나 진체로 말하면 심과 성은 하나이다. 성과 심을 구별하는 것은 두 가지 원리가 있어 그러한 것이 아니다. 이진상은 이 양자의 관계를 '하나의 리'와 '만 가지의 리', '각각 가리킴〔各指〕'와 '통틀어 가리킴〔統指〕'로 구별하여 설명한다. 이같은 구조는 성리학의 통체태극과 각구태극의 원리를 그대로 심성론에

---

89) 『寒洲集』, 卷39, 「主宰圖說」〈附主宰說考〉, 21－11쪽 2-3행, "非心自爲一物, 性自爲一物, 而各有地頭也."

90) 『寒洲集』, 卷39, 「主宰圖說」〈附主宰說考〉, 21－11쪽 14행-12쪽 2행, "心者理之爲主乎人者也, 性者理之所得乎天者也. 就眞體言則心則性也, 心之所主卽性也. 然心能該性, 而性不能該心. 故言主宰之理則在乎心, 言發出之理則從乎性, 非有兩樣理而然也. 各指一理之所本則謂之性, 性只有仁義禮智而已. 統指萬理之所會則謂之心, 心者天理在人之全體也. 然則心之所以主宰, 旣不可謂非理亦不可謂是性. 此正單指理處心性之別也."

적용한 것이다.

다섯 번째로, 리와 기의 관계에서 리를 주로하는 면을 살펴보면 다음과 같다.

> 진실로 심의 진체(眞體)를 분명하게 말하지 못하고 막연히 심즉리로 삼는다면, 심의 미발일 때에는 혼매잡요(昏昧雜擾)하고, 이발일 때에는 방벽사치(放辟邪侈)하니, 어찌 리이겠는가? 이황은 리와 기를 겸하여 심을 말하였으나, 한편으로 심의 미발일 때 기가 용사(用事)하지 않는다면 오직 리일 뿐이다고 하였으니, 심의 대본은 오로지 리에 존재하지 않느냐?[91)]

> 리는 기 없는 리가 없으므로, 리만을 말하면 완전하지 못하다. 그래서 성이 곧 리이지만 또한 기질지성(氣質之性)을 말하고, 심이 곧 리이지만 사려에 또한 발하면 선하지 않음이 있다고 한다. 진실로 기를 섞어 말하면 악도 성이라고 하지 않을 수 없고, 방벽사치도 심이다.[92)]

리와 기는 '분리되지 않고 섞이지 않는'〔不離不雜〕 관계이나, '분리되지 않음' 만을 주목하면 악(惡)도 성이라고 하지 않을 수 없고, 방벽사치도 심이라 하지 않을 수 없다. 따라서 순선한 대본(大本)을 확립하려면 '섞이지 않음' 을 주목하지 않을 수 없는 것이다. 이런 차원에서 심의 본체를 가리켜 리라고 한 것이다. 즉 이진상은 심을 옥석(玉石: 理氣)에 비유하여, 자신은 돌 부분을 제외한 옥을 심〔리〕으로 한정한 반면에 왕수인은 돌까지 포함한

---

91) 『寒洲全書』 壹, 『寒洲集』, 卷18, 「答李聖養」, 403쪽 하단2 6-10행, "苟其不明說眞體, 而泛爲心卽理, 則心之未發而昏昧雜擾, 已發而放辟邪侈, 豈理也哉? 退陶固嘗以兼理氣言心, 旋謂心之未發, 氣不用事, 惟理而已, 則心之大本, 顧不在於理耶?"

92) 『寒洲全書』 壹, 『寒洲集』, 卷32, 「心卽理說」, 677쪽 하단2 11-14행, "理未有無氣之理, 但言理, 則有所不備. 故性則理也, 而又言氣質之性; 心卽理也, 而又謂發於思慮, 則有不善, 苟其雜氣而言之, 惡亦不可不謂之性, 而放辟邪侈, 亦此心也."

옥을 심으로 여겼다고 한다.[93] 이진상이 심을 옥석에 비유한 이유는 아마도 심을 리와 기의 합체로 여긴 것에서 연유할 것이다. 그러나 그는 리와 기의 합체인 심을 분석하여, 기〔石〕의 조작과 운용성까지를 심으로 여기지 않고 오직 리〔玉〕의 주재성만을 심으로 보았다. 또한 천(天)에 비유하여 보면, 하늘 자체는 리와 기를 겸비하고 있으나 상제〔주재〕의 측면에서 말하면 리일 뿐이다.[94] 즉, 심은 원래 리와 기를 구비하고 있으나 심의 주재성을 말하면 리만을 가리킨다고 할 수 있다는 것이다.

그러나, 주재의 묘가 드러나기 위해서는 기가 리를 도와 그대로 조작 · 운용해야 한다. 기가 리를 엄폐하면 주재의 묘함은 실행되지 않는다.[95] 리가 선한 기 위에 타고 있으면 기가 리에 순응하여 운용을 완전히 이룰 수 있고 반대로 리가 악한 기 위에 타고 있으면 기가 도리어 리를 엄폐하여 리의 주재권을 빼앗아 버린다.[96] 그러므로 미발일 때 심이 주재하면 성의 리가 혼연하여 기가 가리지 못하고, 이발일 때 심이 주재하면 정의 리가 찬연하여 기가 엄폐할 수 없는 것이다.[97]

여섯 번째로, 양심(養心)을 논하는 데 있어, 기에는 존망(存亡)이 있다고 인식하여 기가 망하지 않도록 기르는 것은 잘못이라고 한다.[98] 즉, 양심은

93) 『寒洲全書』 壹, 『寒洲集』, 卷32, 「心卽理說」, 677쪽 상단1 7-17행 참조.

94) 『寒洲集』, 卷39, 「主宰圖說」〈附主宰說考〉, 21－10쪽 20행-11쪽 3행, "心以理之總會者言, 性以理之各具者言, 此心性之別也. 泛言心則兼理氣, 言主宰則單指理. 猶泛言天則兼理氣, 言帝則只是理. 非心自爲一物, 性自爲一物, 而各有地頭也."

95) 『寒洲集』, 卷39, 「主宰圖說」, 21－13쪽 18행-14쪽 2행, "按心之眞體妙用, 固理也. 而單言理, 則氣反在心外. 故統言心者, 多以兼理氣爲言, 蓋心之主宰在理, 運用在氣. 主宰之妙專, 則氣順理, 而助所宰, 運用之功亦著; 運用之勢重, 則氣掩理, 而反爲主, 主宰之妙不行."

96) 『寒洲集』, 卷39, 「主宰圖說」〈附主宰說考〉, 21－15쪽 12-14행, "固是主宰處, 而微有箇作爲之迹者, 氣之靈夾之故也. 主宰之妙, 實行乎作用之間, 而作用之氣, 實行乎主宰之經."

97) 『寒洲集』, 卷39, 「主宰圖說」〈附主宰說考〉, 21－12쪽 17-18행, "主宰之妙, 無間於動靜, 而主宰乎靜, 則一理渾然, 氣不敢蔽; 主宰乎動, 則萬理粲然, 氣不能掩."

98) 『寒洲全書』 壹, 『寒洲集』, 卷32, 「心卽理說」, 677쪽 하단2 18-19행, "又論: 養心以認之爲

기가 망하지 않도록 기르는 것이 아니라, 심의 순수성을 기르는 것이어서, 기와 무관하다는 것이다. 인간에게서 수양(修養)은 양기(養氣)가 아니라, 심의 리를 보존하는 것이라고 말이다. 만약 심이 기라면, 성인(聖人)은 그것을 기르라고 말하지 않았을 것이라는 것이다.

위와 같이 여섯 가지로 분류하였지만, 심즉리설에 대한 이론 전개는 심의 주재적 차원을 강조하는 것에 주안점이 있다. 이는 이진상이 상제심(上帝心)과 천심(天心)의 관념을 '인간의 심'에 대입하여, 심의 주재성을 강조한 것과 관계가 있다. 성리학에서 상제나 천(天)의 관념은 리〔태극〕로 대체되어, 세상의 모든 일이 이 리에 의해 주재되는 것으로 인식되었던 바,[99] 이진상은 심이 한 몸의 주재자이므로 심은 당연히 리라고 본 것이다.

이진상이 심즉리를 주장하고, 심의 주재성을 강조한 것은 오직 주희의 만년 정설을 따른 것이다.[100] 그의 심즉리설은 당시의 세폐(世蔽)를 구제하고 세교(世敎)를 부식시킬 목적으로 제창된 것으로써,[101] '리중시적(理重視的) 가치관'이 담겨져 있는 것이다.

2. 理之稟受로서의 性論

인간은 본래 성〔본성〕을 갖고 태어난다. 이 성은 하늘이 명령하고 모든 만

氣有存亡, 而欲其致養於氣爲非."

99) 李相益, 「畿湖性理學에 있어서의 理의 主宰 問題」, 『哲學』 제55집, 韓國哲學會, 1998 여름, 5쪽.

100) 『寒洲全書』 壹, 『寒洲集』, 卷33, 「答張舜華(癸未)」 〈別紙〉, 520쪽 상단31 2-7행, "孟子仁人心章, 朱子說曰: 仁者, 理卽是心, 心卽是理. 答鄭子上書曰: 儒釋之異, 正爲吾以心與理爲一, 而彼以心與理爲二. 陳北溪己未錄曰: 心者, 天理在人之全體. 林夔孫丁巳以後錄曰: 心固是主宰底, 所謂主宰者, 卽此理也. 不是心外別有箇理, 理外別有心. 如是則最晚定論, 固主乎心卽理者, 明矣."

101) 崔英成, 『韓國儒學思想史(IV)』, 亞細亞文化社, 1995, 317쪽.

물이 품수(稟受)한 것이다. 이는 순수지선(純粹至善)하기 때문에 본연지성(本然之性)이라고 말한다. 그러나 성은 또한 항상 기질(氣質) 속에 담겨 있어, 기질지성(氣質之性)의 문제가 제기된다. 성의 이러한 이분적 분류를 어떻게 전개하느냐에 따라 한 사상가의 성론(性論)의 특징이 드러날 것이다. 본 절에서는 성과 기질의 관계, 본연지성과 기질지성의 문제, 모든 '사람의 성'과 '사물의 성'이 같은가 다른가〔人物性同異論〕의 문제를 살펴본다.

1) 性과 氣質의 關係

성리학에서 인간 본성에 대한 논의는 맹자의 성선론(性善論)을 그 기초로 한다. 성의 근원은 천명(天命)이라고 한다.[102] 하늘이 명령할〔天命〕 때 그 명령의 내용은 원(元)·형(亨)·이(利)·정(貞)이고, 만물은 그것을 품부받아 인(仁)·의(義)·예(禮)·지(智)의 성을 갖추었다고 한다.[103] 원·형·이·정과 인·예·의·지는 명과 성의 조리에 불과하나, 서로 함의하는 관계는 일치한다. 즉 원 → 인, 형 → 예, 이 → 의, 정 → 지가 되는 것이 바로 그것이다. 인간의 본성을 이렇게 설명하는 것은 인간의 본성이 천명과 일치함을 원리적으로 근거지운 것이라고 할 수 있고, 또한 천명과 같은 인간의 선한 본성을 회복시켜 도덕적 세계를 이루고자 하는 것이다. 성은 천명으로서의 리가 인간의 기질 속에 내재한 것을 말한다. 따라서 성에 대한 논의는 기질과 연관되게 마련이다. 기질은 성을 담고 있는 형이하의 그릇〔器〕이

---

102) 『中庸』 제1장, 769쪽 하단 11행, "天命之謂性."

103) 『中庸或問』, 302쪽 하단4 7-16행, "天之所以命乎人者, 是則人之所以爲性也. 蓋天之所以賦與萬物, 而不能自已者, 命也, 吾之得乎是命, 以生而莫非全體者性也. 故以命言之, 則曰:元亨利貞, 而四時五行庶類萬化, 莫不由是而出; 以性言之, 則曰:仁義禮智, 而四端五典萬物萬事之理, 無不統於其間. 蓋在天在人, 雖有性命之分, 而其理則未嘗不一; 在人在物, 雖有氣稟之異, 而其理則未嘗不同. 此吾之性所以純粹至善, 而非若荀楊韓子之所云也." 『中庸或問』은 보경문화사 영인본(『四書或問』, 1986)을 저본으로 하였다.

다.[104] 성과 기질의 차이를 말한다면, 성은 리이기 때문에 공정하고 선하나, 기질은 형체이기 때문에 사사롭고 간혹 불선하다.[105] 기질은 음양오행이 만든 것이고, 성은 태극의 전체를 말한다.[106] 성은 기질이 없다면 안착하여 머무를 곳이 없고, 기질은 성이 없다면 이룰 것이 없다고 한다.[107] 요컨대, 성과 기질은 항상 함께 존재하는 것이다.[108]

일반적으로 사람들과 만물의 기질에는, '올바름과 치우침'〔正偏〕, '통함과 막힘'〔通塞〕, '맑음과 탁함'〔淸濁〕, '순수함과 잡박함'〔純駁〕, '밝음과 어두움'〔明昏〕, '두터움과 엷음'〔厚薄〕, '많음과 적음'〔多小〕, '순일함과 불순함'〔醇不醇〕, '아름다움과 나쁨'〔美惡〕, '화미함과 쇠삽함'〔華美衰颯〕, '긺과 짧음'〔長短〕 등의 다양한 차이가 있다고 말한다.[109] 이와 같이 동일하지 않은 기질의 다양성을 성리학에서는 '기질의 부제(不齊)' · '기질의 불일(不一)' · '기질의 부동(不同)' 등으로 표현한다. 그런데 '기질의 부제'는 선악의 유래를 설명하는 개념적 근거가 되기도 하고, 현실 사회에서의 직분의 다양성과 상하 위계의 차별을 정당화하는 개념적 근거가 되기도 한다.[110]

---

104) 『朱子大全』 中, 卷58, 「答黃道夫」, 367쪽 상단5 19행, "氣也者, 形而下之器也, 生物之具也."

105) 『朱子大全』 中, 卷44, 「答蔡季通」, 1쪽 하단2 2-6행, "人之有生, 性與氣合而已. 然卽其已合而析言之, 則性主於理而無形, 氣主於形而有質. 以其主理而無形, 故公而無不善; 以其主形而有質, 故私而或不善; 以其公而善也, 故其發, 皆天理之所行. 以其私而或不善也, 故其發, 皆人欲之所作."

106) 『朱子大全』 中, 卷61, 「答嚴時亨(世文)」, 462쪽 하단28 19행, "氣質, 是陰陽五行所爲, 性卽太極之全體."

107) 『朱子語類』, 卷4, 「性理(1) · 人物之性氣質之性」 〈道夫錄〉, 173쪽 하단10 17행, "性非氣質, 則無所寄, 氣非天性, 則無所成."

108) 『朱子語類』 上, 卷4, 「性理1 · 人物之性氣質之性」 〈幹錄〉, 173쪽 상단9 23-24행, "纔說性時, 便有此氣質在裏. 若無氣質, 則這性亦無安頓處."

109) 오하마 아키라(大濱晧) 지음, 이형성 옮김, 『범주로 보는 주자학』(원저: 『朱子の哲學』), 예문서원, 1997, 114-117쪽.

이진상은 "성은 사람과 사물마다 구비한 태극이다"[111]고 하고, 기질에 대하여 "심의 텅비어 있으며 둥근 것은 질(質)이고 살아서 운동하는 것은 기이다"[112]고 한다. 성은 기질과의 연관 속에서 이해되는 바, 이진상은 다음과 같이 말한다.

> 성과 기질은 분리되지 않고 섞이지 않는 관계이다. 그러므로 성만을 말하여도 성은 기질 밖에 존재하지 않고, 기질과 아울러 말하여도 기질은 원래 성이 아니다. 만일 〈기질이〉 성과 함께 구성되었다고 하여 바르 기질을 지목하여 성이라 할 수 있다면, 그릇과 물이 서로 포함하여도 그릇을 물이라고 할 수 있는가, 기름과 불은 서로 바탕하는데, 기름을 가리켜 불이라 할 수 있는가?[113]

리(태극: 성)와 기(음양오행: 기질)의 서로 섞이지 않음〔不相雜〕과 서로 분리되지 않음〔不相離〕의 관계는 리기론과 심성론을 갈하는 데 있어 대원칙이라 할 수 있다. 이진상에 의하면, 성은 기 가운데 존재하나〔不相離〕, 성은 스스로 성이고, 기는 스스로 기여서 서로 협잡하지 않는 것이다〔不相雜〕. 이진상에 의하면, 성은 때에 따라 기질과 분리〔구분〕되기도 하고 기질과 섞이기도 한다.[114] 성은 발한 뒤에 비로소 기질과 섞이는 것이다.[115]

---

110) 앞의 책, 113-118쪽.

111) 『寒洲全書』 壹, 『寒洲集』, 卷33, 「太極圖箚義後說」, 703쪽 하단6 12-13행, "性者, 人人物物之太極也."

112) 『寒洲集』, 卷39, 「性學圖說(己亥)」, 21 2쪽, "卽氣質而言之, 則心之虛圓者, 質也; 生之運動者, 氣也."

113) 『寒洲全書』 壹, 『寒洲集』, 卷19, 「答郭鳴遠(申未)」〈別紙〉, 434쪽 상단29 15-18행, "性之於氣質, 不離不雜. 故單言性, 而性非在於氣質之外也; 兼言氣質, 而氣質元非性也. 若以與性俱成, 而便可目之爲性, 則器水相涵, 亦可認器而爲水乎; 油火相資, 亦可指油而爲火乎?"

114) 『寒洲全書』 壹, 『寒洲集』, 卷19, 「答郭鳴遠」, 436쪽 상단33 6행, "惟性, 有時而離氣質; 有時而雜氣質."

성과 기질의 서로 분리되지 않음과 서로 섞이지 않음의 관계는 성과 기질이 하나의 존재〔一物〕도 아니고 두 개로 완전히 분리된 존재〔二物〕도 아니라는 것이다. 이진상은 이러한 면을 성의 미발(未發)과 이발(已發)의 측면에서 다음과 같이 구분한다.

> 천명은 성의 근원〔頭腦〕이고, 성은 심의 생생한 리〔生理〕이다. 사람이 태어날 때, 기질이 달라도 성은 같지 않음이 없다. 미발일 때 기가 용사(用事)하지 않으면 혼연한 일리(一理)이며 순수지선(純粹至善)한 것이니, 이것은 본연의 체(體)이다. 이발일 때 기질이 용사하면 순수하고 잡박함〔粹駁〕이 가지런하지 않아 리가 그로 인해 다름이 있으니, 이것은 바로 기질이 변화시킨 것이므로 성의 본연이 아니다.[116)]

미발 상태과 이발 상태, 또는 기의 용사하냐 용사하지 않느냐에 따라 성을 구분하는 바, 이는 미발에서 기가 용사하지 않은 상태에서는 성은 본연의 모습을 갖게 되고, 이발에서 기가 용사한 상태에서는 기질이 성을 변화시키기 때문에 성은 본연의 모습을 갖지 못한다는 것이다. 그리하여 이진상은 철저하게 성의 본연의 모습은 미발과 기의 불용사에서만 존재하는 것으로 보는 것이다. 미발 상태에서 일리(一理: 性)가 혼연한 상태는 편(偏)·전(全)으로 나눌 수 없고 기의 용사하지 않았을 때에는 선·악으로 구분할 수도 없는 것이다.[117)] 이발 상태에서 기가 용사하여 기질의 영향을 받은 성은 기질지

115) 『寒洲全書』 貳, 『理學綜要』, 卷5, 「性(理之稟受)第三下」, 73쪽 상단23 6행(細註), "按: 性在其中, 性自性, 氣自氣, 不相夾雜, 而發後方雜."

116) 『寒洲集』, 卷39, 「性學圖說(己亥)」, 21－2쪽 1-4행, "天命者, 性之頭腦; 性者, 心之生理. 夫人之生, 氣殊質異, 而性無不同. 其未發也, 氣不用事, 渾然一理, 純粹至善, 此其本然之體也; 已發, 則氣質用事, 粹駁不齊, 理因有異, 此乃氣質之所變, 而非性之本然也."

117) 『寒洲全書』 貳, 『理學綜要』, 卷9, 「情(理之發見)第五上」, 130쪽 하단4 19-20행(細註), "按: 一理渾然, 不可以偏全分; 氣不用事, 不可以善惡分."

성이라 한다. 이진상의 이러한 논리는 기존 성리학의 설명과는 확연히 다르다. 기존의 성리학자들은, 본연지성과 기질지성 모두를 미발로 규정했기 때문이다. 이제 이진상의 본연지성과 기질지성에 대한 논의를 살펴보자.

2) 本然之性과 氣質之性

인간이 하늘로부터 부여받은 것이 성이고 그 내용은 인 · 의 · 예 · 지로서 사덕(四德)을 말한다. 성이 성으로 명명되기 위해서는 반드시 기질이 수반되어야 한다. 이에 따라 본래 하늘로부터 부여받은 그 자체의 성을 '본연지성(本然之性)' 이라고 하고, 기질과 연관된 성을 '기질지성(氣質之性)' 이라고 한다. 전자는 모든 존재에 동일한 '보편적 본성' 을 말하는 반면, 후자는 기질의 영향을 받아 각각의 존재마다 서로 다르게 된 '특수한 성' 을 말한다.

이진상은 22세 때 「성학도설(性學圖說)」을 지었는데, 그는 여러 경전에서의 성에 관한 언급을 종합하여 본연지성과 기질지성의 문제를 논의하고 있다.[118] 그는 경전에서 성에 대하여 언급한 것을 인용 · 분류하여 "항구불변의 본성" · "각각 성명이 올바르다" · "하늘이 명한 것을 본성이라고 한다" · "사람이 태어나 고요한 것은 하늘의 본성이다" · "본성이 선하다" 등에서의 '성' 을 '본연지성' 으로 여기고, 또한 "이 의롭지 못한 것은 습관이 性과 함께 이루어졌기 때문이다" · "〈변화된〉 성을 절제하면 날로 매진할 것이다" · "성은 서로 근사하다" · "사람에 의한 성" · "입이 맛에 있어서와 눈이 색깔에 있어서와 귀가 음악에 있어서와 코가 냄새에 있어서와 사지가

---

118) 이진상은 성을 두 측면으로 구분하여, 본연지성은 '恒性' · '性靜' · '養性眞' · '擴性善' · '順性' · '成性' · '知性' · '盡性' 으로 말하고, 기질지성은 '正性' · '性動' · '察性發' · '矯性偏' · '節性' · '定性' · '尊性' · '復性' 으로 말한다(『寒洲集』, 卷39, 「性學圖說(己亥)」, 21－1쪽).

안일에 있어서는 성(性)이나, 명(命)이 있다. 그러므로 군자는 이것을 본성으로 여기지 않는다" 등에서의 '성' 을 '기질지성' 으로 간주한다.[119)]

본연지성과 기질지성을 리와 기로 분류할 때, 이진상은 본연지성은 리만을 가리키는 것이며 기질지성은 리와 기를 겸하는 것이라 하였다.[120)] 이는 전통적 논리에서 벗어나지는 않는 것이다. 하지만 그는 미발과 이발로서 본연지성과 기질지성을 구분하는 바, 이것은 전통적인 논리와는 다른 것이다. 이진상은 다음과 같이 말한다.

> 본연지성은 그 미발의 진체(眞體)에 나아가 '리만을 지칭한'〔單指理〕 것이요, 기질지성은 이발의 당체(當體)로 인해 '〈리와〉 기를 겸해서 말한 것'〔兼指氣〕이다. 대개 미발과 이발은 다만 한 곳에 있을 뿐이니, 애초에 동쪽·서쪽과 같은 이위(異位)나 위·아래와 같은 분층(分層)이 없는 것이다. 그러므로 〈본연지성과 기질지성을〉 함께 성이라 말하는 것이다.[121)]

이진상이 본연지성과 기질지성을 '단지리(單指理)' 와 '겸지리(兼指氣)' 로 구분한 것 자체는 기존의 성리학자들과 차이가 없다. 또한 본연지성은 '단지리' 이므로 순선하고, 기질지성은 '겸지기' 이므로 선악이 함께 있다고 한 점도 기존의 성리학자들과 차이가 없다. 그러나 본연지성을 미발로, 기

119) 『寒洲全書』 壹, 『寒洲集』, 卷19, 「答郭鳴遠疑問(贊疑錄) ◑庚午」, 420쪽 하단2 6-12행, "成湯始言: 若有恒性; 而孔子曰: 各正性命; 中庸曰: 天命之謂性; 樂記曰: 人生而靜, 天之性; 孟子曰: 性善. 曰恒曰正曰天曰善, 皆以本然之性言之也. 伊訓曰: 玆乃不義, 習與性成; 周誥曰: 惟日節性其邁; 魯論曰: 性相近也; 孟子曰: 人性; 又曰: 口之於未, 耳之於聲, 目之於色, 四體之於安佚, 性也有命焉. 此皆以氣質之性言之也."

120) 『寒洲全書』 貳, 『理學綜要』, 卷10, 「情(理之發見)第五下」, 164쪽 하단29 5행(細註), "按: 本然之性, 單指理; 氣質之性, 兼指氣."

121) 『寒洲全書』 四, 『求志錄』, 卷3, 「論語箚義」〈性相近章〉, 72쪽 하단 3-8행, "本然性者, 卽其未發之眞體, 單指理而言之也; 氣質性者, 因其已發之當體, 兼指氣而言之也. 盖未發已發, 只在一處, 元無東西之異位, 上下之分層. 故通謂之性耳."

질지성을 이발로 규정한 것은 기존의 성리학자들과 다른 것이다. 기존의 성리학자들은 기질지성도 성인 한 미발자(未發者)라고 주장했다. 그러나 이진상은 기질지성을 이발로 규정하는 것이다. 그의 다음과 같은 말을 보자.

> 성은 발하지 않았을 때에도 진실로 기질에 깃들어 있다. 그러나 기질이 전혀 용사(用事)하지 않았으니, 다만 리에 나아가 성을 말할 수 있는 것이다. 성이 이미 발하면 기질이 용사하여 리와 기기 섞이게 되고, 리가 기에 가리게 되니, 비로소 기를 겸하여 성을 말할 수 있다. 대개 미발과 이발은 원래 두 층이 있는 것이 아니고 다만 한 곳에 있는 것이다. 그러므로 기가 용사하지 않은 것으로부터 말할 때에는 천지지성(天地之性)이라 하고, 기가 용사한 것으로부터 말할 때에는 기질지성이라 한다. 천지는 성이 아니나, 성이 근본하는 것은 천지이다. 기질은 성이 아니나, 성은 기질에 의해 변하는 것이다.[122]

이진상의 입장은, 미발시에도 기질이 있으나, 미발시에는 기질이 용사하지 않으므로 기를 겸하여 성을 말할 수는 없다는 것이다. 이진상은 미발시에는 기질이 용사하지 않고, 이발시에만 기질이 용사한다는 것이다. 미발시에는 기질이 용사하지 않으므로 리만을 단지(單指)하여 본연지성이라 하는 것이며, 이발시에는 기질이 용사하므로 리와 기를 겸지(兼指)하여 기질지성이라 한다는 것이다. 기질지성은 기의 용사에 의해 성의 본연이 변화된 것이므로, 선악이 함께 있다는 것이다. 이진상은 다음과 같이 말하기도 한다.

> 정자(程子)와 장재(張載)가 의논한 바, 본연지성은 본체의 순선(純善)을 가리

122) 『寒洲全書』 四, 『求志錄』, 卷4, 「中庸箚義」 136쪽 상단 5-10행, "性之未發, 固亦寓於氣質, 而氣質全不用事, 只可卽理而言性; 性之已發, 氣質用事, 氣與理雜, 理爲氣掩, 始可兼氣而言性. 盖未發已發, 元無兩層, 只在一處. 故自其氣不用事, 而謂之天地之性; 自其氣質用事, 而謂之氣質之性. 天地非性, 性之所本天地者也; 氣質非性, 性所變於氣質者也."

킨 것이고, 기질지성은 발한 후의 선과 악을 가리킨 것이니, 본래 치우침 · 온전함에 나아가 말한 것이 아니다. 미발시에도 진실로 기질이 있으나, 기질지성이 있다고는 말할 수 없다. 대개 성은 다만 리이고, 기질은 성이 아니다. 성은 두 개가 있지 않다. 발현하여 기질에 있는 것을 바야흐로 기질지성이라 하는 것이다. 이제 미발시에도 기질지성이 있다고 한다면, 본연지성은 다시 어느 곳에 있는가?[123]

본연지성이란 미발시에 갖추어진 것을 말하고, 기질지성이란 이발시에 변화된 것을 말한다. 대개 성만을 말하면 성에는 동정(動靜)이 있으니, 주자의 이른바 "성은 동 · 정을 모두 갖추어 치우침이 없다"[124]는 말이 그것이다. 기질의 품수는 성과 함께 이루어지나, 미발시에는 기가 용사하지 않아, 하나의 리가 혼연하여 본체가 드러나고 순수지선하니, 바로 성의 본연이다. 사물에 감응하여 움직일 때에 비로소 기가 용사하니, 혹은 순(順)하기도 하고 혹은 역(逆)하기도 하여, 선악이 비로소 나뉘니, 이미 다시는 성의 본연이 아니요, 기질에 의해 변화된 것이다.[125]

123) 『寒洲全書』 壹, 『寒洲集』, 卷8, 「答尹士善(申未)」〈別紙〉, 190쪽 하단24 16행-191쪽 상단25 1행, "程張所論: 本然之性, 是指本體之純善, 氣質之性, 是指發後之善惡, 本不就偏全上說. 未發前, 氣質則固有, 而不可謂有氣質之性. 蓋性只是理, 若氣質則非性也. 性無兩副, 而發現在氣質上者, 方喚做氣質之性. 今於未發前, 謂有氣質之性, 則本然之性, 更在何處?"

124) 『朱子大全』 中, 卷75, 「記論性答藁後」, 783쪽 상단31 9-10행, "性之分, 雖屬乎靜, 而其蘊, 則該動靜而不偏."

125) 『寒洲全書』 壹, 『寒洲集』, 卷19, 「答郭鳴遠疑問(贄疑錄) ◑庚午」, 420쪽 13-19행, "其言本然之性, 則的指未發之所存; 其言氣質之性, 則專指已發之所變. 蓋單言性, 則性者有動靜, 朱子所謂性之蘊, 該動靜而不偏者也. 氣質之稟, 與性俱成, 而未發之前, 氣不用事, 一理渾然, 本體呈露, 純粹至善, 乃其性之本然也. 及其感物而動, 氣始用事, 或順或逆, 善惡始分, 已非復性之本然, 而受變於氣質矣."

이진상은 “이제 미발시에도 기질지성이 있다고 한다면, 본연지성은 다시 어느 곳에 있는가”라고 반문하고 있는 바, 이것이 그가 기질지성을 이발로 규정하는 핵심적인 이유일 것이다. 다시 말해, 그가 기질지성을 이발로 규정하는 근본 이유는, 논리적으로 미발의 순선을 확보하기 위한 것이다. 성리학에서 미발은 대본으로, 성은 순선한 것으로 강조되어 왔다. 그런데 선악이 혼재하는 기질지성을 미발이라고 한다면, 대본의 순수성, 성의 순선 등이 훼손되지 않을 수 없는 것이다. 이러한 맥락에서 이진상은 기질지성을 이발로 규정하고, 그 논거로서 ‘미발시에는 기가 용사하지 않는다, 따라서 기를 겸해 기질지성을 말할 수 없다’ 는 내용을 제시하는 것이다.

기질지성을 이발로 규정하는 이진상의 의도는 충분히 공감할 수 있겠다. 그러나 그의 논리는 또 다른 문제점을 야기한다. 첫째, 기질지성이 이발자라면, 성과 정의 구분이 애매해지고 만다. 둘째, 이진상은 미발시에는 기질지성을 말할 수 없다는 논거로 ‘미발시에는 기가 용사하지 않는다’ 는 것을 들었는데, 그러면 미발시의 기는 활물(活物)이 아니라 사물(死物)인가? 전통 성리학에서는 미발시에도 기가 용사하는 것으로 규정하고, 그리하여 미발시의 존양공부(存養工夫)를 강조했었다.[126] 이진상의 논리체계는 ‘미발시에도 기가 용사한다’ 는 것을 인정하는 순간에 무너지는 것이다. 따라서 이진상은 ‘미발시에는 기가 용사하지 않는다’ 고 주장하는 것이다. 과연 기는 미발시에는 용사하지 않는 것인가? 그렇다면 따라서 미발시의 존양공부도 불필요한 것인가?

3) 人物性同異에 대한 見解

만물은 리와 기의 합일적 존재이므로 보편성과 특수성을 동시에 갖는다.

126) 주희의 『朱子大全』 卷64, 〈與湖南諸公論中和第一書〉 참조.

그런데 만물의 본성은 크게 인성(人性)과 물성(物性)으로 구분되는데, 인성과 물성은 같은 것인가의 여부를 논의하는 것이 인물성동이론이다. 즉 인물성동이론은 사람과 사물이 지니고 있는 성을 보편적 성질로 보는가 아니면 특수한 성질로 보는가이다. 이 인물성동이론은 이간(李柬)을 중심으로 한 낙파(洛派)와 한원진(韓元震)을 중심으로 한 호파(湖派)간의 논쟁이었다. 조선 전기 사단과 칠정의 논쟁이 정에 관한 철학적 논쟁이라면 인물성동이론은 정의 근원이 되는 성을 인간과 사물의 연관관계 속에서 집중 · 심화시킨 논쟁이었다. 낙파와 호파의 이론은 성의 개념에 대한 해석의 차이점에서 비롯되는 것이지만,[127] 리통기국적(理通氣局的)인 관점에서 보면 리통(理通)의 보편성에 근거하여 입론하려는 학파〔洛派〕와 기국(氣局)의 국한성에 근거하여 입론하려는 학파〔湖派〕가 있었던 것이다.[128] 그러므로 기질을 지닌 사람과 사물과의 관계에 있어 성을 내재적으로 파악하는가 초월적으로 파악하는가 하는 관점의 차이에 기인하는 바라 하겠다.[129]

경전〔『중용』 · 『맹자』 · 『논어』〕에 언급된 성의 개념을 본연지성과 기질지성으로 비교 · 구분하여 살펴보자. 『중용』에서 말하는 하늘이 명령한 성〔天命之性〕[130]은 본연지성을 의미하고,[131] 『맹자』에서 말하는 개 · 소 · 사람의 성[132]은 종적(種的) 차이가 있는 기질지성을 말하며,[133] 『논어』에서 말

---

127) 崔英辰, 「蘆沙 奇正鎭의 理一分殊說에 관한 고찰」, 『朝鮮朝 儒學思想의 探究』, 驪江出版社, 1988, 269쪽.

128) 吳鍾逸, 「艮齋學派의 學問的 性格」, 『韓國近代宗教思想史』, 崇山朴吉眞博士古稀紀念事業會, 圓光大學校出版局, 1984, 605쪽.

129) 李東俊, 『유교의 인도주의와 한국사상』, 한울아카데미, 1975, 225-231쪽.

130) 『中庸』 第1章, 769쪽 하단 11행, "天命之謂性."

131) 『中庸章句』 第1章, 769쪽 하단 12-18행, "性卽理也. (……) 於是人物之生, 因各得其所賦之理, 以爲健順五常之德, 所謂性也."

132) 『孟子』, 卷11, 「告子(上)」, 662쪽 하단 13행-663쪽 하단 2행, "告子曰: 生之謂生. (……) 然則犬之性, 猶牛之性; 牛之性, 猶人之性與?"

133) 『孟子集註』, 卷11, 「告子(上)」, 663쪽 하단 3-19행.

하는 "성은 서로 근사하다"[134]는 성은 같은 종(種) 안에서도 개별적 차이를 인정하는 기질지성을 의미한다.[135] 이를 표로 분류해 보면 다음과 같다.

經典에서 말한 性		本然之性과 氣質之性의 구분
『中庸』: 天命之性	1	本然之性
『孟子』: 犬牛人之性	2	氣質之性 1-2 (本然之性 2-3)
『論語』: 性相近之性	3	氣質之性

* 1-2는 天命之性(1)에 대한 犬牛人之性(2)과 비교함이다.
* 2-3는 犬牛人之性(2)에 대한 性相近之性(3)과 비교함이다.

즉 『중용』(1)은 모든 존재의 초월적 측면에서의 보편적 성으로서 본연지성을 말한다. 다음 『맹자』(2)는 기질지성과 본연지성으로 구분하는 바, 1-2의 관계에서 1이 사람 · 소 · 말을 초월한 본연지성이라면 2는 사람 · 소 · 말의 기질에 의한 성이기에 기질지성이 되는 것이다. 2에서 본연지성은 사람 · 소 · 말의 종(種)이 각각의 종의 차원에서 본연지성이 되는 것을 말하는 것이다. 『논어』(3)는 기질지성으로 2-3의 관계에서 말하는 것이다. 즉 2의 사람 · 소 · 말의 세계를 보다 더 구체적 분류하여 각각의 타고난 기질의 차이에서 다름이 보이는 기질지성을 말하는 것이다.

인물성동이론은 이간과 한원진이 성에 관한 철학적 논의로, 각각 『중용』 제1장 장구와 『맹자』「고자(상)」에서의 '생지위성(生之謂性)'에 대한 주희 주석을 근거로 하면서 논쟁을 전개하였다. 이들의 논의는 주희가 성에 대한 주석을 상호 모순적으로 언표한 것을 어떻게 하면 모순 없이 이해할 것이가를 추론하는 과정에서 전개되었다고 할 수 있을 것이다.[136]

---

134) 『論語』, 卷17, 「陽貨」, 393쪽 하단 6행, "子曰: 性相近也, 習相遠也."

135) 『論語集註』, 卷17, 「陽貨」, 393쪽 하단 7-10행, "此所謂性, 兼氣質而言者也. 氣質之性, 固有美惡之不同矣. 然, 以其初而言, 則皆不甚相遠也. 但習於善則善, 習於惡則惡, 於是, 始相遠耳."

136) 李柬과 韓元震의 인물성동이론에 관한 자세한 내용은 논술하지 않는다. 다만 이에 관한 주요 글은 다음을 들 수 있다. 李相益, 『畿湖性理學硏究』, 한울아카데미, 1998; 문

이진상은 인물성동이론에 대하여 『중용』의 관점에서 보면 한원진의 성설(性說)은 막힌 듯하고, 『맹자』의 관점에서 보면 이간의 성설은 편벽된 듯하다고 하여,[137] 양자 각각 어느 한편에 치우쳐 논의하였다고 한다.[138] 그리하여 이진상은 이들의 이론은 각각 장단점이 있다고 여긴다.[139] 이진상은 '유성(有性)' 과 '위성(爲性)' 이라는 틀을 가지고, 이간의 인물성동론(人物性同論)을 리에 나아가 전개한 것, 한원진의 인물성이론(人物性異論)을 기에서 연유하여 전개한 것이라고 설명한다.[140] 그렇다면 '유성' 은 어떤 의미이고 '위성' 은 어떤 의미인가? '유성' 은 하늘이 명하여 모든 존재가 성을 부여받고 있다는 것이고, '위성' 은 모든 존재가 성을 부여받아 각각 자체의 성이 된다는 것이다. 전자의 관점에서 보면 사람과 사물이 모두 성을 지니고 있음은 같다는 것이고, 후자의 관점에서 보면 리를 부여받아 자체의 성이 되는 것이 형기에 따라 사람과 사물이 같지 않다는 것이다.[141] 이진상은 인물

석윤, 「朝鮮 後期 湖洛論爭의 成立史 硏究」, 서울대학교대학원 박사학위논문, 1995; 李相益, 「湖洛論爭의 根本問題 硏究」, 성균관대학교대학원 석사학위논문, 1986.

137) 『寒洲全書』 壹, 『寒洲集』, 卷30, 「又書巍巖性說後」, 656쪽 상단23 5-7행, "巍塘性說之爭, 發端於中庸性命之旨, 而結裹於孟子犬牛人性之辨. 由前則塘說似跲, 由後則巍說似偏."

138) 『寒洲全書』 壹, 『寒洲集』, 卷15, 「答李琢源(根洙)」, 353쪽 상단21 17행, "湖洛異同之辨, 各有偏主."

139) 『寒洲全書』 壹, 『寒洲集』, 卷7, 「答族叔心墅(源準○庚申)」, 159쪽 하단12 20행-160쪽 상단13 5행, "語類曰: 仁義禮智之粹然者, 物則無也. 然則物物, 雖具五常, 而但未能粹然耳. 巍巖之曰: 不粹底五常, 物未嘗無者, 卽此意也. 恐未爲語病. 朱子曰: 仁義禮智, 物豈不有, 但偏而不全耳. 只此一言, 可爲人物性之斷案. 南塘之以偏全論性, 固未爲失, 而至謂物不能具五常則謬矣."

140) 『寒洲全書』 壹, 『寒洲集』, 卷5, 「上柳定齋先生」〈別紙〉, 116쪽 하단18 20행-117쪽 상단19 2행, "鄙說則曰: 有性則同, 爲性則異. 所以集湖洛之長, 性之同, 卽理而同也; 性之異, 因氣而異也."

141) 『寒洲全書』 壹, 『寒洲集』, 卷5, 「上柳定齋先生」〈別紙〉, 116쪽 하단18 20행-117쪽 상단19 5행, "中庸二十一章 章句曰: 人物之性, 卽我之性者, 有性之同也; 曰: 但以形氣不同而有異者, 爲性之異也."

성동이논쟁에 대하여 다음과 같이 분석한다.

성을 논하는 사람 가운데, 혹자는 '사람과 사물의 성은 같다. 성은 리이니 리는 같지 않음이 없다. 그 치우치고 온전함의 차이가 있는 것은 기질지성이다' 라 하고, 혹자는 '사람과 사물의 성은 다르다. 천(天)에 있으면 리이고 만물에 있으면 성이다. 성은 단지 기질상(氣質上)의 표명이니, 그 본원의 같음을 말하면 태극의 리이다' 고 한다. 두 학설이 모두 근거는 있으나 실상은 모두 한쪽에 치우쳤다. 기질지성이라는 것은 사실 선악부제(善惡不齊)의 기틀을 지칭하였기에 애초 순수한 본체의 내용과는 관계가 없으니, 편전(偏全)을 곧 선악이라고 말하는 것은 아마도 인심(人心)을 인욕(人欲)으로 여기는 것과 비슷한 것 같다. 또 태극의 리는 비록 만물을 초월〔高出〕해 있다고는 하나, 또한 원래 만물 가운데 분포하였으니, 오상은 태극이 아니라고 말하는 것은 아마도 인의(仁義)를 성이 아니라고 하는 것과 같을 듯하다.[142)]

이진상은 이간〔同論〕에 대해서는 편전지성(偏全之性)으로 이해해야 할 것을 기질지성으로 간주했다고 비판하고, 한원진〔異論〕에 대해서는 성을 태극의 리와 관련시켜 이해하지 못하여 오상(五常: 인 · 의 · 예 · 지 · 신)의 성을 태극이 아니라고 했다고 비판하는 것이다. 이진상은, 한원진이 편전으로 사람과 사물의 성을 구분하여 말한 것과 이간이 편전은 성이 아니다고 한 것에 대하여, 다만 그같은 점에만 집착하는 것이라고 하고 있다.[143)] 또한

142) 『寒洲全書』 貳, 『理學綜要』, 卷5, 「性(理之稟受)第三下」〈人物性同異說〉, 68쪽 상단13 16행-하단14 4행, "世之論性者, 或曰人物性同, 性卽理也. 理無不同, 其有偏全之異者, 氣質之性也. 或曰人物性異, 在天爲理, 在物爲性, 性只是氣質上標名. 其言本原之同者, 太極之理也. 兩說皆有可據, 而其實則皆偏. 蓋所謂氣質之性者, 實指那善惡不齊之機, 而初無與於本體純善之實, 則謂偏全卽善惡者, 殆似認人心爲人欲也. 所謂太極之理, 雖云高出於萬物之表, 而亦自分俵於萬物之中, 則謂五常非太極者, 殆是謂仁義爲非性也."

이진상은 이간이 기질지성에 사람과 사물의 차이점을 두는 것에 비해 성〔리〕의 편전에서 그 차이점을 인식하려고 하였다.[144] 이진상은 성에 편전이 있음을 다음과 같이 말한다.

> 대저 성이란 것은 미발의 리이다. 심이 미발에서는 하나라의 리가 혼연하여, 치우침〔偏〕 역시 하나의 태극이고, 온전함〔全〕 역시 하나의 태극이다. 비록 본래 부여받음 가운데 혹 인(仁)이 의(義)보다 많고 혹 의가 인보다 많다고 하지만, 이러한 구별을 경험할 수 있는 것이 없다면 무엇으로부터 그 편전을 증험하겠는가? 오직 이발한 뒤에, 측은(惻隱)이 많아 수오(羞惡)가 가리우면 인이 의보다 많음을 알겠고, 수오가 많아 측은이 가리우면 의가 인보다 많음을 알겠고, 호랑이와 이리의 무리가 부자관계를 알고 있으니 인에 치우침을 알겠고, 별과 개미가 군신관계를 알고 있으니 의에 치우침을 알겠다. 이러한 현상으로부터 그 근원으로 거슬러 올라가면, 본성에 각각 편전이 있음을 볼 수 있다. 편전이 있고 그밖에 다시 '편전이 없이 동일한 것' 이 없으니, 편전을 성이 아니라고 말하는 것이 옳겠는가?[145]

이는 미발 상태에서 성에 편전이 있어 그 치우침 역시 하나의 태극이고

143) 『寒洲全書』 壹, 『寒洲集』, 卷30, 「又書巍巖性說後」, 656쪽 하단24, 2-3행, "巍巖之反謂, 偏全非性, 而只執其同者, 不亦過乎."

144) 『寒洲全書』 壹, 『寒洲集』, 卷8, 「與尹士善 別紙」〈再論四七辨改本〉小註, 188쪽 하단20 3-4행, "今人每說, 因氣而有偏全, 非性之異也. 今以盆汲水, 以杓取水, 謂之同是水也, 則固矣. 謂器有大小無多寡, 豈性說乎? 彼必曰: 此井水之本然也. 吾當應之曰: 在井之水公物也, 在器之水方爲吾有, 方論人物性時, 烏可言在天之理乎?"

145) 『寒洲全書』 貳, 『理學綜要』, 卷5, 「性(理之稟受)第三下」〈人物性同異說〉, 68쪽 하단14 12-20행, "大抵性者, 未發之理也. 心之未發, 一理渾然, 偏亦一太極也, 全亦一太極也. 雖使本稟之中, 或仁多於義, 或義多於仁, 非有間架之可撮摩, 則何從而驗其偏全哉? 唯其旣發之後, 惻隱多而羞惡被其所掩, 則知其仁多於義, 羞惡多而惻隱爲其所蔽, 則知其義於仁, 虎狼之徒知父子, 而知其偏於仁, 蜂蟻之獨知君臣, 而知其偏於義. 溯流之源, 可見本性之各有偏全. 有偏全之外, 更無無偏全之可同, 則謂偏全非此性可乎?"

온전함 역시 하나의 태극이 된다고 하여, 이간의 '본연지성은 편전이 없다'는 주장을 반박한 것이다. 미발 상태에서는 이 편전의 양상을 경험할 수 없다. 이에 이진상은 경험가능한 이발 상태에서의 감정의 편전을 통해, 그 근원이 되는 본성의 편전을 논증하고 있다. 즉 이는 현상의 경험적 측면〔정〕에서 원리〔성〕를 추론하는 방식이다.

또한 이진상은 한원진의 성에 대한 삼층구조에서 상층(上層)의 초형기(超形氣)의 성(性)과 중층(中層)의 인기질(因氣質)의 성에 대하여 다음과 같이 비판한다.

> 『중용』에서 말하는 성은 일원상(一原上)에 나아가 말한 것이니, 천(天)이 명령하게 되면 태극이 유행하여 사람과 사물이 이것을 얻어 오상의 덕으로 삼는다. 오상은 태극의 조리이며 태극은 오상의 총명이다. 각각 얻어진 오상〔五常之各得〕이 각각 구비된 태극〔太極之各具〕이라면 사람도 이 성이며 사물도 이 성이다. 비록 기에 나아가 말하더라도 오행의 기에서 어느 하나라도 빠트리면 만물을 생성할 수 없다. (……) 만약 오행을 구비할 수 있는데 오상을 구비할 수 없다고 한다면 천하에 어찌 리 없는 기가 있겠는가?[146)]

즉 이진상은 한원진이 '초형기의 성'과 '오상의 성'을 구분한 것을 인정하지 않는 것이다. 이진상에 의하면, 초형기의 성이 바로 오상인 바, 사람과 사물이 모두 치우침과 온전함 없이 오상을 전부 구비한 점에서 같다는 것이다. 만물은 오행의 기 가운데 어느 하나라도 구비하지 않고 있다면 생성될 수 없으므로, 모든 만물은 오행의 기를 갖춤과 동시에 오상의 덕도 갖추고

146) 『寒洲全書』 壹, 『寒洲集』, 卷30, 「又書巍巖性說後」, 656쪽 상단33 8-15행, "中庸言性, 就一原上說. 天之所命, 卽太極之流行, 而人物得之以爲五常之德, 則五常者, 太極之條理也, 太極者, 五常之總名也. 五常之各得, 便是太極之各具, 則人亦此性也, 物亦此性也. 雖使就氣言之, 五行之氣, 闕一則不得生物. …… 若謂具得五行, 而不具得五常, 則天下豈有無理之氣也."

있다는 것이다. 이진상에 의하면, 사람과 사물 모두 건순(健順) · 오상의 성을 갖춘 것이다.[147] 그러나 이진상도 한원진의 삼층설(三層說)과 마찬가지로 성을 셋으로 구분하여 설명한다.

> 성이 오상의 순선무악을 모두 부여받은 것으로부터 말한다면 사람과 사물이 모두 같다. 그 성이 사람은 온전하고 사물은 치우친다는 것으로부터 말한다면 사람과 사람은 같고 사물과 사물은 같다. 그 성의 인이 많고 의가 많은 것〔주희는 木의 氣를 부여받음이 많으면 仁이 비교적 많고 金의 氣를 부여받음이 많으면 義가 비교적 많다고 하였다〕으로부터 말한다면 사람들마다 같지 않고 사물마다 같지 않다. 〈이러한 것은〉 비록 기와 분리되지 않았으나 또한 기와 섞지 않아야 그 리와 성의 실상을 극진히 할 수 있다.[148]

> 오상이 모두 순선무악한 것을 갖춘 것으로부터 말한다면 사람과 사물이 모두 같다. 그 리가 사람은 온전하고 사물은 치우친다는 것으로부터 말한다면 사람과 사람은 같고 사물과 사물은 같다. 그 리의 인이 많거나 의가 많은 것으로부터 말한다면 사람들마다 같지 않고 사물마다 같지 않다.[149]

이진상이 성을 세 차원으로 구분하고, 각각 '사람과 사물이 모두 같은 것' · '사람은 사람끼리 같고 사물은 사물끼리 같은 것' · '사람들마다 다르

147) 『寒洲全書』 壹, 『寒洲集』, 卷33, 「太極圖箚義後說」, 703쪽 하단6 13-15행, "人與物之賦性, 有偏全之異, 偏亦一太極也, 全亦一太極也. 人也有健順五常, 物也有健順五常."

148) 『寒洲全書』 壹, 『寒洲集』, 卷30, 「又書巍庵性說後」, 656쪽 하단24 17행-657쪽 상단25 1행, "以吾觀之, 自性之具稟五常純善無惡而謂之, 人物皆同; 自性之人全物偏而謂之, 人與人同 · 物與物同; 自性之仁多義多(朱子曰: 稟木氣多者, 仁較多; 稟金氣多者, 義較多)而謂之, 人人不同物物不同者. 雖不離於氣, 而亦不雜乎氣, 方盡其理性之實."

149) 『寒洲全書』 貳, 『理學綜要』, 卷5, 「性(理之稟受)第三下」 〈人物性同異說〉, 69쪽 상단15 3-6행, "以愚觀之, 自其五常悉具純善無惡者言之, 則人物皆同; 自其理之人全物偏而謂之, 人與人同物與物同, 可也; 自其理之仁多義多而謂之, 人人不同物物不同, 可也."

고 사물들마다 다른 것' 으로 설명한 것 자체는 한원진의 삼층설과 마찬가지이다. 이진상은 다만 그 구분의 기준을 달리 설정하는 것이다.

이진상의 성에 대한 3분법을 '유성(有性)' 과 '위성(爲性)' 의 논리로 살펴보자. 제1층은 사람과 사물의 순선무악한 오상을 품부받고 있는 측면을 말한다. 즉 '유성' 의 논리에서 보면, 사람과 사물의 형기를 제거하고 오직 사람과 사물이 모두 성이 있다는 것만 주목하는 것이다. 이는 사람과 사물의 원리적 보편성을 말하는 것이다. 제2층은 사람은 오상을 그대로 보존하고 있어 全하고, 사물은 오상 가운데 어느 하나에 치우쳐 편(偏)하다〔인・의・예・지・신 중에서 어느 하나가 특출함〕는 것이다. 즉 '위성' 의 논리에서 보면, 사람과 사물 각각의 범주내에서는 보편성을 지니지만, 사람과 사물의 종(種)에 따른 특수성은 서로 다른 것이다. 제3층은 각각의 오행의 두텁고 엷음(厚薄)・많고 적음(多寡)에 의하여 사람들마다 또는 사물마다 각각 오상이 다른 측면을 말한다.

<table>
<tr><th colspan="2">經典에서 언급한 性</th><th colspan="6">李震相의 性에 대한 觀點</th></tr>
<tr><td>『中庸』: 天命之性</td><td>1</td><td rowspan="3">未發</td><td>本然之性</td><td>有性 : 健順五常</td><td>純善無惡</td><td colspan="2">人・物 : 同</td></tr>
<tr><td rowspan="2">『孟子』: 犬牛人之性</td><td rowspan="2">2</td><td>偏全之性(1−2)</td><td rowspan="2">爲性 : 健順五常</td><td>五常全善</td><td>人・全 : 同</td><td rowspan="2">人物 不同</td></tr>
<tr><td>本然之性(2−3)</td><td>五常偏善</td><td>物・偏 : 同</td></tr>
<tr><td>『論語』: 性相近之性</td><td>3</td><td>已發</td><td>氣質之性</td><td>厚薄多寡</td><td>善惡不齊</td><td colspan="2">人人 : 不同
物物 : 不同</td></tr>
</table>

이진상에 의하면, 『중용』의 천명지성은 사람이나 사물 모두 건순・오상을 모두 가지고 있다는 일원상(一原上)에서 성을 말하고,[150] 『맹자』의 '개・소・사람의 성' 은 치우치고 온전함의 차이〔偏全不同〕의 성을 지칭하고,

150) 『寒洲全書』 壹, 『寒洲集』, 卷7, 「答族叔心墅(源準○庚申)」, 160쪽 상단13 10-12행, "中庸第一章, 章句曰: 因各得其所賦之理, 以爲健順五常之德. 物之有健順五常, 明矣, 此非有性之同乎?";『寒洲全書』 壹, 『寒洲集』, 卷28, 「答川谷書院儒生問目(心經疑義○丁巳)」, 605쪽 하단4 14행, "天命之性, 本從一原上說. 故章句中, 言同而不言異."

『논어』의 '성상근(性相近)' 의 성은 선악 내지 편전(偏全)의 차이에 따른 선악(善惡: 美惡)의 부동(不同)을 말하는 것이다.[151]

이진상은 한원진이 성이론(性異論)에 치우치고 이간이 성동론(性同論)에 치우친 것[152]을 절충 · 보완하기 위해 '동중유이(同中有異)' 와 '이중유동(異中有同)' 을 말한다.

> 『중용』에서의 성은 '같음' 을 주장하지만 '같음' 가운데 '다름' 이 있다. 건순 · 오상의 덕목이 된다〔以爲健順五常之德〕는 것이 '같음' 이고, '각각 그 부여받은 리를 얻는다' 〔各得其所賦之理〕 · '각각 그 성을 따른다' 〔各循其性〕 · '각각 마땅히 행함이 있다' 〔各有當行〕[153]는 것은 다름이다. 『맹자』에서 말하는 성은 '다름' 을 주장하지만, '다름' 가운데 '같음' 이 있다. '부여받은 인 · 의 · 예 · 지를 사물이 온전히 할 수 있겠는가' 고 하였으니, 그 '〈사물은〉 온전히 하지 못함' 은 '다름' 이고, '없다' 고 말하지 않고 그 '품부를 함께 말한 것' 은 '같음' 이다.[154]

'동중유이' 란 『중용장구』 제1장 주석에서 보이는 바, 즉 이는 사람과 사

151) 『寒洲全書』 壹, 『寒洲集』, 卷30, 「又書巍巖性說後」, 656쪽 하단24 16-10행, "蓋子思言性, 單指本然之性; 孔子言性, 專指氣質之性. 而孟子所言之性, 較魯論, 則爲本然之性, 以其言善而不言惡也; 較思傳, 則爲氣質之性, 以其偏全不同, 實因乎形氣也."
『寒洲全書』 壹, 『寒洲集』, 卷7, 「答族叔心墅(源準)○庚申」〈別紙〉 158쪽 하단10 18-19행, "今以集註攷之, 相近者, 美惡不同之性; 犬牛人, 是指偏全不同之性."

152) 『寒洲全書』 壹, 『寒洲集』, 卷5, 「上柳定齋先生」〈別紙〉, 117쪽 상단19 10-11행, "湖說偏於異, 洛說偏於同, 而皆未足爲據也."

153) 이진상이 인용한 것은 "各有當然" 이다. 이는 『중용장구』와 대조하여 수정하였음을 밝힌다.

154) 『寒洲集』, 卷40, 「花峽法語」, 21−66쪽 9-13행, "中庸性主乎同, 而同中有異. 曰以爲健順五常之德, 則同也; 曰各得其所賦之理 · 曰各循其性 · 曰各有當然(行), 則異也. 孟子言性主乎異, 而異中有同. 曰仁義禮智之稟, 豈物之所得以全哉? 不得其全, 則異矣; 不曰無之, 而通言其稟, 則同也."

물이 대등하게 건순 · 오상이란 성이 있다〔有性〕는 것이 같음〔同〕이고 사람과 사물이 각각 건순오상이란 성이 된다〔爲性〕는 것이 다름〔異〕라는 것이다. '같음' 은 사람과 사물이 인 · 의 · 예 · 지 · 신이라는 오상을 모두 구비하였지만〔有性〕, 구비하고 있는 가운데 '다름' 은 사물이 소유한 인과 의는 사람이 지니고 있는 인과 의의 순수하고 온전함만 같지 못한 것으로 오상의 질적 차이를 말하는 것이다〔爲性〕.[155] 특히 이진상은 사람과 사물의 성이 '다르다' 〔異〕는 것을 『중용장구』 제1장 주석에서 '각(各)' 글자에 주안점을 두며 전개하는 것이 독특하다 하겠다.[156] 다음으로 '이중유동' 이란 『맹자집주』에서 보이는 바, 사람과 사물이 각각 건순 · 오상의 성을 온전하게 할 수 있느냐의 여부에 따라 차이가 생기지만〔爲性〕, 사람과 사물이 품부받은 측면에서는 같다는 것이다〔有性〕. 때문에 사람과 사물이 서로 같다고 하는 관점에서도 그 성의 특수성을 알아야 하고, 서로 다르다고 하는 관점에서도 그 성의 보편성을 알아야 하는 것이다.[157]

이진상은 '유성즉동(有性則同) 위성즉이(爲性則異)' 라는 관점에서 인성과 물성의 같음 · 다름을 논하고, 나아가 '동중유이' 와 '이중유동' 를 말하여 같음과 다름이 절대적인 것이 못됨을 지적하였다. 이진상은 이간과 한원진의 논쟁 가운데 어느 한편에 치우치지 않고 절충(折衷) · 회통(會通)하고

155) 『寒洲全書』 壹, 『寒洲集』, 卷7, 「答族叔心墅(源準○庚申)」, 159쪽 상단11 13-15행, "仁義禮智, 固是人性之綱, 而物具仁義禮智, 則其性同矣. 然而同中有異, 有仁而不如人之仁之粹; 有義而不如人之義之全."

156) 『寒洲全書』 壹, 『寒洲集』, 卷5, 「上柳定齋先生」〈別紙〉, 117쪽 상단19 6-10행, "首章言性, 主乎同而同中有異, 人與物之性, 固皆健順五常, 而人之五常全, 物之五常偏. 故章句明說性道同, 以明正義主同, 而理曰各得, 性曰各循, 道曰各有, 三各者, 可見其異在其中. 由此言之, 湖說偏於異, 洛說偏於同, 而皆未足爲據也."

157) 『寒洲全書』 壹, 『寒洲集』, 卷5, 「上柳定齋先生(癸丑)」〈別紙〉, 109쪽 상단3 18행-하단4 3행, "蓋性之本體, 元不雜氣, 則性之因氣而異者, 不可謂性之本然, 而其理之同, 固自若也. 然性之當體, 亦不離氣, 則氣偏而性亦偏, 氣全而性亦全, 物之塞者, 仁作義不得, 而人則能追, 五性順遂, 此所謂氣猶相近而理絶不同者也. 要之, 同處知其異, 異處知其同."

자 하였음을 알 수 있을 것이다.

3. 理之發見으로서의 情과 '四端十情' 論

'정(情)' 은 인간의 본성이 밖으로 표출된 감정을 말한다. 조선의 성리학자들은 이 정을 리와 기를 통해 매우 심층적으로 분석하고 논변하여 '사단칠정론(四端七情論)' 을 전개하였다. 이러한 논변은 궁극적으로 인간의 감정을 절도에 맞게 발현시키고자 하는 철학적 논의라 할 수 있다. 본 절에서는 '정' 과 기질의 관계, 기의 경위설에 따른 '사단십정론' 그리고 착종설(錯綜說)의 전개 등을 고찰한다.

1) 情과 氣質 關係

선진시대 여러 경전(經典)에는 인간의 감정을 표현하는 것으로 측은(惻隱)·수오(羞惡)·사양(辭讓)·시비(是非)·호(好)·오(惡)·희(喜)·노(怒)·애(哀)·락(樂)·애(愛)·욕(欲)·구(懼)·분치(忿懥)·공구(恐懼)·호요(好樂)·우환(憂患)·천오(賤惡)·외경(畏敬)·애긍(哀矜)·오타(敖惰) 등이 보이는데, 이는 인간 감정의 다양성을 표현하는 용례라 할 수 있을 것이다. 측은·수오·사양·시비는 『맹자』에게서 시작한 사단으로 인(仁)·의(義)·예(禮)·지(智)라는 단서가 드러난 것을 말하고,[158] '호' 와 '오' 는 『예기(禮記)』「악기(樂記)」에서 언급한 것으로 사람이 태어나 고요한 천성이 있은 다음에 드러난 것이며,[159] 희·노·애·락은 『중용(中庸)』

158) 『孟子』, 卷3, 「公孫丑(上)」, 516쪽, "惻隱之心, 仁之端也; 羞惡之心, 義之端也; 辭讓之心, 禮之端也; 是非之心, 智之端也."

159) 『禮記』 卷18, 「樂記第十九」, 459쪽, "人生而靜, 天之性也, 感於物而動, 性之欲也. 物至

에서 언급한 것으로 발현한 감정을 말한다.[160] 이와 같이 언급한 다양한 감정은 이미 발현한 것을 말하는 것이다. 또한 『예기』 「예운(禮運)」에서 '희'·'노'·'애(哀)'·'구'·'애(愛)'·'오'·'욕'으로서의 일곱 가지는 배우지 않고도 가능한 즉 본능적으로 가지고 있는 감정을 언급하였으며,[161] 『춘추』에서는 '호'·'오'·'희'·'노'·'애'·'락'을 들고 있고,[162] 『대학』에서는 '호'·'오' 뿐만 아니라 '분치'·'공구'·'오요'·'우환'·'천오'·'외경'·'애긍'·'오타' 등을 말하고 있다.[163] 이와 같이 언급한 감정은 발현하기 이전과 이후를 구분하지 않고 일반적 감정을 언급한 것이다.

성리사상에서의 인간의 감정은 인간의 본성이 대상세계에 감응하여 발현한 것을 말한다. 맹자에 의하면 발현한 감정은 선으로 인지할 수 있으나,[164] 정을 크게 두 가지로 구분하여 도덕적으로 순선한 감정을 사단(四端)이라고 하고, 선악을 구분하지 않고 일반 감정의 총칭을 칠정(七情)이라고 한다. 이 사단과 칠정의 유기적 관계를 리와 기로 설명하는 것이 사단칠정론이다. 이러한 논의 즉 정론은 중국의 성리학자들보다 조선의 성리학자들이 보다 더 분석하고 논변하였다.

정의 근원은 바로 성인데, 그 관계를 성리학에서는 '성발위정(性發爲情)'이라는 명제로 설명한다. 이는 발현한 감정이 본성인 '성'과 유기적으로 연관되며 논의되어야 함을 말하는 것이다. 그런데 이 명제는 두 가지로 해석될 수 있다. 첫째는 '성이 무엇인가에 의해 발현되어 정이 된다'는 것이고, 둘째는 '성이 직접 발현하여 정이 된다'는 것이다. 첫째는 성이 피동적으로

知知, 然後好惡形焉."

160) 『中庸』, 제1장, 774쪽, "喜怒哀樂之未發, 謂之中, 發而皆中節, 謂之和."

161) 『禮記』, 卷9, 「禮運第九」, 279쪽, "何謂人情? 喜怒哀懼愛惡欲, 七者, 弗學而能."

162) 『春秋左傳』, 卷51, 〈傳二十五年〉條, 2108쪽, "民有好惡喜怒哀樂." 『春秋左傳』은 中華書局 영인본(『十三經注疏』, 1980)을 저본으로 하였다.

163) 『大學』 제6장과 제7장 참조.

164) 『孟子』 卷11, 「告子」(上), 667쪽, "孟子曰: 乃若其情, 則可以爲善矣, 乃所謂善也."

발현되는 것이고, 둘째는 성이 능동적으로 발현하여 정이 되는 것이다. 이 두 해석의 차이는 기호학파와 영남학파의 구분 기준이 되기도 한다.

이진상은 위의 두 번째 해석에 근거하여 정에 대한 이론을 전개한다. 두 번째 해석을 다시 풀이하면, 정은 사람의 본성인 성이 외부 사물에 감응하여 밖으로 표출된 것을 말한다. 그는 정을 리(理: 性)의 발현으로 정의한다.[165] 그 다음 "성과 정은 하나의 리이다",[166] "칠정의 소속은 리발(理發)에 있다",[167] "정은 기로 인하여 달라지게 되나 또한 리를 근본한다",[168] "칠정의 발현 또한 기를 따르는 것이 있다",[169] "사단과 칠정이 상대되어 말할 때 리와 기가 서로 발현한다"[170]는 등으로 '정'을 설명한다. 즉 그에 의하면 정은 성과 하나의 리이나, 이를 구별하면 미발 상태에서는 성이고 이발 상태에는 정인 것이다.[171] 이는 실질은 같으나 미발 · 이발에 따라 이름을 달리하는 것으로 볼 수 있는 것이다〔同實異名〕. 이발 상태의 정은 사단과 칠정으로 구분되는데, 사단은 리발이고 칠정도 리발이라고 말한다.[172] 이진상이

165) 李震相은 『理學綜要』 卷9와 卷10의 항목에서 '情'을 理의 發見이다고 정의한다(『寒洲全書』 貳, 『理學綜要』, 卷9, 「情(理之發見)第五上」, 129쪽 상단1 2행;卷10 「情(理之發見)第五下」, 150쪽 상단1 2행 참조).

166) 『寒洲全書』 貳, 『理學綜要』, 卷9, 「情(理之發見)第五上」, 149쪽 상단41 15행, "明性情一理."

167) 『寒洲全書』 貳, 『理學綜要』, 卷10, 「情(理之發見)第六下」, 153쪽 하단8 12행, "明七情之屬, 亦有理發."

168) 『寒洲全書』 貳, 『理學綜要』, 卷10, 「情(理之發見)第六下」, 157쪽 하단16 9행, "明情因氣異, 而亦本乎理."

169) 『寒洲全書』 貳, 『理學綜要』, 卷10, 「情(理之發見)第六下」, 160쪽 하단22 17행, "明七情之發, 亦有從氣."

170) 『寒洲全書』 貳, 『理學綜要』, 卷10, 「情(理之發見)第六下」, 175쪽 상단51 18행, "明四七對說, 理氣互發"

171) 『寒洲全書』 貳, 『理學綜要』, 卷8, 「心(理之主宰)第四下」, 115쪽 하단12 15-16행, "按: 人之生也, 理搭在形氣中, 其理之未發者爲性, 已發者爲情."

172) 『寒洲全書』 貳, 『理學綜要』, 卷9, 「情(理之發見)第五上」, 131쪽 하단6 7행 〈細註〉, "喜怒哀樂, 皆以從理發者言之, 初不及形氣一邊."

칠정을 리발이라고 할 때 이는 처음부터 기의 영향을 받지 않고 발현되는만큼 정도 리에 근본한다는 것이다. 그러나 대상세계에 감응하여 외부로 드러날 때 칠정이 기를 따르는 경우도 있다하여, 사단과 칠정을 리와 기의 호발설(互發說)로도 설명하기도 한다.

이진상은 성론(性論)에서 성과 기질을 연관시켜 설명한 것처럼, 정론(情論)도 기질과 연결시켜 전개한다. 성론에서의 기질은 용사(用事)하지 않은 즉 작용하지 않은 상태이고, 정론에서의 기질은 작용한〔용사한〕 상태를 말한다. 이진상은 "성이 움직이면 기가 반드시 용사하는데, 정은 바로 성으로부터 곧바로 완수되는 것이다. 그러므로 그 시초 또한 불선이 없는 것이다"[173]고 말한다. 즉 기는 성이 움직이는 시초 즉 발단에서 작용하는 것이다. 성과 기의 상관관계에서 성이 움직이지 않고 기도 용사하지 않으면, 성은 성이고 기는 기가 되어 서로 섞이지 않는다. 그러나 성의 움직이는 발단에서 기질이 용사하는데, 그 순수한 감정은 본성에서 곧바로 완수되는 것이므로, 정이 되는 그 시초에는 불선이 없다. 그것은 순수한 본성이 기질에 영향을 받지 않고 발현한 정이기 때문에 불선이 있을 수 없다는 것이다. 그렇다면 정으로 이미 발현되면 선과 불선이 있다고 하는 것[174]을 어떻게 설명하여야 하는가? 이진상은 이에 대하여 다음과 같이 말한다.

> 정이 겨우 발현될 때에는 또한 선하지 않음이 없는데, 기가 비로소 용사(작용)할 때 탁박한 기가 협잡하면 리가 치우쳐 절도에 맞지 않아 바로 악으로 흐르게 된다.[175]

---

173) 『寒洲全書』 貳, 『理學綜要』, 卷9, 「情(理之發見)第五上」, 136쪽 하단16 9-10행, "按: 性之動, 則氣必用事, 而情乃從性直遂也. 故其始亦無不善."

174) 『朱子語類』 上, 卷59, 「孟子9 · 告子上」〈可學錄〉, 694쪽 상단5 25-26행, "情不是反於性, 乃性之發處. 性如水, 情如水之流. 情既發, 則有善有不善."

175) 『寒洲全書』 壹, 『寒洲集』, 卷7, 「答族叔心墅(源準○庚申)」〈別紙〉, 162쪽 상단17 12행(細註), "情之纔發, 亦未嘗不善, 而氣始用事, 濁駁者夾之, 則理偏而不中節, 乃流於惡."

본래 인간의 감정은 선이 될 수 있고 악이 될 수 없는 것이다.[176] 그런데 성리학에서는 정의 선악을 말할 때, 항상 기와 연관시켜서 언급한다. 즉 정이 발현되는 그 순간 선한 것은 맑은 기가 용사하는 것이고, 정에 불선이 있는 것은 기가 작용할 때 탁박한 기가 협잡하여 정이 절도에 맞지 않아 불선이 되는 것이다. 미발 상태에서는 성은 성대로, 기는 기대로 존재하여 상호 아무런 영향을 주지 않기 때문에 성은 절대선이라고 할 수 있다. 그러나 이발 상태에서 성이 정으로 발현되는 그 순간은 선하나, 그러나 탁박한 기가 용사하여 영향을 끼치게 되면 정은 절도에 적중하지 않아 제대로 드러나지 못하고 악으로 흐르는 것이다. 이진상에 있어서 정과 기질의 관계는 이발상태에서 순수한 감정이 그대로 드러나는 순선한 경우, 그리고 기의 탁박한 것이 협잡하여 악으로 흐르는 경우를 말하는데, 인간의 여러 감정이 발생하는 것은 본래 타고난 기질과 서로 연관되었음을 밝히는 것이다. 그러나 그의 의도는 원론적으로 순수한 본성이 선한 기를 타고 그대로 직발(直發)하는 본원적 측면을 중시하는 경향이다.

2) 先儒說에 대응한 理發一路說

성리학은 조선에 수용되어, 그 이론체계가 심화·발전되기에 이르렀으니, 이황(李滉)과 기대승(奇大升)이 8년에 걸쳐 논쟁한 사단칠정논변이 바로 그것이다. 그 후, 성혼(成渾)[177]과 이이(李珥)는 이황과 기대승이 논쟁한 사단칠정논변을 재반성하면서 자신들의 성리사상을 펼쳐 나갔다. 이 4인들

---

176) 『孟子集註』 卷11, 「告子章句」(上), 667쪽 하단 15-17행, "人之情, 本但可以爲善, 而不可以爲惡, 則性之本善可知矣."

177) 成渾: 1535~1598(중종 30~선조 31), 조선 중기의 성리학자, 자는 浩原, 호는 牛溪·默庵, 본관은 창녕. 成守琛의 아들로 가학을 계승하고 李滉을 사숙. 문묘에 종사됨. 저서로는 『牛溪集』, 『朱門旨訣』, 『爲學之方』 등이 있다.

이 사단과 칠정에 대한 논쟁을 벌인 이후, 조선의 성리학자 대부분은 이를 이론적으로 논변하였다. 이러한 논변은 인간학적 형이상학 논의로서 궁극적으로 내면 세계에서의 윤리적 · 심리적 활동의 보편성을 찾으려 한 것이었다.

이황은 정지운(鄭之雲)[178]의 '구도설(舊圖說)'에서 언급한 "사단은 리에서 발현하고, 칠정은 기에서 발현한다"[179]고 한 것을 정정하여 "사단은 리의 발현이고, 칠정은 기의 발현이다"[180]라고 하였다. 이와 같이 정정한 내용은 리와 기가 서로 단독적으로 발현하여 정이 된다는 것이었다. 이에 기대승이 리와 기를 심하게 괴리시켰다고 문제를 제기하자,[181]

"사단은 기가 없는 것이 아니고 칠정도 리가 없는 것이 아니다"라는 것은 그대만 말한 것이 아니라 나 역시 말하였다. 우리 두 사람만 말한 것이 아니라 선유들이 이미 말하였다. 선유들이 억지로 그것을 말한 것이 아니라 바로 하늘이 부여하고 사람이 받은 바의 원류와 맥락이 본래 그러한 것이다. 그러나 그대와 나의 소견이 애초에는 같았으나 종국에 다른 것은 다른 이유가 없다. 그대의 생각은 사단과 칠정이 모두 리와 기를 겸하므로 실상은 같으면서 가리키는 명칭이 다르니 리와 기로 분속할 수 없다고 하는 것이요, 나의 생각은 다른 가운데 나아가 같은 것이 있음을 보기 때문에 두 가지는 혼륜(渾淪)하여 말한 경우가 참으로 많다는 것이다. 같은 가운데 나아가 다름이 있음을 안다면 두 가지는 나

---

178) 鄭之雲: 1509~1561(중종 4~명종 16), 조선 중기의 학자, 자는 靜而, 호는 秋巒, 본관은 경주. 경기도 고양 출신. 金安國과 金正國 형제의 문하에서 수학. 저술로는 『天命圖說』이 있다.

179) 『退溪全書』 一, 卷16, 「答奇明彦(論四端七情第一書)」, 405쪽 하단9 11-12행. "鄭生之作圖也, 有四端發於理, 七情發於氣之說." 『退溪全書』 二, 卷41, 「天命圖說後敍(附圖)」, 〈天命舊圖〉, 325쪽.

180) 『退溪全書』 二, 卷41, 「天命圖說後敍(附圖)」 〈天命新圖〉, 326쪽 상단11, "四端理之發, 七情氣之發."

181) 『高峯全集』, 「兩先生四七理氣往復書」 上篇, 卷1, 〈高峯上退溪四端七情說〉, 247쪽.

아가 말하는 것이 본래 리를 주로 하느냐〔主理〕 기를 주로 하느냐〔主氣〕 하는 차이가 있는 것이니, 분속하는 데 어찌 불가함이 있겠는가?[182]

위의 인용문의 의거하면, 기대승은 '리와 기를 겸하므로 실상은 같으면서 가리키는 명칭이 다르니 리와 기로 분속할 수 없다고 하는 것' 을 말하는 반면, 이황은 취이견동적(就異見同的: 다른 가운데 나아가 같은 것이 있음을 봄)' 입장에서의 혼륜설과 그리고 취동지이적(就同知異的: 같은 가운데 나아가 다름이 있음을 앎) 입장에서 '주리(主理)와 주기(主氣)' 의 구분을 말하는데 이황의 강조점은 후자에 속한다. 즉 그의 사단과 칠정에 대한 것은 오직 '주로 하는 바' 〔所主: 主理 · 主氣〕에 따른 것을 강조하면서, "대체로 리가 발현할 때 기가 따르는 것이 있다는 것은 리를 주로 하여 말할 수 있다는 것일 뿐 리가 기에서 벗어난다는 것이 아니니, 사단이 이것이다. 기가 발현할 때 리가 타는 것이 있다는 것은 기를 주로 하여 말할 수 있다는 것일 뿐 기가 리에서 벗어난다는 것이 아니니, 칠정이 이것이다"[183]고 수정하였으나 이는 순수 도덕적 윤리규범으로서의 리의 구현을 위하여 사단과 칠정에 대한 리기호발설을 강조한 것이다. 기대승은 "정이 발현할 때, 리가 움직임에 기가 함께 하기도 하고 기가 감응함에 리가 타기도 한다"[184]고 개정하

---

182) 『退溪全書』 一, 卷16, 「答奇明彦(論四端七情第二書 · 改本」, 416쪽 상단29 5-13행, "夫四端非無氣, 七情非無理, 非徒公言之, 滉亦言之. 非徒吾二人言之, 先儒已言之. 非先儒强而言之, 乃天所賦人所受之源流脉絡固然也. 然其所見, 始同而終異者, 無他. 公意以謂四端七情皆兼理氣同實異名, 不可以分屬理氣. 滉意以謂就異中而見其有同, 故二者固多有渾淪言之. 就同中而知其有異, 則二者所就而言, 本自有主理主氣之不同, 分屬何不可之有?"

183) 『退溪全書』 一, 卷16, 「答奇明彦(論四端七情第二書 · 改本」, 419쪽 하단36 8-11행, "大抵有理發而氣隨之者, 則可主理而言耳, 非謂理外於氣, 四端是也. 有氣發而理乘之者, 則可主氣而言耳, 非謂氣外於理, 七情是也."

184) 『高峯全書』, 「兩先生四七理氣往復書」 下篇 卷2, 〈高峯答退溪再論四端七情書〉, 277쪽 하단10 12-13행, "情之發也, 或理動而氣俱, 或氣感而理乘."

여, 리기호발론보다는 리와 기가 공발(共發)한다는 사실적 차원에서 그 논지를 주장하였으나, 또 한편으로 이황에게 접근하려는 논리도 보이기도 한다.[185] 그 후 이황은 『주자어류』에서 "사단은 리의 발현이고 칠정은 기의 발현이다"[186]고 한 것을 발견하고, 자신의 초기 논리가 잘못되지 않았다고 생각하기는 하였으나, 『진성학십도차(進聖學十圖箚)』의 「제육심통성정도설(第六心統性情圖說)」을 완성할 때 수정한 설을 그대로 전개한다.[187]

이이는 성혼과 논변하는 글에서 사단과 칠정에 대한 이론이 보이는 바, 성혼은 먼저 1572년(선조 5, 임신) 이이에게 이황의 사단과 칠정의 관계 — 사단은 '리가 발현함에 기가 따른다〔理發而氣隨之〕' 는 것, 칠정은 '기가 발현함에 리가 탄다〔氣發而理乘之〕' 는 것 — 를 주희의 인심(人心)과 도심(道心)의 연계 선상에서 이해하려고 하면서 이황의 사단칠정설을 옹호하고 있으나, '기가 따른다〔氣隨之〕' 와 '리가 탄다〔理乘之〕' 는 것을 첨가한 것은 명분과 이치를 잃어버린다고 하여 철학적 반성을 가졌다.[188] 이이는 이에 대하여 "대저 발현하는 것은 기이고 발현하는 까닭은 리이다. 기 아니면 능히 발현하지 못하고 리가 아니면 발현하는 바가 없다. 그리고 리와 기에는 선후도 없고 이합도 없으니, 호발이라고 말할 수 없다. 다만 인심과 도심은 혹 형기가 되거나 혹 도의가 되나니 그 근원은 비록 하나이나 그 흐름은 이미 갈라졌으니, 이것을 양변으로 나누어 말하지 않을 수 없다"[189]고 한다. 그러나 성혼은 주희의 인심도심(人心道心)의 '혹 근원하다〔或原〕' · '혹 생

---

185) 『高峯全集』, 「兩先生四七理氣往復書」 下篇, 卷2, 〈四端七情總論〉, 285쪽.

186) 『朱子語類』 上, 卷53, 「孟子3 · 公孫丑上之下 · 人皆有不忍之心章」 〈廣錄〉, 661쪽 하단17 18행, "四端是理之發, 七情是氣之發." 『朱子語類』 텍스트로는 中文出版社 영인본(1970年) 黎靖德 『朱子語類』를 저본으로 한다. 이하 동일.

187) 『退溪全書』 一, 卷7, 「進聖學十圖箚(幷圖) · 第六心統性情圖說」, 205쪽.

188) 『牛溪集』, 卷4, 「與栗谷論理氣第一書(壬申)」, 89쪽.

189) 『栗谷全書』(1), 卷10, 「答成浩原(壬申)」, 198쪽 하단5 1-5행, "大抵發之者氣也, 所以發者理也. 非氣則不能發, 非理則無所發. 無先後, 無離合, 不可謂互發也. 但人心道心, 則或爲形氣, 或爲道義. 其原雖一, 而其流旣岐, 固不可不分兩邊說下矣."

긴다〔或生〕' 의 뜻이 이황의 호발설과 합치하는 것으로 보면서, 인심과 도심이 심에서 발현하는 것이지만 성정(性情)과 연관시켜 서로 견해 차이를 보였다.[190] 결국 이이는 리의 무위성(無爲性)을 들어 이황의 호발론을 비판하지만, 사단과 칠정 모두 '기가 발현할 때 리가 탄다' 는 기발리승일도설(氣發理乘一途說)을 주장한다. 이이의 성리학을 계승한 기호학파의 송시열(宋時烈)과 한원진(韓元震)은 『주자어류』에서 '사단은 리의 발현이고 칠정은 기의 발현이다' 고 하는 것은 잘못된 기록이라고 단정하고,[191] 이이의 기발리승일도설을 그대로 수용하였다.

이진상은 송시열과 한원진이 잘못된 기록이라고 한 『주자어류』의 '사단은 리의 발현이고 칠정은 기의 발현이다' 고 한 것을 온당한 기록이라고 다음과 같이 고증한다.

> 살피건대, 『주자대전(朱子大全)』「답보한경(答輔漢卿)」 서한에서는 "기록한 내 말에도 역시 소소한 잘못이 있다" 고 하고, 두 번째 서한에서는 "기록한 말이 진실로 상량(商量)함이 있다" 고 하고, 세 번째 서한에서는 "기록한 책자의 반절 정도를 보니 약간 미비한 것은 자못 보충한 뒤에 비로소 보낸 것이다" 고 하였으니, 서한 첫 머리에서 나의 나이 70세라고 말하였는데, 그렇다면 보공(輔公: 輔廣)의 기록한 바는 이미 주자가 감정한 것이다. 이 말〔리발과 기발〕이 온당하지 않다면 곧 크게 잘못이니 어찌 삭제하여 고치지 않았으랴?[192]

이를 보면 '사단은 리의 발현이고 칠정은 기의 발현이다' 는 기록이 잘못

190) 『牛溪集』, 卷4, 「與栗谷論理氣第一書」, 89쪽.

191) 『宋子大全』 四, 卷130, 「朱子言論同異攷」, 631쪽.

192) 『寒洲全書』 貳, 『理學綜要』, 卷10, 「情」, 164쪽 하단30 16-18행(細註), "按: 大全答輔漢卿書曰: 所記鄙語亦有小小差誤; 再書曰: 所錄語儘有商量; 三書曰: 所錄册子看得一半少未備者; 頗爲補足後, 便方寄去. 書首言年垂七十, 然則輔公所錄, 已經朱子勘正. 此語如有未當, 則便是大差誤, 豈不删改耶?"

이 아니다고 하는 것이 분명하다. 보광(輔廣)의 기록은 리와 기가 '각각 발현한다' 는 각발론적(各發論的) 성격이 강하였기 때문에, 이황은 그에 근거하여 '사단은 리가 발현할 때 기가 따르는 것이고, 칠정은 기가 발현할 때 리가 타는 것이다' 라는 리기호발론을 끝까지 고수한 것이다. 이진상에 의하면 이황의 호발론은 각각 발현한다는 것이 아니고 다만 그 발현처에서 입론했을 뿐이라고 하면서,[193] 사단과 칠정의 호발(互發)과 상대(相對)의 묘함을 다음과 같이 설명한다.

> 심의 이(耳) · 목(目) · 구(口) · 비(鼻)가 있는 것은 형기(形氣)이고 인 · 의 · 예 · 지는 도리(道理)이다. 형기가 성(聲) · 색(色) · 취(臭) · 미(味)에서 감응하면 심이 기상(氣上)으로부터 발현하고, 도리가 이륜천칙(彝倫天則)에서 감응하면 심이 리상(理上)으로부터 발현한다. 이 심이 발현할 때 리로부터 하기도 하고 기로부터 하기 때문에 호발이라고 한다. 그러나 그 실상은 리가 기를 타고 발현하지 않음이 없다. 리는 독립된 것이 아니고 기에 즉하여 있고, 기는 스스로 유행하는 것이 아니고 리로 말미암아 움직이니, 호발과 상대의 묘함을 여기서 볼 수 있다.[194]

> 사단이 리를 주로하는 것은 무엇인가? 일이 의리에 속하는 것이 와서 응하면 심의 리가 바로 의리상으로부터 발현하여 가는 것이니, 리에서 감응하여 리를 따르는 것은 리가 바로 주인이 되는 것이다. 칠정이 기를 주로 한다는 것은 무엇인가? 일이 형기에 속한 것이 와서 응하면 심의 리가 바로 형기상으로부터 발

193) 『寒洲全書』 貳, 『理學綜要』, 卷10, 「情(理之發見)第五下」, 172쪽 하단46 4-5행, "互發非各發也, 只見其發處而立論耳."

194) 『寒洲全書』 五, 『求志錄』, 卷23, 「退溪集箚疑」, 319쪽 하단 7-12행, "盖心之有耳目口鼻, 形氣也; 仁義禮智, 道理也. 形氣之感於聲色臭味, 則心從氣上發; 道理之感於彝倫天則, 則心從理上發. 此心之發, 或從理或從氣, 故謂之互發, 而其實, 則莫非理乘氣而發也. 理非獨立, 卽氣而在; 氣非自行, 由理而動, 則互發相對之妙, 於此可見."

현하여 가니, 기에 감응하여 기를 따르는 것은 기가 도리어 주인이 되는 것이다. 그 실상은 모두 리가 발현한 것이나, 그 기미는 하나는 리를 주로 하여 발현하고 하나는 기를 주로 하여 발현한다. 리를 주로 하여 발현하는 것을 리의 발현이라고 할 수 없느냐? 기를 주로 하여 발현하는 것을 기의 발현이라고 할 수 없느냐?[195)]

리와 기는 두 개의 물건이나, 현상계에서 보면 리와 기는 항상 동시적으로 존재하는 것이다. 이황의 호발론은 인간의 감각기관인 형기가 감각적 욕망에 감응하냐 아니면 도리가 도덕적 원칙에 감응하냐에 따른 구분이다. 즉 호발론은 '리를 따른다'〔從理〕·'기를 따른다'〔從氣〕, '리가 주체가 된다'〔理主〕·'기가 주체가 된다'〔氣主〕는 것을 말하는 것이다. 이는 사단과 칠정이 모두 리에 근본하는데, 사단은 리가 형기와 무관하게 곧바로 발현하는 것이고 칠정은 리가 형기로 인하여 발하는 것이어서 각각 묘맥이 있다는 것이다.[196)] 그러므로 이진상은 '사단과 칠정이 모두 기발이다' 는 논리는 리의 동정성과 선차성을 인정하지 않는 것이라고 비판한다.[197)] 사람의 마음이 움직일 때에는 발현할 것은 리이고〔發者理〕 그것을 발현하는 것은 기〔發之者氣〕로 여기기 때문에[198)] 사단과 칠정의 실상은 '리가 기를 타고 발현한

---

195) 『寒洲集』, 卷41, 「讀李星湖四七新編重跋」, 22－9쪽 15행-10쪽 1행, "盖四端之主乎理, 何也? 事之屬乎義理者來感, 而心之理, 便從義理上發去, 感於理而從理者, 理仍爲主也. 七情之主乎氣, 何也? 事之屬乎形氣者來感, 而心之理, 便從形氣上發去, 感於氣而從氣者, 氣反爲主也. 其實, 則皆理發; 而其機, 則一主理而發, 一主氣而發. 主理而發者, 可不謂之理之發乎, 主氣而發者, 可不謂氣之發乎?"

196) 『寒洲集』, 卷41, 「讀李星湖四七新編重跋」, 22－9쪽 11-13행, "又見得四七之俱本於理, 而四端, 則不干形氣而直發; 七情, 理因形氣發, 更有一層苗脉."

197) 『寒洲全書』 壹, 『寒洲集』, 卷16, 「答李器汝」, 370쪽 상단17 5-8행, "蓋其四七皆氣發之論, 實由於理無動靜, 理不先氣, 而謂理無動, 則理發字說不去, 謂理非先, 則氣隨字尤有病, 祖彼伸此, 不恤其矛盾, 愚誠未之知也."

198) 『寒洲全書』 壹, 『寒洲集』, 卷7, 「與柳東林(己未)」〈別紙〉, 168쪽 하단29 16-20행, "人心

다'·'리가 발현한다'는 일로적(一路的) 논리를 전개한다. 이진상은 일로적 측면에서 사단과 칠정을 다음과 같이 논의한다.

> 리는 발현하는 주재이고 기는 발현하는 자료이다. 그러므로 성이 정이 되는 곳으로부터 말하면 대본은 리에 있는 것이고 기에 있는 것이 아니다. 대저 정으로 발현할 때, 발현할 것은 리이고, 발현하는 것은 기이다. 측은하게 여기는 측면에서 보면, 발현할 것은 인(仁)이고, 발현하는 것은 목(木)의 기이며, 부끄럽고 미워하는 측면에서 보면, 발현할 것은 의(義)이고, 발현하는 것은 금(金)의 기이다. (……) 정은 비록 만 가지이나, 어느 것인들 인·의·예·지에서 발현하지 아니하겠는가?[199]

이진상은 성이 정이 된다는 이론에 따라, 리〔성〕가 대본임을 중시한다. 그의 이론은 바로 리는 주재적 발현이고 기는 자료적 발현이라고 하는 일로적 토대에서 이루어지는 것이다. 그런데 위 인용문 가운데 '정은 비록 만 가지이나 어느 것이 인·의·예·지에서 발현하지 아니하겠는가'고 하는 것은, 이이가 이황을 일도적(一途的) 측면에서 비판하는 이론 가운데 '정은 비록 만 가지이나 어느 것인들 리에서 발현하지 아니하겠는가'고 한 것[200]

之動, 發者理, 發之者氣也." 이진상은 이이의 "大抵, 發之者氣也, 所以發者理也. 非氣則不能發, 非理則無所發"(『栗谷全書』一, 卷10, 「答成浩原」, 198쪽 하단5 1-2행)이라는 문장과 해석 차이가 있음을 밝히고 있어 그것에 의거하여 번역하였다. 『寒洲全書』五, 『求志錄』, 卷2, 「四七辨」, 414쪽 하단 8행, "按: 有發者(發喜者라)而後, 方有發之者, 不易之正理也."

199) 『寒洲集』, 卷40, 「花峽法語」, 21—61쪽 6-12행, "金丈曰: 盛見將以爲何? 理者, 所發之主也; 氣者, 所發之資也. 故從性爲情處說, 則大本在理而不在氣. 凡情之發, 發者理也, 發之者氣也. 就惻隱上看, 則發者仁, 而發之者木之氣也; 就羞惡上看, 則發者義, 而發之者金之氣也. (……) 情雖萬般, 夫孰非發於仁義禮智者乎?"

200) 『栗谷全書』, 卷9, 「答成浩原」, 193쪽 상단36 7-12행, "今若曰: 四端理發而氣隨之, 七情氣發而理乘之, 則是理氣二物, 或先或後, 相對爲兩岐, 各自出來矣, 人心豈非二本乎?

을 수용한 것이라 할 수 있다.[201] 이진상의 성리학적 방법론에서 이이의 성리설을 살펴보면, 이이의 기발리승일도설은 주로 현상적 측면에서 보는 도간(倒看)의 방법론이고 '정이 비록 만 가지이나 무엇이 리에서 발현하지 않은 것이겠는가〔情雖萬般 夫孰非發於理乎〕' 는 원리적 측면에서 보는 수간(竪看)의 방법론을 겸하고 있음을 알 수 있는데, 이는 모두 일도(一途)라는 근거에서 성립하는 이론체계이다.[202] 이진상의 이러한 이론은 이이의 "'발지자(發之者)' 는 기이고 '소이발자(所以發者)' 는 리이다. 기가 아니면 발현할 수 없고 리가 아니면 발현할 것이 없다"[203]고 하는 기발리승일도설에서 영향을 받아 그것을 수간적(竪看的) 차원, 즉 리의 본원상(本原上)에서 리발일로설(理發一路說)을 주장한 것이라 하겠다. 이진상이 리가 주재적 발현이고 기가 자료적 도구라고 하는 측면에서 전개하는 리발일로설은, 바로 이황의 리중시적 성리설과 이이의 '모든 정이 리에서 발현하였다' 는 이론을 절충하면서, 리를 중시하는 성리설을 체계화한 것이라 하겠다.

그러나 정의 발현처에서 보면 사단과 칠정이 구분되기 때문에 이진상은 이황의 리기호발설을 겸하고 있다. 이진상은 호발적 측면과 일도적인 측면을 '분(分)' · '합(合)' 의 논리로 설명한다.

情雖萬般, 夫孰非發於理乎? 惟其氣或揜而用事, 或不揜而聽命於理. 故有善惡之異, 以此體認, 庶幾見之矣."

201) 李震相은 李珥가 언급한 "情雖萬般, 夫孰非發於理乎" 에서 '理' 를 "仁義禮智" 로 대치하였다. 이는 성과 정의 관계, 즉 '性發爲情' 이라는 이론에 의해 리를 구체적으로 '仁義禮智' 의 性으로 대치한 것이다.

202) 『栗谷全書』 一, 卷7, 「答沈穉文 別紙」, 174쪽 하단5 1-3행, "栗谷, 主倒而兼竪. 故曰見孺子入井而惻隱者氣也, 惻隱之本則仁也, 又曰發之者氣, 所以發者理也, 又曰氣機動而爲情, 此其主倒之實; 而又曰情雖萬般, 夫孰非發於理乎, 又曰理通而氣局, 此則兼說其竪也."

203) 『栗谷全書』 一, 卷10, 「答成浩原」, 198쪽 하단5 1-2행, "大抵, 發之者氣也, 所以發者理也. 非氣則不能發, 非理則無所發."

사단과 칠정, 리와 기의 묘함은 바로 나누고 합하여야 비로소 극진하게 된다. (……) 합하여 말하면 사단과 칠정이 모두 성으로부터 발현하니, 성은 곧 리이어서 발현할 것이 리이다. 리는 기 없이 스스로 발현할 수 없다면 〈그것을〉 발현하는 것은 기이다. 리는 주재가 되고 기는 자료가 되는 것이다. 나누어 말하면, 사단은 리로서 발현하니 리가 주재가 되고, 칠정은 기로서 발현하니 기가 주재가 된다. 리가 주재가 되면 리가 발현할 때 기가 수반하지 않은 적이 없고, 기가 주재가 되면 기가 발현할 때 리가 타지 않은 적이 없다.[204)]

합하여 말하는 이론을 '일도론' 이라고 하고, 나누어 말하는 이론을 '호발론' 이라고 하는 바, 일도론적인 차원에서 보면, 리는 주재가 되고 기는 자료가 되기 때문에 리는 기 없이 발할 수 없다는 것이다. 즉 리와 기를 수간의 방법론을 가지고 보면, 리는 항상 기를 자료로 하여〔타고서〕 발하는 것이다. 다음으로 호발론적인 차원에서 보면, 대상세계에 감응할 때에 리와 기 어느 것이나 각각 주재가 되기 때문에, 리가 발할 때에는 리가 주재가 되지만 기는 항상 그것을 수반하고 있고, 기가 발할 때에는 기가 주재가 되지만 리가 그것을 타고 있는 것이다. 다만 이는 대상세계에 감응할 때 현상적으로 그렇게 보이는 것에 불과하다. 이진상이 "정은 만 가지이나 그 실상은 모두 리의 발현이다. 그러나 그 기틀에 있어서는 호발이 있다"[205)]고 하여 리발일로적인 것과 리기호발적인 것을 동시에 주장하고 있는 것은 그의 성리학의 한 특징이지만, 그에 의하면 하나의 본성이 발현하여 정으로 다양하게 드러났다고 하여도 그 근본은 하나의 리이고, 또한 성이 기를 타고 발현하

---

204) 『寒洲集』, 卷41, 「讀活齋集」, 22-17쪽 1-10행, "四七理氣之妙, 正須分合看, 方盡. (……) 蓋合言之, 則四七皆自性發, 性卽是理, 則發者理也. 理不能無氣而自發, 則發之者氣也. 理爲主而氣爲資矣. 分言之, 則四以理發, 而理爲主, 七以氣發, 而氣爲主. 理爲主, 則理之發, 而氣未嘗不隨焉; 氣爲主, 則氣之發, 而理未嘗不乘焉."

205) 『寒洲全書』 貳, 『理學綜要』, 卷10, 「情(理之發見)第五下」, 172쪽 하단46 3-4행, "又曰: 情雖萬般, 其實則皆理發, 而其機, 則有互發."

여도 정은 원래 두 근본이 있어 각각 발현하는 것이 아니라고 한다.[206] 이와 같은 주장은 본원적으로 보면 순선한 본성이 그대로 감정으로 발현한 것이고 또한 발현한 감정을 추적하였을 때 순선한 본성으로 귀복할 수 있는 이론 전개로 볼 수 있을 것이다. 이진상은 이러한 이론을 토대로 인간의 다양한 감정, 즉 사단십정론(四端十情論)을 일로적 측면에서 전개한다.

3) 經緯說에 따른 四端十情論과 錯綜說

이진상은 사단과 칠정을 궁극적으로 리발일로설로 전개하나 그 논리적 토대는 '발현할 것은 리이고 발현하는 것은 기이다〔發者理 發之者氣〕' 에 의거하고 있다. 사단과 칠정을 분류하는 데 있어 기의 자료적 성격을 기의 경위설(經緯說)로 설명한다. '경위설' 이란 무엇인가? '경위(經緯)' 는 직물의 날줄과 씨줄을 의미하기도 하지만, 또한 '경' 는 가로줄 '위' 는 세로줄, 더욱이 '경' 은 항상 변치않는 것, '위' 는 변치않는 것에 가탁하는 것을 말하기도 한다. 이진상은 경위설을 토대로 사단과 칠정의 발현을 다음과 같이 말한다.

> 사단은 리가 경기(經氣)를 타고 발현한 것이고, 칠정은 리가 위기(緯氣)를 타고 발현한 것이다.[207]

이진상에 의하면, 인간의 모든 감정은 인 · 의 · 예 · 지의 성(性)이 기를 타고 발현하는 것〔理乘氣而發〕이다. 그런데 기에는 '경기' 가 있고 '위기'

---

206) 『寒洲全書』 壹, 『寒洲集』, 卷32, 「四七經緯說」, 684쪽 하단16 9-16행, "情有萬殊, 其本, 則只是一理, 特所乘者氣. 故亦或有因氣而發者耳. 情豈有二本各發之實乎?"

207) 『寒洲集』, 卷40, 「花峽法語」, 21-61쪽 12-13행, "四端, 理之乘經氣而發者也; 七情, 理之乘緯氣而發者也."

가 있다는 것이다. 경위설은 일찍이 장현광(張顯光)[208]이 리와 기의 관계를 리는 경(經)이고 기는 위(緯)이다고 설명한 적이 있고,[209] 김창협(金昌協)[210]은 "성은 경이며 정은 위인데, 경과 위가 서로 착종하여 서로 체(體)와 용(用)이 된다"[211]고 하였다. 이들의 경위설은 리〔성〕와 기〔정〕를 경과 위로 분속시켜 이 양자는 서로 분리될 수 없는 긴밀한 연관성을 나타내는 것으로 보았다.[212] 이진상이 장현광과 김창협의 경위설을 수용했다고 말할 수도 있겠으나, 이진상의 경위설은 리가 경이고 기가 위 또는 성은 경이고 정은 위라고 하는 것이 아니라, 기 자체에 '경기'와 '위기'가 있다고 본 것이다. 이 같은 논의의 토대는 그가 젊어서 익힌 오행오운(五行五運)에 의한 자연변화 탐구, 성력(星曆)·산수(算數)·의방(醫方)·복서(卜筮) 등에 있을 것이다.[213] 그는 장현광과 김창협의 경위설과 다르게 다음과 같이 말한다.

---

208) 張顯光: 1554~1637(명종 9~인조 15), 조선 중기의 성리학자, 자는 德晦, 호는 旅軒, 본관은 仁同. 鄭逑의 문하에서 수학. 저서로는 『旅軒集』, 『宇宙要括帖』, 『易學圖說』, 『性理說』 등이 있다.

209) 『旅軒全書』 下, 『性理說』, 卷4, 「經緯說 · 論經緯可以喩理氣」, 2-3面, "理乃道之經也, 氣乃道之緯也. 爲經爲緯者, 雖別而同是絲也, 則其可以二其本乎? 爲理爲氣者, 雖分而同是道也, 則其可以二其源乎? 指其常一者, 而謂之理; 指其變化者而謂之氣, 則理固經於氣, 而氣固緯於理矣, 理豈有不管氣之理, 氣豈有不本理之氣哉?" 『旅軒全書』는 仁同張氏南山派宗親會 영인본(1983)을 저본으로 하였다.

210) 金昌協: 1651~1708(효종 2~숙종 34), 조선 후기의 성리학자. 자는 仲和, 호는 農巖·三洲, 본관은 안동. 金尙憲의 증손이며 金壽恒의 아들. 李端相의 사위. 송시열을 종학하여 학문을 강론함. 저서로는 『農巖集』, 『農巖雜識』, 『朱子大全箚義問目』, 『朱子語類同異考』, 『論語詳說』, 『五子粹言』 등이 있다.

211) 『農巖集』(II) 續集, 卷下, 「四端七情說」, 518쪽 상단67 12-13행, "性爲經而情爲緯,

212) 李熙平, 『旅軒 張顯光의 哲學思想 硏究』, 성균관대학교대학원 박사학위논문, 2000, 60-76쪽.
李天承, 『農巖 金昌協의 心性論에 대한 硏究』, 성균관대학교대학원 박사학위논문, 2003, 62-63쪽.

213) 『寒洲全書』 壹, 『寒洲集』, 附錄, 卷1, 「年譜」, 810쪽 하단2 20행-811쪽 상단3 1행, "先生自雄其才, 自經史政務文章制度, 以至星曆算數醫卜之類, 必皆潛究博通, 各極其類焉."
『寒洲全書』 壹, 『寒洲集』, 附錄, 卷3, 「行狀」〈門人 郭鍾錫〉, 840쪽 하단2 17행-841쪽

하늘과 사람의 경우에 있어서, 리 그 자체는 주재가 되고 기는 경위와 착종(錯綜)이 된다. 사단은 리가 '경기'를 타고 곧바로 나오는 것이고 칠정은 리가 '위기'를 타고 횡적(橫的)으로 관통되는 것이다. 처음부터 리가 '경'이고 기가 '위'는 아니다.[214)]

이진상에 의하면, 리는 '경'이고 기는 '위'인 것이 아니라, 기에 '경기'와 '위기'가 있다는 것이다. 이진상은 사단은 '경기'를 타고 발현하고 칠정은 '위기'를 타고 발현한다고 하여 '리승기일로발설(理乘氣一路發說: 축약하면 '理發一路說'이 됨)을 전개한다.[215)] 그렇지만 이진상의 '리가 기를 타고 발현한다'고 할 때의 '발현한다'를 구체적으로 살펴보면, 사단은 리가 경기를 타고 '곧바로 나온다', 칠정은 리가 위기를 타고 '횡적으로 관통한다'는 것이어서, 이황의 리기호발설[216)] 그리고 이이의 기발리승일도설[217)]의 성리설과는 차이가 있다.

이진상은 사단과 칠정을 리와 기의 '경기'·'위기'로 설명하면서, 칠정이란 명칭은 하나로 정해진 명칭이 아닐 것이라 말한다.[218)] 그리하여 사단은

상단3 4행, "十五歲, 推朞閏章度, 不視前人成法, 信手布算, 不爽毫釐. 定軒先生, 李公鍾祥, 見其說歎曰: 始知天下有眞才無眞法. 又試以意推五行五運, 交加互變, 爲六百二十五策, 悉繫之辭, 倣易爻辭. 命曰: 洪範策用之占, 訊頗奇驗己, 而棄不事曰: 眩亂眞機, 非當務也. 蓋先生是時, 自雄其才, 自經史政務文章制度, 以至星曆算數醫方卜筮, 無不潛究傍通, 各極其類, 有彌綸宇宙之意."

214) 『寒洲集』, 卷41, 「讀葛菴集」, 22-5쪽 12-14행, "竊按: 天人之際, 理自爲主, 而氣爲之經緯錯綜. 四端者, 理之乘經氣而直出者也; 七情者, 理之乘緯氣而橫貫者也. 初非理經而氣緯也."

215) 즉, 사단과 칠정은 정의 이분적 구분이고 정은 성에서 발현한 것이고 성은 리이다(성즉리)고 하는 理發一路說的인 이론을 전개한 것이다.

216) 『退溪全書』 一, 卷7, 「進聖學十圖箚(幷圖)·第六心統性情圖說」, 205쪽.

217) 『栗谷全書』, 卷9, 「答成浩原·心性情圖」, 194쪽. 이이는 '심성정도'에서는 칠정에 있어서 악의 근원을 橫發로 설명한다.

218) 『寒洲全書』 壹, 『寒洲集』, 卷32, 「四七經緯說」, 684쪽 하단16 6-9행, "約之以二, 則大學

그대로 따르지만, '칠정' 은 '십정(十情)' 으로 확대하기에 이른다.[219] '십정' 이란 애(愛) · 희(喜) · 락(樂) · 우(憂) · 애(哀) · 오(惡) · 노(怒) · 구(懼) · 욕(欲) · 회(悔) 등이다.[220] 그가 이렇게 칠정을 십정으로 확대한 것은 인간의 다양한 감정을 '칠정' 으로 한정시킬 수 없다고 보았기 때문일 것이다.

이진상이 칠정을 '십정' 으로 확대하여 리와 기의 '경기' · '위기' 로 논의를 전개하는 것은 인간의 다양한 감정을 보다 구체적으로 탐구하고자 하는 것이라 하겠다. 이진상은 사단의 발현을 '경기' 로 다음과 같이 설명한다.

> 인(仁)이 발현하여 측은〈의 정〉이 되니 타는 것은 목(木)의 '경기' 이고, 의(義)가 발현하여 수오〈의 정〉가 되니 타는 것은 금(金)의 '경기' 이고, 예(禮)가 발현하여 사양〈의 정〉이 되니 타는 것은 화(火)의 '경기' 이고, 지(智)가 발현하여 시비〈의 정〉가 되니 타는 것은 수(水)의 '경기' 이다.[221]

여기서 '경기' 란 목 · 금 · 화 · 수를 말하는 바, 사단은 바로 리가 목 · 금 · 화 · 수라는 '경기' 를 타고 발현하는 것이다. 다시 말하면 인의 리가 발현하여 측은히 여기는 감정〔惻隱〕이 되고, 의의 리가 발현하여 부끄럽게 여기는 감정〔羞惡〕이 되고 예의 리가 발현하여 사양하는 감정〔辭讓〕이 되고 지의 리가 발현하여 시비를 판단하는 감정〔是非〕이 되는 것은 바로 경기를 타고 발현다는 것이다.[222] 그런데 목 · 금 · 화 · 수라는 '경기' 는, '태극도'

之好惡是已; 衍之以四, 則中庸之喜怒哀樂是也. 春秋傳, 合之爲六情, 而禮運又換樂爲懼, 變好爲愛, 而添之以一欲字, 要之七情, 非定名也."

219) 『理學綜要』 卷9와 卷10 참조.

220) 十情은 기의 緯氣(오행의 相生과 相克의 작용에 의한 氣를 말함)를 발현할 때 드러난 감정들을 말한다.

221) 『寒洲全書』 壹, 『寒洲集』, 卷32, 「四七經緯說」, 683쪽 하단14 17-19행, "仁發而爲惻隱, 所乘者, 木之經氣; 義發而爲羞惡, 所乘者, 金之經氣; 禮發而爲辭讓, 所乘者, 火之經氣; 智發而爲是非, 所乘者, 水之經氣."

에서 양변음합(陽變陰合)에 의해 화 · 수 · 목 · 금이 발생하는 오행생성론적(五行生成論的) 기를 의미하는 것이 아니라,[223] 자연계의 순환적 유행상에서 춘(春) · 화(夏) · 추(秋) · 동(冬)의 순서가 일정하여 바뀌지 않는 기를 의미하는 것이다.[224] 다시 말하면 경기는, 천지가 창조될 때 음양의 변합에 의해 수가 가장 먼저 발생하는 발생론적 오행론을 의미하는 것이 아니고, 목 · 화 · 금 · 수가 자연계의 계절인 춘 · 하 · 추 · 동과 일대일로 관계되면서 순환하는 오행론을 의미하는 것이다. 즉 봄은 목, 여름은 화, 가을은 금, 겨울은 수라고 하는 고정불변적인 오행의 기를 경기라고 하는 것이다. 사단은 이러한 고정불변적 순수한 경기를 타고 발현한 것이다. 다음으로 이진상은 '십정' 을 기의 '위기' 로 설명한다.

기가 유행하는 데 있어 원래 상생(相生) · 상극(相克)의 묘함이 있으나, 리가 주재가 되어 진실로 질서 정연한 순서가 있다. 그러니 느끼는 것이 '인(仁)' 에 속하면 그 사랑할 만한 것을 지각하니 '지(智)' 가 곧 '인' 으로 가는 데 타는 것은 '수가 목을 생하는〔水生木〕' 위기이고, 사랑이 지극하여 기뻐하니 '인' 이면서 '예(禮)' 로 가는 데 타는 것은 '목이 화를 생하는〔木生火〕' 위기이고, 기쁨이 지극하여 즐거워하니 '예' 이면서 '신(信)' 으로 가는 데 타는 것은 '화가 토를 생하는〔火生土〕' 위기이고, 즐거움이 지극하여 근심이 생기니 '신' 이면서 '의(義)' 로 가는 데 타는 것은 '토가 금을 생하는〔土生金〕' 위기이고, 근심이 지극하여 슬퍼하니 '의' 이면서 '지' 로 가는 데 타는 것은 '금이 수를 생하는〔金生水〕' 위기이고, 미워함은 사랑 때문에 돌이켜나오는 것이니 '의' 가 그

222) 『寒洲全書』 五, 『辨志錄』, 卷2, 「四七辨」, 409쪽 상단 11-13행, "仁之理, 發爲惻隱; 義之理, 發爲羞惡; 禮之理, 發爲辭讓; 智之理, 發爲是非. 此正理之乘經氣者也."

223) 『性理大全』, 卷1, 「太極圖」, 15쪽 하단2 5행, "此, 陽變陰合, 而生水火木金土也."

224) 『寒洲全書』 壹, 『寒洲集』, 卷32, 「四七經緯說」, 683쪽 하단14 19-20행, "如春夏秋冬之時, 一定而不可易也."

'인' 을 이기면 타는 것은 '금이 목을 이기는〔金克木〕' 위기이고, 성냄은 미워함으로 인해 생겨나니 '예' 가 그 '의' 를 이기면 타는 것은 '화가 금을 이기는〔火克金〕' 위기이고, 두려움은 성냄으로 인하여 생겨나니 '지' 가 '예' 를 이기면 (타는 것은) '수가 화를 이기는〔水克火〕' 위기이고, 욕망은 두려움으로 인하여 생겨나니 '신' 이 '지' 를 이기면 (타는 것은) '토가 수를 이기는〔土克水〕' 위기이고, 후회함은 욕망으로 인하여 생기니 '인' 이 그 '신' 을 이기면 〈타는 것은〉 '목이 토를 이기는〔木克土〕' 위기이다.[225)]

십정은 오행의 상생과 상극 작용에 의한 '위기' 를 타고 발현한 것이다. 이 '위기' 는 「태극도」에서 양변음합에 의한 수 · 화 · 목 · 금 · 토가 생성되면, 이 오행이 유행상에서 상생하고 상극하며 작용하는 상잡(相雜)에 의해서 발생하는 기(氣: 質)를 말하는 것이다.[226)] 십정이 '위기' 를 타고 발현하는데, 십정 가운데 '애(愛)' · '희(喜)' · '락(樂)' · '우(憂)' · '애(哀)' 는 인간의 본성인 인 · 예 · 의 · 지 · 신 어느 하나가 다른 어떤 것을 지향해 가면서 오행 상생작용으로서의 간기(間氣)를 타고 발현하는 것을 말하고, '오(惡)' · '노(怒)' · '구(懼)' · '욕(欲)' · '회(悔)' 는 인간의 본성인 인 · 예 ·

---

225) 『寒洲全書』 壹, 『寒洲集』, 卷32, 「四七經緯說」, 683쪽 하단14 14행-684쪽 하단16 10행, "然其氣之流行, 亦自有相生相克之妙, 而理爲之主, 儘有秩然之序, 所感者, 屬乎仁, 則知覺其可愛, 而智便之仁, 所乘者, 水生木之緯氣也; 愛極而喜, 仁而之禮, 所乘者, 木生火之緯氣也; 喜極而樂, 禮而之信, 所乘者, 火生土之緯氣也; 樂極生憂, 信而之義, 所乘者, 土生金之緯氣也; 憂極而哀, 義而之智, 所乘者, 金生水之緯氣也; 惡爲愛反, 義勝其仁, 則所乘者, 金克木之緯氣也; 怒因惡生, 禮勝其義, 所乘者, 火克金之緯氣也; 懼因怒生, 智勝其禮, 水克火之緯氣也; 欲因懼生, 信勝其智, 土克水之緯氣也; 悔因欲生, 仁勝其信, 木克土之緯氣也."

226) 隨나라 때 陰陽學과 算術學에 정밀한 蕭吉은 오행의 相生과 相極을 설명하면서도 '오행이 서로 섞인다(相雜)' 는 것을 전개하였다. 이에 의거하여 논자는 유행상에서 오행이 相生하고 相克하며 작용하며 '相雜' 하는 것을 '緯氣' 라고 생각한다(『五行大義』, 대유학당, 1998, 55-59쪽; 金秀吉 · 尹相喆 공역, 『五行大義』, 대유학당, 1998, 160-170쪽).

의 · 지 · 신 어느 하나가 다른 어떤 것을 억제해 가면서 오행 상극작용로서의 간기를 타고 발현하는 것을 말한다.[227)]

이진상은 경위설로 사단과 칠정을 설명하면서도 인간의 감정은 수시로 변화하므로 일률적으로 모두 논할 수 없다고 한다.[228)] 그리하여 그는 기의 경기와 위기의 가운데 착종(錯綜)의 묘함〔妙〕이 있다고 한다. '착종' 은 『주역』「계사전(繫辭傳)」 상편 제10장 "참오이변 착종기수(參伍以變 錯綜其數)" 라는 문장에서 보인다. 주희에 의하면, '착(錯)' 은 교대로 하여 서로 하는 것이니 한 번 왼쪽으로 하고 한 번 오른쪽으로 하는 것을 말하고 '종(綜)' 은 총괄하여 셈하는 것이니 한 번 낮추고 한 번 높이는 것을 말하는 것으로, 이는 시초(蓍草)를 세워 괘(卦)를 구하는 것이다.[229)] 이를 간략히 말하면 '착' 은 서로 번갈아 쓴다는 것이고 종은 총괄하여 셈하는 것이다.[230)] 즉 착종이란 번갈아하고 종합하는 것을 말한다. 이진상은 인간의 다양한 감정의 양상을 착종설로 설명하기도 한다.

경위의 가운데 착종의 묘함이 있다. 의리(義理)로 말하면, 어버이를 사랑하

---

227) 『寒洲全書』 五, 『辨志錄』, 卷2, 「四七辨」, 409쪽 상단 13-20행, "智之仁之理, 發爲愛(乘水生木之氣); 仁之禮之理, 發爲喜(乘木生火之氣); 禮之信之理, 發爲樂(乘火生土之氣); 信之義之理, 發爲憂(乘土生金之氣); 義之智之理, 發爲哀(乘金生水之氣). 此正理之所乘者, 相生之間氣也; 義勝仁之理, 發爲惡(乘金克木之氣); 禮勝義之理, 發爲怒(乘火克金之氣); 智勝禮之理, 發爲懼(乘水克火之氣); 信勝智之理, 發爲欲(乘土克水之氣); 信勝智之理, 發爲悔. 此正理之所乘者, 相克之間氣也(氣之相生相克, 其勢反重)." 참조. 李震相은 '信勝智之理, 發爲悔' 이라고 하였으나, 위 인용문에 의거하여 '仁勝信之理, 發爲悔(乘木克土之氣)' 로 수정하여 전개하였음을 밝힌다.

228) 『寒洲全書』 壹, 『寒洲集』, 卷32, 「四七經緯說」, 684쪽 상단15 10-12행, "哀了又愛, 悔了又惡, 情之所以循環流轉, 而隨其所感, 或自中起, 或自下起, 不可以一槩論也." 참조.

229) 『周易』「繫辭上傳」 第10章, 589쪽 상단71 13-15행, "錯者, 交而互之, 一左一右之謂也; 綜者, 總而挈之, 一低一昂之謂也. 此亦皆謂蓍求卦之事."

230) 『朱子語類』 卷75, 「易十一 · 繫辭上之下」〈右第十章〉, 1920쪽, "錯者, 有迭相爲用之意; 綜, 有總而挈之之意."

는 것은 '인(仁)' 이 '인' 으로 가고, 형을 사랑하는 것은 '예(禮)' 가 '인' 으로 가고, 임금을 사랑하는 것은 '의(義)' 가 '인' 으로 가고, 어진이를 사랑하는 것은 '지(智)' 가 '인' 으로 가고, 불인한 사람을 미워하는 것은 '인' 이 '의' 로 가고, 무례한 사람을 미워하는 것은 '예' 가 '의' 로 가고, 의롭지 못한 사람을 미워하는 것은 '의' 가 '의' 로 가고, 어질지 못한 사람을 미워하는 것은 '지' 가 '의' 로 가는 것이다. 형기(形氣)로 말하면, 좋은 음식을 보고 기뻐하는 것은 '인' 이 '수(水)' 를 따르는 것이고, 좋은 일을 보고 기뻐하는 것은 '인' 이 '목(木)' 을 따르는 것이고, 좋은 색을 만나 기뻐하는 것은 '인' 이 '화(火)' 를 따르는 것이고, 좋은 냄새를 맡고 기뻐하는 것은 '인' 이 '토(土)' 를 따르는 것이며, 좋은 소리를 듣고 기뻐하는 것은 '인' 이 '금(金)' 을 따르는 것이고, 나쁜 음식을 보고 성내는 것은 '의' 가 '수' 를 따르는 것이고, 나쁜 색깔을 보고 성내는 것은 '의' 가 '화' 를 따르는 것이고, 나쁜 일을 만나 성내는 것은 '의' 가 '목' 을 따르는 것이고, 나쁜 냄새를 맡고 성내는 것은 '의' 가 '토' 를 따르는 것이며, 나쁜 소리를 듣고 성내는 것은 '의' 가 '금' 을 따르는 것이다.[231]

이는 의리적 측면과 형기적 측면에서 발생하는 감정을 착종설로 설명하는 것이다. 인간의 의리적 측면의 감정을 착종설로 말하면, '착' 의 차원에서 '인' 의 4배수로 하여 인·의·예·지와 서로 번갈아 전개하고 그것을 통해 현실 인간관계에서 네 대상, 즉 '애친(愛親)' · '애형(愛兄)' · '애군(愛君)' · '애현(愛賢)' 을 '종' 의 차원에서 종합하여 사랑하는 것을 말하는

231) 『寒洲全書』 壹, 『寒洲集』, 卷32, 「四七經緯說」, 684쪽 상단15 12행-하단16 2행, "經緯之中, 又有錯綜之妙. 以義理言之, 則愛親者, 仁之仁也; 愛兄者, 禮之仁也; 愛君者, 義之仁也; 愛賢者, 智之仁也; 惡不仁者, 仁之義也; 惡無禮者, 禮之義也; 惡不義者, 義之義也; 惡不賢者, 智之義也. 以形氣言之, 則見好食而喜者, 仁之從水也; 見好事而喜者, 仁之從木也; 遇好色而喜者, 仁之從火也; 聞好臭而喜者, 仁之從土也; 聞好聲而喜者, 仁之從金也; 見惡食而怒者, 義之從水也; 見惡色而怒者, 義之從火也; 遇惡事而怒者, 義之從木也; 聞惡臭而怒者, 義之從土也; 聞惡聲而怒者, 義之從金也."

것이고, 또한 '착'의 차원에서 '의'의 4배수로 하여 인 · 의 · 예 · 지와 서로 번갈아 전개하고 그것을 통해 네 대상, 즉 '오불인자(惡不仁者)' · '오무례자(惡無禮者)' · '오불의자(惡不義者)' · '오불현자(惡不賢者)'를 '종'의 차원에서 종합하여 미워하는 것을 말한다. 즉 이는 기보다는 의리적 측면에서 인간의 감정이 상대 인물에 따라 '사랑하고〔愛〕' '미워하는〔惡〕' 것 자체가 다르게 표현되는 것을 말하는 것이다. 다음으로 형기적 측면을 착종설로 말하면, 어떤 상황의 감정 전이과정을 '착'의 차원에서 '인'의 5배수로 하여 수 · 목 · 화 · 토 · 금과 서로 번갈아 전개하나 '종'의 차원에서 '희(喜)'하는 감정을 말하고, 또한 '의'의 5배수로 하여 수 · 목 · 화 · 토 · 금과 서로 번갈아 전개하나 '종'의 차원에서 '노(怒)'하는 것을 감정을 가리키는 것이다. 이 또한 상대 인물에 따라 '기뻐하고〔喜〕' '성내는〔怒〕' 것 자체가 착종에 의해 각각 다르게 드러나는 것을 말하는 것이다. 기의 경위설로 설명할 수 없는 감정을 다시 착종설을 중심으로 전개하는 이진상의 이론은 난해하나,[232] 의리적 측면의 감정〔愛 · 惡〕과 형기적 측면의 감정〔喜 · 怒〕이 상대 인물에 따라 다르게 발현되는 것은 인간관계에서 도덕적 감정이 구체적으로 드러나는 사실적 양상에 치중하고 있는 것이라고 할 수 있을 것이다.

232) 이진상의 錯綜說은 氣로 어떻게 설명할 수 있는 것이 아니라고 본다. 다만 錯綜說은 다음과 같이 설명될 수 있을 것이다. 의리적 측면은 인간관계에서의 '愛'와 '惡'의 감정을 錯綜(仁과 義의 각각 4배수로서의 仁 · 義 · 禮 · 智와 관계)으로 발현시키는 것이고, 형기적 측면은 어떤 상황에서 '喜'와 '惡'의 감정을 착종(仁과 義의 5배수로서의 水 · 木 · 火 · 土 · 金를 따라가는 관계)으로 발현시키는 것이다.

제4장
心의 主宰性과 修養論

심통성정론(心統性情論)이 인간 내면의 존재양상을 밝히는 것이라면, 심의 주재성과 수양론은 인간의 현존적 욕망을 주재하여 바람직한 인격을 형성하는 데 초점이 있는 것이다. 인간의 심은 천지가 만물을 생성하는 심이 인간에게 내재한 것이다. 이러한 심은 전개되는 양상에 따라 다양하게 해석된다. 이진상은 심의 구조와 기능을 심통성정론에서 심도있게 분석하면서 특히 심의 주재 기능을 강조하고 있다. 이진상은 심통성정론에서 심의 구조와 기능을 토대로 '심 · 성 · 정이 하나의 리이다' 〔心性情一理說〕를 제시하고, 하나의 심이 이분적(二分的)으로 구분되는 이심사심(以心使心)의 논리를 들어 본체적인 양심(良心) · 본심(本心)이 성 · 정과의 유기적인 관계에서 현존상의 비본래적 마음을 주재하도록 하는 이론을 제시한다. 또한 그는 심의 수양(修養)으로서 인심도심(人心道心)에서 도심의 역할을 중시하고 심의 주재 기능을 경(敬)과 상응구조(相應構造)로 설명하며, 나아가 그 심의 수양방법으로 '직(直)' 을 제시한다. 이 장은 이러한 논의를 살펴보는 것에 그 주안점이 있다.

1. 心統性情論

'심통성정론' 이란 심·성·정 3요소의 유기적 관계를 통해 인간의 의식 상태를 설명하는 논리이다. 이 용어는 처음 중국 송나라의 장재(張載)가 처음 제시한 것이다.[1] 그는 심의 능연성(能然性) 차원에서 심·성·정의 관계를 설명하였다고 볼 수 있으나,[2] 그의 논리는 소박하고 구체적이지 못하다. 그러나 주희는 인성론적 측면에서 심·성·정의 유기적 관계를 전개하는 데 있어 장재의 심통성정론을 불멸의 진리라고 여긴다.[3] 심통성정에 대한 이론적 전개는 심과 성·정의 유기적 관계에서 심이 어떻게 성·정을 '통(統)' 하느냐가 관건이 된다. 그렇다면 '통' 이란 글자의 함의(含意)가 매우 중요하다 하겠다. 주희에 의하면 '통' 에는 두 가지 의미가 있는 바, 그 하나는 심이 구조적으로 성과 정을 포괄(包括)하고 있는 것이고 다른 하나는 성이 외부 상황에 의해 정으로 발현할 때 주재(主宰)한다는 것이다.[4]

이진상은 심학(心學)의 오묘함은 장재가 요약하여 곡진하게 말한 심통성정에서 벗어남이 없는데 주희가 그것을 극진하게 부연·설명하였으므로 주희의 이론을 따라야 한다고 하면서,[5] 주희의 심통성정에 대한 논의를 시기별〔초년과 말년〕로 철저하게 고증한다.[6] 그는 심통성정에서 문제가 되는

---

1) 『張子全書』, 卷14, 「性理拾遺」, 하단3 11행, "張子曰: 心統性情者也"(『文淵閣四庫全書』 697, 子部3, 「儒家類」, 311쪽). 『張子全書』는 臺灣商務印書館發行 영인본(『文淵閣四庫全書』 697, 子部3, 有價類, 中華民國 75년)을 저본으로 하였다.

2) 吳鍾逸, 「性理學 形成의 淵源에 대한 考察」, 『儒教思想研究』 제4·5집, 儒教學會, 1992, 16-18쪽.

3) 『朱子語類』 上, 卷5, 「性理2·性情心意等名義」〈砥錄〉, 184쪽, 하단10 11행, "(伊川性卽理也,) 橫渠心統性情(二句), 顚撲不破."

4) 오하마 아끼라 지음, 이형성 옮김, 『범주로 보는 주자학』, 예문서원, 1997, 177-180쪽.

5) 『寒洲全書』 貳, 『理學綜要』, 卷7, 「心(理之主宰)第四中」, 101쪽 상단7 16-17행, "千古心學之妙, 無出於張子一言, 可謂約而盡矣. 子朱子, 又推演之, 極其精明. 後之學者, 當遵守之信用之"

'통'의 의미로 겸포(兼包)로서의 포괄성과 관섭(管攝)으로서의 주재성을 말하나, 그 실질적인 것은 상통(相通)하고 있어 주희의 심통성정의 논의는 초년설과 말년설의 차이가 없다고 하였다.[7] 본 절에서는 이진상의 심통성정에 대한 논의와 심·성·정의 유기적 관계를 살펴본다.

1) 心의 包括性

일반적으로 심을 정의하는데 있어 리·기·성·정 등의 용어와 관련시켜 논의를 전개한다. 이진상은 이렇게 논의되는 『주자대전』·『주자어류』·『사서집주(四書集註)』·『사서혹문(四書或問)』 등에서 제시한 기·성·정 등은 심과 상대할 수 없음을 다음과 같이 말한다.

> 살펴보건대, 심의 주재가 하늘에 있으면 제(帝)라고 하고, 사람에게 있으면 천군(天君)이라고 한다. 비록 성과 도(道)의 미명(美名)으로도 관여시킬 수 없다. 왜냐하면, 그것을 상대시킬 수 없기 때문이다. 만일 보통 언어로 상대하여 말하면 다음과 같은 것들이 있다. 성과 상대하여 말하는 것이 있으니, 예를 들면, 신령스러운 것은 심이고 실질인 것은 성이라고 하는 것이 이것이다. 기와 상대하여 말하는 것이 있으니, 예를 들면, 나의 심이 바르면 나의 기가 그대로 따른다고 하는 것이 이것이다. 정과 상대하여 말하는 것이 있으니, 예를 들면, 느끼는 것은 심이고 움직이는 것은 정이다고 하는 것이 이것이다. 그러나 심은 본래 성과 정을 통(統)하고 리와 기를 합하고 있기 때문에 '성'과 상대하여 말하면 정을 누락시키게 되고, 정과 상대하여 말하면 성을 누락시키게 된다. 성은

---

6) 『寒洲全書』 貳, 『理學綜要』, 卷7, 「心(理之主宰)第四中」, 100쪽 상단5 19행-101쪽 상단7 4행.

7) 『寒洲全書』 貳, 『理學綜要』, 卷7, 「心(理之主宰)第四中」, 101쪽 상단7 5-6행, "按: 統有兼包義, 有管攝意, 而其實則相通, 非有初晩之別."

심의 본체이므로 성 밖에 심이 없으니 성과 상대하여 말할 수 없고, 정은 심의 묘용이므로 정 밖에 심이 없으니 정과 상대하여 말할 수 없다. 심이라는 존재는 천리가 사람에 내재한 전체여서 심과 리는 하나이니, 리와도 상대하여 말할 수 없다. 또한 심이 기의 정상(精爽)이라면 심은 기의 근본이 되니, 기와 상대하여 말할 수 없다.[8)]

심의 상대가 없는 이유를 들자면, 먼저 성정에 있어서는 심의 일부분인 성은 심의 미발인 체이고 정은 이발의 용이기 때문이고, 리와 기에 있어서는 동일한 존재〔理·氣〕로써 어떻게 동일한 존재〔心〕와 상대하여 말할 수 있겠는가라는 것이다. 이것은 그가 주희의 "오직 심은 상대가 없다"[9)]라는 것을 수용한 것이라 하겠다. 이진상은 심은 상대가 없다는 것에 대해 다음과 같이 말한다.

성과 정을 포함하였기 때문에 성과 상대되지 아니하고, 리와 기를 겸하였기 때문에 리와 상대되지 아니한다. 하나를 가지고 하나를 상대하면 이것이 '무대(無對)'이고, 두 개로 하나를 상대하면 이것이 '유대(有對)'이다. 그러므로 또한 심은 성·정과 상대하여 말한다고 한다.[10)]

---

8) 『寒洲全書』 貳, 『理學綜要』, 卷7, 「心(理之主宰)第四中」, 101쪽 하단8 8-17행, "按: 心之主宰, 在天則謂之帝, 在人則謂之天君. 雖以性道之美名, 不得與焉, 以其不可對也. 若以尋常言語對說, 則有對性言者, 如曰靈底是心, 實底是性, 是也. 有對氣言者, 如曰吾之心正, 吾之氣順, 是也. 有對情言者, 如曰感爲心, 動爲情, 是也. 然心本統性情合理氣, 以性對則遺乎情, 以情對則遺乎性, 而性乃心之體, 性外無心, 不可以對性言也, 情乃心之用, 情外無心, 不可以對情言也. 心乃天理在人之全體, 則心與理一, 不可以對理言也. 心乃氣之精爽, 則心爲氣本, 不可以對氣言也."

9) 『朱子語類』 上, 卷5, 「性理(2)·性情心意等名義」, 181쪽 상단3 6행, "唯心無對."

10) 『寒洲全書』 五, 『求志錄』, 卷15, 「朱子語類箚疑」 卷2, 〈性理〉, 19쪽 상단 5-6행, "包性情, 故不與性對; 兼理氣, 故不與理對. 以一對一, 則無對; 以二對一, 則有對. 故又曰心對性情言."

'오직 심은 상대가 없다' 는 심은 성과 정, 리와 기를 포함하고 있기 때문에, 어느 한편에 치우쳐 상대할 수 없다는 것이다. 즉 심은 성과 정을 포괄하므로 성과도 상대가 되지 아니하고 정과도 상대가 되지 아니한다는 것이다. 이는 심이 성 · 정과 상대하여 논의되는 범주를 말하는 것이다. 그런데 그는 '심은 성정과 상대된다' 고는 하지만 '심은 리기와 상대된다' 고는 말하지 않는다. 왜냐하면, 전자는 2대 1의 관계요 후자는 2대 1의 관계가 아니기 때문이다. 즉 심과 성 · 정의 관계는 동일한 존재에서의 두 측면이 상대하고 있는 것이다. 이러한 논의는 바로 심통성정론으로 연결된다.

심통성정론에서 '통' 이 심의 포괄성을 의미할 때 먼저 동(動)과 정(靜), 체(體)와 용(用), 미발(未發)과 이발(已發) 등이 고려되어야 한다.[11] 왜냐하면 이러한 용어는 심과 성 · 정의 관계, 즉 '심통성정' 이 성립하는 데 있어 전제조건이 되기 때문이다. 이진상도 이러한 용어를 빌어 심을 설명한다. 그에 의하면, 심이란 동과 정을 관통하고 체와 용을 겸하고[12] 또한 미발과 이발을 포괄하는 것이다.[13] 이진상은 심이 체와 용을 겸한다는 논리를 토대로 하여 다음과 같이 말한다.

> 대체로 체와 용으로 말하면 심의 본체는 성이며 심의 묘용은 정이다. 성과 정 이외에 따로 심은 없으니 이것이 통(統)을 '겸한다' 〔兼〕는 것으로 풀이한 까닭이다.[14]

이는 심의 '체' 와 '용' 을 심의 '본체' 와 '묘용' 으로 전환하면서 성과 정

---

11) 蔡方鹿, 『朱熹與中國文化』, 中國: 貴州人民出版社, 2000年, 83-86쪽.

12) 『寒洲全書』 壹, 『寒洲集』, 卷10, 「答權可器(庚申)」〈別紙〉, 227쪽 하단22 5행, "心之爲物, 貫動靜兼體用."

13) 『寒洲全書』 壹, 『寒洲集』, 卷27, 「答崔純夫」, 594쪽 상단19 14행, "心包得未發已發."

14) 『寒洲全書』 貳, 『理學綜要』, 卷7, 「心(理之主宰)第四中」, 101쪽 상단7 6-7행, "盖以體用言, 則心之本體, 卽性也; 心之妙用, 卽情也. 性情之外, 更別無心, 此所以訓統爲兼也."

을 벗어나 별도로 심이 존재하지 않는다는 것이다. 그러므로 심이 성과 정을 통한다고 할 때의 '통'을 '겸하다'로 해석할 경우, 심이 성과 정을 구조적으로 포괄하고 있어 유기적으로 매우 밀접한 관계임을 말하는 것이다. 심의 체와 용으로 말하는 경우는 겸해(兼該)의 뜻이 있는 것이다.[15] 그러므로 심의 포괄성은 심겸체용론(心兼體用論)에서 출발하지만, 이는 곧 성과 정이 심을 하나의 공통분모로 삼은 것이다.[16] 즉 심을 체용론적 구조에서 보면, 성과 정은 심의 두 측면으로 분리된 부분적 범주로 생각할 수 있다. 반면에 심은 성과 정의 부분성을 구조적으로 포괄하는 전체적 범주에 해당하는 것이다. 이진상이 심이 성과 정을 '겸한다' 또는 '포괄한다'는 논리구조를 언급하여 심 · 성 · 정의 유기적 관계를 설정한 것은, 주희가 정이(程頤)와 장재(張載)의 논리를 결합한 형식[17]과 이황의 '심에 체와 용이 있다'는 심유체용론(心有體用論), 특히 체용일원(體用一原)이라는 성리학의 논리체계가 그 저변에 구축되어 있는 것이다.

심이 동과 정을 소유하고 있는 바, 정은 성이고 동은 정이다.[18] 이는 체를 정(靜) · 성(性)으로, 용을 동(動) · 정(情)으로 연관시킨 것이다. 즉 심의 체용적 포괄성을 토대로 하여 동과 정, 미발과 이발을 아우르는 논리로 생각할 수 있을 것이다. 그러므로 동을 심으로 정을 성으로 구분할 수 없고 의식활동〔動과 靜〕 여부에 의해 성과 정이 결정되는 것이다.[19] '동(動)을 심으로

15) 『寒洲全書』 壹, 『寒洲集』, 卷17, 「答金致受問目(戊寅)」, 394쪽 하단28 1-2행, "以心之體用言之, 則統有兼該意."

16) 『朱子語類』 上, 卷5, 「性理2 · 性情心意等名義」〈僩錄〉, 183쪽 하단8 14-16행, "蓋心便是包得那性情, 性是體, 情是用. 心字只一箇字母, 故性情字皆從心." 『寒洲全書』 壹, 『寒洲集』, 卷5, 「上崔海庵」〈別紙〉, 130쪽 하단46 17-18행, "朱子曰: 心包性情, 性是體, 情是用, 心是一箇字母. 故性情皆從心."

17) 『朱子語類』 下, 卷95, 「程子之書(1)」〈淳錄〉, 1105쪽 상단1 18-19행, "心一也, 有指體而言者, 有指用而言者. 伊川此語與橫渠心統性情相似."

18) 『朱子語類』 下, 卷98, 「張子之書(1)」〈卓錄〉, 1145쪽, 상단7 8-9행, "一心之中, 自有動靜, 靜者性也, 動者情也."

성을 정(靜)으로 구분할 수 없다' 는 것은 주희가 초년에 이동(李侗)과 장식(張栻)의 영향을 받아 '심을 기적(氣的) 성격으로 규정하고 성을 리로 규정하는 잘못' 을 깨달았기 때문이다.

그리하여 이진상은, 심을 형질적인 형체로 보아 성을 포괄할 경우, 이는 의식활동으로서의 심이라고 말할 수 있는 것이 아니고 하나의 심의 집〔心之舍〕이 되는 형질적인 기가 된다고 말한다.[20] 즉 리기론적으로 보면, 심을 기라는 유형적 물질존재로 여기는 것이 아니고 심을 무형적 리로서 의식활동하는 측면을 말하는 것이다. 그러므로 심은 성과 정의 공통분모로서 역할을 하는 것이지 어떤 한 개별자가 다른 개별자를 포괄하는 양상은 아니라고 볼 수 있다.[21]

이진상에 의하면, 심이 성도 아니고 정도 아닌 것으로 보아, 심을 성과 정의 분리된 존재라고 여긴다면, 심과 성은 두 개의 근본이 되고 정과 의(意)도 두 갈래가 되기 때문에 심을 성과 정의 '통일적 명칭' 〔統名〕으로 보아야 할 뿐만 아니라 심이 성과 정을 겸한다는 것으로 간주해야 한다고 한다.[22] 즉 심의 포괄성 측면에서 그의 '심통성정론' 은 하나의 무형적 존재〔心〕에 어떤 두 가지 양상〔性과 情〕이 동시에 성립하는 관계이지 이를 구조적으로 분리하여 이원화(二元化)할 수 없다는 논리체계이다.

따라서 심이 성과 정을 포괄·포함하고 있다는 것은, 심이 성과 정의 서

---

19) 『寒洲全書』 五, 『求志錄』 卷15, 『語類箚義(一)』 「性理」, 22쪽 하단 10-11행, "心統攝性情) 言動靜時, 心性無分, 以心之未動者爲性, 已動者爲情."

20) 『寒洲全書』 四, 『求志錄』, 卷12, 『近思錄箚義』, 459쪽 하단 21행-460쪽 상단 3행, "心統性情) ……以其形質則包性. …… 然包性之心, 君子不謂之心(乃心之舍)."

21) 『寒洲全書』 五, 『求志錄』 卷19, 『語類箚義(五)』 「橫渠書」, 218쪽 상단 18-21행, "心統性情) …… 心之體, 性也; 心之用, 情也, 性情之外, 更別無心. 先生恐人將這統者, 謂以此統彼之義. 故發明如此."

22) 『寒洲全書』 四, 『求志錄』 卷12, 『近思錄箚義』, 460쪽 상단 14-17행, "心果非性非情, 而別有一物, 則是心性爲兩本, 而情意爲兩岐矣. 語類載西山說曰: 心統性情, 不如曰心者性情之統名, 朱子亦曰: 統猶兼也."

로 다른 두 방면을 설명하는 것으로 볼 수 있다.[23] 심이 성과 정을 '겸한다' 즉 '포괄한다'는 논리를 토대로 심통성정의 '통'을 주재성으로 파악한다. 나아가 그의 심통성정에 대한 논리체계는 의식상태가 어떠하냐에 따라 심과 성이 하나가 되고 또는 심과 정이 하나가 되는 심성정일리설(心性情一理說)의 토대가 되기도 한다.

2) 心의 主宰性

심통성정론에서 '통'을 "주재한다"[24]는 의미로 보는 것은 심성론에서 중요한 성격을 갖는다. 이 심통성정에서 '통'을 '주재한다'고 해석하는 것 역시 항상 앞서 고찰한 '통'을 '겸한다'라는 구조에서 성립하는 것이다.[25] 다시 말하면 심의 포괄성과 주재성을 구분해서 생각할 수 없는 것이다. 심이 '주재한다'의 의미는 '주(主)'[26] · '관섭(管攝)'[27] · '통섭(統攝)'[28]이라는 단어로 사용하기도 하지만, 심의 주재가 바로 관섭하는 뜻이다.[29] 이러한 용어를 풀이하면 어떤 대상이 다른 대상을 주재 · 관섭 · 통섭하는 격이 된

---

23) 陳來, 『朱子哲學硏究』(中國: 華東師範大學出版社, 2001年), 252쪽.

24) 『朱子語類』 下, 卷98, 「張子之書」〈賀孫錄〉, 1145쪽 상단7 10행, "統是主宰."

25) 『寒洲全書』 貳, 『理學綜要』, 卷7, 「心(理之主宰)第四中」, 101쪽 상단7 14-16행, "以其有兼包之實, 故所以有主宰之妙, 理一而已, 豈有兩樣理之疑乎?"; 『寒洲全書』 壹, 『寒洲集』, 卷17, 「答金致受問目(戊寅)」, 394쪽 하단28 1-5행, "統有二義. …… 然而二義, 只是一事, 初非性情之外, 別有心以統之也."

26) 『朱子大全』 中, 卷67, 「元亨利貞說」, 594쪽 상단1 7행, "性者, 心之理也; 情者, 心之用也; 心者, 性情之主也."

27) 『朱子語類』 上, 卷5, 「性理2 · 性情心意等名義」, 184쪽, 하단10 23행 (端蒙錄), "性以理言, 情乃發用處, 心卽管攝性情者也."

28) 『朱子語類』 上, 卷5, 「性理2 · 性情心意等名義」〈端蒙錄〉, 184쪽 하단10 21행, "心統攝性情."

29) 『寒洲全書』 壹, 『寒洲集』, 卷17, 「答金致受問目(戊寅)」, 394쪽 하단28 1행, "以心之主宰者言, 則統有管攝底意."

다. 즉 심이라는 대상이 성과 정이라는 대상을 주재·관섭·통섭하는 것이다. 때문에 비유적으로 장군이 군사를 주재한다는 것으로 설명된다.[30] 주재의 성격을 갖는 심은 포괄적 구조를 토대로 하면서 주재하는 것이다.[31] 심의 주재성은 포괄성을 토대로 하기 때문에 심과 성·정의 유기적 관계를 이원화시킬 수 없는 것이다. 그러나 주재상에서 심과 성·정의 구분이 있다[32]는 것은 각각의 자기역할이 있음을 말하는 것이다. 즉 심과 성·정의 관계는 항상 유기적이다. 이진상의 심통성정론에서 심의 주재성을 어떻게 전개하고 있는지를 살펴보자.

> 주재로 말하면, 심이 주재를 하는 까닭은 그 지각〔知〕이 있기 때문인데 지각은 성과 정의 덕을 묘합할 수 있는 것이니 〈그것은〉 인(仁)으로 사랑하고 예(禮)로 사양하고 의(義)로 마땅하게 하고 지(智)로 분별하는 것이다. 심에 주재가 있는 까닭은 경(敬) 때문인데 경은 동(動)과 정(靜)을 일관하고 또 성을 보존하고 정을 검속할 수 있는 것이다. 이것이 통(統)을 주재한다는 것으로 풀이한 까닭이다.[33]

즉 이는 심의 주재성을 두 가지 측면에서 언급한 것이다. 그것은 심이 주재하는 까닭의 측면과 심에 주재가 있는 까닭이 그것이다. 이진상은 전자를 지각(知覺)과 연결시키고 후자를 경(敬)과 관계시킨다. 이진상에 의하면,

---

30) 『朱子語類』 下, 卷98, 「張子之書」 〈賀孫錄〉, 1145쪽 상단7 10행, "心統性情, 統如何? 曰: 統是主宰, 如統百萬軍."

31) 『朱子語類』 下, 卷98, 「張子之書」 〈卓錄〉, 1145쪽 상단7 4-5행, "性是體, 情是用, 性情皆出於心, 故心能統之. 統如統兵之統, 言有以主之也."

32) 『寒洲全書』 五, 『求志錄』 卷15, 『語類箚義(一)』 「性理」, 22쪽 하단 11-18행, "言主宰時, 心性有分."

33) 『寒洲全書』 貳, 『理學綜要』, 卷7, 「心(理之主宰)第四中」, 101쪽 상단7 7-11행, "以主宰言, 則心之所以爲主宰者, 以其有知也. 知能妙性情之德, 以仁愛以禮讓以義宜以智別; 心之所以有主宰者, 敬也, 敬貫動靜, 又能存性而檢情. 此所以訓統爲主也."

지각은 지(智)의 덕이 하나의 마음을 오로지 한 곳에 전념하도록 하는 것이고, 경은 예(禮)의 덕이 하나의 마음을 오로지 한 곳에 전념하도록 하는 것으로, 지와 예는 성(性)이고 지각과 경은 정(情)이라고 한다.[34] 지의 덕이 하나의 마음을 오로지 하는 지각작용은 성과 정을 묘하게 합하는 바, 인으로 사랑하고 예로 사양하고 의로 마땅하게 하고 지로 분별하는 것이다. 다시 말하면 본성에 의거하여 순수한 감정이 되도록 하는 것이 지각작용이다. 이진상은 성정일물(性情一物)[35]을 주장하지만,[36] 성발위정(性發爲情)이라는 논리적 측면에서 보면 성과 정은 차원을 달리한다. 즉 외부대상에 의해 본성이 감응되어 드러나는 것이 감정인데, 드러나게 할 수 있는 것은 심의 지각작용이 있기 때문이다.

다음으로 심에 주재가 있는 까닭으로서의 '경' 을 살펴보자. 예의 덕이 하나의 마음을 오로지 한 곳에 전념하도록 하는 경은 움직임과 고요함을 관통하고 성을 보존하고 정을 검속할 수 있는 원리이다. 즉 경은 심이 지닌 고요함과 움직임의 성격을 관통하면서 심의 본체로서의 성을 보존하고 심의 묘용으로 정이 외물에 끌려가지 않도록 검속하는 것이다. 그러므로 경은 인간에 있어서의 자기의 내면(內面)에서나 외면(外面)에서 도덕적 주체를 확립하는 것이라 말할 수 있다.[37] 이진상은 심에 지각과 경이 있기 때문에 심통성정의 '통' 을 주재한다는 뜻으로 풀이하는 것이라 할 수 있을 것이다.

이진상은 심이 성과 정을 주재한다고 하는 바, 이는 심이 성을 주재한다

34) 『寒洲全書』 貳, 『理學綜要』, 卷7, 「心(理之主宰)第四中」, 101쪽 상단7 11-12행, "然知是智之德專一心之名; 敬是禮之德專一心之目. 智禮是性, 知敬是情."

35) 性情一物이라는 것은 주희가 일찍이 언급한 바 있다(『朱子大全』 上, 卷40, 「答何叔京」, 741쪽 하단39 10행, "性情一物").

36) 『寒洲全書』 壹, 『寒洲集』 卷7, 「答柳仲車別紙(退溪集疑義○癸丑」, 154쪽 하단2 3-5행, "若性情只是一事, 理之靜者爲性, 理之動者爲情. 如人之處室出門, 初非有兩樣人, 則氣者, 盛此性而已, 行此情而已. 旣不可認之爲性, 則亦豈可認之爲情乎?"

37) 高橋進 著, 安炳周 · 李基東 譯, 『李退溪와 敬의 哲學』, 新丘文化社, 1986, 241쪽.

고 하는 측면과 심이 정을 주재한다고 하는 측면으로 구분하여 생각할 수 있을 것이다. 이진상은 다음과 같이 말한다.

> 고요함은 성이니 충막(冲漠)하여 조짐이 없지만 지각이 어둡지 않아 심이 고요함을 주재할 수 있는 것이고, 움직임은 정이니 발출(發出)함이 동일하지 않지만 본원은 항상 일정하니 심이 움직임을 주재할 수 있는 것이다.[38]

심의 두 측면인 성과 정을 살펴보면, 먼저 성은 내면적 고요함이기 때문에 사물이 이르지 않고 사려(思慮)가 싹트지 않아 혼연하면서 모두 도의(道義)가 구비된 상태이고, 정은 외면적 움직임이기 때문에 사물이 이르고 사려가 싹터 칠정(七情)이 서로 작용하면서도 각각 주장함이 있는 상태이다.[39] 심이 성과 정을 주재하는 것은 바로 충막하고 조짐이 없는 성을 심의 허령한 지각이 고요함을 보존할 수 있게 하는 것, 그리고 현상적으로 발현하는 정이 일정하지 않지만 원리적으로는 심이 항상 일정하도록 하는 것을 의미하는 것이다. 이는 심의 지각이 미발상태나 이발상태에서 동시에 작용한다는 이중성을 내포하고 있는 것이다. 다시 말하면 이러한 심의 지각은 동과 정 어느 하나에 편중시켜 말할 수 없는 이론적 구조를 갖는다. 이진상은 심의 미발상태를 지각이 어둡지 않은 허령한 체로, 이발상태를 지각이 어긋나지 않은 허령한 용으로 간주하기 때문에[40] 심의 지각이 미발상태나

---

38) 『寒洲全書』 五, 『求志錄』 卷15, 『語類箚義(一)』 「性理」, 22쪽 하단 11-13행, "盖靜者是性, 冲漠無眹, 而知覺不昧, 心能主宰乎靜; 動者是情, 發出不同, 而本原常定, 心能主宰乎動."

39) 『朱子大全』 上, 卷32, 「答張欽夫」, 543쪽 하단32 4-9행, "人之一身, 知覺運用, 莫非心之所爲, 則心者固所以主於身, 而無動靜漁默之間者也. 然方其靜也, 事物未至, 思慮未萌, 而一性渾然, 道義全具, 其所謂中, 是乃心之所以爲體, 而寂然不動者也. 及其動也, 事物交至, 思慮萌焉, 則七情迭用, 各有所主, 其所謂和, 是乃心之所以用, 感而遂通者也."

40) 『寒洲全書』 壹1, 『寒洲集』, 卷10, 「答權可器(庚申)」 〈別紙〉, 227쪽 하단22 5-7행, "心之

이발상태를 관통하고 있음을 강조하고 있다. 이진상은 심·성·정의 구별과 주(主)·재(宰)의 구별을 다음과 같이 설명한다.

이 성의 밖에 따로 주재의 리가 있는 것이 아니다. 지의 덕이 한 마음을 온전히 하여 그 리가 혼연한 것은 심이 성을 주장하기 때문이고, 인·의·예·지로 그 구분이 찬연한 것은 성이 심과 구별되기 때문이다. 인의 단서가 한 마음을 온전히 하여 대응하는 것이 만 가지로 변하니, 예로 품절하고 의로 단제하고 지로 수렴하는 것은 심이 정을 제재하기 때문이고, 희·노·애·락이 느낌에 따라 서로 나오는 것은 정이 심과 구별되기 때문이다.[41)]

그러나 '주재의 묘함'은 '심이 성정과 상대되면서 고요함과 움직임을 관통하는 곳에 있는 것이다.[42)] 심의 주재는 동과 정에 모두 해당되는 것이다. 이진상은 심의 주재가 곧 리라고 본다. 그는 다음과 같이 말한다.

심의 주재는 본래 리이다. 심의 리는 성이다. 성은 주재로 말할 수 없다. (……) 심은 사람의 태극이다. 그 체는 성인데 성은 본래 무위하고 그 용은 정인데 정은 바로 곧바로 완수한다. 그 주재의 신묘함을 말하자면, 인 '으로' 사랑하고 의 '로' 미워하고 예 '로' 사양하고 지 '로' 지각하는 것이다. 인·의·예·지는 성이며, 사랑·미움·사양·앎은 정이며, '으로'는 심이다.[43)]

爲物, 貫動靜兼體用. 若於此分體用, 則未發而知覺不昧, 便是虛靈底體, 而渾然一原矣; 已發而知覺不差, 便是虛靈底用, 而燦然一路矣."

41) 『寒洲全書』 五, 『求志錄』 卷15, 『語類箚義(一)』 「性理」, 22쪽 하단 13-18행, "非此性之外, 別有主宰之理也. 智之德, 專一心, 而其理渾然者, 心之所以主乎性也. 仁義禮智, 其分粲然者, 性之所以別於心也. 仁之端, 專一心, 而酬酢萬變, 禮以品節之, 義以斷制之, 智以收斂之者, 心之所以宰乎情也. 喜怒哀樂, 隨感迭出者, 情之所以別於心也."

42) 『寒洲全書』 貳, 『理學綜要』, 卷7, 「心(理之主宰)第四中」, 101쪽 하단8 19-20행, "更按: 將心對性情, 以一對二, 方見. 貫動靜, 皆主宰之妙."

심의 주재는 리이다. 성리학의 심성정론에서 제일의 명제는 성이 곧 리〔性卽理〕라는 것이다. 이진상은 이 논리를 벗어나지 않는 차원에서 심의 리가 성이라고 한다. 그러나 성은 무위(無爲)하기 때문에 주재성이 없는 것이다. 이진상의 심에 대한 논리는 바로 주희의 「원형이정설(元亨利貞說)」의 '인으로 사랑하고, 의로 미워하고, 예로 사양하고, 지로 아는 것은 심이다'〔以仁愛 · 以義惡 · 以禮讓 · 以智知者, 心也〕의 '이(以: ~으로)'를 주재의 뜻으로 파악한 것을 기초하고 있다.[44] 그러므로 '이인애(以仁愛)…'는 심이 인이라는 성으로 사랑이라는 정이 되도록 하는 주도적 역할을 하는 것이다. 이진상은 더욱 구체적으로 심의 주재성을 다음과 같이 말한다.

> 성은 미발의 리이고, 정은 이발의 리이고, 심은 리가 동과 정을 관통하고 성과 정을 관섭하는 것이다. '성이 발하여 정이 된다'〔性發爲情〕는 본래 하나의 실상이면서 명칭이 다른 것이니, 성이 하나의 리요 정이 하나의 리라고 여겨 의심할 수 있는 것은 아니다. 그런데 '심이 성과 정을 묘하게 한다'고 한다면 '두 개의 리가 있다'는 혐의를 면할 수 없다. 묘하도록 하는 것은 과연 무슨 리이고, 묘하게 되는 것은 과연 무슨 리인가? 묘하도록 하는 것은 '리일(理一)'이고, 묘하게 되는 것은 '분수(分殊)'이다. 분수는 리일에서 벗어나 있는 것이 아니므로, 리의 소재가 전일하면 자연히 만물을 묘하게 하는 신(神)이 있어, 빠르지 않아도 빠르고 행하지 않아도 이른다. 그 분수는 묘유(妙有)의 일체(一體)이고 묘응(妙應)의 일단(一端)이다. 리일은 체와 용에 두루 통하나, 분수는 체는 체이

43) 『寒洲全書』 貳, 『理學綜要』, 卷6, 「心(理之主宰)第四上」, 86쪽 하단20 9-15행, "心之主宰, 固是理, 心之理, 固是性, 性不可以主宰言. …… 心者, 人之太極也, 其體則性, 而性本無爲, 其用則靜, 而情乃直遂. 若其主宰之妙, 則以仁愛, 以義惡, 以禮讓, 以智知. 仁義禮智, 性也; 愛惡讓知, 情也. 以之者, 心也."

44) 『寒洲全書』 壹, 『寒洲集』, 卷15, 「答金鳳乃」〈別紙〉, 356쪽 상단27 3-5행, "心與性情, 不是別一箇地頭. 自其未發而謂之性; 自其發出而謂之情; 自其主宰而謂之心. 纔說以者, 便有主張宰制之意."

고 용은 용이다. 그러므로 주재의 묘는 '하나의 리'로 '여러 리'를 묘하게 하는 것이다〔以一理妙衆理〕. '리로 리를 묘하게 하는 것'〔以理妙理〕은 곧 '심으로 심을 부리는 것'〔以心使心〕이다.[45)]

태극으로서의 심은 주재를 의미하나, 그 체가 성이고 그 용이 정이다. 성과 정은 미발과 이발이고, 심은 성이 정으로 발현할 때 주재한다. 그의 심·성·정 구조는 '성은 미발의 리이고, 정은 이발의 리이고, 심은 리가 동과 정을 관통하고 성과 정을 관섭하는 것'을 의미한다. '성발위정'에서 성과 정은 개념적으로 명칭이 두 개이나 원리적 측면에서 보면 성과 정은 하나의 실상〔一理〕이므로, 심이 배제된 듯하다. 그래서 심과 성정은 각각 독립된 존재로 여겨지는 병통이 생기는 것처럼 보인다. 그는 이를 해소하기 위해, '묘지(妙之)'와 '소묘(所妙)'를 구분한다. 위에서 '리의 소재'는 심으로서 리일(理一)이며, '묘유지일체(妙有之一體)'와 '묘응지일단(妙應之一端)'은 성정으로서 분수(分殊)이다. '묘유지일체'란 인·의·예·지〔衆理〕로서의 성이 묘하게 있는 것이고, '묘응지일단'이란 성으로서의 중리〔인·의·예·지: 성〕가 사물과 감응하여 각각의 단서〔仁之端·義之端·禮之端·智之端〕로 드러난 정 곧 측은·수오·사양·시비이다. 이진상에 의하면, 성정의 분수가 격단(隔斷)된 것이 아니고 하나의 분수이다. 이진상의 리일분수 관계를 보면, 리일〔心〕은 분수〔性情〕를 상함(相涵)하는 바〔分殊非有外於理一〕, 이는 묘하도록 하는 자체〔리일·심〕에 묘하게 되는 것〔분수·성

---

45) 『寒洲集』, 卷39, 「主宰圖說」〈附主宰說考(丙辰)〉, 21-16쪽 11행-17쪽 6행, "性是未發之理, 情是已發之理, 而心者理之通貫動靜管攝性情者也. 性發爲情, 固是一實而兩名, 則非可以性是一種理情是一種理疑之, 而乃若此心之妙性情, 則未免有兩樣理之疑. 妙之者果何理, 而所妙者果何理. 夫妙之者, 理之一也; 所妙者, 分之殊者也. 分殊非有外於理一, 而理之所在專一, 則自然有妙物之神, 不疾而速, 不行而至; 其分之殊, 只是妙有之一體, 妙應之一端. 理一則體用旁通, 而分殊則體只是體用只是用. 故主宰之妙, 以一理而妙衆理, 以理而妙理者, 卽其以心而使心也."

정〕이 있는 것이다. 굳이 구분하여 말한다면, 리일은 분수를 묘하도록 하는 것이고 분수는 리일에 의해 묘하게 되는 것이다. 그리하여 '이일리묘중리(以一理妙衆理)' 는 일리(一理: 심)로 중리를 묘하게 하는 것으로, 본체의 리 자체〔심〕에 내함하고 있는 분수적 중리를 묘하게 하는 것이다. '이리묘리(以理妙理)' 는 선천적 성의 리가 사물과 감응하여 정이 될 때〔性發爲情〕, 즉, 성의 내용으로서의 중리〔인 · 의 · 예 · 지〕 중 어느 하나가 사물과 감응하여 정〔사랑 · 미움 · 양보 · 지각〕으로 드러날 때 묘하게 하는 것이다.

리일과 분수의 관계에서 심을 살펴보면, 심은 태극의 고요함과 움직임을 관통하고 있는 혼연한 존재이다. 이진상은 혼연한 심의 전체성을 미발과 이발로 구분하여 다음과 같이 말한다.

> 심은 혼연한 전체이다. 그러므로 미발상태에서는 지(智)의 덕(德)이 한 마음을 오로지 하여 지각이 어둡지 않아 만 가지의 리를 포함하고, 이발상태에서는 지(智)의 용(用)이 여러 정에 우선하여 지각이 어긋나지 않아 만 가지의 일을 변별한다. 이것을 '리를 구비하고 정(情)을 유행시킨다' 고 하는 것이다. '리를 구비한다' 는 것은 '시비(是非)를 아는 리를 구비함' 을 말하고, '시비가 되는 것을 깨닫는다〔情을 유행시킨다〕' 는 것은 '시비의 정이 되는 까닭을 깨닫는 것' 이다. '심의 지각' 이 주재의 묘를 발휘할 수 있는 까닭이다. 그러나 분수처에서도 리는 본래 스스로 하나인 것이다.[46]

이는 주희의 "성은 리이고, 정은 유출하여 운용하는 것이다. 심의 지각은 이 리를 구비하고 이 정을 유행시키는 것이다"[47]라는 말을 구체적으로 설

46) 『寒洲全書』 貳, 『理學綜要』 卷6, 「心(理之主宰)第四上」, 94쪽 상단35 5-10행. "心是渾然全體也. 故未發而智之德, 專一心, 知覺不昧, 含具萬理; 已發而智之用, 首衆情, 知覺不差, 辨別萬事, 此之謂具此理而行此情也. 具此理者, 謂具此所以知是非之理也. 覺其爲是非者, 謂覺其所以是非之情也, 心之知覺, 所以爲主宰之妙, 而分殊之處, 理本自一者也."

명한 것이다. '리를 구비한다' 는 것은, 본성〔仁·義·禮·智〕이 심에 내재한다는 것이며, '정을 유행시킨다' 는 것은 심이 성을 정으로 발현시킨다는 것이다. 그런데 '리를 구비' 하고 '정을 유행시킬 수 있는' 계기는 '심의 지각' 에 있다는 것이다. '심의 지각' 은 미발상태에서는 '지(智: 德)' 으로서 만 가지 리를 구비하고 있고, 이발상태에서는 '지각(知覺: 作用)' 으로서 만 가지 일을 변별하여 대응하는 것이다. 심의 주재는 이 두 측면을 모두 포함한다는 것이다. 이진상은 리일분수의 측면에서 심의 주재를 '소이연' · '소능연' · '소당연' 등과 연결시켜 분석하기도 한다.

> 리일(理一)로 말하면〔分殊가 그 가운데 존재한다〕, 심은 성과 정의 주재이어서, 인으로 사랑하고 예로 공순하고 지로 분별하는 것이다〔所以然〕. 분수(分殊)로 말하면〔理一이 그 가운데 존재한다〕, 심의 체는 성인데, 성은 주(主: 主張)하고, 심의 용은 정인데, 정은 재(宰: 宰制)한다〔所能然〕. 분수처에서 분수를 보면, 사덕(四德)이 서로 주장(主張)하고, 사단(四端)이 각각 재제(宰制)하여, 중리(衆理)로써 만사(萬事)를 처리한다〔所當然〕. 분수처에서 리일을 보면, 지(智)의 덕이 일심(一心)을 주장하여, 미발시에는 지각이 어둡지 아니하여 감응할 때에 지각이 〈그것을〉 분변하고, 이발시에는 지각이 묘하게 작용하여 감응할 때에 지각이 그것을 수렴하니, 이는 '일리(一理)로써 중리(衆理)를 묘하게 하는 것' 이다.[48]

47) 『朱子大全』 中, 卷55, 「答潘謙之」, 290쪽 4-5행, "性只是理; 情是流出運用處; 心之知覺, 卽所以具此理而行此情者也."

48) 『寒洲全書』 壹, 『寒洲集』, 卷34, 「主宰圖說(丙辰)」, 719쪽 상단3 3-12행, "言其理之一(分殊者在其中), 則心爲性情之主宰, 而以仁愛, 以禮恭, 以義宜, 以智別者也(所以然). 言其分之殊(理一者在其中), 則心之體是性, 而性爲之主焉, 心之用是情, 而情爲之宰焉(所能然). 於分殊處見分殊, 則四德迭主, 而四端各宰, 以衆理而處萬事(所當然). 於分殊處見理一, 則智之德主一心, 未發而知覺不昧, 纔感而知覺辨之; 已發而知覺妙之, 旣應而知覺便收, 以一理而妙衆理者也."

이진상은 심·성·정을 리일분수로 설명할 때, 리일을 심으로 여기고 분수를 성정으로 여긴다. '리일' 차원의 주재는 소이연을 말하는 것으로, 심이 성·정을 주재하여 '인'으로 사랑하고 '예'로 공경하는 것 등이 이에 해당된다. '분수' 차원의 주재는 소능연을 말하는 것으로, 이때는 '성'의 주재는 '주장'〔임금이 신하를 명령하는 것과 같은 경우〕으로, '정'의 주재는 '재제'〔신하가 만사를 처리하는 것과 같은 경우〕로 구분된다. 또한 분수처(分殊處)에서 분수를 주재하는 것은 소당연에 해당되는데, 그것은 사덕(四德)이 번갈아가면서 주장하고, 사단(四端)이 번갈아가면서 재제하는 것이다. 다시 말해, 심에 구비된 중리가 만사(萬事)를 마땅하게 처리하는 것을 말한다. 마지막으로, 분수처(分殊處)에서 '리일'을 관찰한다면, 그것은 '자연(自然)'이고 '필연(必然)'으로서, 분수는 리일이 자연적이고 필연적으로 그렇게 드러난 것이라는 말이다.

이상 살펴본 바에 의하면, 이진상의 심통성정론은 심의 포괄성을 토대로 하면서 심의 주재성을 강조하는 것이었다. 심의 포괄성은 심이 성정으로 구성되어 있음을 말하고, 심의 주재성은 심의 기능은 성정을 주재하는 것임 말하는 것이다. 이진상은 심의 주재기능을 소이연, 소능연, 소당연, 자연·필연 등 다양한 관점에서 분석하였다. 이진상이 '심시기(心是氣)'를 비판하고 '심즉리(心卽理)'를 주장한 것은 바로 이러한 심의 다양한 주재 기능을 강조하기 위한 것이었다. 이진상은 심의 포괄성을 토대로 하여 주재성을 주장하지만, 더 나아가 심·성·정이 하나의 리이다고 주장한다.

3) 心·性·情 一理說

주자학에서 심·성·정은 여러 각도에서 설명되고 있다. 주희에 의하면, 성과 정을 하나의 존재〔一物〕이나 그것을 구분하는 것은 미발과 이발이 같지 않기 때문이라고 한다.[49] 또한 주희는 "심은 허명통철(虛明洞徹)한 하나의 존재이므로 성이 외물(外物)과 응접하지 않을 때에도 심이고, 정이 외물과 응접하였을 때에도 심이다"고 한다.[50] 즉 심은 텅비고 밝은 존재로서, 외물에 응접 여하에 따라, 심은 성이 되기도 하고, 정이 되기도 한다는 것이다. 이진상은 "리와 기는 두 가지 존재이나, 성과 정은 두 근본이 없다"[51]고 주장한다. 성과 정은 다만 한 마음의 두 측면이라는 것이다. 이러한 관점에서 그는 심 · 성 · 정을 일리(一理)로 보는 것이다.

이진상은 리일분수의 맥락, 체용의 맥락, 미발이발의 맥락 등 세 맥락에서 심 · 성 · 정을 일리를 설명한다. 그러나 이 세 맥락은 본래 같은 것이다. 우선 다음의 인용문을 보자.

> 심 · 성 · 정으로 말하면, 심은 태극이며, 성은 태극의 고요함이고, 정은 태극의 움직임이다. 심은 리일이고 성과 정은 분수가 된다. 심과 성으로 말하면, 주재가 일정한 것은 심으로 '리일' 이고, 발출하는 것이 같지 않은 것은 성으로 '분수' 이다. 성과 정으로 말하면, 성은 체(體)로서의 하나이고, 정은 용(用)으로서의 다름이다. 각각 들어 언급하게 되면 또한 모두 리일분수가 있다.[52]

즉 심은 태극이고 성은 태극의 고요함, 정은 태극의 움직임이다. 이를 리일분수로 설명하면, 심은 리일이고 성과 정은 분수이다. 체용으로 말하면,

---

49) 『朱子大全』 上, 卷40, 「答何叔京」, 741쪽 하단38 11-12행, "性情一物, 其所以分, 只爲未發已發之不同耳."

50) 『朱子語類』 上, 卷5, 「性理2 · 性情心意等名義」〈大雅錄〉, 183쪽 상단7 4-6행, "在天爲命, 稟於人爲性, 旣發爲情. 此其脉理甚實, 仍更分明易曉. 唯心乃虛明洞徹, 統前後而爲言耳. 據性上說寂然不動處是心亦得, 據情上說感而遂通處是心亦得."

51) 『寒洲集』, 卷41, 「讀葛菴集」, 22－5쪽 17행, "理氣, 須是二物; 而性情, 決無二本."

52) 『寒洲全書』 壹, 『寒洲集』, 卷19, 「答郭鳴遠疑問」, 424쪽 하단10 1-7행, "以心性情言, 則心爲太極, 而性乃太極之靜, 情乃太極之動, 心爲理一, 而性情爲分殊. 以心性言, 則主宰常定底是心, 理之一也, 發出不同底是性, 分之殊也. 以性情言, 則性爲體之一, 而情爲用之殊也. 各擧而單言, 則亦皆有理一分殊."

성은 체요 정은 용이며, 심은 성정을 주재하는 것이다. 미발이발로 말하면, 성은 고요함〔미발〕이고 정은 움직임〔이발〕이며, 심은 미발과 이발을 관통하는 것이다. 심 · 성 · 정은 어느 맥락에서 보던지 하나의 리라는 것이다. 이진상은 '심 · 성 · 정 일리'를 '심 · 성 일리'와 '성 · 정 일리'로 나누어 설명하기도 한다. 우선 '심 · 성 일리'를 살펴보자.

살피건대, 심과 성의 신묘함은 마땅히 기를 품부받고 형체를 이루는 시초에서 말해야 한다. 사람과 사물의 생기는 것은 심이 가장 먼저 응결하고〔血肉之心〕, 그 기는 천일(天一)의 '수(水)'이고 그 질은 지이(地二)의 '화(火)'이다. '수'는 안으로 밝아 윤하(潤下)하고, '화'는 밖으로 밝아 염상(炎上)한다. '수'의 신묘함은 '지(智)'이니, '지'는 염장(斂藏)을 주재하고, '화'의 신묘함은 '예(禮)'이니, '예'는 선저(宣著)를 주재한다. '수'와 '화'가 교제할 때 '목(木)' · '금(金)' · '토(土)'가 생출하여, 오행의 성이 구비하는데, 성은 '인(仁)'과 '의(義)'를 주장하여 인도(人道)를 세운다. '예'는 바로 '인'의 드러남이고 '지'는 바로 '의'의 감춤이다. 성이 이미 온전하게 이루어지면 심은 성을 체로 삼아 스스로 그 묘용의 신묘함을 점유한다. 그 기는 본래 '수'이기 때문에 성의 '지'로 말미암아 '지'로 주재하고, 그 질은 본래 '화'이기 때문에 성의 '예'로 말미암아 '경(敬)'으로 주재한다. '지'는 '수'를 행하는 까닭이고, '경'은 '화'를 묶는 까닭이다. '지'가 아니면 성은 자각(自覺)하는 것이 없고 '경'이 아니면 성은 상정(常定)하는 것이 없다. 대저 성의 '인'은 본래 애(愛)의 리이어서, 그 사랑할 수 있음을 안 뒤에 비로 사랑할 수 있고, 성의 '의'는 본래 미워함의 리이어서 그 미워할 수 있음을 안 뒤에 비로소 미워할 수 있다. 성의 '예'는 본래 '경'의 체인데 '지'가 아니면 공경할 수 없고, 성의 '지'는 지각의 체인데 지각이 아니면 염장할 따름이다. 오직 경도 또한 그러하다. 인 · 의 · 지의 작용이 모두 이를 기다려서 지킴이 있을 뿐이다. 심이 성을 극진히 할 수 있고 성을 검약할 수 있는 것은 지각과 공경의 묘함이고, 성이 심을 극진히 할 수 없고 심을 검약할 수 없는 것은 도체(道體)가 무위하기 때문이다. 비록 그러하나 심과 성은 하나의 리이니 성이 어찌 심을 벗어난 물건이겠는가?[53)]

이진상에 의하면, 사람과 만물이 생겨날 때, 오행에 의해 마음〔血肉之心〕이 먼저 응결한다. 혈육지심이 응결하면 그 안에 오행의 리인 오상, 즉 성이 갖추어진다. 마음 안에 성이 갖추어지면 마음은 성을 본체로 삼아 신묘한 주재 기능을 발휘하게 된다는 것이다. 심의 주재 기능에 대해서는 이미 자세히 기술한 바 있다. 이진상은 '성 · 정이 일리' 라는 점에 대해서는 다음과 같이 말한다.

심의 체(體)는 성이고 심의 용(用)은 정이다. 성이 체가 되는 것은 본래 은미하고, 정이 용이 되는 것은 심히 현저하다. 성의 덕은 치우침이 없어 체가 확립되고, 정의 덕은 어긋남이 없어 용이 넓어진다. 성과 정은 하나의 리일 뿐이기 때문에 드러남과 은미함은 원래 두 이치가 없는 것이다.[54)]

---

53) 『寒洲全書』 貳, 『理學綜要』, 卷7, 「心(理之主宰)第四中」, 107쪽 상단20 12행-108쪽 상단21 7행, "按: 心性之妙, 當自稟氣成形之初言之. 人物之生, 心最先凝(血肉之心), 其氣, 則天一之水, 而其質, 則地二之火. 水內明而潤下, 火外明而炎上. 水之神, 智也, 智主斂藏; 火之神, 禮也, 禮主宣著. 水火交濟, 生出那木金土, 以備五行之性, 而性主仁義, 以立人道. 禮, 乃仁之著, 而智, 乃義之藏也. 性旣成全, 心以性爲體, 而自占其妙用之神. 其氣本水, 故因性之智, 而宰之以知; 其質本火, 故因性之禮, 而主之以敬. 知者, 所以行水也, 敬者, 所以束火也. 非這知, 則性無以自覺; 非這敬, 則性無以常定. 大抵, 性之仁, 固愛之理, 而知其可愛, 然後方能愛; 性之義, 固惡之理, 而知其可惡, 然後方能惡. 性之禮, 固敬之體, 而非智, 則不能敬, 性之智, 固知之體, 而非知, 則亦斂藏而已. 惟敬亦然. 仁義智之用, 皆待是而有守耳. 心之能盡性檢性, 知敬之妙也, 而性之不能盡心檢心, 道體無爲故也. 雖然, 心性一理, 性豈心外之物乎?"

54) 『寒洲全書』 壹, 『寒洲集』, 卷28, 「答川谷書院儒生問目(心經疑義 丁巳)」, 604쪽 상단1 6-8행, "心之體性也, 心之用情也. 性之爲體本微, 而情之爲用甚顯. 性之德, 無所偏倚, 則體以立矣; 情之德, 無所乖戾, 則用以宏矣. 性情只是一理, 故顯微元無二致."

이는 심을 체와 용으로 구분하여, 체는 성이고 용은 정으로 여기는 것이다. 즉 '성 · 정 일리'는 성 · 정이 심의 두 측면이라는 것을 근거로 하여 성립하는 것이다. 성은 체고 정은 용이라면, 체용일원(體用一原)이기 때문에 성 · 정은 하나의 리인 것이다. 다시 말해, 성은 인 · 의 · 예 · 지로서 체이고, 정은 사랑 · 공순함 · 마땅함 · 분별함으로서 용인데, 성이 발한 것이 정이므로 성과 정은 하나의 리인 것이다. 이진상은 이것을 현미무간(顯微無間)으로 설명하기도 하였다.

성 · 정 하나의 리임을 '체용일원'이나 '현미무간'으로 설명하는 것은 곧 미발 · 이발로 설명하는 것이기도 하다. 이진상은 다음과 같이 갈한다.

> 성과 정은 실질은 같으나 명칭이 다르다. 성은 미발의 리이고 정은 이발의 리이다. 성은 음에 서고 정은 양에서 행하니, 성과 정은 하나의 리이고 음양은 하나의 기이다.[55]

> 성은 미발의 리요 정은 이발의 성이다. 성이 발하여 정이 되니 단지 하나의 리일 뿐이다. 예를 들면 주인이 나가면 객이 되니 단지 한 사람일 따름이다. 진실로 성과 정의 실상을 구한다면 리발만 있고 기발은 없다. 단지 리는 본래 기에 실려 있고 기는 본래 형체에 구비되었기 때문에 형체와 기는 나타나기 쉽고 성과 리는 드러나기 어렵다. 오직 살피는 것이 정밀하고 지키는 것이 한결같은 뒤라야 실체〔리〕는 분명하게 드러나고 형기는 반대로 보조가 될 것이다.[56]

---

55)『寒洲全書』壹,『寒洲集』, 卷10,「答姜耘父」〈別紙〉, 225쪽 상단17 10-12행, '大抵, 性與情, 同實而異名, 性者, 未發之理也, 情者, 已發之理也. 性立乎陰, 而情行乎陽, 性情一理也. 陰陽一氣也."

56)『寒洲全書』貳,『理學綜要』, 卷10,「情」〈四七原委說〉, 172쪽 하단46 7-11행, "性是未發之理, 情是已發之理. 性發爲情, 只是一理. 比如主出爲客, 只是一人. 苟求性情之實相, 則有理發而無氣發, 只緣此理本搭於氣, 此氣本具於形, 故形氣易見, 而性理難著, 惟察之精, 而守之一, 然後實相昭著, 而形氣反爲之助矣."

성과 정은 미발과 이발의 관계이므로 하나의 리인 것이다. 그것은 비유하자면 집 안에 있으면 주인(主人)이고 집 밖에 있으면 객(客)인 것과 마찬가지이다. 이진상은 이러한 관점에서 리발일로(理發一路)를 입증하기도 하였다.

이진상이 심 · 성 · 정을 하나의 리라고 주장하는 것은 심의 구조와 기능을 토대로 하면서, 성과 정의 양상을 하나의 심으로 귀일시키고, 그 심을 리 또는 태극으로 여기는 것이다. 즉 이러한 그의 이론은 주희의 만년에 리를 중시하는 학설을 보다 더 강화한 것이라 하겠다.

2. 以心使心論

심은 본래 하나이나, 그 기능을 둘로 나누어 보기도 한다. '이심사심론(以心使心論)' 은 이러한 맥락에서 성립한다. '이심사심(以心使心)' 이라는 말은 정자(程子)에게서 비롯하나, 그는 이를 이론으로 구축하지는 않았다. 정자 이후, '이심사심' 은 인심(人心)과 도심(道心)에 비견되면서 전개되지만, 확고하게 이론화되지는 않았다. 반면에 이진상은 '이심사심' 이란 말을 매우 중시한다. 이 절에서는 이심사심론의 유래와, 이를 이론적으로 수립(樹立)한 이진상의 이심사심론을 고찰한다.

1) '以心使心說' 의 由來

'이심사심론' 은 유가에서는 정자가 사용한 이래,[57] 여러 성리학자들에게

---

57) 『二程全書』에는 이 구절이 단 한 곳에서만 보인다. 『二程全書』는 보경문화사 영인본(1986)을 저본으로 하였다. 이하 동일.

는 크게 부각되지 않은 것과 같다.[58] 먼저, 정자의 '이심사심'을 보자. 정자는 다음과 같이 말한다.

문: 사람의 심이 얽매여 집착된 일은 꿈에 보인다. 집착한 일이 선하면 꿈에 보이는 것은 해로우냐, 그렇지 않으냐?

답: 비록 좋은 일이라도 심이 또한 움직인 것이다. 모든 일이 조짐이 있어 꿈꾸는 것은 해로움이 없으나, 이것을 제외하면 모두 거짓되게 움직인 것이다.

문: 공자가 일찍이 꿈에 주공을 보았다고 한 것은 어떠한가?

답: 이것은 성인이 '진실함'(誠)이 있기 때문이다. 성인은 주공(周公)의 도(道)를 실행하고자 하기 때문에 비록 몽매간이라도 주공을 잊지 못한 것이다. 몸과 마음이 이미 쇠하자 도가 실행되지 않을 줄을 알기 때문에 다시 꿈꾸지 않은 것이다. 그러나 이른바 주공을 꿈에 보았다고 하는 것은 어찌 밤마다 주공과 함께 말하였겠는가? 사람의 마음은 비록 '정(定)'함을 필요로 하지만, 마음이 생각해야 할 때 바야흐로 생각하게 하는 것은 옳다. 요즘 사람들은 모두 심으로부터 말미암는다.

문: 심은 누가 시키는 것인가?

답: 심으로 심을 부린다고 하면 가(可)하나, 사람의 마음은 스스로 말미암으면 방일(放逸)하게 된다.[59]

---

58) 朱熹와 呂祖謙이 지은 『近思錄』, 卷4에서는 存養의 측면에서 정자의 이 부분을 인용하고 있다. 『近思錄』, 保景文化社, 1986, 153쪽.

59) 『二程全書』, 卷18, 「劉元承手編」, 138쪽 하단28 19행-139쪽 상단29 6행, "問: 人心所繫著之事, 則夜見於夢. 所著事善, 夜夢見之者, 莫不害否? 曰: 雖是善事, 心亦是動. 凡事有朕兆入夢者, 却無害, 捨此皆是妄動. 或曰: 孔子嘗夢見周公, 當如何? 曰: 此聖人有誠處也. 聖人欲行周公之道, 故雖一夢寐, 不忘周公. 及旣衰, 知道之不可行, 故不復夢也. 然所謂夢見周公, 豈是夜夜與周公語也? 人心雖要定, 使佗思時方思乃是, 今人都由心. 曰: 心誰使之? 曰: 以心使心則可, 人心自由便放去也."

정자의 이 하나의 기록만으로는 그의 언지(言旨)가 분명하게 드러나지 않는다. 그렇다면, 그의 '이심사심'을 어떠한 측면에서 이해되어야 하는가? 정자가 말하는 '정'은 『대학』의 "정해진〔定〕 뒤에 심이 고요할 수 있다"[60]는 말과 상통한다고 할 수 있기 때문에, '정(定)'을 확립하는 것에서 이해되어야 한다. 정해진 심이 존재한 뒤에는, 심은 외적 대상에 얽매여 망동(妄動: 放肆)하지 않는다. 그러므로 정자의 이심사심은 외적 대상〔물욕〕에 얽매이지 않으려는 내적 심의 수양론이라고 말할 수 있을 것이다.

정자의 이심사심론에 대한 주희의 논리를 살펴보면 다음과 같다. 주희는 『주자어류』에서 '지(知)'와 '각(覺)'에 대한 물음을 받고 그 대답의 결론격으로 정자의 '이심사심'을 말한다. 인간의 마음에는 두 측면이 있는데, 하나는 옳은 심이고 다른 하나는 옳지 않은 심이다. 심을 두 개로 인정하는 듯하나, 그러나 옳지 않은 심을 알 수 있는 것으로 옳지 않은 심을 다스리는 것이니, 결코 심이 두 개는 아니라는 것이다. 사람에게 두 개의 심이 존재하는 것으로 의심하는 것은 이러한 원리를 알지 못하기 때문이라고 한다.[61] 주희의 주장은 요컨대 현실 속에서 윤리에 위배되는 마음이 생길 때, 그것을 자신이 직접 반성하여 순수지선한 심으로 유도하여야 한다는 것이다.

---

60) 『大學』, 「經」 1장, 13쪽 상단 12행, "定而后, 能靜." 『大學』은 성균관대학교 大東文化研究院 영인본(『經書』, 1968)을 저본으로 하였다.

61) 『朱子語類』 上, 卷17, 「大學(4) · 或問(上) · 經一章 · 此篇所謂在明明德一段」〈僩錄〉, 297쪽 하단6 10-23행, "又問: 眞知之知與久而後有覺之覺者, 同否? 曰: 大略也相似, 只是各自所指不同. 眞知是知得眞箇如此, 不只是聽得人說, 便喚做知. 覺, 則是忽然心中自有所覺悟, 曉得道理是如此. 人只有兩般心: 一箇是是底心, 一箇是不是底心. 只是才知得這是箇不是底心, 只這知得不是底心底心, 便是是底心. 便將這知得不是底心去治那不是底心. 知得不是底心便是主, 那不是底心便是客. 便將這箇做主去治那箇客, 便常守定這箇知得不是底心做主, 莫要放失, 更那別討箇心來喚做是底心! 如非禮勿視聽言動, 只才知得這箇是非禮底心, 此便是禮底心, 便莫要視. 如人瞌睡, 方其睡時, 固無所覺. 莫教纔醒, 便抖擻起精神, 莫要更教他睡, 此便是醒. 不是已醒了, 更別去討箇醒, 說如何得他不睡. 程子所謂以心使心, 便是如此. 人多疑是兩箇心, 不知只是將這知得不是底心去治那不是底心而已."

『서경(書經)』「대우모(大禹謨)」의 "인심(人心)은 위태롭고 도심(道心)은 은미하다. 오직 정일(精一)하게 하여야 진실로 그 중(中)을 잡을 수 있다"[62] 고 하는 것은 마치 사람에게 두 개의 마음이 있는 것처럼 생각하게 한다. 사람의 마음을 '도심'과 '인심'으로 대별하고 있기 때문이다. 이를 어떻게 해석해야 할 것인가? 주희는 인심과 도심에 대한 이론을 「중용장구서(中庸章句序)」에서 밝히고 있지만,[63] 인심과 도심은 어느 것을 지각하느냐에 따라 결정되는 것이요, 결코 두 개는 아니라는 것이다. 즉 심은 두 개의 존재가 있는 것은 아니지만, 지각함에 있어 발생하고 근원하는 소종래(所從來)가 각기 다르다고 보고, '도심'과 '인심'을 '성명의 올바름에 근원한 것'과 '형기(形氣)의 사사로움에서 생긴 것'으로 구분한 것이다. 다시 말하면, 인심은 혈기에서 생하는 것이고 도심은 의리에서 생하는 것이다.[64]

진순(陳淳)[65]은 정자의 '이심사심'에 대하여 의문을 품고, 인심과 도심의 관계에 대해서 주희에게 다음과 같이 질문한다.

> 정자는 '이심사심'이라 하였는데, 이 두 '심'이라는 글자는 단지 인심과 도심으로 구분한 것이 저절로 명백합니다. 대체로 위의 '심'자는 도심이니 오로지 리의(理義: 의리)로써 말한 것이고, 아래 '심'자는 인심으로 형기로써 말한 것입니다. '이심사심'은 도심이 한 몸의 주인이 되고 인심은 〈도심의〉 명령을

62) 『書經』, 卷2, 「虞書」〈大禹謨〉, 71쪽 상단19 8행, "人心惟危, 道心惟微 惟精惟一, 允執厥中."

63) 『中庸章句』, 「中庸章句序」, 765쪽 하단 3행-766쪽 상단 11행, "心之虛靈知覺, 一而已矣, 而以爲有人心道心之異者, 則以其或生於形氣之私, 或原於性命之正, 而所以爲知覺者不同, 是以或危殆而不安, 或微妙而難見耳. 然人莫不有是形, 故雖上智, 不能無人心; 亦莫不有是性, 故雖下愚, 不能無道心."

64) 『朱子語類』 上, 卷62, 「中庸1 · 章句序」〈僴錄〉, 737쪽 상단3, "人自有人心道心, 一个生於血氣, 一个生於義理."

65) 陳淳 1159~1223, 중국 남송의 성리학자.

듣는 것입니다. 그렇습니까?[66]

이에 대해, 주희는 인심이 항상 '한 몸의 주재자'〔一身之主宰〕인 도심의 명령을 듣는 관계로 이심사심을 전개하였다고 할 수 있으나, 정자의 이심사심의 논지는 단지 '스스로 주재하는 것'을 말하는 것이라고 한다.[67] 이는 아마도 그가 불교에서 심을 두 개로 간주하는 것을 비판하기 위해서 말한 것으로 볼 수 있다 하겠다.[68] 곧 '이심사심'은 공정한 심〔以心使心에서 以心의 心〕으로 하여금 사사롭게 될 수 있는 심〔以心使心에서 使心의 心〕을 주재하여 산만하지도 않고 달아나지도 않게 하는 것으로 여기는 바, 이는 맹자가 언급한 "잡으면 보존되고 놓으면 잃어버린다는 것"[69]과 "달아난 심을 구한다는 것"[70]이다.[71] 이때의 심은 이것으로 저것을 부리는〔以此使彼〕관계도 아니고, 이것으로 저것을 잡아 보존하는 것도 아니며, 저것을 가지고 이것을 버려 망하게 하는 것도 아니다.[72] 즉, 나의 몸에 존재하는 심은 두 개의 존재가 아니지만, 현실 속에서 인간의 심은 항상 '부정(不正)'·'사(私)'로 흘러 악이 될 가능성이 많아, 두 개의 심으로 여겨질 뿐이니, 그런

---

66) 『朱子大全』中, 卷57, 「答陳安卿」, 355쪽 상단37-하단38, "程子以心使心之說, 竊謂此二心字, 只以人心道心判之自明白. 蓋上心字卽是道心, 專以理義言之. 下心字卽是人心, 而以形氣言之也. 以心使心, 則是道心爲一身之主, 而人心爲聽命也. 不審是否?"

67) 『朱子大全』中, 卷57, 「答陳安卿」, 355쪽 하단38, "亦是如此. 然觀程先生之意, 只是說自主宰耳."

68) 『朱子大全』中, 卷67, 「觀心說」, 606쪽 상단25, "釋氏之學, 以心求心, 以心使心, 如求齕口, 如目視目, 其機危而迫, 其途險而塞, 其理虛而其勢逆."

69) 『孟子』, 卷11, 「告子(上)」, 675쪽 상단, "孔子曰: 操則存, 舍則亡."

70) 『孟子』, 卷11, 「告子(上), 680쪽 하단, "學問之道, 無他. 求其放心而已矣."

71) 『朱子大全』中, 卷42, 「答石子重」, 784쪽 하단28-785쪽 상단29, "心說甚善, 但恐更須收斂造約爲佳耳. 以心使心, 所疑亦善. 蓋程子之意, 亦謂自作主宰, 不使其散漫走作耳. 如孟子云操則存, 云求放心, 皆是此類, 豈以此使彼之謂耶?"

72) 『朱子大全』中, 卷67, 「觀心說」, 605쪽 하단24-606쪽 상단25, "夫謂操而存者, 非以彼操此而存之也. 舍而亡者, 非以彼舍此而亡之也."

심을 주재하여 성명과 의리에 부합하도록 하는 것이다. 곧, 주희가 말한 '주재' 는 '잡으면 보존된다' 는 것으로 이해하여야 할 것이다.

2) '以心使心論' 의 樹立

이진상은 심의 주재를 강조하면서 자주 정자의 '이심사심' 을 말한다. 그는 정자의 '이심사심' 에 대하여 다음과 같이 말한다.

> 심이 인(仁)으로 사랑하고 의(義)로 미워하고 예(禮)로 사양하고 지(智)로 아는 것은 바로 주재의 묘를 형상한 것이니, 마치 태극이 하늘에 존재하여 원(元)으로 낳고 형(亨)으로 자라고 이(利)로 거둬들이고 정(貞)으로 저장하는 것과 같다. 그 사이에 주장과 발휘함이 있는 것과 같은 것은 이것이 바로 '제(帝)'〔上帝〕와 '군(君)'〔天君〕의 실상이요 체와 용이 서로 바탕하는 묘함이니, 정자가 말하는 심으로 심을 부린다는 것이 이것이다.[73)]

이진상은 심에서의 성〔인·의·예·지〕과 정〔랑·미움·사양·지각〕을 태극에서의 원·형·이·정과 자람·성장·거둠·감춤〔生·長·收·藏〕과 동일한 실상으로 파악한다. 개념적으로 보면, 심은 인간에게 내재한 것이고 태극은 우주자연에 존재한 것이다. 그러나 이 두 구조는 동일하다.

위 인용문에서 '체와 용이 서로 바탕하는 묘함' 이란 무엇인가? 이것은 곧 심의 체인 성과 용인 정이 서로 바탕하고, 태극의 본체인 원·형·이·정과 묘용인 자람·성장·거둠·감춤이 서로 바탕하는 것을 말한다. 즉 '체와 용이 서로 바탕하는 묘함' 을 이진상은 정자가 말하는 '이심사심' 으로 보았

73)『寒洲集』, 卷39,「主宰圖說」〈附主宰說考〉, 21－13쪽 7-11행, "心之以仁愛以義惡以禮讓以智知, 正狀得主宰之妙, 猶太極之在天, 以元生以亨長以利收以貞藏. 若有主張發揮於其間者, 此乃謂之帝謂之君之實, 而一心上, 體用相資之妙, 程子所謂以心使心, 是也."

던 것이다. 그리하여 이진상은 정자의 이심사심에서, 전자의 심을 리일(理一)로 간주하여 스스로 주재하는 것이고, 후자의 심을 분수(分殊)로 간주하여 주재를 받는 것이라고 한다.[74] 더 나아가, 이진상은 유교와 불교의 이심사심을 다음과 같이 구분한다.

정자가 말하는 이심사심은 스스로 주재하는 것을 말한다. 미발일 때 숙연하여 경을 보존하여 지각이 애매하지 않아 그 본체를 양성한다. 이발일 때 경하여 지각이 어긋나지 않아 그 묘용을 살피고 그 선념(善念)을 확충하여 사사로운 뜻〔私意〕를 내친다. 도심이 주가 되고 인심은 명령을 들으니, 주자가 말하는 심이 발하는 곳에서 심의 본체를 가지고 헤아린다는 것이 이것이다. 대개 미발일 때 무엇인가를 구하지 않아도 경을 보존하면 속마음이 저절로 곧고, 이발의 즈음에 안배한 바가 없어도 의(義)로 말미암으면 외부가 저절로 방정하다. 석씨(釋氏)가 말하는 이심사심은 진(眞)과 망(妄)을 구분하지 않고 자기의 임의대로 조장하여 심으로 심을 찾고 심을 가지고 심을 편안하게 하는 것이다. 미발일 때 심을 구하니 미발이 되지 못하고, 이발일 때 심사(心思)를 단절하고 성지(聖智)를 버리니 이발이 되지 못한다. 그래서 그 기틀이 위태하고 그 형세가 박절하다. 대개 유가는 의리(義理)를 심으로 여기고 불씨는 정혼(精魂)을 심으로 여기니 주재와 작용의 구별이 있다. 그러므로 주자가 석씨는 도심을 버리고 도리어 인심의 위태함을 취하여 작용케 한다고 하니, 작용케 하는 것이 선가의 사심(使心)이다.[75]

74) 『寒洲集』, 卷40, 「花峽法語」, 21－40쪽 8-16행, "今且以發處言之, 隨其所感而發無次第, 或羞惡或辭遜或怒或懼, 各殊其情, 而細察其間, 實有一定而不易者存焉. 其藹然發出者仁也, 燦然宣著者禮也, 截然斷制者義也, 炯然含藏者智也. 常定而不易者, 理之一而自爲主宰者也. 迭發而無次第者, 分之殊而爲所主宰也. 程子所謂以心使心, 正指此處, 初非有兩樣理而然也. 心之發處, 以心之本體權度, 情之直遂處, 意方緣起, 而計度之者, 果非主宰之妙乎."

유교와 불교의 이심사심의 차이는 다음과 같이 정리될 수 있다. 유교의 심은 '의리의 심'〔義理之心〕이며, 그리고 그것을 주재로 본다. 그리하여 심의 미발과 이발을 구분하여 경에 의한 지각이 본체를 양성하고 묘용을 살피는 바, 이는 미발일 때 본체에 속하는 인 · 의 · 예 · 지를 양성하고 이발일 때 인 · 의 · 예 · 지의 단서인 측은 · 수오 · 사양 · 시비를 확충하고 사사로운 뜻이 침범하지 못하도록 하는 것이다. 사의가 침범하지 못하도록 하기 위해 내적 수양〔敬 → 直〕과 외적 수양〔義 → 方〕을 병행한다. 유교에서는 또한 도심이 인심을 주재〔聽命〕한다고 한다.[76] 이는 심의 발현처〔인심〕에도 항상 리〔도심: 심의 본체〕가 존재하여, 도심은 묘하게 하고〔妙之〕 인심은 묘하게 되기〔所妙〕 때문에, 정자의 이심사심도 이러한 관점에서 이해될 수 있을 것이다. 불교에서 말하는 심은 '정혼의 심'〔精魂之心〕이며 그리고 그것을 작용으로 본다. 그리하여 본체와 현상을 구분하지 아니하여 미발은 미발이 되지 못하고 이발은 이발이 되지 못한다. 그리하여 이것은 현상계에서 항상 인심의 위태로움을 가지고 본체를 작용케 하는 격이 되는 것이다. 유교와 불교의 '이심사심'의 큰 차별은 '이심사심'에서 전자의 '심'을 주재로 간주할 것인가 아니면 작용으로 간주할 것이냐이다. 즉, 유교는 본체

75) 『寒洲全書』 壹, 『寒洲集』, 卷17, 「答金致受問目(戊寅)」, 395쪽 상단29 2-13행, "程子之言以心使心, 是說自作主宰. 未發而肅然存敬, 知覺不昧, 以養其本體. 已發而亦此敬, 知覺不差, 以察其妙用, 擴其善念, 而絀其私意. 道心爲主, 人心聽命. 朱子所謂心之發處, 以心之本體權度之者此也. 蓋未發之時, 不容尋覓而持敬, 則內自直, 已發之際, 無所安排而由義, 則外自方. 若釋氏之言以心使心, 不分眞妄, 率意助長, 以心覓心, 將心安心. 未發而求心, 不成其爲未發. 已發而絶心思棄聖智, 不成其爲已發. 其機危而其勢迫. 蓋吾儒以義理爲心, 佛氏則以精魂爲心, 有主宰作用之別. 故矣子曰釋氏遺了道心, 却取人心之危者而作用之, 作用之是禪家之使心也."

76) 『寒洲全書』 貳, 『理學綜要』, 卷6, 「心(理之主宰)第四上」, 96쪽 상단39 4-8행, "程子有以心使心之訓, 而朱子謂心之發處, 以心之本體權度之. 所妙之理, 心之發處也. 妙之之理, 心之本體也. 雖以發處言之, 人心之發, 道心節制之, 人心豈無理乘之理, 而道心豈無義理之正乎?"

의 주재에 의해 현상을 묘하게 하는 것이고, 불교는 현상의 작용에서 본체를 찾는 것이다.[77)]

이진상은 성이 주장(主張)하고 정이 재제(宰制)함을, 오상 중 '예(禮)' 들 들어 자세히 설명한다.

이제 존귀한 손님이 자리에 있자 작헌(酌獻)을 행하는 것은 '예(禮)' 가 발하여 공경의 때이다. 정제엄숙(整齊嚴肅)하는 것에서는 단지 그것이 '예' 가 되는 것을 볼 뿐이고, 아직 '인(仁)' · '의(義)' · '지(智)' 의 단서가 있음을 보지 못한다. 이에 즉하여 정제엄숙의 심이 온화하게 겨우 보이는 즈음에 발출하는 것은 '인' 이다. 이 '인' 이 아니면 공경의 '도(道)' 가 또한 발출할 수 없으니, 이것이 바로 성으로서의 '인' 을 주장하고 정으로서의 '경(敬)' 을 재제하는 것이다. 겨우 공경의 정이 있으면 일으켜 공경하기를 부형(父兄)과 같이 하는데 차등을 두고 헤아리는〔裁度〕 심이 바로 의이다. 이 '의' 가 아니면 공경의 도 또한 성취할 수 없으니, 이것이 바로 성으로서의 '의' 를 주장하여 정으로서의 '경' 을 재제하는 것이다. 바야흐로 발출하기 처음에 먼저 공경할 수 있음을 알고 헤아릴 때 또 마땅히 공경해야 하는 것을 아는 것, 이것은 바로 성의 '지' 를 주장하여 정의 '경' 을 재제하는 것이다. 하나의 일에 나아가 말하면 일에 해당하는 것이 비록 주장이 되는 것 같으나, 여러 일을 모아 보면 측은히 여길 때 이와 같고 부끄럽고 미워할 때 이와 같고 시비(是非)를 분별할 때 이와 같으니 '상연지리(常然之理: 항상 그러한 리)' 는 저절로 주재가 되고 '당사지리(當事之理: 일에 해당한 리)' 는 재제가 되니 이것이 바로 심과 성의 구별이다. 정자의 이심사심(以心使心)에 대하여 주자는 심을 주재자로 밝혔다.[78)]

---

77) 『寒洲全書』 貳, 『理學綜要』, 卷6, 「心(理之主宰)第四上」, 97쪽 상단41 1-3행, "按: 程子之言以心使心, 以主宰言, 知覺之妙衆理是也. 釋氏之言以心使心, 以作用言, 卽朱子所謂以所發之心別求心之本體也."

78) 『寒洲全書』 壹, 『寒洲集』, 卷15, 「答金鳳乃」, 356쪽 상단28 20행-하단29 12행, "今有尊

표면적으로 보면, 정제엄숙이 '예' 로만 보여 인 · 의 · 지의 단서가 없는 것처럼 보인다. 하지만, 인 · 의 · 지의 단서가 없으면 공경의 도는 발현 · 성취될 수 없는 것이다. 즉, 예에 의한 공경이 심에서 일어날 때, 인에 의한 공경, 의에 의한 공경, 지에 의한 공경도 심의 주재 상태에서 일어나는 것이다. 심에서 예를 주장하여 공경을 재제하는 것은 '일에 해당한 리' 로서 재제가 되는 것이면서 외적인 것이고, 인에 의한 공경, 의에 의한 공경, 지에 의한 공경을 주재하는 것은 '항상 그러한 리' 로서 저절로 주장이 되는 것이면서 내적인 것이다.

또한 그는 본체와 묘용의 상보적 관계에서 이심사심을 말하기를, "성과 정 밖에 다시 심은 없다. 성과 정의 덕을 묘하게 한다고 하는 것은 심의 묘용으로 그 본체를 지존(持存)하고 심의 본체로 그 묘용을 마름질하고 헤아리는 것이다. 이것이 정자의 이른바 '이심사심' 이다"[79]라고 한다. 즉, 순수한 감정인 묘용으로 천성적 본성을 보다 더 간직 · 확충하고 드덕적 순수의식의 주체〔본성〕로 하여금 감정이 사욕이나 물욕에 섞이지 않도록 조절하는 것으로 보았던 것이다. 성이 발출한다는 것은 '성이 발하여 정이 된다' 는 논리에 따라 인 · 의 · 예 · 지의 성이 정으로 발출한다는 것이다. 심이 발용의 주체라고 하는 것은, 성이 정으로 될 때 탁박한 기의 영향을 배제하여

賓在座, 酌獻方行, 此禮發爲恭之時也. 整齊嚴肅, 只見其爲禮, 未見其有仁義智之端, 而即此整齊嚴肅之心, 藹然發出於纔見之際者, 仁也. 非這仁, 則恭敬之道, 亦不得發出, 此乃主性之仁而宰情之敬者也. 纔有恭敬之情, 便起了. 敬之如父如兄, 等差不同之裁度底心, 是乃義也. 非這義, 則恭敬之道, 亦不得成就, 此乃主性之義而宰情之敬者也. 方其發出之始, 先知其可敬, 裁度之際, 又知其當敬者, 此乃主性之智而宰情之敬者也. 即一事而言, 則當事者, 雖若爲主, 而集衆事而觀之, 則惻隱時如比, 羞惡時如此, 是非時如此, 常然之理, 自爲主宰, 而當事之理, 爲其所宰, 此乃心性之別也. 程子之言以心使心, 朱子以心爲主宰者明之."

79) 『寒洲集』, 卷39, 「主宰圖說」〈附主宰說考〉, 21 14쪽 19행-15쪽 1행, "性情之外, 更無心. 而今曰妙性情之德者, 以心之妙用, 持存其本體; 以心之本體, 裁度其妙用. 程子所謂以心使心者也."

중절(中節)하도록 한다는 것이다. 이같은 원리에서, '이심사심' 은 성의 본래성이 그대로 정으로 현현(顯現)할 수 있도록, 미발상태나 이발상태에서 심이 항상 성과 정을 주재하여 기가 리를 엄폐하지 못하도록 주재하는 것이다. 그의 이같은 철학적 체계는 심의 주재성을 강조하여 도덕적 실천활동을 강조한 것이다. 이진상은 이를 확보하기 위해 내면적 차원에서 경(敬)을 주장한다. 그는 다음과 같이 말한다.

> 주재의 실리는 본래 하늘에서 받고 주재의 공부는 사람에 있는 것이다. 그러니 심은 한 몸의 주재가 되고, '경은 일심(一心)의 주재가 되는 것이다.[80]

심이 일신의 주재라고 하는 것은 곧 심에 존재하는 성정을 주재하는 것이다. 또한 '경' 이 심을 주재한다는 것은 심이 일신을 주재하기 전에 내면적 상태에서 거경(居敬)하는 것을 말한다. '경' 이란 무엇인가? '주일무적(主一無適)' 을 말하는 것이다.[81] '주일(主一)' 과 '무적(無適)' 을 세밀하게 분류하면, '주일' 이란 어떤 한 가지 일만을 집중하는 것이고 다시 다른 일을 하지 않는 것이며, '무적' 은 다른 것으로 내달리지 않는 것이다.[82] 곧 한 가지 일에 집중한다는 '주일' 은 불교의 선(禪)과 같이 사색을 멈추게 하는 뜻이 아니고, 어느 한 곳에서 벗어나지 않는다는 '무적' 은 한 곳에 얽매여 그대로 머물러 있다는 뜻이 아니다. 주일무적의 뜻을 지닌 경으로서의 존심(存心)은 심을 생명력으로 충만하게 하고 유동적인 것으로 만들어, 생생하고 자유로운 심을 보존하는 것이다.[83] 이진상의 '경' 사상은 심의 주재성을

80) 『寒洲集』, 卷39, 「主宰圖說」〈附主宰說考〉, 21 18쪽 9-11행, "主宰之實理, 本受於天, 主宰之功夫, 專在於人, 則心固一身之主宰, 而敬爲一心之主宰也."

81) 『二程全書』, 卷15, 「伊川語錄 · 入關」, 115쪽 하단34, "所謂敬者, 主一之謂敬; 所謂一者, 無適之謂一."

82) 『朱子語類』 下, 卷96, 「程子之書(2)」〈泳錄〉, 1126쪽 상단6, "敬主於一, 做這件事更不做別事. 無適, 是不走作."

확고하게 하는 것이다. 뿐만 아니라, 그는 모든 것을 '경'의 일로 간주하려고 하였다.[84] 왜냐하면, '경' 사상은 성과 정을 묘하게 하는 의식작용〔知〕이 객관적 타당성을 가지도록 하여〔인으로 사랑하고 예로 사양하고 의로 마땅하게 여기고 지로 구별하는 것〕, 윤리적 입장에서 반가치적인 요소〔私意, 私欲, 物欲〕를 배제하는 것이기 때문이다.[85] 이진상의 이심사심론은 전자의 심을 존심하면서 심이 지닌 주재성을 통해 후자의 반가치적으로 향하는 심을 주재하고자 하는 이론이다. 그의 이러한 논의는 현실생활에서 윤리적 주재성을 배양하여 심의 주체적이고 능동적 수양을 강조함이라 하겠다. 이는 심성론과 수양론이 분리되는 것이 아니고 하나로 일관된 것을 보여주는 것이다.

3. 心의 修養과 直道

이진상은 리의 주재성과 심의 주재성을 일치시킨다. 심의 주재성은 수양(修養)에 직결된다. 앞서 살핀 바와 같이 심의 주재성은 '경(敬)'·'지각(知覺)'과의 유기적인 상응구조를 가지면서 한 몸을 주재하는 역할과 지위를 갖는다. 심은 하나이나, 그것이 인심(人心)과 도심(道心)으로 이분(二分)되는 것은 양자가 서로 지각하는 것이 다르기 때문이다. 여기에서는 먼저 '지각'과 '인심·도심'의 문제를 살펴본 다음, '경'과 '직'을 중심으로 수양'의 문제를 살핀다.

---

83) 오하마 아키라 지음, 이형성 옮김, 『범주로 보는 주자학』, 예문서원, 1997, 237쪽.

84) 『寒洲集』, 卷39, 「主宰圖說」〈附主宰說考〉, 21—18쪽 11-12행, "主一以應萬, 主內以制外, 主理以檢氣, 皆敬之事也."

85) 山根三方, 『朱子倫理思想硏究』, 日本: 東海大學出版會, 1983, 165-183쪽.

1) 人心道心說

천지의 심이 인간에게 내재될 때에는 인간의 순수한 미발상태의 심으로 외부 대상에 드러나지 않은 것이다. 그것은 두 개의 존재도 아닌 오직 하나이다. 그런데 성리학에서는 이 하나의 심을 인심과 도심으로 구분하여 논의한다.

인심과 도심의 용어는 『서경』 「대우모」의 "인심은 오직 위태롭고 도심은 오직 은미하니, 오직 정밀히 히고 한결같이 하여 진실로 그 중(中)을 잡으라" 라는 말에서 유래한다. 정이(程頤)는 "인심은 사욕이기 때문에 위태하고 도심은 천리이기 때문에 정미(精微)하니, 사욕(私欲)을 멸하면 천리가 분명해진다"[86]고 하여, 인심을 사욕〔인욕〕으로, 도심을 천리로 말한다. 즉 이는 인심과 도심을 대립적으로 파악한 것으로[87] 사욕을 멸하면 천리가 분명해진다는 금욕주의적 성격이 강하다. 주희는 정이의 대립적인 인심도심설을 반대하고,[88] 이 문제를 철학적으로 심화시키지만, 그 또한 초년설과 만년설이 서로 차이가 있다.[89] 주희의 만년설로 대표되는 것은 다음과 같다.

> 심의 허령(虛靈)하고 지각(知覺)하는 것은 하나일 뿐이다. 그런데도 인심과 도심의 다름이 있는 것은, 혹은 형기(形氣)의 사사로움에서 생기고 혹은 성명(性命)의 올바름에 근원하여, 지각하는 것이 같지 않기 때문이다. 그러므로 혹

---

86) 『二程全書』, 卷24, 「鄒德久本」, 28쪽 하단2 6-7행, "人心私欲, 故危殆; 道心天理, 故精微, 滅私欲, 則天理明矣."

87) 오하마 아키라 지음, 이형성 옮김, 『범주로 보는 주자학』, 예문서원, 1997, 223쪽.

88) 『朱子語類』 下, 卷78, 「尙書1 · 大禹謨」 〈璘錄〉, 947쪽 상단31 11-13행, "方伯謨云: 人心道心, 伊川說, 天理人欲便是. 曰: 固是. 但此不是有兩物, 如兩箇石頭樣, 相挨相打. 只是一人之心, 合道理底是天理, 徇情欲底是人欲, 正當於其分界處理會."

89) 『栗谷全書』 一, 卷20, 『聖學輯要(2)』, 「修己第二上 · 窮理章第四〉, 453쪽 하단53 11-12행(細註), "朱子晚年定論, 不以人心爲人欲."

은 위태하여서 편안하지 않고, 혹은 은미하여서 보기 어렵다. 그러나 사람은 누구나 이 형체가 있기 때문에 상지(上智)라 하더라도 인심이 없을 수 없고, 또 성(性)이 있기 때문에 하우(下愚)라고 하더라도 도심이 없을 수 없다.[90]

즉 인심은 형기의 사사로움에서 생기는 것이고, 도심은 성명의 올바름에서 근원하는 것이다. 주희는 심의 지각 방향을 둘로 나누어, 도심은 도리를 지각하는 것이요, 인심은 감각적 욕망을 지각하는 것이라고 하였다.[91] 귀나 눈으로 좋은 것을 듣고 보려는 욕망, 즉 감각적인 욕망의 측면에서 지각하는 것이 인심이며, 의리라는 도의적인 측면에서 지각하는 것이 도심이다.[92]

주희는 인심과 도심에서 도심을 중요시하는 관점으로 도심을 '주(主)'로 인심을 '종(從)'으로 보려고 하였다.[93] 이는 주희가 인심을 완전히 없애고자 하는 정이의 인심도심설을 따르지 않는 것이고, 다만 인심이 도심의 주재를 따라야 한다는 논리이다.

이진상은 주희의 인심도심설을 초년설 · 중년설 · 만년정론으로 고증 · 분류하면서, 주희의 만년정론을 왕수인(王守仁)과 나흠순(羅欽順)이 바꾸었다고 비판한다.[94] 이진상은 주희가 초년에 인심을 인욕으로 보는 정이설

---

90) 『中庸章句』, 「中庸章句序」, 765쪽 하단 3행-766쪽 상단 11행, "心之虛靈知覺, 一而已矣, 而以爲有人心道心之異者, 則以其或生於形氣之私, 或原於性命之正, 而所以爲知覺者不同, 是以或危殆而不安, 或微妙而難見耳. 然人莫不有是形, 故雖上智, 不能無人心; 亦莫不有是性, 故雖下愚, 不能無道心."

91) 『朱子語類』 下, 卷78, 「尙書 · 大禹謨」 〈佐錄〉, 945쪽 상단27 12행, "道心, 是知覺得道理底; 人心, 是知覺得聲色臭味底."

92) 『朱子語類』 下, 卷78, 「尙書1 · 大禹謨」 〈學蒙錄〉, 944쪽 하단26 23-24행, "或問: 人心道心之別. 曰: 只是這一箇心, 知覺從耳目之欲上去, 便是人心; 知覺從義理上去, 便是道心."

93) 『朱子語類』 下, 卷78, 「尙書1 · 大禹謨」 〈伯羽錄〉, 946쪽 상단29 11행, "人心如卒徒, 道心如將."

94) 『寒洲全書』 壹, 『寒洲集』, 卷5, 「上崔海庵(癸丑)」 〈別紙〉, 125쪽 상단35 20행-하단 3행, "朱子初年, 從伊川說, 直謂之人欲, 如來喩所引固是者, 是也. 中年, 則以微有把捉底爲人心, 如答張敬夫書, 是也. 晚年, 覺其失, 而定著中庸序說. 其後陽明整庵之徒, 都把許

을 따랐는 바, 만약 인심을 인욕으로 여겨 인심을 완전히 없도록 한다면 목석인이 될 것이라고 지적한다.[95] 그는 주희의 초년설을 따르지 않음을 알 수 있다. 또한 나흠순이 인심을 정으로 도심을 성으로 보는 것[96]을 철저하게 비판한다.[97]

이진상에 의하면, 심은 분명히 하나이나 인심과 도심의 다른 명칭이 있는 것은, 심이 발한 곳에서 말하는 것이므로, 심의 본체는 아니라고 한다.[98] 사실 인심과 도심은 심을 말하는 것이나 실상은 정(情)이라는 것이다.[99] 정은 앞에서 살펴보았듯이 본성이 발현한 것이다. 인심과 도심은 심이지만 실상은 정이어서 심의 본체는 아니다. 심의 본체는 성으로서, 태극이 사람에 내재된 것을 말하는 것이다.[100] 인심과 도심은 다만 심의 본체가 외부 대상과 접촉하면서 발현되는 두 양상〔情〕이라는 것이다.[101]

이진상도 주희와 같이 인심과 도심을 구분할 때 외부대상과 관계를 지운다. 인심일 경우에는 형기에, 도심일 경우에는 의리·성명에 연관시킨다. 그렇다면 형기는 무엇이고 의리는 무엇인지 살펴보자. '형기(形氣)' 에서 '형(形)' 은 인간의 감각기관인 이목구비(耳目口鼻)이고 '기(氣)' 는 감각기

多人欲, 目爲眞心, 恣意妄行, 而矯誣朱子, 移易定論."

95) 『寒洲全書』 壹, 『寒洲集』, 卷5, 「上崔海庵(癸丑)」〈別紙〉, 125쪽 상단35 19-20행, "今以人心爲人欲, 則遏絶之使無, 而後可已, 無此人心, 則豈不是土木人乎?"

96) 『困知記』, 卷上, 19쪽 3행, "道心性也, 人心情也." 『困知記』는 廣文書局 영인본(中華民國 61년)을 저본으로 하였다.

97) 『寒洲全書』 五, 『辨志錄』, 卷1, 「困知記辨」, 365쪽 하단 6-8행, "盖其以人心爲情, 道心爲性者, 非徒名義之失, 乃是大本之實."

98) 『寒洲全書』 壹, 『寒洲集』, 卷19, 「答郭鳴遠疑問(贅疑錄 ◑庚午)」, 421쪽 하단4 2-3행, "心一也, 而其有人心道心之異名者, 以心之發處言之, 非本體之心也."

99) 『寒洲全書』 壹, 『寒洲集』, 卷11, 「與張景遐別紙」, 245쪽 상단3 12행, "人道, 雖以心言, 實則情也."

100) 『寒洲全書』 壹, 『寒洲集』, 卷19, 「答郭鳴遠疑問(贅疑錄 ◑庚午)」, 421쪽 하단4 3-4행, "蓋心之本體, 性爲之主, 太極之在人者也."

101) 이때의 정은 사단과 칠정에 파악되는 정과 그 차원이 다를 것이다.

관이 작용하는 즉 시청언동(視聽言動)의 사이에서 유행하는 것인데, 형기는 사람의 외부 '감각기관'과 '작용'이다.[102] 이러한 감각적 작용은 입이 맛을 느끼고 눈이 색깍을 보고 귀가 소리를 듣고 코가 냄새를 맡고 사지가 안일을 추구하는 것 등으로서, 그것은 '사사로운 것'으로 인식되었다.[103] 의리와 성명은 오륜이라는 인륜관계, 백성들을 부리고 만물을 사랑하는 사이에 각각 마땅히 행해야 할 도리로서, 그것은 성명에 근거한 것이기 때문에 '공정한 것'으로 인식되었다.[104] 이제 이진상의 인심과 도심에 대한 설명을 살펴보자.

심이 미발상태인 경우에는 지각이 어둡지 않으니〔體〕, 이것은 바로 '지(智)'의 덕이 심을 전일하는 곳이다. 사물이 이르면 지각이 먼저 움직인다. 그 느끼는 것이 형기일변(形氣一邊)의 일이면 심의 지각이 형기일변에 따라 간다. 이것을 인심이라 한다. 느끼는 것이 의리상(義理上)의 일이면 심의 지각이 의리를 따라 간다. 이것을 도심이라 한다.[105]

102) 『寒洲全書』 壹, 『寒洲集』, 卷27, 「答金秀才(乙酉)」, 601쪽 하단36 6-8행, "形只是耳目口鼻, 而其氣行乎視聽言動之間. (……) 形氣較在外."

103) 『寒洲全書』 貳, 『理學綜要』, 卷22, 「通論(理學原委)第十下」〈人心道心考證後說〉, 357쪽 상단11 11-13행, "形氣者, 耳目口鼻四肢(形)之有視聽言語動作(氣), 而聲色臭味安佚(事), 各有所私, 飢寒痛痒, 擧切吾身."

104) 『寒洲全書』 貳, 『理學綜要』, 卷22, 「通論(理學原委)第十下」〈人心道心考證後說〉, 357쪽 상단11 13-15행, "義理者, 君臣父子兄弟夫婦朋友, 與夫使衆愛物之間, 各有當行之達道, 而仁義禮智, 本具吾心."
『寒洲全書』 壹, 『寒洲集』, 卷24, 「答張舜華(甲申)」, 526쪽 하단12 9행, "仁義禮智, 卽吾之性命也."

105) 『寒洲全書』 貳, 『理學綜要』, 卷22, 「通論(理學原委)第十下」〈人心道心考證後說〉, 357쪽 상단11 8-11행, "心之未發, 知覺不昧(體), 此乃智之德, 專一心處, 而事物之至, 知覺先動. 其所感者, 形氣邊事, 則這知覺, 從形氣邊去, 此之謂人心也; 所感者, 義理上事, 則這知覺, 從義理上去, 此之謂道心也."

인간의 지각과 사유활동은 모두 심에서 이루어진다. 심의 지각은 외부대상이 이르면 먼저 움직이는 데 그 대상이 감각적〔형기〕 내용이라면 심의 지각이 그것에 따라가는 것이 인심인 것이다. 이와 달리 외부대상이 감각적 일이 아니고 도덕적〔의리〕 내용이라면 심의 지각이 심의 지각이 그것에 따라 가는 것이 도심인 것이다. 도심은 외부의 의리적 성격이 없다면 내면의 도덕적인 요소가 밖으로 움직일 수 없다.[106] 이진상은 인심과 도심에 대해서는 '분간(分看)' · '합간(合看)' 을 병행해야 한다고 주장한다.

> 인심과 도심의 분변에 먼저 '분간' 해 하니, 소리 · 색깔 · 냄새 · 맛 · 배고픔 · 추위 · 아픔의 곳에 나아가 인심의 사사로움을 체험하고, 어버이를 사랑하고 형을 공경하고 임금에게 충성하고 어른을 공경하는 위에서 도심의 올바름을 체험하는 것이다. 다시 '합간' 해야 하니, 인심이 발하는 곳에서 도리로 헤아리는 것은 도심이고 도심이 발하는 곳에 혈기를 가지고 어긋나게 하는 것이 인심이다. 만일 인심이 우연히 리에 부합하여도 다만 형기일 따름이다.[107]

'분간' 은 인심과 도심을 원리적으로 구분하는 것이고, '합간' 은 인심과 도심이 서로 교감하는 양상을 인식하고 궁극적으로 도심의 주재를 확립하도록 하는 것이다. 즉 분간은 『맹자』에서 언급하는 입이 맛을 느끼고 눈이 색깔을 본다는 측면과, 부자 사이의 어질고 군신 사이의 의롭다는 측면[108]

---

106) 『寒洲全書』 壹, 『寒洲集』, 卷24, 「答張舜華(甲申)」, 526쪽 하단12 8-10행, "道心之發, 莫大於君臣父子兄弟夫婦, 而是皆事之屬乎道理者也. 仁義禮智, 卽吾之性命也. 性命, 亦豈無外感而自動也?"

107) 『寒洲全書』 壹, 『寒洲集』, 卷25, 「答徐德一(鴻烈)」, 560쪽 상단43 5-9행, "人心道心之辨, 當先分看, 就聲色臭味飢寒痛痒處, 驗得人心之私; 愛親敬兄忠君悌長上, 驗得道心之正. 更須合看, 人心發處, 以道理揆度, 亦是道心; 道心發處, 將血氣參錯, 亦是人心. 若人心之偶合於理, 則只是形氣而已."

108) 『孟子』, 卷14, 「盡心(下)」, 746쪽 상단 7행-하단 3행, "孟子曰: 口之於味也, 目之於色也,

을 구분하여 인심과 도심으로 여기는 것이며, 합간은 「중용장구서」에서 도심으로 하여금 항상 일신의 주재가 되어 인심이 명령을 듣게 하는 것[109]을 말하는 것이다.[110] '만일 인심이 우연히 리에 부합하여도 다만 형기일 따름이다' 고 하는 것은 인심은 도심으로 변화될 수 없다는 논리이다. 이진상은 "살피건대, 도심은 인심에 섞여 나왔으나 도심은 처음부터 끝까지 도심이 되고, 인심은 도심에게 명령을 받더라도 인심은 처음부터 끝까지 인심이 된다"[111]고 한다. 즉 인심이 형기에 의해 발할 때, 형기가 청명순수(淸明純粹)한 때가 있어서 리를 격절(隔絶)하지 않고 리의 발휘를 도와주어도, 그것은 역시 인심일 뿐 도심이 될 수 없다는 것이다.[112] 요컨대, 인심은 그것이 선하게 발현되었더라도 도심으로 여길 수 없다는 것이다.[113] 이진상은 다음과 같이 말한다.

> 한 몸의 사사로운 감정이 혹 리에 부합하는 때가 있어도, 애초에 성명의 올바름에서 직출(直出)하지 않았다면, 이것은 바로 인심이 도심에게 명령을 들은 것이다.[114]

耳之於聲也, 鼻之於臭也, 四肢之於安佚也, 性也. 有命焉, 君子不謂性也. 仁之於父子也, 義之於君臣也, 禮之於賓主也, 智之於賢者也, 聖人之於天道也, 命也. 有性焉, 君子不謂命也."

109) 『中庸章句』, 「中庸章句序」, 766쪽 하단 6-7행, "必使道心, 常爲一身之主, 而人心, 每聽命焉."

110) 『寒洲全書(4)』, 『求志錄』, 卷5, 「書傳箚義」, 176쪽 하단 7-10행, "蓋人心道心, 有分說, 有合說. 孟子口之於味, 仁之於父子兩節, 是分說. (……) 庸序之言, 常爲主每聽命, 是合說."

111) 『寒洲全書』 五, 『辨志錄』, 卷2, 「四七辨」, 405쪽 하단 12-13행, "按: 道心雜出於人心, 而道心終始爲道心; 人心聽命於道心, 而人心終始爲人心."

112) 『寒洲全書』 五, 『辨志錄』, 卷2, 「四七辨」, 428쪽 상단 17-18행, "按: 朱子曰: 形氣之發, 雖或有淸明純粹之時, 但能不隔乎理, 而助其發揮, 不可便認以爲道心."

113) 『寒洲全書』 壹, 『寒洲集』, 卷10, 「答權可器(壬戌)」〈別紙〉, 231쪽 하단30 2행, "人心之善者, 不可便認爲道心也."

이진상에 의하면, 한 번 도심으로 발현하였으면 끝까지 도심이고, 인심으로 발현하였으면 끝까지 인심인 것이다. 이진상은 인심과 도심의 관계를 리와 기의 관계로 설명한다. 이진상의 논리는 기본적으로 인심과 도심 모두 리가 기를 타고 발현하는 것으로 본다.[115] 인심과 도심의 발현하는 근원에서 보면, 성이 발한 것으로서, 두 근본이 있는 것이 아니다. 이진상은 따라서 인심이나 도심이 모두 '리가 기를 타고 발한 것'〔理乘氣而發〕이라고 말한다.[116] 이진상은 다음과 같이도 말한다.

> 이미 발한 후에 입론하면, 인심은 형기에 속한 일이 다가와 느끼면 지각이 형기상으로부터 나아가니 이것은 기가 리를 끼고 발한 것이고, 도심은 의리에 속한 일이 다가와 느끼면 지각이 의리상으로부터 나아가니 이것은 리가 기를 거느리고 발한 것이다.[117]

이것은 발한 뒤의 입론이다. 이진상은 인심과 도심을 모두 리발일로설(理發一路說)로 설명하지만, 이미 발현한 뒤에는 호발론적(互發論的)으로 설명하는 것이다. 즉 일로설적 설명은 수간(竪看)에 해당되고, 호발론적 설명은 횡간(橫看)에 해당된다. 횡간할 때, 인심이 형기에서 발하고 도심이 의리에서 발하는 것은 사실이지만, 형기와 의리가 애당초 방촌(方寸: 마음)에

114) 『寒洲全書』 壹, 『寒洲集』, 卷10, 「答李稚肅」 〈別紙〉, 235쪽 하단38 15-17행, "若乃一身之私喜怒, 雖或有合理之時, 初非直出於性命之正, 則此乃人心之聽命於道心者也."

115) 『寒洲全書』 貳, 『理學綜要』, 卷22, 「通論(理學原委)第十下」 〈人心道心考證後說〉, 357쪽 상단11 20행-하단12 1행, "人心道心, 何莫非理乘氣而發者乎?"

116) 『寒洲全書』 壹, 『寒洲集』, 卷34, 「讀黃勉齋答李公晦書(丙辰)」, 723쪽 하단12 12-14행, "夫人心道心, 統指所發之根源, 則俱是性發之情, 情無二本, 只是理乘氣而發也. 理爲主而氣爲資, 固有主與資之別矣."

117) 『寒洲全書』 壹, 『寒洲集』, 卷34, 「讀黃勉齋答李公晦書(丙辰)」, 723쪽 하단12 14-17행, "立論於旣發之後, 則人心者, 事之屬乎形氣者, 來感, 而知覺從形氣上去, 此則氣挾理而發也; 道心者, 事之屬乎義理者, 來感, 而知覺從義理上去, 此則理御氣而發也."

서부터 대립해 있다가 발하여 각각 인심과 도심이 되는 것은 아니다.[118] 인심도심설에서 인심과 도심을 구분하는 기준은 '지각이 이목의 욕망으로부터 간다'〔知覺從耳目之欲上去〕·'지각이 의리로부터 간다'〔知覺從義理上去〕[119]에서 '으로부터'〔從〕를 중심으로 하는 것이 일반적 견해이다. 다시 말하면 이는 '종리(從理)'와 '종기(從氣)'가 될 것이다. 이진상은 인심과 도심의 호발적 성격에 대하여 구체적으로 다음과 같이 말한다.

> 음식(飮食)과 남녀(男女)의 사사로움은 형기의 사사로움에 속한다. 그러므로 심의 지각이 형기로부터 발한다. 형체의 기와 심의 기는 본래 별다른 기가 아니다. 그러므로 기에 느껴 기를 따르는 것을 부득불 '기발(氣發)'이라고 하는 것이다. 효제(孝弟)와 충신(忠信)의 일은 의리의 올바름에 속한다. 그러므로 심의 지각이 의리로부터 발한다. 일의 리와 심의 리는 다만 하나의 리이다. 그러므로 리에 느껴 리를 따르는 것을 부득불 '리발(理發)'이라고 하는 것이다.[120]

이는 기본적으로 인심과 도심은 '부득불(不得不)' '리발'과 '기발'로 구분된다는 것이다. 이진상이 '부득불'이라는 말을 쓰는 것은, 인심과 도심이

118) 『寒洲全書(4)』, 『求志錄』, 卷13, 「朱子大全考疑(上)」, 561쪽 상단 1-3행, "何獨以互發爲非乎? 況發於形氣者, 知覺從形氣上發去, 發於義理者, 知覺從義理上去也. 非謂形氣與義理, 對立方寸, 而各發爲情也."
『寒洲全書』 五, 『辨志錄』, 卷2, 「南塘集」〈人心道心說〉, 510쪽 상단 2-3행, "朱退兩先生, 論人心道心, 皆以發於理發於氣, 分言之. 元非理自東發而爲道心, 氣自西發而爲人心也."

119) 『朱子語類』 下, 卷78, 「尙書1·大禹謨」〈學蒙錄〉, 944쪽 하단26 23-24행, "或問: 人心道心之別. 曰: 只是這一箇心, 知覺從耳目之欲上去, 便是人心; 知覺從義理上去, 便是道心."

120) 『寒洲全書』 五, 『辨志錄』, 卷2, 「南塘集」〈人心道心說〉, 510쪽 상단 4-10행, "飮食男女之私, 屬乎形氣之私. 故心之知覺, 從形氣而發焉, 形之氣, 心之氣, 本非別氣. 故感於氣, 而從氣者, 不得不謂之氣發也. 孝弟忠信之事, 屬乎義理之正. 故心之知覺, 從義理而發焉, 事之理, 心之理, 只是一理. 故感於理, 而從理者, 不得不謂之理發也."

본래 하나임을 강조하기 위한 것이다. 다시 말해, 인심과 도심을 기발과 리발로 구분하면, 마치 두 개인 것처럼 오해하기 쉬우므로, 그러한 표현이 바람직한 것은 아니나, 인심은 기가 주가 되고 도심은 리가 주가 되는 것이 사실이므로, '부득불' 기발과 리발로 설명한다는 것이다.

위의 인용문에서는 '심의 기'니 '심의 리'니 하는 말을 쓰고 있는데, 이는 이황의 '심합리기적(心合理氣的)' 사유이다. 즉 호발론적 논법은 '심합리기'와 맥락을 같이 하는 것이다. 그래서 횡간의 관점으로 보면 형기에서 발하는 것은 인심이고 의리에서 발하는 것은 도심이다.[121] 지각은 리와 기 합하여 이루어지는 것이라면 심의 지각도 그와 마찬가지일 것이다. 그렇다면 리와 기가 합하여 지각이 이루어져도, 리는 주재자이고 기는 자료이기 때문에, 지각의 근본은 리에 있는 것이고 기에 있지 않다.[122] 호발론적인 기발·리발의 논리도 사실 리 없이 기가 스스로 발하여 인심이 되거나 기 없이 리가 홀로 발하여 도심이 된다는 것이 아니다. 인심이든 도심이든 '발현의 주재는 리이고, 발현의 자료이며 도구는 기인 것'이다.[123] 이를 본다면, 이진상은 횡간의 관점에서는 호발론적 설명을 수용하지만, 보다 근원적으로는 수간에 입각하여 일로설적(一路說的)인 논리를 전개하는 것이다. 이진상은 다음과 같이 말한다.

> 기가 발하는 데 리는 반드시 타고, 리가 발하는데 기는 반드시 협잡(夾雜)하

---

121) 『寒洲全書』 壹, 『寒洲集』, 卷7, 「答沈穉文(庚申)」〈別紙〉, 174쪽 상단42 9-11행, "又曰: 發於形氣者, 謂之人心, 發於義理者, 謂之道心, 此橫看說也."

122) 『寒洲全書』 壹, 『寒洲集』, 卷8, 「與尹士善(己未)」, 181쪽 하단6 18행, "理與氣合, 固能知覺, 而知之本在理, 而不在氣."

123) 『寒洲全書』 五, 『辨志錄』, 卷2, 「南塘集」〈人心道心說〉, 511쪽 상단 13-17행, "發於形氣, 言其由形氣, 而此心發也. 發於義理, 言其由義理, 而此心發也. 元非無理之氣, 自發而爲人心也, 亦非無氣之理, 獨發而爲道心也. 雖下兩發字, 而所發之主, 理也; 所發之資, 氣也."

니, 그 발하는 단서를 곧바로 가리키면 '리가 기를 타고 발하는 것' 임에는 본래 차이가 없다.[124]

인심도심을 기발과 리발로 구분한다 하더라도, 본질적으로는 모두 '리가 기를 타고 발하는 것' 일 따름이라는 것이다.[125] 그러나 이미 발현된 상태에서 인심과 도심은 '형기에 의한 방생(旁生)이냐', '성에 의한 직출(直出)이냐' 의 차이가 형성된다.[126] 즉 심이 발현한 상태에서 보면 형기에 의해서 발한 것도 있고 성명으로 말미암아 발한 것도 있다. 이것은 다만 현상적으로 인심과 도심을 구분하는 것이어서, '본래 하나' 라는 주장과 서로 모순되는 것은 아니다. 요컨대, 이진상의 인심도심론은 현상적인 횡간의 관점에서 호발론을 수용하면서도, 보다 근원적으로는 수간의 관점에서 '일로설(一路說)' 을 옹호하는 것이라 하겠다.

2) 敬과 心의 關係

유학은 자기 자신을 항상 닦고 백성을 다스리는 것을 최고의 본령으로 여겼다. 일찍이 공자는 자기 자신을 닦는 방편으로서 '경(敬)' 을 말하고,[127]

---

124) 『寒洲全書』 五, 『辨志錄』, 卷2, 「南塘集」〈人心道心說〉, 510쪽 상단 10-11행, "氣發而理必乘, 理發而氣必夾, 則直指其所發之端, 其爲理乘氣而發者, 固無異也."

125) 『寒洲全書(4)』, 『求志錄』, 卷5, 「書傳箚義」, 176쪽 상단 12-13행, "心之未發, 惟理而已. 感物而動, 亦只是理之發."

126) 『寒洲全書』 五, 『辨志錄』, 卷2, 「南塘集」〈人心道心說〉, 511쪽 상단 5-7행, "緣形而旁生者, 氣爲之主, 則謂之發於氣, 何不可也? 從性而直出者, 理爲之主, 則謂之發於理, 何不可也?"

127) 『論語』, 卷14, 「憲問」, 354쪽 하단 4-6행, "子路問君子, 子曰: 修己以敬. 曰: 如斯而已乎? 曰: 修己以安人. 曰: 如斯而已乎? 曰: 修己以安百姓, 修己以安百姓, 堯舜, 其猶病諸." 『論語』는 성균관대학교 大東文化研究院 영인본(『經書』, 1968)을 저본으로 하였다. 이하 동일.

일을 '경' 으로 처리한다고 하였다.[128] 또한 『주역』에서는 " '경' 으로 안을 곧게 하고, '의(義)' 로 밖을 바르게 하니, '경' 과 '의' 가 서면 덕은 외롭지 않다"[129]고 하여, '경' 을 '의' 와 견주어 내면적 마음을 곧게 하는 것으로 설명하였다. 즉 '경' 은 내적 마음을 길러 사사로운 생각이 없도록 하는 것이다.[130] 그러므로 '경' 에 의하여 모든 것을 한결같이 하면 천지가 제 자리에 위치하고 만물이 저절로 육성되어 기운이 화평하지 않음이 없으며 네 가지 신령스러운 짐승들도 모두 이르게 되는 것이다.[131]

성리학에 이르러서 '경' 은 자기를 닦고 학문을 탐구하는 데 있어 수양론(修養論)의 핵심개념으로 발전하였다. 그리하여 '경' 은 성인의 학문을 탐구하는 데 있어 처음이자 끝이 되는 것으로 인식되었던 것이다.[132] 정호(程顥)[133]는 " '성(誠)' 은 하늘의 도이며, '경(敬)' 은 인사(人事)의 근본이니, '경' 은 곧 '성' 이다"[134]고 하여, '경' 을 '성' 과 관계시켰다. 정이(程頤)는 " '경' 이란 '주일(主一)' 을 말한다. 이른바 '일(一)' 이란 '무적(無適)' 을 말한다"[135]고도 하였다. '주일' 이란 마음을 하나로 집중시켜 전일적(全一的)

---

128) 『論語』, 卷1, 「學而」, 61쪽 상단 12행, "子曰: …… 敬事而信."; 『論語』, 卷13, 「子路」, 321쪽 하단 2행, "子曰: 執事敬."

129) 『周易』, 卷2, 「坤·文言」, 106쪽 상단23 6-7행, "君子敬以直內, 義以方外, 敬義立而德不孤."

130) 『朱子語類』 上, 卷44, 「論語26·憲問篇·子路問君子章」, 〈賀孫錄〉, 602쪽 상단25 3-4행, "此心常卓然公正, 無有私意, 便是敬."

131) 『論語集註』, 卷14, 「憲問」, 355쪽 상단 8-11행, "程子曰: 君子, 修己以安百姓, 篤恭而天下平, 唯上下一於恭敬, 則天地自位, 萬物自育, 氣無不和, 而四靈畢至矣."

132) 『大學或問』, 3쪽 하단2 8-9행, "敬之一字, 聖學之所以成始而成終者也."

133) 程顥: 1032~1085, 중국 북송 때의 성리학자, 자는 백순, 세칭 명도선생이라고 함. 저서로 『명도문집』, 『어록』 등이 있고, 아우 程頤의 문집과 함께 『二程遺書』, 『二程外書』가 합간되었다.

134) 『二程全書』, 卷11, 「明道語錄」, 88쪽 하단10 20행, "誠者天之道, 敬者人事之本(敬者用也), 敬則誠."

135) 『二程全書』, 권15, 「伊川語錄·入關」, 115쪽, 하단34 14-15행, "所謂敬者, 主一之謂敬; 所謂一者, 無適之謂一."

상태가 되는 것이다. 주희는 "'경'은 참으로 성인 문하의 강령(綱領)이고 존양(存養)의 긴요한 법이다. 한결같이 이를 주장하면 다시는 안과 밖, 정밀함과 거침의 사이가 없다"[136]고도 하였고, 나아가 "'경'은 한 마음의 '주재(主宰)'이고 모든 일의 근본이다"[137]라고도 하였다. 세상만사의 주재자는 심이고, 심은 '경'으로 주재하여야 한다는 것이다. 따라서 학문의 궁극적 요체는 '경'으로 귀결되는 것이다.

이진상은 기존의 '경' 사상을 계승하여, '경'으로 심을 주재할 것을 주장한다. 먼저 그의 '경'의 논리는 살펴보자. 이진상에 의하면, '경'은 모든 사특한 것을 대적하는 것이므로,[138] 사특한 것을 이기게 되면 사욕이 정화되고 천리가 보전되는 것이니, 이러한 상태가 바로 '인(仁)'의 경지가 된다고 한다.[139] 그러므로 그는 "'경'은 내외의 구별이 없다. 의관을 바르게 하고 첨시(瞻視)를 엄존하는 것도 또한 '경'이다"[140]고 한다. 즉 '경'은 내외를 구별하지 않고 일관된 수양의 개념이기 때문에 내면적 정신 수양뿐만 아니라, 외면적 행동도 검속하여 표리가 일관되게 하는 것이다. 즉 외면적 행동을 올바르게 제어하여야 내면의 도덕적 정신이 외면에 그대로 드러나는 것이다.

그런데 이진상은 "주재는 심이고 주재를 이회(理會)할 수 있는 것은 경이므로, 심이 보존된 뒤에 리를 밝힐 수 있고 일을 할 수 있다고 한다"[141]고 한

136) 『朱子語類』 上, 卷12, 「學(6)·持守」, 〈無名錄〉, 230쪽 하단10 3-4행, "敬之一字, 眞聖門之綱領, 存養之要法. 一主乎此, 更無內外精粗之間."

137) 『大學或問』, 4쪽 상단3 11-12행, "敬者, 一心之主宰, 而萬事之根本也."

138) 『寒洲全書』 貳, 『理學綜要』, 卷12, 「學(理當涵養)第七之一」, 202쪽 상단43 9행, "敬敵千邪."

139) 『寒洲全書』 五, 『求志錄』, 22, 『心經簑啓』, 「敬以直內章」, 282쪽 상단 9행, "敬則仁) 敬勝百邪, 私欲淨而天德全, 是乃仁也."

140) 『寒洲全書』 壹, 『寒洲集』, 卷5, 「上張新齋(壬寅)」〈別紙〉 119쪽 하단24 6행, "敬本無內外之別, 整衣冠尊瞻視, 亦敬也."

141) 『寒洲全書』 五, 『求志錄』, 19, 『朱子語類箚義』, 「程子書」, 215쪽 하단 23-24행, "理會得

다. 이는 '경' 을 통해 심이 보존되어야 현실에서 해야 할 일의 원칙〔理〕를 밝혀 그 일이 실현될 수 있음을 말하는 것이다. 특히 '주재는 심이고 주재를 이회할 수 있는 것은 경이다' 는 것은, '주재' 를 통해 '심' 과 '경' 을 상호 매개시키는 것이다. 이진상은 '심' 을 다음과 같이 설명한다.

방촌의 심은 바로 '수(水)' 와 '화(火)' 가 서로 이루어진 곳이다. 그 기는 '수'〔심은 피에서 나온다〕이므로 '수' 의 신령스러움이 '지(智)' 이다. 그러므로 '지' 의 덕(德)이 하나의 심을 오로지 하는 것을 '지각'〔知〕이라 하는데, 지각은 여러 리를 묘하게 하고 만물을 주재할 수 있는 것이다. 심의 질(質)은 '화' 이므로, '화' 의 신령스러움은 '예(禮)' 이다. 그러므로 예의 덕이 하나의 심을 오로지 하는 것을 '경' 이라고 하는데, 경은 하나의 심을 주장하고 만 가지 일을 재제할 수 있는 것이다. 심이 일신(一身)의 주재가 되는 것은 진실로 중점이 지각〔知〕에 있고 지각의 광명한 것은 '경' 을 자료하기 때문이다. 그러므로 '경' 은 일신의 주재가 된다. '경' 이 항상 깨어있는 것 또한 스스로 지각이 있기 때문이다. 다만 혈육(血肉)의 심은 군자가 심이라고 하지 않는다. 일신을 주재하는 것으로 심이라고 한다면, 주재는 바로 리이다. 그래서 주자의 이른바 심과 리는 하나가 되므로 리를 벗어나 심이 없다고 하는 것이다.[142)]

위 문장은 분석하면, 심은 '수' 와 '화' 로 이루어졌는데, '수' · '화' 라는

主宰) 主宰心也, 而理會得主宰者敬也. 心存而後, 理可明事可做矣."

142) 『寒洲全書』 壹, 『寒洲集』, 卷27, 「答宰巷齋儒生宋子三(鎬文)宋敬夫(乾明)宋士範(箕用)宋子敬(鎬彦)」〈別紙〉, 596쪽 하단42 8-15행, "方寸之心, 乃水火交濟之地. 其氣水(心出血), 而水神智, 故智之德, 專一心者, 謂之知. 而知能妙衆理宰萬物. 心之質火, 而火神禮, 故禮之德, 專一心者, 謂之敬, 而敬能主一心宰萬事. 心爲一身之主, 固重在知, 而知之光明底, 資乎敬. 故敬爲一身之主宰, 敬之常惺底, 亦自是知也. 特血肉之心, 君子不謂之心, 而以其主宰一身者謂之心, 則主宰便是理, 朱子所謂心與理爲一, 而理外無心者也."

기질의 신령스러움은 바로 '지'와 '예'이다. '지'가 심을 순일무잡하게 하는 데 그것을 지각이라고 한다. 그 지각은 여러 리를 묘하게 하고 만물을 주재할 수 있다. 지각할 수 있는 것은 바로 '지'의 성이 있기 때문이다. '예' 또한 심을 순일무잡하게 하는 데 그것을 '경'이라고 한다. 그 '경'은 하나의 심을 주장하고 만 가지 일을 재제할 수 있다. 즉 '경'과 '예'는 불가분의 상태에 있는 것으로,[143) '경'의 가능 근거는 바로 '예'의 성이 있기 때문이다.[144) '경'과 심의 관계를 보면, '경'은 하나의 심을 주장하는 것, 심을 본체의 심으로 보존하도록 하는 것이다. 심이 일신을 주재하는 중점은 지각에 있는 것이고 지각의 광명한 것은 '경'을 바탕하기 때문이며, '경'이 깨어있는 것은 지각이 있기 때문이다. 그러므로 심은 형체적 심이 아니라 바로 주재적 차원에서 이해하는 것이고, 그 주재는 리인 것이다. 따라서 리를 벗어나 심은 존재할 수 없다는 이진상의 '심즉리설'과 직결된다. 이진상은 이러한 논리를 토대로 하여 다음과 같이 말한다.

> 심에 주재가 있는 까닭은 '경' 때문인데, '경'은 움직임과 고요함을 일관하고 또 성을 보존하고 정을 검속할 수 있는 것이다.[145)

즉 '경'은 공정하여 사사로움이 없는 것이다. 이진상은 "'경'은 일심(一心)의 주재이나, 움직임과 고요함을 모두 주재한다"[146)고 한다. '경'의 주재

143) 『寒洲全書』 壹, 『寒洲集』, 卷17, 「上張新齋」〈別紙〉, 123쪽 상단31 20행-하단32 7행, "若就吾心本原上說, 則禮者性之綱也, 敬者禮之端也. …… 禮者是敬之理, 敬者是禮之事, 離禮而言敬, 則敬爲杜撰矣, 敬爲足綴矣."

144) 주희에게서도 이러한 논리가 보이는 바 원문은 다음과 같다. 『論語或問』, 卷1, 「學而」, 38쪽 하단8 7-11행, "…… 火神曰禮, 則敬之理也, 而其發爲恭敬. …… 是皆天理之固然, 人心之所以爲妙也."

145) 『寒洲全書』 貳, 『理學綜要』, 卷7, 「心(理之主宰)第四中」, 101쪽 상단7 7-11행, "心之所以有主宰者, 敬也, 敬貫動靜, 又能存性而檢情."

는 고요함과 움직임이 법칙에 어긋나지 않기 때문이다.[147] 특히 심리활동에서 고요할 때 '경' 을 주장하는 것은 움직일 때 일을 올바르게 처리하고 정당함〔義〕을 모으는 발단이 되기 때문이다.[148] '경' 은 일심의 주재가 되어 어느 상황에 따라 존재하기 때문에,[149] 미발상태에서 '경' 을 하게 되면 그 심이 모든 것을 수렴하여 숙연(肅然)히 주장하고, 이발상태에서 '경' 을 하게 되면 그 심이 전일(專一)하여 찬연하고 난잡하지 않게 되는 것이다.[150] 따라서 '경' 으로 심을 수양하면, 심의 주재 기능이 일을 처리하는 데 있어 어느 쪽에 치우치지 경향은 없을 것이다.

이진상에 의하면, 마음이 '경' 의 주재상태가 아니면, 리를 궁구하는 것이 어긋나게 되기 때문에, 항상 존양(存養)하는 것은 '경' 의 체(體)이고 성찰(省察)하는 것은 '경' 의 용(用)이 되는 것이라고 한다.[151] 이와 같이 체와 용에 입각하여 '경' 을 이해하는 것은 심의 체 · 용의 관점에 있다고 할 수 있다. 즉 이것은 체용일원적(體用一原的) 이론에 의한 도덕적 수양이라고 할 수 있다. 주지하다시피, 존양은 마음의 미발상태에서 본성을 전일하게 하는 내면적 수양이고, 성찰은 마음의 이발상태에서 감정이 본성대로 발현하도록 하는 외면적 수양이라 할 수 있다. 미발상태에서 심이 수렴되어 심에 내재된 고유의 도덕성을 존양하는 것이 '경' 이고, 이발상태에서 심이 전일하

---

146) 『寒洲全書』 壹, 『寒洲集』, 卷14, 「答宋康叜」〈別紙〉 321쪽 상단5 12행, "敬者, 一心之主宰也, 動靜固皆主宰."

147) 『寒洲全書』 壹, 『寒洲集』, 卷5, 「上張新齋」〈別紙〉 122쪽 하단30 6행, "人能主敬, 則動靜不違於其則."

148) 『寒洲全書』 五, 『求志錄』, 16, 『朱子語類箚義』, 「或問上」, 55쪽 하단 24행, "靜時主敬, 亦集義之事."

149) 『寒洲全書』 壹, 『寒洲集』, 卷17, 「答金致受問目(戊寅)」, 394쪽 상단27 18행, "敬爲一心之主宰, 而無時不存."

150) 『寒洲全書』 壹, 『寒洲集』, 卷17, 「上張新齋」〈別紙〉, 123쪽 하단32 3-5행, "未發, 而其心收斂, 肅然有主者, 固是敬也. …… 已發, 而其心專一, 燦然不亂者, 固是敬也."

151) 『寒洲全書』 五, 『求志錄』, 22, 『心經竊啓』, 「敬以直內章」, 282쪽 상단 15-16행, "居敬窮理) …… 心不敬, 則理必差. 要之存養敬之體, 省察敬之用."

여 도덕성이 천리로 드러나느냐, 아니면 인욕으로 드러나느냐를 정길하게 살펴 인욕을 막고 천리가 찬연하게 발현되도록 성찰하는 것이 '경' 이다. 그러므로 경으로 한 마음의 미발상태와 이발상태를 주저하게 되면 자연히 심에서 사욕(邪欲)이 제거되고 천리가 분명하게 되는 것이다. 이진상은 '경'의 일에 대하여 다음과 같이 말한다.

> 주재의 실리(實理)는 본래 하늘에서 받은 것이고 주저의 공부는 오로지 사람에게 있는 것이다. 심은 한 몸의 주재가 되고, '경' 은 하나의 심의 주재가 된다. 고요함〔靜〕을 주로 하여 움직임〔動〕을 양성하고, 하나〔一〕을 주로 하여 만 가지를 대응하고, 내면을 주로 하여 외면을 제재하고, 리를 주로 하여 기를 검속하는 것은 모두 '경' 의 일이다.[152]

이것은 하늘의 주재성이 인간에게 내재하고 있다는 사실이다. 인간은 심으로 한 몸을 주재하고, 또한 '경' 으로 심을 주재하도록 하는 후천적 수양공부를 해야 한다. 즉 '경' 의 상태가 되면, 마음의 내면이 일제히 바르게 되어 조금도 사사로움이 없고, '경' 의 상태가 아니면 마음의 내면에는 온갖 이해타산을 헤아려 하는 일이 모두 사사로운 마음이 되는 것이다.[153] 그러므로 '경' 의 일은 '고요함을 주로 하여 움직임을 양성하고, 하나를 주로 하여 만 가지를 대응하고, 내면을 주로 하여 외면을 제재하고, 리를 주로 하여 기를 검속하는 것이지만,' '고요함〔靜〕' · '하나〔一〕' · '내면' · '리' 를 주로 하는 것은 수양공부에 있어서 '경' 의 근본적 성격을 갖는다. 즉 이러한 맥락

152) 『寒洲集』, 卷39, 「主宰圖說」〈附主宰說考(丙辰)〉, 21－18쪽 9-12행, "主宰之實理, 本受於天, 而主宰之工夫, 專在於人. 則心固一身之主宰, 而敬爲一心之主宰也. 主靜以養動, 主一以應萬, 主內以制外, 主理而檢氣, 皆敬之事也."

153) 『朱子語類』 上, 卷44, 「論語26 · 憲問篇 · 子路問君子章」. 〈無名錄〉. 601쪽 상단23 19-20행, "敬時內面一齊直, 徹上徹下, 更無些子私曲. 若不敬, 則內面百般計較, 做出來皆是私心."

에 보면, 이진상은 도덕적 근본주의에 입각하여 '경' 을 주장하는 것이다.

그러나 '경' 의 주재성은 심을 완전하게 보존하는, 즉 존심(存心)하도록 하는 것이다. 그리하여 일이 있을 때나 없을 때나 항상 깨어있음〔常惺惺〕 즉 '경' 이 필요하다고 말한다.[154] 왜냐하면 경의 수양공부가 완전하지 못하면 마음이 혼란스럽게 되어 지각의 광명함이 점점 사라지기 때문이다.[155] 일이 없을 때 마음을 보존하는 것은 일을 제재하는 근본이고, 일이 있어 그것에 응할 때 경으로 주재하면 내 마음과 일이 하나가 된다.[156] 이것이 '경은 움직임과 고요함을 관통한다' 〔敬貫動靜〕이라는 명제가 추구하는 목표이다. 이진상은 이것을 '주일무적(主一無適)' 으로 설명하기도 한다. 이진상은 '무적(無適)' 은 마음으로 말하는 것이고 '주일(主一)' 을 사태에 대하여 말하는 것이라고 한다.[157] 즉 '무적' 은 심이 외물에 끌려감이 없게 하여 심의 본래성을 보존하는 것이고, '주일' 은 심의 하나의 사태에 집중하는 것이다.

'경' 의 완전한 수양은 결국 '심의 주재성' 을 확립하는 것이지만,[158] 보다 구체적으로는 '예(禮)' 를 회복하는 것이다.[159] 예를 회복하는 구체적 방법은 '비례물시(非禮勿視) · 비례물청(非禮勿聽) · 비례물언(非禮勿言) · 비례물동(非禮勿動)' 이다.[160] '사물(四勿)' 은 직접적으로는 '예' 를 회복하는

---

154) 『寒洲全書』 貳, 『理學綜要』, 卷12, 「學(理當涵養)第七之一」, 187쪽 하단14 3행, "按: 無事時, 固須惺惺; 而有事時, 尤須惺惺."

155) 『寒洲集』, 卷39, 「隨錄(乙未)」, 21－32쪽 7행, "不敬, 則心舍昏亂, 而光明頓滅."

156) 『寒洲全書』 壹, 『寒洲集』, 卷5, 「上張新齋(壬寅)」〈別紙〉 120쪽 하단26 2행, "敬存乎心, 而存心爲制事之本. 故方其應事, 敬主於事, 此所以與事爲一也.

157) 『寒洲全書』 壹, 『寒洲集』, 卷5, 「上張新齋」〈別紙〉 122쪽 하단30 3-4행, "無適以心言, 主一以事言. 互說貫通之妙, 亦可認矣."

158) 『朱子大全』 上, 卷40, 「答何叔京」, 748쪽 하단52 4행, "毋不敬, 是統言主宰處."

159) 『寒洲全書』 四, 『求志錄』, 10, 『禮記箚義』, 361쪽 상단 2-5행, "曲禮毋不敬) 性之禮, 卽敬之體, 一心之主也. …… 愚謂毋不敬者, 復禮之要."

160) 『論語』, 권22, 「顔淵」, 288쪽, 19-20행, "(顔淵曰: 請問其目. 子曰:) 非禮勿視, 非禮勿聽,

것이지만, 본질적으로는 존심(存心)의 방법이요, 궁극적으로는 '인(仁)' 의 구현 방법이기도 하다. 즉 '경' 의 주재상태에 의해 마음을 보존하고 그 마음은 몸을 주재하여 심의 본래성을 보존하고 주체성을 세우는 것이라 할 수 있다. '경' 과 심의 상응적 주재성은 한 몸이 감각적 욕망으로 빠지는 것을 통제하여, 인간의 본성이 온전히 발현되도록 하는 것이다.

3) 내적 直心과 외적 直道

'경(敬)' 을 통해 심이 리와 일치될 때, 심은 곧게 되는 것이다. 내적인 '직심(直心)' 은 외적으로는 '직도(直道)' 로 구현된다. '직(直)' 은 '사곡(私曲)이 없는 것' 이다. 일찍이 주희는 '직' 에 대해 다음과 같이 말하였다.

> '직' 이란 마음에 사사롭고 굽은 것〔私曲〕이 없는 것을 말함이니, 사람이 '경' 으로 안〔內〕을 곧게 해서 조금이라도 사곡한 마음이 있지 않게 하면, 그 마음이 깨끗하고 맑아 물욕의 더러움이 없어 신명(神明)[161]을 사귈 수 있다.[162]

'경으로 안을 곧게 한다' 〔敬以直內〕는 『주역』에 있는 말로,[163] '직' 은 '경' 에 의한 것이다. 즉 '직' 이 '직' 으로 될 수 있는 것은 공정무사한 '경' 의 주도적 역할이 있었기 때문이다.[164] 내적 '직심' 이야말로 공정한 마음을

非禮勿言, 非禮勿動."

161) 神明은 ① 하늘과 땅의 신령스러움 ② 사람의 마음 내지 정신으로 풀이된다. 논자가 전개하는 신명은 하늘과 땅의 신령스러움으로 객관적 작용과 교류함을 의미한다 하겠다.

162) 『書傳』, 卷1, 「虞書・舜典」, 55쪽 하단64 14-16행, "直者, 心無私曲之謂, 人能敬以直內, 不使少有私曲, 則其心潔淸, 而無物欲之汚, 可以交於神明矣." 『書傳』은 보경문화사 영인본(『書經』, 1983)을 저본으로 하였다.

163) 『周易』, 卷2, 「坤・文言」, 106쪽 상단23 6행, "敬以直內."

지니고 사사로운 마음이 없기 때문에, 궁극적으로 하늘과 땅의 신령스러움에까지 통할 수 있는 것이다. 그러므로 주희는 죽기 3일 전 『대학』 성의장(誠意章)을 수정하면서, '직' 의 중요성을 말하였던 것이다. 주희는 다음과 같이 말한다.

> 학문하는 요점은 오직 일마다 옳은 것을 자세히 탐구하고, 그릇된 것을 결단코 제거하는 것이니, 노력하기를 오래하면 심과 리는 하나이어서 자연히 발현되는 것이 모두 바르지 못한 것이 없다. 성인이 만사(萬事)에 응하고 천지가 만물을 생하는 것은 '직' 일 따름이다.[165]

즉 사실의 세계에서 진리〔理〕를 구하여 완전히 실천하였다면, 그것은 리와 심의 일치, 즉 내외합일(內外合一)의 상태이다. 그 경지가 바로 심의 '직' 의 상태라 할 수 있다. 성인의 마음은 '직' 의 상태에서 만사에 응하는 것이다. 이진상 또한 '직' 이야말로 모든 성인이 서로 전한 마음의 비결이라고 여겼다.[166]

일찍이 이진상은 '직' 을 실천하는 데 있어 그의 성격상 내면적으로 상당히 고민하였다.[167] 그는 34세에 『직자심결(直字心訣)』 상 · 하편[168]을 지어

---

164) 『朱子語類』 上, 卷44, 「論語26 · 憲問篇 · 子路問君子章」, 〈時擧錄〉, 601쪽 상단23 16-17행, "敬者, 非但是外面恭敬而已, 須是要裏面無一毫不直處, 方是所謂敬以直內者是也."; 〈無名錄〉, 601쪽 상단23 19-20행, "敬時內面一齊直, 徹上徹下, 更無些子私曲."

165) 『朱子大全』 下, 附錄, 『朱子年譜』, 卷4, 「寧宗慶元六年庚申」 〈三月辛酉改大學誠意章〉, 722쪽 하단36 10-11행, "爲學之要, 惟事事審求其是, 決去其非, 積累久之, 心與理一, 自然所發, 皆無私曲. 聖人應萬事, 天地生萬物, 直而已矣."

166) 『寒洲全書』 參, 『直字心訣』, 卷1, 614쪽 상단 13-14행, "按: 直之一字, 千聖相傳之心訣."

167) 『寒洲全書』 參, 『直字心訣』, 「直字心訣序」, 611쪽 상단 2-4행, "余早也, 性白直, 氣亢直, 直言不避, 後有鋒鏑之叢. 直行不顧, 前有坑塹之險. 每患爲直之難, 容而思有以矯揉之見, 人之委曲宛轉, 便利而軟熟者, 欲慕循, 而未之能也."

168) 『直字心訣』의 구성체계는 여러 경전, 즉 『書經』 · 『詩經』 · 『周易』 · 『論語』 · 『中庸』 ·

'직' 사상을 체계적으로 세웠는 바,[169] 평생 내면과 외면에서 주체적 발현으로서의 궁극점을 '직' 에 두었다.[170] 왜냐하면 '직심' 은 본심이 능동적으로 현현하게 드러날 수 있는 성격을 지니고 있기 때문이다.[171] 다시 말하면 '직심' 은 획일적이지 않고 자기 자신이 처한 상황을 고려하면서 탄력적으로 대처할 수 있는 자율성을 내포하고 있다는 것이다.[172] 이진상은 내적 직심을 외적으로 드러내고자 한다. 그는 다음과 같이 설명한다.

> 예(禮)가 행하면 심은 '경' 을 보존하고, '경' 이 확립하면 내심(內心)이 저절로 곧게 되는 것이다. 진실로 '직심' 을 미루어 '직도' 를 행하고자 하는 자는 예를 버리고 어떻게 하겠는가?[173]

『大學』·『孟子』·『禮記』의 원문과 그것에 대한 주석, 나아가서는 北宋의 周敦頤, 程顥와 程頤, 邵雍, 朱熹의 서책에서 直사상과 연관된 문장들로 이루어졌다. 『寒洲全書』 參, 『直字心訣』, 「直字心訣目錄」, 613쪽.

169) 尹泰林은 恣意的 입장에서 유교의 경전에는 정직(直)을 권장한 구절이 많지는 않다고 하였다(尹泰林, 『의식구조상으로 본 한국인』, 현암신서, 1970, 397쪽). 李震相은 直의 개념을 다섯 가지 측면에서 전개하는 바, 주로 경전에서는 '直의 淵源', '直의 頭腦', '直의 散殊', 북송의 현인들에서는 '直의 工夫', '直의 推行' 의 측면에서 直사상을 논리적으로 체계화한다(金東赫, 「寒洲 李震相의 直思想에 관한 硏究 - 그의 心性論과 關聯하여」, 『東洋哲學硏究』 제14집, 1993; 金東赫, 「寒洲 李震相의 直字心訣에 관한 硏究」, 『慧田專門大論文集』 제13집, 1993).

170) 李震相의 『直字心訣』은 송나라 때의 정주학자 眞德秀(1178~1235)가 經典과 선유들의 心에 관한 議論을 붙인 『心經』의 형식과 비슷하다고 할 수 있다. 주지하다시피 『심경』은 心性論 內面的 修養의 측면이 강하다. 하지만 이진상의 『직자심결』은 심에 있어서의 도덕적 규범으로서의 '직' 이 내면에서는 '直心' 의 修養과 외면에서는 '直心' 에 의한 일상생활에서의 '直道' 에 중점을 두고 전개한 것이 그 특징이라 할 수 있다.

171) 『書經』, 卷1, 「虞書 · 舜典」, 55쪽 하단64 6-8행, "帝曰: 咨四岳, 有能典朕三禮? 僉曰: 伯夷. 帝曰: 俞, 伯夷. 汝作秩宗, 夙夜惟寅, 直哉惟淸. 伯拜稽首, 讓于夔龍. 帝曰: 俞, 往欽哉."

172) 『論語』, 卷13, 「子路」, 320쪽 하단 14-18행, "葉公, 語孔子曰: 吾黨, 有直躬者, 其父攘羊, 而子證之. 孔子曰: 吾黨之直者, 異於是, 父爲子隱, 子爲父隱, 直在其中矣."

173) 『寒洲全書』 參, 『直字心訣』, 卷1, 614쪽 상단 15-16행, "禮行, 則心存敬, 敬立, 則內自

이는 예·심·경이 유기적으로 상응하면서 인간의 내면 세계가 곧게 됨을 말하는 것이다. 내적 '직심'에 의한 외적 '직도'는 주체성을 지니고 자각적이고 능동적으로 사태에 대응하는 것이다. 심의 본래적 내직성(內直性)은 예가 실천되고, 심이 경을 보존하였을 때 가능한 것이다. 모든 사람은 현실생활에서 실천성을 보여주여야 하는 바, 그것이 바로 '직도'이다.[174] 직도의 뜻 또한 외적으로 전혀 사사로움이 없이 옳은 것은 옳다고 하고, 그른 것은 그르다고 여기는 것을 의미한다.[175] '직심'은 내적 사사로움이 없는 상태이지만, '예'를 버리고서는 '직도'를 실현할 수 없다. 이진상에 의하면, '직심' → '예' → '직도'로 나아가는 수양은 성학(聖學)의 최종적 목표이자 유학의 극진한 공부가 된다고 한다.[176] 그런데 곧음을 좋아하기만 하고 그것에 대하여 배우기를 좋아하지 않으면 그 폐단이 성급하게 되고,[177] 곧으면서 예가 없으면 급절(急切)하게 되는 것이다.[178] 그러므로 학문〔學〕을 좋아하여 그 폐단을 제거하고 예를 밝혀 중도(中道)에 나아가는 것이다.[179] '예'와 '학문'이야말로 성급하지 않도록 하는 '직도'의 역할이라고 말할 수 있다.[180] 그러므로 '직도'는 고원한 것에서 구하는 것이 아니고, 일상생활에 나아가 힘써 진리를 구하는 것인데,[181] 그것은 '예'·'심'·'경'·'학문'의 유기적 연관을 통해 직도를 확립한다는 것이다. 만

直. 苟欲推直心, 而行直道者, 舍禮何以哉?"

174) 『論語』, 卷15, 「衛靈公」, 371쪽 하단 2행, "斯民也, 三代之所以直道而行也."

175) 『論語集註』, 卷15, 「衛靈公」, 371쪽 하단 3-4행, "直道, 無私曲也."

176) 『寒洲全書』 參, 『直字心訣』, 卷2, 656쪽 하단 14-15행, "按: 君子之推直心於一己, 而行直道於天下者, 此誠聖學之成終, 而斯道之極功."

177) 『論語』, 卷17, 「陽貨」, 398쪽 하단 6행, "好直不好學, 其蔽也絞."

178) 『論語』, 卷8, 「泰伯」, 212쪽 상단 19행, "直而無禮則絞."

179) 『寒洲全書』 參, 『直字心訣』, 卷1, 618쪽 상단19 3-4행, "要在好學以祛其蔽, 明禮以適乎中."

180) 『寒洲全書』 參, 『直字心訣』, 卷1, 618쪽 상단19 5행, "禮與學字, 以爲斡旋之力."

181) 『寒洲全書』 參, 『直字心訣』, 卷1, 632쪽 하단35 2행, "求直道者, 無遽求之於高遠, 而先就尋常日用之間, 實用力焉."

약 그렇지 못하면 군자가 아닌 소인으로 전락하고 말 것이다. 이진상은 군자와 소인의 구분을 다음과 같이 말한다.

> 살피건대, 태극은 하늘의 '직도'가 지극한 것이고, 인극(人極)은 사람의 '직도'가 지극한 것인데, 성인만이 그 하늘의 '직도'를 온전히 할 수 있다. 그러므로 그 고요한 상태가 '직'의 '체(體)'이고, 그 움직이는 상태가 '직'의 '용(用)'이다. 주장하는 것은 또 고요함에 있으니, 고요함은 하나를 이루어 '직도'가 확립하는 것이다. '직도'가 확립하면 태극의 전체가 여기에 있어 천하의 표준이 그것으로 돌아갈 것이다. 이를 닦으면 군자가 되고 이를 어긋나게 하면, 소인이 되는 것은 곧음과 곧지않음일 따름이다.[182)]

태극과 인극이 하나된 사람은 계천입극(繼天立極)한 성인〔군자〕단이 가능하다. 직의 체는 치우침이 없고, 직의 '용'은 어긋남이 없는 것이다.[183)] 군자(성인)는 체적 · 용적으로 사사로운 욕망이 없기 때문에, 사물을 통하지 않는 고요한 상태의 직도〔體〕는 밝고, 모든 사물을 통하는 상태의 직도〔用〕는 공정하여 어느 상황에서든지 널리 발현되는 궁극의 경지에까지 나아갈 수 있다. 즉 고요한 상태에서나 움직이는 상태에서는 욕망이 없어야 성인의 경지에까지 나아갈 수 있는 것이다.[184)] 그러므로 '직도'를 확립하는 것이야말로 천하의 표준〔택극〕으로 돌아가는 것이다. 군자는 '직심'을 한

---

182) 『寒洲全書』 參, 『直字心訣』, 卷2, 636쪽 상단 11-15행, "按: 太極者, 天之直道之至; 人極者, 人之直道之至, 而惟聖人爲能全其天之直道. 故其靜也, 直之體; 其動也, 直之用, 而所主者, 又在於靜, 靜以致一, 直道立矣. 直道立, 則太極之全體, 在是, 而天下之標準, 歸之矣. 修是而爲君子, 悖是而爲小人, 直與不直而已."

183) 『寒洲全書』 參, 『直字心訣』, 卷1, 625쪽 하단 11-12행, "盖無所偏倚者, 本體之直也; 無所差謬者, 所發之直也."

184) 『通書』, 「聖學」 제20, 67쪽 상단37 8-9행, "聖可學乎? 曰: 可. 曰: 有要乎? 曰: 有. 請聞焉. 曰: 一爲要, 一者無欲也. 無欲則靜虛動直. 靜虛則明; 明則通. 動直則公, 公則溥. 明通公溥, 庶矣乎."

몸에서 미루어 '직도' 를 천하에 실행하는 도덕적 완성자이다.[185] 내적 '직심' 에 의한 외적 '직도' 는 선천적인 것으로서 객관적 사물을 재단하는 '자' · '먹줄' 〔規矩準繩〕과 같은 표준이 되는 것이다.[186] 하지만 현실에서의 물욕과 사특함이 본심을 엄폐함에 따라, 외적 직도는 확립되지 못하는 것이다.[187] 그러므로 현실속에서 '경' 에 의한 심의 수양 정도에 따라, 즉 도덕적 수양의 정도에 따라 군자와 소인이 구별되는 것이다. 바로 '직' 은 도덕적 규범일 뿐만 아니라 일상 생활의 하나의 정신적 양식이다.[188]

『맹자』에는 "그 기 됨이 지극히 크고 지극히 강(剛)하여 '직' 으로 길러 해침이 없으면 천지의 사이에 충색한다" [189]고 하는 글이 있는 바, 이진상은 이를 리와 기로 설명한다.

> 살피건대, 천지의 '올바른 리' 〔正理〕는 곧음이 된다. 그러므로 천지의 '올바른 기' 〔正氣〕도 곧음이 된다. 사람이 '중(中)' 을 받아 태어나니 생(生)이라는 것은 본래 곧다. 다만 습득(習得)으로 인하여 사특하고 굽으면 곧지 못하다. 학자는 모름지기 '직도' 로 길러 지(志)을 곧게 완수하는 시초에서 간직하여 마음의 발현하는 것으로 하여금 곧지 못함이 없게 하고, 의(義)를 곧게 기르는 시초에서 모아 일의 응하는 것으로 하여금 곳에 따라 모두 곧게 하면 강대한 기는 날로 가득차고 왕성하여 본체의 곧음은 순수한 하늘이 부여한 올바름이다. 이것은 심결(心訣) 가운데 지극히 요처이다.[190]

---

185) 『寒洲全書』 參, 『直字心訣』, 卷2, 656쪽 하단 14-15행, "按: 君子之推直心於一己, 而行直道於天下者, 此誠聖學之成終, 而斯道之極功."

186) 柳承國, 『韓國思想과 現代』, 東方學術研究院, 1988, 201쪽 참조.

187) 『寒洲全書』 參, 『直字心訣』, 卷1, 627쪽 상단 15-18행, "夫心之爲體, 平正端直, 無所迂曲偏仄處. 只緣物欲間之, 邪意乘之, 而心不得其直. 故聖人之教, 必以正心誠意爲大關頭, 有如一條直路. 過此則無礙, 失此則反歸於曲徑邪岐也."

188) 尹泰林, 『의식구조상으로 본 한국인』, 현암신서, 1970, 397쪽.

189) 『孟子』, 卷3, 「公孫丑」 上, 502쪽 상단 5-6행, "其爲氣也, 至大至剛, 以直養而無害, 則塞于天地之間."

천지의 '올바른 리'와 '올바른 기'는 모두 '곧음'〔直〕이다. 하늘이 만물을 덮어주고 생성하는 것은 그 본체와 작용이 '직'이기 때문이다.[191] 인간은 천지의 올바른 리와 올바른 기의 '중(中)'을 품부받았기 때문에 본래 곧음이다. '중'은 마음 상태가 치우치거나 집착하지 않고 일을 처리하는 데 과(過)하거나 불급(不及)함이 없는 의미로서의 '직'을 말하는 것이나,[192] 그 '중'은 바로 올바른 리와 올바른 기의 묘합한 곳에서 사람의 내직성(內直性)을 의미한다.[193] 그러므로 인간 최초의 생명으로서의 삶은 바로 '직'이다.[194] 생명적 사실에서의 직은 인간의 주체적 체험의 단계에서의 기적(氣的)인 요소가 있으나, 선천적인 인간의 본성이 내재하여 자아의 '직'이므로 리와 기가 묘융(妙融)한 초점이라고 할 수 있다.[195] 즉 인간의 직은 선천적 본성에 순응하고 객관적 리를 따라 실천하는 것이다.[196] 지지(持志)와 집의(集義)에 의하여 곧게 되면, 기가 날로 가득차고 왕성하게 되지만, 그것은 그 하늘이 부여한 순수한 본체〔理〕에 의한 '직'이라 할 수 있다. 때문에 심의 주재적 수양을 통한 올바른 리와 올바른 기의 묘합적 관계는 객관적 변

---

190) 『寒洲全書』 參, 『直字心訣』, 卷1, 628쪽 하단 19행-629쪽 상단 4행, "按: 天地之正理, 爲直, 故天地之正氣, 亦直. 人之受中以生, 生也本直, 只緣習得邪枉, 便不直了. 學者, 須以直道養之, 持志於直遂之初, 而使心之所發, 罔有不直, 集義於直養之始, 而使事之所應隨處, 皆直, 則剛大之氣, 日以充旺, 而本體之直, 純乎天賦之正, 比是心訣中至要處."

191) 『寒洲全書』 參, 『直字心訣』, 卷1, 618쪽 상단 14행, "按: 天之覆物, 無空缺, 生物, 無偏私, 其體其用, 直而已."

192) 『寒洲全書』 參, 『直字心訣』, 卷1, 615쪽 상단 17-18행, "中是那不偏不倚無過不及之名, 則洵是直字之變文."

193) 內直性은 인간의 후천적 생명도 '直'일 뿐만 아니라 선천적으로 인간의 본성의 直도 正氣의 생명성과 正理의 본성이 혼융하고 있는 中에 의한 것이다.

194) 『論語』, 卷6, 「雍也」, 170쪽 상단 6행, "子曰: 人之生也直."

195) 柳承國, 『東洋哲學硏究』, 東方學術硏究院, 1983, 129쪽.

196) 『論語集註』, 卷6, 「雍也」, 170쪽 하단 1-2행, "南軒張氏曰: 天理本直, 在人則順其性而不違, 所謂直也. 直者生之道, 循理而行." 李震相은 『直字心訣』에서 이 문장을 인용하여 자신의 논지를 전개한다. 『寒洲全書』 參, 『直字心訣』, 卷1, 620쪽 하단 6-8행.

화에까지 나아갈 수 있는 경지가 될 것이다.

사람의 행동 또한 '직도' 로 실천해야 하는 것인데, 만약 삶이 '직도' 가 아니면 바로 삶을 해치는 도적이고, 행동이 '직도' 가 아니면 살아있는 송장이 되는 것이다.[197] 즉 삶의 실천적 수양을 '직도' 로 일관하고 있음을 알 수 있다. 그리하여 이진상은 하늘과 땅을 본받은 인간의 '곧음' 을 넘어 형체가 없는 무형의 위대한 '직' 을 체인하도록 설파하여,[198] 군자와 소인을 막론하고 '직도' 를 구하는 일은 '진실하여 거짓이 없고 스스로 속임이 없는 성(誠)' 의 차원에서 해야 할 것이라고 주장한다.[199] 즉 마음이 이미 올바르면 그 마음이 사사롭고 굽은 마음에서 동요되는 것이 없으므로 비로소 '직' 으로 배양하는 것이라고 할 수 있다.[200]

학문하는 사람은 그 태도가 '경' 에 종사하여 심의 본체를 곧게 하면, '선천적 곧음' 〔天地之直〕이 진실로 그에게 내재할 것이다.[201] 이같은 '직' 이야말로 "자기가 곧은 뒤에 사람을 곧게 할 수 있고, 사람을 곧게 한 뒤에 자기는 더욱 곧게 된다. '직도' 를 행하는데, 다른 사람과 내가 간격이 없는 데까지 이르게 될 것이다."[202] 왜냐하면 모든 사람들이 천리의 '직' 을 선천적

---

197) 『寒洲全書』 參, 『直字心訣』, 卷1, 621쪽 상단 13-15행, "按: 人之生, 以直道而生, 故人之行, 以直道而行. 生不以直, 生之賊也; 行不以直, 行而屍也."

198) 『寒洲全書』 參, 『直字心訣』, 卷1, 619쪽 하단 17행-620쪽 상단 1행, "按: 天以直而施, 地以直而生. 故人肖天地之形, 而平正直立(萬物之中, 惟人直生), 受天地之氣, 而剛健直方, 至善之理, 無容議爲(理本無形, 不消言直, 而無形之直, 是爲大直, 觀於其用之直, 遂可見)."

199) 『寒洲全書』 參, 『直字心訣』, 卷1, 626쪽 하단 8-10행, "按: 誠者, 眞實無僞之名, 誠則自直, 不誠則不直. 直則爲君子, 不直則爲小人, 求直道者, 必於無自欺上用工."

200) 『寒洲全書』 參, 『直字心訣』, 卷1, 627쪽 하단28 18-19행, "按: 此心旣正, 則無可以動其心者, 而方可謂直養也."

201) 『寒洲全書』 參, 『直字心訣』, 卷1, 620쪽 상단 6-7행, "學者, 苟能從事於敬, 使心體無不直, 則天地之直, 固在我矣."

202) 『寒洲全書』 參, 『直字心訣』, 卷1, 631쪽 상단35 20행, "己直而後, 人可直; 人直而後, 己愈直. 行直道, 而至於人己無間, 則直之極功也."

으로 동등하게 지니고 있기 때문이다.[203)]

특히 인심도심에 대한 '유정유일(惟精惟一)' 의 공부 차원에서 '직' 을 살펴보면, '정밀함' 〔精〕은 심에서 발현하는 기미를 살피는 곧음이고, '한결같음' 〔一〕은 그 심의 본체를 지키는 곧음이다.[204)] 이것은 심이 발동할 때 상도(常道)의 리에 적중하도록 하는 심의 수양이라 할 수 있다.

인간의 사사로움이 없는 '직심' 과 '직도' 의 일치성이야말로 모든 변화에 대응하고 천지가 만물을 생성하는 것이다. 주희가 죽기 3일 전 '직' 의 중요성을 말하였는데, 이진상은 그것을 마음의 비결〔心訣〕로 여겨, "먼저 그 옳은 발단을 구하는 것은, 대개 모든 일이 옳으면 곧고, 옳지 않으면 곧지 않기 때문이다. 옳은 것은 리이고, 옳지 않은 것은 리가 아니다. 오래도록 옳은 것을 구하게 되면, 심과 리가 하나가 된다"[205)]고 하였다. 이는 곧은 것만을 궁리하는 학적 태도에서 이루어진다. 심의 주재 기능을 작용시켜 객관적으로 옳은 것만을 궁리하여 활연관통(豁然貫通)의 경지가 된다면, 심과 리가 일치하는 것이다. 이 심과 리의 일치는 바로 용적(用的)인 '직' 이 수행하고 체적(體的)인 '직' 이 그대로 드러나 맥락이 서로 통하고 조리가 어긋나지 않는 체용일원(體用一源)의 세계이다.[206)] 이진상은 '직도' 를 배양하여 천(天)·지(地)·인(人)이 동참할 수 있는 것을 다음과 같이 설명한다.

---

203) 『寒洲全書』 參, 『直字心訣』, 卷1, 621쪽 하단 15행, "按: 天理之直, 固是人人之所同得."

204) 『寒洲全書』 參, 『直字心訣』, 卷1, 615쪽 상단 15-16행, "精所以察其幾之直也. 一所以守其體之直也."

205) 『寒洲全書』 貳, 『理學綜要』, 卷14, 「學(理當省察)第七之三」, 245쪽 상단43 5-7행, "朱子臨沒之際, 單傳心訣, 而先以審求其是發端, 盖凡事是則直, 不是則不直故也. 是底便是理, 不是底便不是理. 故求是之久, 心與理一."

206) 『寒洲全書』 參, 『直字心訣』, 卷1, 624쪽 하단 5-6행, "按: 天下之理, 始也一原, 而散爲萬殊, 雖不無精粗大小之別, 而妙用流行, 本體呈露, 脈絡相通, 條理不紊. 直字工夫, 正好於此."

'직도' 는 다른 것이 없고, 인욕을 막고 천리를 보존하는 즈음에 있다. 천리가 보존하면 천지의 곧음이 나에게 있을 것이다. 사람이 참여하여 삼재(三才: 天 · 地 · 人)가 될 수 있는 것을 여기서 볼 수 있다. 진실로 '권모술수적인 지략이나 천박한 사술' 〔智數曲逕〕로 구하면, 천지의 곧음과 서로 배치(背馳)되는 것이다.[207)]

천지의 곧음을 수양하는 것은 인욕을 막고 천리를 보존할 수 있기 때문이고, 또한 천 · 지 · 인을 일관시킬 수 있기 때문이다. 그러므로 이진상의 내적 '직심' 과 외적 '직도' 는 하늘 · 땅 · 사람이 모순과 대립이 없는 인간의 실존적 존재가 될 가능성을 열어 주는 것이라 할 수 있다.[208)] 또한 권모술수적인 지략이나 천박한 사술로 얽혀진 현실을 타파하고자 함이 그 저변에 맥동(脈動)하고 있음을 알 수 있다.

207) 『寒洲全書』 參, 『直字心訣』, 卷2, 646쪽 상단 16-19행, "按: 直道無他, 在乎遏人欲存天理之際, 天理存, 則天地之直, 在我矣. 人之可以叅爲三才, 於此可見. 苟以智數曲逕而求之, 便與天地之直道相背."

208) 『寒洲全書』 貳, 『理學綜要』, 卷14, 「學(理當省察)第七之三」, 245쪽 상단43 5-7행, "按: 吾夫子贊乾道, 曰其動也直; 贊坤道, 曰直其正也; 言人道, 曰人之生也直. 直之一字, 天地人之所以爲天地人者也."

제5장

寒洲性理學의 位相과 意義

이진상은 조선 말 전환기 시대에 성리사상을 심화·발전시켜 조선유학사에서 6대가로 칭송을 받고 있다. 현재 그에 대한 연구는 상당히 미진한 상황이기 때문에, 그의 성리사상의 위상(位相)과 의의(意義)를 전체적으로 헤아리기에 어려운 면이 없지 않다 하겠다. 본 장에서는 위상적 측면으로는 한주성리학을 계승한 한주학파(寒洲學派)의 성격을 간략히 살펴보고, 의의적 측면으로는 한주성리학이 리와 심의 주재성을 강조하였던 만큼 이에 초점을 맞추어 고찰한다.

1. 寒洲思想의 影響과 寒洲學派의 成立

이진상은 주자학에 대한 자신의 독자적 체계를 이룩하여, 19세기 전환기에 이항로(李恒老)·기정진(奇正鎭) 등과 함께 학계의 지성을 대표할 만한 성리학자였다. 그의 학문적·사상적 연원은 주희와 이황에 두면서도 주희의 만년정설을 기반으로 하였다. 리기론에서는 리와 기를 구별하고 이 양자 가운데 '리의 근본성'을 밝히고, 심성정론에서는 심·성·정 일리(一理)와 심즉리(心卽理)를 주장하여 리의 주재성을 강조하였다. 심의 수양은 철저하게 심의 주재성을 토대로 이심사심론(以心使心論), 인심도심론(人心道心論)을 전개하고, 나아가 심의 내면적 측면에서는 직심(直心)을 외면적 측면에서는 직도(直道)를 설명하는 '직사상(直思想)' 을 전개하였다.

이러한 이진상의 학문과 사상은 후학에게 영향을 끼쳐 영남지역에서 '한주학파' 를 형성할 정도였다. 대표적으로 고족제자(高足弟子)인 곽종석(郭鍾錫)과 아들인 이승희(李承熙)를 비롯하여 허유(許愈), 장석영(張錫英), 김진호(金鎭祜), 이정모(李正模), 이두훈(李斗勳), 윤주하(尹胄夏) 등으로, 이들은 '주문팔현(洲門八賢)' 이라고 일컬어진다.[1] 이들은 주로 스승 이진상의 '심즉리설(心卽理說)' 에서 심의 주재성을 보다 더 심화 · 발전시키면서, 타학파로부터의 비난에 대하여 스승의 학설이 주희와 이황의 심학에 크게 어긋나지 않는다고 변호한다.

이진상의 성리학에 대한 후대의 반응은, 학문적 방법론을 수용하는가 하면, 그의 성리학 이론을 강력하게 비판하는 경향도 보인다. 호남의 노사학파(蘆沙學派)의 정재규(鄭載圭)[2] · 기우만(奇宇萬)[3] · 공학원(孔學源)[4]은 이진상의 학문적 방법론에서 영향을 받아 성리사상을 구축하는 경향을 보였다.[5] 하지만 이진상의 성리학의 이론은 영남에서 '심을 리와 기의 합일

1) 洲門八賢에 대한 생몰연대 자, 호, 저서 등은 제1장에서 學問的 背景과 그 著述 참조.

2) 鄭載圭: 1843(헌종 9)~1911, 조선 말기의 학자, 자는 英五 · 厚允, 호는 老柏軒 · 艾山, 본관은 초계. 기정진의 문하에서 수학. 저서로는 『老柏軒集』 등이 있다.

3) 奇宇萬: 1846(헌종 12)~1916, 조선 말기의 학자 · 의병장, 자는 會一, 호는 松沙. 본관은 행주. 전남 화순출신. 저서로는 『松沙集』이 있다.

4) 孔學源: 1869(고종 6)~1939, 근대의 유학자, 자는 道卿, 호는 道峯, 본관은 창원. 기우만의 문인으로 기정진의 성리설을 계승. 저서로는 『道峰集』, 『四戒說』, 『泗上問答』, 『記夢』 등이 있다.

5) 『老柏軒文集』 卷6, 「答曺仲昭問目」; 卷15, 「答南章憲明重昌熙 四七講目」; 卷29, 「猥筆辨辨」 참조. 蘆沙學派의 奇宇萬과 孔學源은 鄭載圭에 비해 소극적으로 수용한 흔적이 보인다. 『老柏軒文集』은 경인문화사 영인본(『韓國歷代文集叢書』, 1987, 507-513쪽)을 저본으로 하였다.

적 존재'〔心合理氣〕로 보는 학파로부터, 또는 기호에서 '심을 기의 존재'〔心是氣〕로 보는 학파로부터 강력하게 비난을 받게 된다.

이진상의 성리사상을 비판하는 경향은 대체로 세 갈로 구분할 수 있다. 첫째로 안동을 중심으로 하는 유치명의 학파이고, 둘째로 근기지역(近畿地域)의 학문을 계승한 영남〔김해〕의 허전(許傳)[6] 계열이고, 셋째로 기호〔호남〕의 전우(田愚)[7] 계열이다. 이 세 계열이 이진상의 사상을 비판하는 것은 여러 측면이 있으나, 대체로 귀결점은 심즉리설에 초점이 맞추어져 있다 하겠다.

유치명 학파로 김인섭(金麟燮)[8]은 주리설과 주기설 어느 것에도 치우치지 아니하면서 이진상의 주리적 심즉리설을 반박하는 바, 심즉리설은 양명학에서 근원한 것이어서 그 설이 사람에 미치는 화는 매우 심각하다고 하고,[9] 송준필(宋浚弼)[10]은 심과 성의 일치성을 비판하였고,[11] 이만인(李晩

6) 許傳: 1797~1886(정조 21~고종 23), 조선 말기의 학자 · 문신. 자는 而老, 호는 性齋, 본관은 양천. 경기도 포천 출신. 황덕길의 문하에서 수학. 저서로는 『性齋集』(續集), 『宗堯錄』, 『哲命編』, 『士儀』 등이 있다.

7) 田愚: 1841(헌종 7)~1922, 근대의 성리학자, 자는 子明, 호는 艮齋 · 臼山 · 秋潭, 본관은 潭陽. 任憲晦의 문하에서 수학. 저서로는 『艮齋集』, 『艮齋私稿』, 『秋潭剐集』 등이 있다.

8) 金麟燮: 1827(순조 27)~1903, 조선 말기의 학자, 자는 聖夫, 호는 端磎, 본관은 상산. 柳致明의 문하에서 수학. 저서로는 『端磎文集』, 『晦庵出處編錄』, 『春秋大綱』, 『日月行道記』, 『端磎日記』, 『言行類編』, 『異同字辨』, 『箕雅抄選』, 『關東日記』, 『遊山錄』, 『大嵒雜誌』, 『頭流漫錄』 등이 있다.

9) 『端溪集』, 卷12, 「答李道天(憲永) 己卯」 · 「答許英七」; 卷15, 「心說」 · 「心卽理說辨」 참조. 『端溪集』은 동아대학교 소장본을 저본으로 하였다. 특히 李震相의 '主宰之妙' 에 대하여, '以理理妙理' · '以理而妙衆理' 라는 말에 대하여 어떻게 理가 理를 주재하는 경향이 있는가라고 강력히 비판하였다. 이에 대한 논지를 구체적으로 논하는 것은 본 장에서 벗어나는 바, 언급하지 않겠다.

10) 宋浚弼: 1869(고종 6)~1943, 근대의 유학자, 자는 舜佐, 호는 恭山, 본관은 冶城. 경북 성주 출신. 張福樞 · 金興洛 등의 문하에서 수학. 저서로는 『恭山文集』이 있다.

11) 『恭山文集』, 卷6, 「讀寒洲集心卽理說」 참조. 『恭山文集』은 연세대학교 소장본을 저본으로 하였다.

寅)[12]은 이진상의 동정론(動靜論)과 체용론(體用論), 그 외의 여러 설이 주자와 이황의 본뜻에 부합되지 않는다고 변증하고 있다.[13] 허전 계열로 허훈(許薰)[14]은 심즉리설은 리와 기의 통합적 사고로 심을 살피지 못하여 양명학에 귀결되는 것이라고 반박하였다.[15] 호남의 전우는 이진상의 심즉리설을 조목조목 변론하고 있으나[16] 그의 주요관점은 그가 기호학파의 심시기적(心是氣的) 입장에서 영남학파의 심합리기(心合理氣)와 한주학파의 심즉리(心卽理)의 논리를 부정하는 것이다. 전우의 학문을 계승한 그의 제자들 가운데 고재붕(高在鵬)[17]은 리 · 기 합일적인 차원에서 이진상의 『리학종요』에서 나오는 심즉리설을 반박하고,[18] 남진영(南軫永)[19]은 이진상의 심의 지각설(知覺說)과 정의 사단칠정설(四端七情說)에 대하여 비판하였고,[20] 유영선(柳永善)[21]은 성이 심을 주재하는 것이고 심이 성을 주재하지

---

12) 李晩寅: 1834~1897(순조 34~고종 34), 조선 말기의 학자, 자는 君宅, 호는 龍山, 본관은 진보. 저서로는 『龍山文集』이 있다.

13) 『龍山文集』, 卷6, 「寒洲李氏動靜說條辨」 참조. 『龍山文集』은 국립중앙도서관 소장본을 저본으로 하였다.

14) 許薰: 1836(헌종 2)~1907, 조선 말기의 학자, 자는 舜歌, 호는 舫山, 본관은 김해. 경북 龜尾출신. 허전과 유주목에게 수학. 저서로는 『舫山文集』이 있다.

15) 『舫山文集』, 卷11, 「心說」 참조. 『舫山文集』은 서울대학교 도서권 印行판(영인본, 1974)을 저본으로 하였다.

16) 『田愚全集』 前編, 卷13, 「李氏心卽理說條辨(辛亥)」 참조. 『田愚全集』은 亞細亞文化社 영인본(1986)을 저본으로 하였다.

17) 高在鵬: 1869(고종 6)~1936, 근대의 유학자, 자는 尹擧, 호는 翼齋, 본관은 장흥. 전우의 문하에서 수학. 저서로는 『翼齋集』이 있다.

18) 『翼齋集』, 卷5, 「理學綜要辨」 참조. 『翼齋集』은 국립중앙도서관 소장본을 저본으로 하였다.

19) 南軫永: 1889(고종 26)~1972, 현대의 유학자, 자는 應八, 호는 務實齋, 본관은 영양. 경북 울진 출신. 전우의 문하에서 수학. 저서로는 『務實齋私稿』가 있다.

20) 『務實齋私稿』, 卷3, 「觀寒洲答鄭厚允書論朱子知覺說」; 卷4, 「關寒洲論四端七情說」 참조. 『務實齋私稿』는 大耕出版社 영인본(『務實柯菴兩先生私稿』, 2001)을 저본으로 하였다. 최근 南軫永에 관한 연구논문으로 崔一凡, 「務實齋 南軫永의 性理說에 관한 연구」(『艮齋先生의 義理精神과 그 전개』, 제10회 艮齋學會 學術發表會 資料集, 2001년

않는다고 하여 심즉리설을 비판하였다.[22]

곽종석과 이진상의 아들 이승희는 모두 일대 석학으로, 이진상의 성리학설을 계승 발전시켰다. 곽종석은 이황과 이이의 심학종지(心學宗旨)의 부족스러운 것을 언급한 뒤,

> 대저 심이란 그 '질(質)'은 혈육(血肉)이고 그 '기'는 정신이고 그 '리'는 성정(性情)의 묘함이다. 그 가리키는 바에 따라 '기'라 '리'라 하는 것이 모두 불가할 것이 없다. 단 그 '질'은 심의 사택(舍宅)이고, '기'는 자료이며 도구〔資具〕일 뿐이므로 심의 진(眞)은 아니다. 그 성과 정이 되어 동정을 주재하는 것은 오직 '리'만이 그러하니, 그것이 이른바 '천지의 심'이요 '심이 태극'이라는 말이다. 혈육적인 심은 의사들이 주로 다루어 배설을 도와 병을 고친다. 정신적인 심은 선가(禪家)에서 중시하여 수련하여 환상을 이룬다. 그러나 우리 유가(儒家)는 이로 심을 삼아, 도(道)를 체(體)로 의(義)를 용(用)으로 삼아 일신(一身)을 주장하여 만화(萬化)를 재제하니, 이야말로 사람의 심의 본연이오 성학(聖學)의 종지인 것이다.[23]

12월)가 있다.

21) 柳永善: 1893(고종 30)~1970, 현대의 유학자, 자는 禧卿, 호는 玄谷, 본관은 고흥. 전북 고창 출신. 전우의 문하에서 수학. 저서로는 『玄谷集』, 『潭華淵源錄』, 『四禮提要』 등이 있다.

22) 『玄谷集』, 권9, 「心性說」·「心統性情說」 참조. 『玄谷集』은 田愚의 문인 李炳殷(1977~1960)의 후손 李南安 씨의 家藏本(소재 전주시 교동)을 저본으로 하였다.

23) 『俛宇集』 參, 卷111, 「答洪成吉(壬子)」, 305쪽 3-8행, "夫心之爲心, 其質則血肉, 而其氣則精神也, 其理則性情之妙也. 隨其所指, 而曰氣曰理, 俱無不可. 但其質則心之宅舍也, 其氣則心之資具也, 非心之眞也. 其爲性爲情, 而主宰乎動靜者, 惟理爲然, 此所謂天地之心也, 心爲太極者也. 血肉之心, 醫氏主之, 而補瀉以治疾; 精神之心, 禪家重之, 而修鍊以成幻; 吾儒則以理爲心, 道爲體而義爲用, 以主一身而宰萬化, 此實人心之本然而聖學之宗旨也."

고 하여, 이진상의 심즉리설을 옹호하였다. 그에 의하면, '리의 주재성과 심의 주재성이 일치되어야만' 〔心卽理〕 인간의 본체(本體)가 확립되는 것이다.[24] 또한 그에 의하면, 심합리기(心合理氣)는 심의 통체적 설명으로서, 심을 귀하게 여기는 측면은 본심 · 양심 · 주재심으로서 리의 측면에 있다는 것이다. 더욱이 이황의 「심통성정도(心統性情圖)」에서도 중도(中圖)는 기를 섞지 않고 리만을 가리키고 하도(下圖)는 리와 기를 종합해 말했으니, 이황도 역시 본심을 곧바로 가리켜 말했을 때에는 '심즉리' 와 어긋나지 않는 것이라고 주장하였다. 다만 왕수인의 '심즉리' 는 '인기위리(認氣爲理)' 에 바탕한 것으로서, 이진상의 심즉리는 왕수인의 심즉리와 전혀 본질이 다르다고 주장하였다.[25]

이승희도 이만인의 비난을 받자, 그는 이황의 『성학십도』 가운데 「심통성정도」를 들어 다음과 같이 주장하였다. 먼저 상도(上圖)는 심의 본체를 오로지 말하여 성과 정이 모두 리이나 심이 성과 정을 주재함을 밝힌 것이고, 중도는 리와 기를 합한 곳에서 리를 주로 하면서 성과 정에 리와 기가 각각 있지만, 성의 본체는 리이고 정의 근본은 선이어서, 심이 한 몸을 주장하고 모둥 변화를 재제하는 것도 리임을 밝힌 것이며, 하도는 비로소 성과 정에 리와 기를 상대시켜 성에는 본연과 기질이 있고 정에는 리발과 기발이 있다는 것이니, 결국 상도 · 중도 · 하도를 유기적으로 궁구하게 되면, 심의 본체

---

24) 『俛宇集』 參, 卷111, 「答洪成吉(壬子)」, 305쪽 10행, "吾儒言心, 當曰心卽理, 然後本體立."

25) 『俛宇集』 貳, 卷47, 「答權舜八」, 81쪽 하단18 13-21행, "盖心之爲物, 其質則血肉也, 其氣則魂魄也, 其理則仁義之性而愛惡之情也. 此合理氣之爲心之統體者然也. 固爲論心之大全, 而所貴乎心者, 本心也, 良心也, 主宰之心也. 今於合焉之中, 而直指其本然之妙, 則心非別有一物, 性乃未發之心, 情乃已發之心, 而心爲一箇字母矣. 程子所謂心卽性性卽理, 張子所謂心統性情, 邵子所謂心爲太極, 朱子所謂心者天理在人之全體, 所謂心固是主宰底, 而所謂主宰者, 卽此理也, 皆是也. 是以, 退陶亦於中圖, 不雜氣而只指理, 於下圖, 而理與氣相須言之. 然則直指本心曰心卽理者, 亦程朱以來, 諸老先生之所嘗勘破而同然者也, 豈若陽明之認氣以爲理, 而指事理爲此心也哉?"

는 리이고 주재도 리로서 심즉리설이 된다는 것이다.[26] 또한 이승희는 이진상이 심을 돌과 옥에 비유한 것처럼, 「서선군심즉리설후(書先君心卽理說後)」을 지어 심을 '옥구슬'〔玉〕과 '옥의 원석'〔璞〕에 비유하면서 단순히 심을 '옥구슬' 이나 '옥의 원석' 으로 간주하여 리나 기로 파악하는 입장을 거부하기도 하고, 왕수인처럼 '옥구슬' 과 '옥의 원석' 을 합일적으로 파악하는 것도 거부하고, '옥구슬' 에 주재성이 있다는 측면에서 이진상은 심즉리설을 주장하였다고 변론한다.[27] 이승희의 주장은 기보다 리가 참된 것이라는 상대적인 평가를 넘어서, 리가 주재가 되어야 한다는 초월적 지위까지 확인하고 있다.[28]

허유는 육구연 · 왕수인의 심즉리는 기를 리로 여긴 것이고 이진상의 심즉리설은 심의 본체로 말한 것이라고 하면서, 『대학』의 격물치지에 대한 주희의 설명(마음이 곧 리이고 리가 곧 마음이다)[29]과 "사람이 학문을 하는 것은 마음과 리를 밝히기 위한 것일 따름이다"[30]고 한 것을 인용하여 당시 심즉리설이 육구연 · 왕수인과 다를 것이 없다고 비난하는 것을 명변하였다.[31] 또한 그는 사람과 동물이 다른 것은 의리지심(義理之心)이 있기 때문

---

26) 『韓溪遺稿』 六, 卷10, 「宣錄條辨」, 173쪽 참조. 『韓溪遺稿』는 국사편찬위원회 활자본(한국사료총서 제18-26)을 저본으로 하였다.

27) 『韓溪遺稿』 六, 卷7, 「書先君心卽理說後」 104-105쪽.

28) 琴章泰 · 高光植, 『儒學近百年』 박영사, 1984, 475쪽.

29) 『朱子語類』 上, 卷18, 「大學5 · 或文下」 〈泳錄〉, 310쪽 하단15 14-15행, "一事一物, 莫不皆有一定之理. 今日明日, 積累既多, 則胸中自然貫通. 如此, 則心卽理, 理卽心, 動容周旋, 無不中理矣."

30) 『大學或問』, 19쪽 상단33 3-4행, "人之所以爲學, 心與理而已."

31) 『后山集』, 卷7, 「答宋子三(鎬文)問目」, 671쪽 4-9행, "陸王所謂心卽理, 認氣爲理者也. 吾儒所謂心卽理, 以心體言者也. 彼此而同之者, 如以周子無極之說, 目之爲老子餘套者也. 無足多辨. 且大學開端, 致知在格物一句, 卽心卽理之宗旨也. 故朱子論格致, 而曰心卽理, 理卽心, 又曰: 人之爲學, 心與理而已, 是也, 何可以心卽理之說, 出於陸王之口而判舍之哉?"; 卷12, 「心合理氣說」, 273쪽 2행-274쪽 5행 참조. 『后山集』은 后山書堂 발행본(世振社, 1999년)을 저본으로 하였다.

이라고 하면서, 심즉리를 인간〔凡人과 聖人〕에 한정시켰다.[32] 장석영은 기를 제거하고 리의 주재를 강조하게 되면 심즉리이고, 리를 배제하고 기의 작용을 강조하게 되면 심즉기가 된다고 하여, 심의 두 측면을 동시에 고찰하여 심에 대한 논쟁을 완화시키려는 모습도 보였다.[33]

아들이자 제자인 이승희는 1897년 『한주집(寒洲集)』을 간행하여 도산서원에 봉정하였다. 그러자 퇴계학파에서는 이진상의 성리학이 이황의 학문경향을 비판하는 것이라 하여 『한주집』을 반송하거나 파판(破板)하기도 하였다. 도산서원(陶山書院)과 상주(尙州)의 도남서원(道南書院)에서 이진상을 배척하는 통문을 보내자, 이승희는 「도산통문조변(陶山通文條辨)」 「도남통문조변(道南通文條辨)」 등을 지어 이진상에 대한 비판을 조목별로 반박하였다.

한주학파의 심즉리설은, 심을 구성적 측면에서는 리와 기의 합일로 여기나, 리는 주재가 되고 기는 자료가 되는 논리〔理主氣資論〕에서 소옹(邵雍)의 '심유태극(心猶太極)'과 주희(朱熹)의 '심의 리는 태극이다'는 이론에 근거를 두고 심의 주재적 측면을 보다 더 강조한 것이다. 한주학파는 당시 비판에도 불구하고 이진상이 지은 「심즉리설」을 중심으로 논의하면서, 그것은 본래 양명학의 심즉리설과는 다르다고 하였다. 따라서 한주학파의 심즉리설은 주자학적 심학에 대하여 일조가 된다는 것이다.[34]

---

32) 『后山集』, 卷12, 「心合理氣說」, 273쪽 2행-274쪽 5행.

33) 『晦堂文集』 二, 卷8, 「答諸舜擧(元鐸 乙丑)」, 287쪽, "指其本體主宰言, 則心是理也, 指其資具作用言, 則心是氣也, 指其統體言, 則兼理氣也. 如是看, 則可通於千聖相傳之旨."; 卷10, 「答宋繼祖」, 440쪽 7행-441쪽 2행, "就不雜不離處, 而指其本體曰太極, 此朱子所謂性太極也. 就未發已發, 而指氣主宰者曰太極, 此邵子所謂心太極也. 遺了氣, 而單指主宰之體, 則曰心卽理可矣; 遺了理, 而單指其作用之具, 則亦可曰心卽氣也. 必須統指其主宰及作用者, 曰兼理氣然後, 方可以攧撲不破矣." 『晦堂文集』은 경인문화사 영인본(『韓國歷代文集叢書』, 1987, 894-900쪽)을 저본으로 하였다.

34) 『玄沙文集』, 卷5, 「心學宗要圖」, 70쪽 9행-72쪽 1행, "心卽理心卽氣云云, 皆各有其說. 然似是俱淪於一偏. 溪訓所謂兼理氣統性情, 實是不易之定論, 更何疑難? 近來華西寒

한주학파는 당시 유치명 학파, 허전 계열의 허훈, 전우 학파의 학맥과 뚜렷한 구분을 지으면서 독립된 학통을 열어갔다.[35] 특히 한주학파는 도학적 기반 위에서 유교이념을 재조직하고 체계화하여 역사적 상황에 맞게 유교를 개혁하고,[36] 나아가 근대 서양사상을 이해하고 수용하고자 하였다.[37] 이는 이진상의 비판적이고 학구적인 학문경향이 그 견인차 역할을 하였다고 볼 수 있을 것이다. 또한 일본의 제국주의 침략에 대한 의리론에서는 국내에서 수구적(守舊的)이고 경직된 태도를 벗어나, 대외적으로 국제사회에 호소하며 척사운동을 전개하는 진보성을 보였다.

洲, 有心卽理之說, 以爲同於陽明之學, 一邊之人, 以此罪寒翁而攻擊之, 至有焚書之境. 愚則常謂焚書雖是, 意不在於書者也. 不足道也, 性卽理, 而發爲情, 心統此二者, 則以心卽謂理, 似不免過當何者? 寒翁之心卽理三字, 雖同於陽明之心卽理三字, 然其所指, 則與陽明不啻水火之異, 而不外於朱退之訣也. 其說曰: 本心之正, 在理而不在於氣; 孔子之從心所欲不踰矩規; 孟子之良心, 程子之心性一理, 朱子之心爲太極, 主宰卽理, 皆以理言心云云, 此指本心謂心卽理, 非如陽明致良知之謂也, 亦何斥之爲深慨? 寒翁之被誣, 提于篇端, 亦其爲心學之一助也." 『玄沙文集』은 경인문화사 영인본(『韓國歷代文集叢書』, 1997, 2022-2023쪽)을 저본으로 하였다.

35) 李震相은 영남지역에서 李滉의 학문을 계승한 柳致明의 성리설에서 영향을 받으면서도 심의 주재성을 강조하여 柳致明 學派의 金興洛·金道和·柳必永의 성리사상과 뚜렷한 구분을 짓게 되었다.

36) 유준기, 『한국근대유교개혁운동사』(증보판), 아세아문화사, 1999.

37) 곽종석의 학문을 계승한 李寅梓(1870~1929)는 『哲學攷辨』·『希臘三代哲學家學說』·『哲學論綱』 등을 저술하여 西洋哲學의 여러 학설을 세밀히 분석하여 유교의 입장과 절충하려고 하였다. 박종홍, 『朴鍾鴻全集(V)』(증보판), 민음사, 1998, 424-434쪽; 琴章泰, 「韓末道學의 思想史的 照明」, 『道原柳承國博士華甲紀念論文集 東方思想論攷』 道原柳承國博士華甲紀念論文集刊行委員會, 종로서적, 1983년, 633쪽; 金鍾錫, 「李寅梓의 사상과 역사적 의의: 서양철학 전래 초기 유학계의 동향에 관한 일고찰」, 『철학회지』 제17집, 영남대 철학과 연구실, 1992.

2. 寒洲性理學의 意義

선진유학이나 성리학이 추구하는 학문적 목적은 도덕적 인격을 닦아〔修己〕 국가사회의 백성들을 점차 안정되게 다스리는〔治人〕 것이다. 향내적으로는 도덕적 인격을 닦아 인간의 본성을 체현하고〔內聖〕 향외적으로는 개인의 도덕성이 국가와 사회에까지 지향하는〔外王〕 것이다. 이는 개인윤리와 사회윤리가 분리할 수 없는 상보성(相補性)을 말하는 것이다. 그러므로 공자는 "법적 제도로 인도하고 형벌로 질서를 바르게 하고자 한다면 백성들이 법을 모면하려고 할 뿐 부끄러운 줄을 모르게 된다. 덕(德)으로 인도하고 예(禮)로 질서를 바르게 유지하고자 한다면 백성들이 부끄러움을 알고 선의 방향으로 이르게 된다"[38]고 깨우쳤던 것이다.

조선의 건국이념으로 수용된 유학사상〔성리학〕은, 오늘날까지 하나의 정신사적 축으로서 역할을 해왔을 뿐만 아니라, 국가와 사회의 모든 제도와 문화에도 다각적으로 내재되어 유기적으로 발전해왔음은 주지의 사실이다. 특히 16세기 이황과 이이는 정주학(程朱學)을 한 차원 높은 단계로 전개・심화시켰지만, 그들 학문의 궁극적 목표는 개인적으로는 도덕적 인격을 닦아 백성들을 다스려 국가와 사회의 안정성을 추구하는 것이었다. 즉 그들의 학문적 방법은 서로 차이가 있어도 국가와 국민을 위한 국리민복(國利民福)을 실현하고자 하는 것은 서로 일치하였다고 볼 수 있다. 유학자는 개인의 도덕성을 기초로 하여 사회적으로 무한한 책임을 짊어진 학자들이었기에, "천지를 위하여 나의 마음을 세우고, 백성을 위하여 도를 세우고, 지나간 성인을 위하여 끊어진 학문을 계승하고 만세를 위하여 태평을 연다"[39]는 것을 추구하고자 하는 정신이 깃들어 있었다고 볼 수 있을 것이다.

---

38) 『論語』, 卷2, 「爲政」, 77쪽 상단 17행-하단 5행, "子曰: 道之以政, 齊之以刑, 民免而無恥. 道之以德, 齊之以禮, 有恥且格."

39) 『近思錄』, 卷2, 129쪽 하단38 15-16행, "爲天地立心, 爲生民立道, 爲去聖繼絶學, 爲萬世

주지하다시피, 19세기의 이진상은 영남의 유학자로서 주희와 이황의 학문을 계승하였으나, 이진상의 학문은 주로 주희가 만년에 리를 중시한 이론〔만년정설〕에 중점을 두고, 기존의 논쟁점들을 회통(會通)·절충(折衷)시켰다. 이진상은 '리'와 '기'를 '군(君)'과 '신(臣)'의 관계로 비유하면서, '리'와 '군'의 역할〔無爲而爲〕을 강조하고 있다.[40] 조선 말 전환기에는 군권(君權)이 신권(臣權)에 비해 상대적으로 박약하여, 최고 권력자의 군권(君權)과 공권력 누수현상(漏水現象)으로 말미암아 상하 질서가 와해됨에 따라 공정한 명분이 드러나지 않았다. 이진상은 당시 임금을 리에 비유하며 리기론은 전개하였는데, 이는 리의 주재성에 근거하여 임금의 역할을 강조한 것이라 생각할 수 있다. 리기론에서 '리'를 '군왕'에 비유한 것을 사회적인 입장에서 살펴보면, 군왕 개인에 대한 강화를 의미하는 것이 아니라, 당시 올바르게 확립되지 못한 상하 명분을 재정립하려는 것으로서, 상하의 명분질서가 확립되기 위해서는 먼저 통수권자(統帥權者)의 역할이 그 무엇보다도 중요하다고 여겼기 때문이라고 볼 수 있다. 다시 말하면, 그 이면에는 공권력 강화의식이 싹트고 있다고도 볼 수 있을 것이다.

그러므로 이진상의 리기론은 시대의식과도 상당한 함수관계가 있는 바,[41] 그의 리중시적 사고는 당시 전통적 가치체계가 붕괴되고 불안정한 위기적 현실사회에서 정명론적(正名論的) 질서를 확립하여, 세도정치에 의해 실추된 공권력을 회복시키고자 하는 가치의식이 잠재하였다고 생각한다.

開太平" 『近思錄』은 保景文化社 영인본(『心經·近思錄』, 1986)을 저본으로 하였다.

40) 『寒洲全書』 五, 『辨志錄』, 卷2, 「四七辨」, 〈理無爲而氣有爲〉, 425쪽 상단 3-11행, "按: 理無爲而氣有爲. 如君垂拱而臣贊襄, 君道無爲而作福作威. 是無爲之爲, 爲有爲也. 臣道有爲, 而不敢作福作威. 是有爲之爲, 爲無爲也. …… 理果無爲, 則不能爲萬化之樞紐; 氣獨有爲, 則不必待一理之主宰. 是知理無爲者, 只指其沖漠無朕之妙而已. 何嘗言感而遂通, 性發爲情之義也? 氣有爲者, 只指其運動周流之迹, 何嘗言善理直出, 氣不用事之端乎?"

41) 이는 畿湖에서 氣重視的인 사고를 토대로 하여 상대적으로 현실의 변화을 강조하려는 자세와 다르다고 생각한다.

그가 '리'라는 도덕원리의 절대성을 강조하는 것은, 바로 도덕의 근본성격을 참으로 인식하고, 이를 현실사회에서 실현 내지 구현하도록 하는 것이라 할 수 있을 것이다.

이진상은 리의 공정한 도〔公道〕가 현실에서 수요(需要)되어야 한다는 강한 의식이 있었기 때문에, 그의 성리사상은 순수철학적 이론에 머물지 아니하고, 잘못된 사회제도를 개혁하려고 상당히 고심한 흔적을 보여주었다.[42] 유형원(柳馨遠)[43]의 정전제도나 이이의 십만양병술(十萬養兵術)에 대한 극찬은 그러한 일례를 방증한다 하겠다. 이진상이 당시 공권력 누수현상과 사회제도의 폐단을 극복하려고 한 것은 원칙〔리〕에 의한 공정한 도가 올바르게 정립되어야 한다는 신념에서 출발하였다고 생각할 수 있다.[44] 때문에 이진상은 현실에서 심의 기능적 주재성을 강조하는 사유방식을 표출하였다. 이러한 이론이 심즉리사상이다.

이진상의 심즉리이론은 '심의 주재성'을 확립하여 현실에서 마음이 하고자 하는 바를 좇아도 법도에 조금도 어긋남이 없는 경지를 추구한 것이다. 지식인의 도덕적 처신은 백성들의 감화가 뒤따르는 바,[45] 철학적 성찰을 통한 인간학으로서의 심의 보편적 주체성 확립은 개인윤리와 사회윤리의 근간이 된다. 성과 리가 표준과 근거라는 차원에서 일치성을 주장하는 것이라면, 심과 리의 주재성으로 일치는 인간의 능동적이고 주체적인 차원에서의

---

42) 『寒洲全書』 貳, 『畝忠錄』, 「畝忠錄序」, 698쪽 상단 2행-하단 9행.

43) 柳馨遠: 1622~1673(광해군 14~현종 14), 조선 후기의 실학자, 자는 德夫, 호는 磻溪, 본관은 文化. 한양 출신이나 전북 扶安 변산 반계로 옮겨 삶. 외숙 李元鎭과 고숙 金世濂에게 수학. 저서로는 『磻溪隨錄』, 『理氣總論』, 『論學物理』, 『經說問答』, 『朱子纂要』, 『東國輿地誌』, 『地理群書』, 『歷史東國可考』, 『正音指南』, 『紀效新書節要』, 『武經四書抄』, 『書說書法』 등이 있다.

44) 『寒洲全書』 壹, 『寒洲集』, 「擬陳時弊仍進畝忠錄疏」, 89쪽 상단5 1행-95쪽 상단17 11행 참조.

45) 『論語』, 卷13, 「子路」, 315쪽 하단 17행, "子曰: 其身正, 不令而行, 其身不正, 雖令不從."

관계지움이라 할 수 있을 것이다.

이진상이 인간에게 내재한 심의 주재성을 강조한 것은 성의 표준적인 것보다는 인간의 능동적인 주체성으로서의 인극(人極)을 강조한 것이라고 말할 수 있다. 그러므로 이진상의 심즉리 사상은 육구연과 왕수인의 심학적 체계가 아닌 주희와 이황의 성리학적 심학을 토대로 하여 성즉리사상을 보다 보완하고, 더욱이 맹자의 본심(本心)·양심(良心)의 발현성을 인간의 능동적 주체성으로서의 심의 주재적 능력〔人極〕을 강조한 것이라 할 수 있다. 그의 이와 같은 논의는 주자학의 만년정설로 자신의 사상을 정립하고 중국의 성리학이 조선의 성리학화되는 과정에서 논쟁이 되었던 성리사상을 회통·절충한 것으로 볼 수 있다.

따라서 이진상의 성리사상은 고도로 발달한 물질문명에서 자칫 감각적 요소로 나아가기 쉬운 인간의 사사로운 욕구와 생각〔私欲·私意〕을 올바르게 주재·극복·배제하여 참된 주체성 확립과 도덕사회의 완성이라는 목표를 추구한 것이었다고 하겠다. 그의 이러한 사상은 통시적으로 필요불가결하다고 생각되는 바, 이를 보다 더 현대적으로 강화시키고 실현하여야 할 것이다.

結論

유학사상은 오늘날까지 정신사적으로 지대한 역할을 해왔다. 그 뿐만 아니라 국가와 사회의 모든 제도와 문화에도 다각적으로 내재되어 유기적으로 발전하였음은 주지의 사실이다.

19세기 한주(寒洲) 이진상(李震相)은 조선유학자 가운데 6대가로 일컬어질 정도로 그 위상이 높다. 현재 그에 대한 학계의 평가는 주리파(主理派)·주기파(主氣派)·절충파(折衷派)라는 틀에서 단순히 '주리파'로 소속시키기도 하고, 또는 이황(李滉)과 이이(李珥)와 같이 리기이원론자(理氣二元論者)로 여기기도 하며, 더욱이 '심즉리'를 주장하였다고 하여 그를 주리설의 절정으로 손꼽기도 한다. 하지만 이진상은 선유들이 논쟁하였던 문제들을 근원적으로 탐구하기 위해 주희(朱熹)의 사상을 시기별로 분류하면서 초년설과 만년설의 사상 체계가 정합적으로 짜여져 있지만은 않다는 사실을 확인하고, 주자학의 본질이 주희의 만년설에 있다고 하여 이를 토대로 성리사상을 구축하였다.

이진상은 성리학을 구축하는 데 있어 수간(竪看)·횡간(橫看)·도간(倒看), 역추(逆推)·순추(順推)를 중심적 방법론으로 삼았다. 그는 이러한 논리를 바탕으로 선유들의 성리학설에 대한 비판과 반성적 학문태도를 취하면서, 어느 한쪽만의 주장을 탈피하여 주희의 만년설에 맞게 회통(會通)하려 하였다. 이진상에 의하면, 주희의 만년설은 '리의 주재성'과 '심의 주재성' 을 일치시키는 것이었다.

이진상의 리기론의 토대는 주돈이(周敦頤)의 「태극도설」과 주희의 「태극도설해」를 바탕으로 하여 태극과 음양의 관계를 개념적으로 분리시키면서도 유행상에서는 분리시키지 않는 논리에서 비롯된다. 그는 이를 토대로 리와 기의 관계에서 궁극적으로 리의 선재성(先在性)을 강조하여 리선기후론(理先氣後論)을 주장한다. 그리고 동정론에 있어서는 정자(程子)의 '동정은 음양의 근본이다' 〔動靜者 陰陽之本也〕고 하는 논리를 수용하여 동정은 리와 기를 매개하는 것이라는 이론을 전개하고, 또한 리유동정론(理有動靜論)에 따른 리유체용론(理有體用論)을 전개한다. 그는 리기론에 있어 보편성과 특수성의 문제로 리일분수론(理一分殊論)과 리기통국론(理氣通局論)을 전개하는 바, 리일분수론은 리일(理一)과 분수(分殊)가 분리된 것이 아니라 리일에 이미 분수가 내함되어 있다는 것이다. 이는 기의 영향에 의해 분수가 있을 수 있겠지만, 리일에 이미 분수로서의 리가 동시에 존재함을 말하는 것이다. 이진상은 리기통국(理氣通局)에 대해서 이이의 리통기국론이 주희와 이황의 논지에 어긋나지 않는다고 말하면서도, 관점에 따라 '리통기국(理通氣局)', '기국리국(氣局理局)', '기인리통(氣因理通)', '리인기국(理因氣局)' 등이 모두 성립할 수 있다고 한다. 그러나 그도 결국 '리통기국' 이 중심적인 관점이 되어야 한다고 인정하였는 바, 이것은 리의 보편적 주재성을 확립하기 위한 것이었다고 볼 수 있겠다.

이진상은 리와 기가 본래 두 존재이나, 현상계〔유행상〕에서는 리와 기가 분리될 수 없다고 본다. 현상계에서의 리와 기의 관계는 '리주기자(理主氣資)' 이다. 이는 리가 '주재'〔主〕가 되고 기가 '자료'〔資〕가 된다는 이론이다. 즉 리주기자론은 리와 기가 분리될 수 없는 묘합(妙合)의 관계론이다. 이진상은 이를 토대로 '발할 것은 리이고, 발하는 것은 기이다'〔發者理也 發之者氣也〕, '리가 기를 타고 발한다'〔理乘氣而發〕고 한다. 이는 주재자로서의 리가 발하는 것이고 그것을 자료하여 도와주는 것은 기의 작용(作

用)이라는 것이다. 그의 이러한 논리는 이황의 리기호발설(理氣互發說)과 이이의 기발리승일도설(氣發理乘一途說)을 종합지양하는 의미를 지닌다.[1] 이진상은 이러한 논리에 근거하여 수간(竪看) 차원에서 리발일로설(理發一路說)을 주장하였다. 다만 이황의 리기호발설에 대해서는, 발현하는 곳에서는 그 기틀〔機〕이 서로 다르기 때문에, 횡간(橫看)한다면 리와 기가 호발한다는 이론도 성립할 수 있다고 긍정하고 있다. 이진상의 리발일로설은, 리는 발현할 때 주재의 기능을 하는 것이고, 기는 리가 발현할 때 리를 발현하는 자료도구에 불과하다는 이론이지만, 궁극적으로는 리의 주재성을 확립하고 강조한 이론이라고 할 수 있다.

이진상은 심성정론에서는 심 · 성 · 정의 상호관계를 유기적으로 살핀다. 먼저 이진상은 심에 대한 논의로 이황의 '심합리기(心合理氣)' 라는 측면을 수용하여 심을 리와 기의 두 측면에서 이해한다. 하지만 심의 대본(大本)과 본체(本體)로서의 주재성은 바로 리에 있다고 하여 심즉리설(心卽理說)을 강력하게 주장하기에 이른다. 그는 이같은 이론을 토대로 심을 기로 여기는 기호학파의 학문경향을 비판하고, 또한 양명학의 심즉리설도 심을 기로 보았다고 비판한다. 이진상이 주장하고 있는 '심즉리설' 은 여섯 가지 측면에서 논의될 수 있으나, 그 초점은 '심의 주재 기능' 을 강조하는 것이었다.[2]

이진상은 '성' 은 미발상태에서 명명하는 것이고, 이발상태에서는 명명할 수 없다고 한다. 그는 미발상태에서의 본연지성을 인간의 참다운 본성이라고 여기고, 또한 미발상태에서는 기질지성이 존재하지 않는다고 한다. 기질지성은 본성이 기질에 영향을 받아 변해버린 성을 말하기 때문에, 그것은 이미 이발에 속한다는 것이다. 이러한 본연지성과 기질지성의 구분은 기존 성리학과 차이가 난다고 볼 수 있다. 인성(人性)과 물성(物性)의 동이문제

1) 유행상에서의 리와 기의 묘합적 관계는 이황의 互發說에서 영향을 받았다고 보기보다는 이이의 一途說(一路說)에서 영향을 받았다고 하겠다.

2) 이진상이 心卽理說을 주장하였다 하여 性卽理의 명제를 배제하는 것은 아니다.

(同異問題)에 대해서는, '성이 있다'〔有性〕는 측면에서는 사람과 동물의 본성이 '같다'〔同〕고 하고, '성이 된다'〔爲性〕는 측면에서는 사람과 동물의 본성이 '다르다'〔異〕고 논하고, 나아가 '동중유이(同中有異)'와 '이중유동(異中有同)'을 말하여 '같음'과 '다름'가 절대적인 것이 못됨을 지적하였다. 이는 이간과 한원진의 논쟁 가운데 어느 한편에 치우치지 않고 절충(折衷)·회통(會通)하고자 한 것이다.

이진상은 성과 정을 일리(一理)로 보았다. 본원인 성이 현상으로 드러난 것이 정이기 때문에, 성과 정은 하나의 리라는 것이다. 그는 사단칠정(四端七情)에서 '칠정'을 확대하여 '십정(十情)'으로 하고, 사단과 십정의 관계를 기의 경위설(經緯說)로 설명한다. 사단과 십정은 모두 '리가 기를 타고 발현하는' 일로(一路) 뿐이다. 그러나 발현하는 곳에서 살피면, 사단은 경기(經氣)를 타고 발현하는 것이고 십정은 위기(緯氣)를 타고 발현하는 것이라고 한다. 그는 십정이 위기를 탄다고 할 때에는 오행의 상생(相生)·상극(相克)과 관계시킨다. 더욱이 그는 애(愛)·오(惡)·희(喜)·노(怒)의 감정이 상대 인물에 따라 의리적(義理的) 측면과 형기적(形氣的) 측면에서 발현되는 것을 기의 착종설(錯綜說)로 논의한다. 이는 인간의 여러 감정이 발생하는 것을 본래 타고난 기질(氣質)과 연관시키는 것이다. 그의 이러한 논의들은 조선유학사에서 보기 드문 독창적 논리라 하겠다. 그의 정론은 인간관계에서 구체적이고 사실적 양상에서 도덕적 감정이 이루어지도록 하는 것이라고 할 수 있을 것이다.

심의 주재성과 수양론은 본래 인간의 현존적 욕망을 주재·극복하여 바람직한 인격을 형성하는 데 초점이 있다. 이진상은 심통성정론(心統性情論)에서는 심의 포괄성과 주재성을 강조한다. 즉 심은 구조적으로는 성과 정을 포괄하고, 기능적으로는 성과 정을 주재한다는 것이다. 이러한 논의를 통해, 그는 심·성·정이 하나의 리라고 강조한다. 심·성·정이 각각 그 명칭과 성격이 다르지만, 본질적으로는 하나의 리일 뿐이라는 것이다. 그는 이것을 미발과 이발, 체(體)와 용(用), 동(動)과 정(靜), 현(顯)과 미(微) 등의 다양한 개념으로 설명하였다.

나아가 이진상은 하나의 심을 이분적(二分的)으로 구분하는 바, 이심사심론(以心使心論)에서는 전자의 심〔본체의 심, 도심〕으로 후자의 심〔利欲으로 나아가려는 비본래적 심, 인심〕을 주재해야 한다는 이론을 전개하였다. 심의 수양적 측면에서 인심도심론(人心道心論)은 인심과 도심을 이발 상태의 심으로 여기고, 양자의 관계에서는 항상 도심이 인심을 주재하도록 하는 도덕적 주재성을 강조한다. 심의 주재성을 '경(敬)'·'지각(知覺)'과 상응구조로 설명한다. 그것은 결국 '경'과 '직(直)'으로 인간 본래의 양심·본심을 확립하여 한 몸과 모든 일을 주재할 수 있도록 하자는 것이다. 특히 심의 수양에서, 내적으로 '직심(直心)을 배양하라'는 것은 현실생활에서 항상 '직도(直道)로 향하도록 한 것'이다.

이진상의 성리사상은 단순히 철학적 이론에 그치는 것이 아니었다. 그의 리중시론(理重視論)은, 사회현실과 관련해서, 정명론적 관점에서 공적(公的)인 위계질서를 바로잡고, 가치의 본원을 밝혀 올바른 가치관을 정립한다는 의의를 지니는 것이며, 이를 통해 당시의 여러 시폐(時弊)를 구제하려는 것이었다.

결론적으로 말하면, 이진상은 기존의 분분했던 성리학설을 '리'를 중심으로 회통·절충하면서 자신의 성리사상을 구축하였다. 그것은 '리의 주재성'과 '심의 주재성'을 일치시켜 '인간 주체성의 근거'를 명확히 하고, '경'과 '직'의 수양을 통해 그것이 현실생활 속에서 직도(直道)로 실현될 수 있게 하고자 한 것이었다.

【부록 1】

寒洲 李震相의 理哲學 特性과 位相

1. 들어가는 말

조선 성리학은 다양한 철학적 논쟁을 통해 성리학을 심화 · 발전시켜나갔다. 조선은 19세기 전환기에 이르러 정치적으로 불안정하고 국제적 변화에 대응하는 힘이 미진하게 되자, 성리학을 토대로 한 지식인들은 불안정한 국제정세를 타파하려는 의지를 보여주면서, 성리사상의 내재적 발전을 기하였다.

한주(寒洲) 이진상(李震相: 1818~1886)은 경북 성주(星州)에서 줄곧 살며 학문을 탐구하고 방대한 저술[1]을 남긴 당대 대표적 인물이다.[2] 그는 성리학을 탐구하여 향리(鄕里)의 정신적 지주가 되고 또한 사상적으로 지대한 역할을 담당하였다. 그의 학문 경향은 주희(朱熹: 1130~1200)와 이황(李滉: 1501~1570)의 학문을 토대로 양명학과 불교의 선학을 철저하게 배척하고,

---

1) 李震相에 저술에 관하여 학계에서는 총 85책이라고 하고 있다. 하지만 논자가 고찰한 바에 의하면, 『寒洲集』 22책, 『理學綜要』 10책, 『四禮輯要』 9책, 『畝忠錄』 2책, 『春秋集傳』 10책, 『春秋翼傳』 3책, 『千古心衡』 2책, 『直字心訣』 1책, 『易學管窺』 4책, 『求志錄』 22책, 『辨志錄) 4책 등으로 총 89책이다.

2) 李震相의 가문은 黨論(四色)이 南人에 속하였지만, 숙부 李源祚(1792~1871)를 위시로 하여 크게 당론에 구애되지 않았을 뿐만 아니라, 한 번도 護黨에 관계한 일이 없었다.

수양을 통해 자신의 본성을 밝히고 나아가서는 자신의 참마음을 보고자 한 것이다. 또한 지식을 탐구하고 그것을 하나의 성공부(誠工夫)로 보존하려 하였고, 나아가 진리를 구하고 실천하는 것을 일관된 자세로서 추구하며, 근원적인 진리로서의 '리'를 후세에 전하고자 하는 것이었다.[3] 그리하여 그는 기존의 성리학설을 탐구하기에 앞서 먼저 주희의 상호 모순된 듯한 언표들을 초년설과 만년설로 치밀하게 분류하였다. 그가 주희의 만년설로 여긴 것은 리(理)와 심(心)의 주재성을 강조한 측면이며, 이를 통해 그는 자신의 성리사상을 구축하였다.

그동안 학계에서 이진상에 대한 평가는 조선의 6대 성리학자로 이황과 이이(李珥: 1536~1584)와 같이 리기이원론자(理氣二元論者)로, 극도의 주리파(主理派)로서 '심즉리(心卽理)'라고 주장한 것으로 본다. 또한 그는 '주리파의 거두'로 평가되기도 하고, 주자학의 주리론의 대표적 철학자로 조선 봉건통치제도의 이론적 대변자이자, 유물론적 철학조류를 반대하여 가장 반동적 철학가라고 하여 폄하되는 경우도 있다.

이와 같은 평가는 이진상이 리와 기 가운데 리를 중시하였기 때문으로 볼 수 있을 것이다. 그렇다면 그의 리중시적(理重視的) 철학체계를 고찰하지 않을 수 없다. 따라서 본 글은 이진상의 리기론(理氣論)에서의 리의 선재성(先在性), 리유동정론(理有動靜論), 리유체용론(理有體用論)을 통해 그의 리철학(理哲學)의 특성을 살펴본다.

3) 『寒洲全書』 壹, 『寒洲集』 卷1, 「次李子閒居詠」〈講學〉, 35쪽 상단7 1-3행, "陸禪迷似鄭聲淫, 朱李書中正脈尋. 珠出泥時明本性, 鏡無塵處見眞心. 萬理究來該鉅細, 一誠存得便崇深. 講求履踐元非二, 聖聖相傳只此欽."

2. 理氣의 槪念

리는 형이상의 도(道)로서 모든 사물을 낳는 근본이고, 기는 형이하의 기(器)로서 모든 사물을 낳는 재료다. 리는 원리로서 존재 원리 · 통제 원리 · 도덕 원리이고, 기는 음양과 오행을 나타내는 말로서 항상 유형 · 변화하고 있는 현상 및 현상적 존재의 재료를 가리킨다.

성리학은 리 · 기 개념과 그 관계를 가지고 우주와 인생의 문제 그리고 인간 사회의 질서 등을 설명하려는 학문이다. 리와 기의 관계는 보통 '불상리' 와 '불상잡' 이라는 두 가지 명제로 설명된다. '불상리' 는 현상적 측면에서 보는 것〔在物上看〕으로서, 이때 리와 기는 '하나' 로 인식되고, '불상잡' 은 원리적 측면에서 보는 것〔在理上看〕으로서, 이때 리와 기는 '둘' 로 인식된다. 그리하여 리와 기의 관계는 "하나이면서 둘이고 둘이면서 하나이다"〔一而二 二而一〕라고 한다. 이것은 리와 기가 일체적 존재이면서 별개의 존재, 별개의 존재이면서 일체적 존재라는 것을 설명하는 논리이다. 이러한 논리적 체계에서 성리학을 고찰하다보면 다양한 특징이 드러난다. 성리학의 대명제라 할 수 있는 이러한 논리체계를 벗어나서 주희의 리기철학을 탐구하고 이해한다는 것은 불가능하다.

리는 정의(情意) · 계탁(計度) · 조작도 없으며 깨끗하고 공활(空闊)한 세계로 형적이 없는 반면, 기는 응결하고 조작하여 사물을 생성하는 특징을 가진다. 이 리를 능연(能然) · 필연(必然) · 당연(當然) · 자연(自然) 등의 뜻으로 구분하는 경향도 있지만,[4] 리는 '소이연의 이유' 와 '소당연의 법칙' 이라는 이중적 성격을 이해하는 것이 무엇보다도 중요하다. '소이연' 과 '소당연' 은 리의 두 측면을 설명하는 것이다.

이진상은 리기론을 통해 자신들의 사유세계를 확립하고 넓혀 갔다. 그는

4) 『朱子大全』 中, 卷57, 「答陳安卿」 358쪽.

주희와 이황을 계승하고 그들의 성리학 체계를 보완 내지 발전시켜나갔지만, 리기론이 「태극도설」에 부합지 않는 것은 잘못된 학문이라고 한다. 그는 리기론적 사유를 통해 제 현상 속에서 원리를 탐구하고, 선을 밝히고 악을 제거하고자 하였다.[5] 그의 성리학의 기본 입장을 살펴보면, 리기론에서는 리중시적 관점이 강하게 드러난다. 이진상은 리와 기의 기본 성격을 주희의 설명 방식에 따르면서, 리는 생멸과 시종(始終)이 없는 존재이기 때문에 볼 수도 없고 밝히기도 어려운 것이며, 기는 굴신(屈伸)・변화(變化)・승강(升降)・비양(飛揚)・생사(生死)가 있고 형체와 자취가 있어 볼 수 있으며 밝히기 쉬운 것이다. 곧 기는 경험적으로 인식할 수 있는 존재이지만, 리는 경험할 수 없는 존재이다. 이진상은 리는 무위(無爲)이고 기는 유위(有爲)라고 한다. 리의 무위란 다만 작위(作爲)가 없다는 것으로서, 리는 기의 운동〔作爲〕의 근거면서 기의 운동을 통해 발현되는 것〔所發〕이다. 기의 유위란 다만 작위가 있다는 것으로서, 기가 리에 근거하지 않고도 스스로 '발현할 수 있다〔能發〕' 는 뜻이 아니다.[6] 리는 정의(情意)와 조작이 없으나 그 묘용(妙用)은 실로 능히 현실계에 드러나는 것이다. 리의 무위는 다만 형이하적인 작위가 없다는 것일 뿐, 충막무짐한 본체의 묘용을 부정하는 것이 아니며, 기의 유위는 형이하적 작위가 있다는 것일 뿐, 그것이 태극의 본체에 근거하지 않고도 스스로 작위할 수 있다는 뜻이 아니다. 즉 임금의 무위는 목석과 같은 것이 아니고 신하를 명령하는 것이며, 신하의 유위는 스스로 구체적인 정사를 시행하는 것이나 그 실질은 임금의 명령에 의한 것이다. 즉, 리의 무위는 아무것도 하지 않는 무위가 아니라 만물의 근본이 되는

5) 『寒洲全書』 壹, 卷11, 「答金聖汝」 257쪽.

6) 바로 이 점이 이진상과 李珥가 구별되는 점이다. 李珥는 氣를 能發者로 규정하고, 氣의 운동을 '기틀이 스스로 그러한 것(機自爾)' 으로 설명하였다. 즉 李珥는 운동을 氣의 고유한 속성으로 간주한 것이다. 그러나 이진상은 氣가 운동할 수 있는 것은 太極이 근저가 되기 때문이라고 하여, 氣의 能發을 부정한 것이다. 『寒洲全書』 壹, 『寒洲集』, 卷7, 「答沈穉文(庚申)」 〈別紙〉, 175쪽.

무위(無爲)의 위(爲)인 것이다. 기의 유위는 자신의 작위를 통해 리의 명령을 시행하는 것이다.

이진상은 리는 이 세계의 소이연이면서 소당연이며, 소당연이자 소능연으로 여긴다.[7] 이는 주희의 '소이연'과 '소당연'의 이중적 설명을 삼중적으로 구분한 것이다. '소이연'·'소당연'·'소능연'은 서로 분리될 수 없는 것이다. 다시 말하면, 리는 하나의 존재이지만 원리계에서 현실계의 전개과정을 '소이연' → '소당연' → '소능연'으로 설명한 것이다.

이진상이 말하는 리는 현상적으로는 작위가 없는 것이지만, '현상적 작위〔기의 운동〕'의 근거가 되는 것이다. 따라서 리는 죽은 물건이 아니라 '활물'(活物)인 것이다. 그렇다면 이 리를 어떻게 인식해야 하는가? 그는 우선 기선리후(氣先理後)적 인식방법에 의거하여 현상계에서 리를 인식해야 한다고 말한다. 하지만, 그는 리와 기에서 리를 주로 하는 것이야말로 천성(千聖)이 서로 전한 심법(心法)이라 하였다. 이를 브면, 그의 성리학은 기를 앞세우는 것이 아니고, 철저하게 리중시적 학문경향으로 나아갔음을 알 수 있다.

3. 理는 先在하는가?

리와 기는 그 개념의 내용과 의의가 서로 차이가 있다. 하지만 리와 기는 현상계에서는 항상 혼연하게 붙어 있기 때문에 구분할 수 있는 것은 아니다. 리와 기의 관계를 보면, 리 없는 기가 있지 아니하고, 기 없는 리도 있지 않다.[8] 그런데 리와 기의 선후 문제는 한 철학자의 사고방식을 표현하는 중

---

7)『寒洲全書』貳,『理學綜要』, 卷1,「天道(理之大原)第一上」, 11쪽.

8)『朱子語類』上, 卷1,「理氣上·太極天地上」〈銖錄〉, 147쪽 "天下, 未有無理之氣, 亦未有無氣之理."

요한 문제이다. 리와 기의 선후를 논하자면, 리선기후(理先氣後)·기선리후(氣先理後)·리기무선후(理氣無先後)를 들 수 있다. 이러한 세 가지는 존재론적 문제로 구사되기도 하지만, 그 보다는 인식론적이고 논리적인 상태에서 언급되는 경우가 많다.

이진상은 선후의 문제에 있어 궁극적으로 리선기후의 입장을 가지고 있다. 이진상은 기보다 리를 중시하는 것이다. 그는 「리기선후고증후설(理氣先後攷證後說)」의 첫부분에서

> 리는 무형하나 기를 생하고 기에 탑재한다. 기는 무형하나 질(質)을 이루고 질에 깃들인다. 기가 없으면 리도 없는 것인가? 무형의 리는 탑재함이 없다고 하여 없는 것이 아니다. 질이 없으면 기도 없는 것인가? 무형의 기는 깃들임이 없다고 하여 없는 것이 아니다.[9)]

라고 하여, 리와 기, 기와 질의 관계를 설명하고 있다. 리는 탑재하는 기가 없어도 존재하고, 기는 깃들이는 형질이 없어도 존재하는 것이다. 이진상은 리기선후에 대한 근원적인 탐구를 『주역』의 "역에 태극이 있으니 이것이 양의를 낳는다" 와, 주돈이의 「태극도설」에서 "태극이 움직여 양을 낳는다" 라는 두 문장에 대한 논의로부터 시작한다.[10)] 그리고 주희가 이 두 문장을 이론적으로 분명하게 주석한 "태극이 움직여 양을 낳으니, 리가 기를 낳는다. 리가 있은 뒤에 기를 낳는다", "동(動)은 태극의 동이고 정(靜)은 태극의 정이다. 움직인 뒤에 양을 낳고 고요한 뒤에 음을 낳는다는 것은 음양의 기를 낳는 것이다. '움직여 낳는다' '고요하여 낳는다' 고 하였으니 순서가 있는 것이다" 를 자신의 이론적 토대로 삼는다.[11)] 이진상은 이에 대하여 다음

9) 『寒洲全書』 貳, 『理學綜要』, 卷1, 「天道(理之大原)第一上」〈附攷證後說〉, 22쪽.

10) 『寒洲全書』 貳, 『理學綜要』, 卷1, 「天道(理之大原)第一上」, 20쪽.

11) 『寒洲全書』 貳, 『理學綜要』, 卷1, 「天道(理之大原)第一上」, 20쪽.

과 같이 말한다.

> 음양이 생기는 것이 태극의 동정으로부터 연유된다면, 태극으로부터 동정을 말하고 동정으로부터 음양을 말하는 것이니, 어찌 점차적인 순서가 없을 수 있겠는가? 대체로 수간(豎看)하면 태극은 음양의 앞에 있고, 횡간(橫看)하면 태극은 음양의 가운데 있다. 횡간과 수간은 하나의 원리이므로 횡간을 믿고 수간을 의심하면 그 폐단은 마침내 기로부터 도간하여 리가 죽은 물건이 되는 데로 귀착할 것이다.[12]

기(음양)가 생기는 것은 태극의 동정에 의한 것, 즉 태극 → 동정 → 음양이 되는 점차적인 순서에 의한 것이다. 그러나 리가 기를 낳은 이후로는, 리는 기 없는 리가 없고 기는 리 없는 기가 없는 것이다. 따라서 선후를 논하는 것은 다만 논리적 측면에서만 가능한 것이요, 본래 리 · 기 자체에 선후가 있다는 것은 아니라고 본다.[13] 그런데 이진상은 논리적 측면의 선차성을 학문적 방법론인 수간과 횡간을 통해 설명한다. 수간하면 태극은 음양 이전에 존재하는 것이고, 횡간하면 태극은 음양에 내재하고 있는 것이다. 그렇다면, '음양이 생기는 것이 태극의 동정으로부터 연유한다'와 '리가 기를 낳은 이후'라는 말은 생성론적 의미가 아니고 인식론과 방법론적인 의미로 해석될 수 있을 것이다.

이진상은 리를 죽은 물건으로 여기는 것을 강력히 반대하고 리의 근본성을 말하는데, 이것은 바로 주자학에서 리가 있으면 기도 있지만, 리가 근본

---

12) 『寒洲全書』 貳, 『理學綜要』, 卷1, 「天道(理之大原)第一上」 〈明理氣先後〉, 20쪽, "陰陽之生, 實由於太極動靜, 則從太極言動靜, 從動靜言陰陽, 豈容無漸次也. 蓋豎看, 則太極在陰陽之先; 橫看, 則太極在陰陽之中. 橫豎一理, 而信橫疑豎, 則其弊終歸於從氣倒看, 而理爲死物矣."

13) 『寒洲全書』 五, 卷2, 「四七辨」, 433쪽.

일 뿐이므로 리로부터 기를 말한다는 논리와 같은 것이다.[14] 즉 리로부터 기를 말하는 것이지, 리보다 더 위에서 기를 구하는 것은 아니다. 이진상은 다음과 같이 말한다.

> 리 위에서 기를 구하면 태극은 동정을 내함하므로 음양오행의 묘함이 그 태극의 가운데서 찬연(粲然)하다. 이는 정자(程子)의 이른바 충막하여 조짐이 없지만 모든 현상이 삼연하게 이미 구비하였다는 것이다. 그러나 리는 형체가 없고 위가 없는 것이다. 만일 반드시 리 위에서 기를 구하고자 한다면 태극은 하나의 물건과 동일하게 되어 만화의 근본이 될 수 없는 것이다.[15]

즉, 리 위에서 기를 구한다는 것은 음양오행의 묘한 것이 태극의 리 자체 안에 찬연하게 존재하는 것을 말하는 것이지, 리보다 한 단계 더 위에서 기를 구한다는 논리는 아니다. 리보다 한 단계 더 위에서 기를 구하게 되면 리는 기보다 아래의 존재가 되어 모든 생성변화되는 현상계의 근본이 될 수 없는 것이다. 리와 기를 형이상과 형이하로 구분하면, 선후를 논할 수 있지만, 상 · 하 자체가 선 · 후를 의미하는 것은 아니다.[16] 또한 음양이 있기 전에도 음양의 리는 존재하기 때문에 리 위에서 기를 말할 수 있지만, 리보다 한 단계 더 위에 기가 존재한다는 것은 아니다.[17] 이진상이 리로부터 기에 이르는 것을 말하면서도 기보다 리를 우선시하는 것은 리의 근원성을 주장하기 때문이다. 이상의 내용은 리가 기의 추뉴근저(樞紐根柢)라는 관점에서 리의 논리적 선재를 말한 것이다. 그런데 이진상은 리선기후를 현상계의 사실적 관점에서 설명하기도 한다. 그는 다음과 같이 말한다.

---

14) 『朱子語類』 上, 卷1, 「理氣(上) · 太極天地(上)」, 147쪽.
15) 『寒洲全書』 壹, 卷19, 「答郭鳴遠疑問(贅疑錄 ◑庚午)」, 422쪽.
16) 『寒洲全書』 五, 『朱子語類箚疑』(1), 1卷, 「太極天地」, 4쪽.
17) 『寒洲全書』 五, 『朱子語類箚疑』(1), 1卷, 「太極天地」, 4쪽.

리는 생멸이 없기 때문에 선후로 나눌 수 없다. 기는 단지 신기(新氣)만 있다. 결코 선천지(先天地)의 이미 오므라든 기가 다시 후천지(後天地)의 막 펴지는 기로 되는 것이 아니다. 때문에 반드시 먼저 리가 있고 뒤에 기가 있다고 하여야 한다.[18]

리 자체는 생멸이 없기 때문에 항존(恒存)하는 것이다. 그러나 기는 날마다 새롭게 생겨나는 새로운 기만 있을 뿐이다. 그러므로 선천의 기는 후천의 기가 아닌 것이다.[19] 그러므로 이진상은 "리는 선후가 없고 기는 선후가 있다. 선천의 리는 곧 후천의 리이지만, 후천의 기가 선천의 기는 아니다. 따라서 리와 기를 상대하여 말할 때 어찌 리선기후가 아니겠는가"[20]라고 하기도 하고, 다음과 같이 말하기도 한다.

기는 존재하지 않음이 있으나, 리는 도리어 항상 존재한다. (……) 대체로 기는 리에서 생겨 오므라듦과 폄이 있다. 막 오므라들면 기는 존재하지 않음이 있고, 이미 오므라들면 리가 바로 (새로운 기를) 낳는다. 이미 생기면 기는 바로 펴질 수 있다. 오므라들고 펴지는 때에 리는 도리어 항상 존재하는 묘함을 볼 수 있다. 그 기틀은 터럭 하나도 용납할 틈이 없지만, 선천과 후천의 구분이 여기에 있다. 이른바 리선기후란 또한 이에 즉하여 말하는 것일 뿐이다.[21]

위의 인용문은 현상계의 사실적 관점에서 보더라도 리가 기보다 앞선다는 것을 주장한 것이다. 즉, 기는 나날이 새롭게 생겨나는 것으로서, 이미 오므라든 기는 없어지고 새로운 기가 생겨나는 것이다. 따라서 오늘 새롭게

18) 『寒洲全書』 貳, 『理學綜要』, 卷1, 「天道(理之大原)第一上」〈明理氣先後〉, 20쪽.
19) 이는 서경덕의 一氣長存論을 배격하는 것이다.
20) 『寒洲全書』 五, 『南塘同異考辨』, 452쪽.
21) 『寒洲全書』 壹, 卷16, 「答李器汝」, 369쪽.

생겨난 기는 어제는 없었던 것이다. 그런데 리는 어제도 있었으므로, 사실적으로도 리가 (오늘의 새로운) 기보다 앞선다는 것이다. 다만, 태초에 리만 있고 기는 없었다는 말은 아니다. 기는 리와 함께 태초부터 존재하는 것이다.[22] 다만 기는 생멸(生滅)이 있는 것 즉 생생(生生)하여 그만두지 않기 때문에 과거에 이미 소멸된 기는 이미 소멸된 것이요, 현재의 기는 새롭게 생겨난 기라는 것이다.

이제 이진상의 다음과 같은 말을 보자.

> 리는 진실로 '선' 이고, 기는 진실로 '후' 이다. 그런데 리가 있으면 바로 기가 있게 되니, 그러므로 '있으면 함께 있다' 고 하는 것이다. 그런데 또 '하나의 사물이 없었던 때에도 천하 공공의 리는 있다' 는 말도 있다.[23]

위의 인용문에서 '있으면 함께 있다' 는 것은 사실적 관점에서 리와 기의 동시공재를 설명한 것이다. 그런데 이진상은 리와 기의 동시공재를 인정하면서도 동시에 기에는 생 · 멸 즉 신 · 구가 있다는 관점에서 리선기후를 주장하는 것이다. 위의 인용문에서 '하나의 사물이 없었던 때에도 천하 공공의 리는 있다' 고 한 것은 리가 기의 소종래라는 관점 즉 리가 기의 추뉴근저라는 관점에서 리선기후를 주장한 것이다.

이상의 내용을 종합하자면, 리와 기는 물론 동시공재하는 것이지만, 그럼에도 불구하고 분명 선후가 있는 것이다. 첫째는 리는 기의 추뉴근저이기 때문에 논리적으로 리가 기보다 선재한다는 것이요, 둘째는 리는 항존하는 것임에 반하여 기는 생멸과 신구가 있기 때문에 사실적으로도 리가 기보다 선재한다는 것이다. 이진상의 이러한 논리는 기존의 리선기후에 대한 설명

---

22) 『寒洲全書』 貳, 『理學綜要』, 卷1, 「天道(理之大原)第一上」 〈明理氣先後〉, 21쪽.

23) 『寒洲全書』 五, 『朱子語類箚疑』(5), 36卷, 「周子書」, 201쪽.

과는 차이가 있다. 즉 기존 성리학자들의 리기 선후에 대한 설명은, 대체로 논리적으로 보면 리가 기의 추뉴근저이기 때문에 리선기후인 것이나, 사실적 관점에서 보면 리와 기는 혼융무간하게 동시공재하는 것이기 때문에 리기무선후라는 것이었다. 이진상은 이러한 설명을 모두 수용하면서도,[24] 기에는 생멸이 있다는 점에 착안하여, 사실적 관점에서도 리가 기〔新氣〕보다 앞선다고 주장하는 것이다.

이제 이진상이 리·기의 선·후 문제와 역추(逆推)·순추(順推)의 유추법을 연관시키는 내용들을 살펴보자. 그는 다음과 같이 말한다.

> 리는 본래 무형이기 때문에 볼 수 있는 최초가 있지 않으며, 기 또한 계속 (구기와 신기가) 갈마들기 때문에 볼 수 있는 시초가 있지 않다. 그러므로 역추할 때에는 서로 비슷해 보일 뿐이다. 그러나 만일 순추한다면, 선천과 후천을 통해, 리는 동일하고 기는 스스로 새로워진다.[25]

리는 형이상자이기 때문에 그 시초를 볼 수 없고, 기는 생생하여 그만두지 않기 때문에 그 시초를 볼 수 없다. 이와 같이 리와 기가 모두 그 시초를 볼 수 없다고 한다면, 리와 기는 선후를 말할 수 없는 것이 되고 만다. 이것은 현상계로부터 파악한 역추의 논리이다. 그러나 논리적으로 순추하면, 리와 기의 선후를 부정할 수 없다는 것이다.[26] 이와 같이 이진상의 리기의 선후에 대한 이해는 그의 순추·역추의 방법론과 밀접하게 관련된 것이다.

---

24) 다만 이진상은 기존의 '사실적 관점에서의 理氣無先後'라는 말을 그대로 수용하지 않고 '罅縫'이 없다는 말로 표현한다. '理氣無先後'라는 말과 '理先氣後'라는 말은 형식논리상 모순이기 때문에 '理氣無先後'라는 표현을 피한 것이다. 『寒洲全書』 貳, 『理學綜要』, 卷1, 「天道(理之大原)第一上」 〈明理氣先後〉, 21쪽, "理不離氣, 舊氣之終, 便接新氣之始, 初非截然有罅縫也. 推其所從來, 則理實生氣, 所以有先後也."

25) 『寒洲全書』 貳, 『理學綜要』, 卷1, 「天道(理之大原)第一上」 〈明理氣先後〉, 21쪽.

26) 『寒洲全書』 五, 『朱子語類箚疑』(1), 1卷, 「太極天地」, 4쪽.

4. 理는 動靜이 있는가?

이진상의 동정론은 이황의 학문을 계승하는 '이상정(李象靖: 1711~1781)의 리의 활물(活物)과 유치명(柳致明: 1777~1861)의 리의 능동능정(能動能靜)' [27]에서 학문적 영향을 받았다고 생각된다.[28] 하지만 그는 보다 근원적으로 주돈이와 정자 그리고 주희의 동정론을 분석, 종합하여 자신의 동정론을 정립한 것이다.

주돈이는 『통서』와 「태극도설」에서 동정론을 전개하였다. 『통서』에서는 일반 사물의 동정과 신(神)의 동정을 구분하여 다음과 같이 설명한 바 있다.

> 움직이면 고요함이 없고, 고요하면 움직임이 없는 것은 사물이다. 움직이되 움직임이 없고, 고요하되 고요함이 없는 것은 신(神)이다. '움직이되 움직임이 없고 고요하되 고요함이 없다'는 것은 '움직이지 않고 고요하지 않는다'는 말이 아니다.[29]

주돈이에 의하면, 일반 사물은 동시에 동정을 겸할 수 없으나, 신은 동시에 동정을 겸한다. 주희도 이와 마찬가지로 사물과 신을 구별한다. 형체가 있는 사물은 동·정 어느 한편에 치우치게 되나, 신은 "형체에서 분리되지 않으면서도 형체에 갇혀 있지 않기 때문에, 움직임 가운데 고요함을 머금고 있고 고요함 가운데 움직임을 머금고 있다"는 것이다.[30] 이진상은 이러한 논리들을 원용하여 '태극의 동정'을 설명한다. 그는 다음과 같이 말한다.

---

27) 玄相允, 『朝鮮儒學史』, 현음사, 1982, 361쪽.

28) 『定齋文集』 3, 卷19, 「理動靜說」, 7쪽.

29) 『通書』, 卷2, 「動靜」 第16, 64쪽, "動而無靜, 靜而無動, 物也. 動而無動, 靜而無靜, 神也. 動而無動, 靜而無靜, 非不動不靜也."

30) 『性理大全』, 卷2, 『通書解』, 卷2, 「動靜」 第16, 64쪽, "有形, 則滯於一偏. 神則不離於形, 而不囿於形矣. 動中有靜, 靜中有動."

'움직이면 고요함이 없고, 고요하면 움직임이 없는 것' 은 '태극이 갖추고 있는 그릇' 이다. 움직임 가운데 고요함을 머금고, 고요함 가운데 움직임을 머금는 것은 '태극의 본연한 묘(妙)' 이다. '움직이면서 능히 고요할 수 있고, 고요하면서 능히 움직일 수 있는 것' 은 '태극이 탈 바의 기틀' 이다. '움직이면서 움직임이 없다' 는 것은 움직이지 않는다는 말이 아니요, '고요하면서 고요함이 없다' 는 것은 고요하지 않는다는 말이 아니다. 따라서 이것이야말로 참된 동정임이 분명하다.[31]

'움직이면 고요함이 없고, 고요하면 움직임이 없는 것' 은 일반 사물로서, 그것은 '태극이 갖추고 있는 그릇' 이다. 그런데 이진상은 현상적인 사물의 동정은 참된 동정일 수 없다고 본다. 참된 동정은 '움직이면서도 움직임이 없고 고요하면서도 고요함이 없는 것', 즉 '무형의 동정' 이라는 것이다. 리의 동정은 모양이 없다. 따라서 리야말로 참된 동정의 주체라는 것이다.[32] 이진상이 이와 같이 '참된 동정' 을 주장하는 것은 리가 '죽은 물건' 이 아닌 '활물' 임을 재확인하고자 하는 것이라 하겠다.

주희는 「태극도설」의 "태극이 움직여 양을 낳고 움직임이 극에 이르면 고요함이 되며, (태극이) 고요하여 음을 낳는다" 에 대하여, 태극에 동정이 있는 것은 천명의 유행이라고 하면서도[33] "태극은 본연의 '묘함' 이고 동정은 타는 '기틀' 〔機〕이며, 태극은 형이상의 도(道)이고 음양은 형이하의 그릇이다"[34]고 하여, 동정을 태극과 분리시키고 오히려 음양에 소속시키려는 태도를 취하였다. 또한 주희는 태극과 동정을 사람과 말로 비유하여 그 두

31) 『寒洲全書』 貳, 『理學綜要』, 卷1, 「天道(理之大原)」 第一上, 12쪽.

32) 『寒洲全書』 壹, 卷14, 「答宋康叟」 〈別紙〉, 333쪽, "無形之動靜, 方是眞動靜. 理之能動能靜, 何嘗有模樣乎?"

33) 『性理大全』, 卷1, 「太極圖說解」, 22쪽, "太極之有動靜, 是天命之流行也."

34) 『性理大全』, 卷1, 「太極圖說解」, 22쪽, "太極者, 本然之妙也, 動靜者, 所乘之機也; 太極, 形而上之道也, 陰陽, 形而下之器也."

존재가 서로 분리되지 않고 항상 의지한다는 논리를 펼쳤다.[35] 이를 보면, 주희의 동정은 분명히 기인 것이 분명하다. 그러나 또한 "리에 동정이 있으므로 기에 동정이 있는 것이다. 만약 리에 동정이 없다면 곧 기는 어디로부터 말미암아 동정이 있겠는가"[36]라고 하여, 리에 동정이 있음을 시사한다. 이와 같은 주희의 동정론은 일견 모순적인 것으로 보인다. 이진상은 이러한 내용들을 보다 정합적으로 설명하고자 하였다.

이진상은 주희의 "리에 동정이 있는 것은 천명의 유행"이라는 것에 대해서 다음과 같이 설명한다.

> 리기 동정론은 사실 주자(周子)의 「태극도설」에 기초를 둔다. 태극은 리이며 음양은 기이고 동정은 리와 기가 만나는 곳이다. 이미 '태극이 움직여 (양을) 낳고 고요하여 (음을) 낳는다' 고 하였으니, 움직임은 태극의 움직임이며 고요함은 태극의 고요함이다. 태극은 본체를 가리키는 것이며, 동정은 (태극의) 유행을 가리키는 것이다.[37]

이진상은 동정을 천명(天命: 理)의 유행으로 설명했다. 이것은 주희의 설명과 다름이 없는 것이다. 그러나 이진상은, 주희가 동정을 기로 보아 말에 비유한 것은 잘못되었다고 주장한다.[38] 본래 주희는 태극을 사람에 비유하고 동정을 말에 비유하였다.[39] 그러나 이진상은 음양을 말에 비유하고 동정

35) 『朱子語類』 下, 卷94, 「周子之書 · 太極圖」〈銖錄〉, 1090쪽.

36) 『朱子大全』 中, 卷56, 「答鄭子上」, 333쪽.

37) 『寒洲全書』 貳, 『理學綜要』, 卷1, 「天道(理之大原)第一上」, 9쪽, "按: 理氣動靜之論, 實基於周子圖說. 而太極, 理也; 陰陽, 氣也; 動靜者, 理氣之合縫處. 旣謂太極動而生靜而生, 則動是太極之動, 靜是太極之靜, 而太極, 是指本體, 動靜, 是指流行."

38) 『寒洲全書』 五, 『語類箚義』, 202쪽, "動靜猶馬) 此錄有誤."

39) 『朱子語類』 下, 卷94, 「周子之書 · 太極圖」〈銖錄〉, 1090쪽, "太極理也, 動靜氣也. 氣行則理亦行, 二者, 常相依而未嘗相離也. 太極猶人, 動靜猶馬. 馬所以載人, 人所以乘馬.

을 출입에 비유하여 주희의 말을 비판을 전개한다.[40] 주희와 이진상이 서로 비유를 설정한 것 자체가 다르므로, 이진상의 위와 같은 비판이 그대로 적실하다고는 볼 수 없을 것이다. 그러나 이를 통해서 이진상의 입장은 분명히 드러난다. 이진상에 의하면, 리가 기를 타고 동정하는 것은 사람이 말을 타고 출입하는 것과 같다. 따라서 동정은 '말'에 비유될 것이 아니라 '출입'(出入)에 비유되어야 한다는 것이다.[41] 위의 인용문에서 '동정은 리의 유행이면서 기의 관려(關棙)이다'고 할 때의 '관려'는 '기틀'을 의미한다.[42] 이진상은 동정을 리와 기의 매개자로 인식하였다. 이진상은 정자의 "동정은 음양의 근본이다"[43]라는 말을 원용하면서 '동정'에 대하여 다음과 같이 말한다.

> 그윽히 살피건대, 동정은 사용하는 글자일 뿐이어서 원래 형체가 있는 한 물건이 아니다. 그러므로 정자는 음양의 근본이라고 하였는데(본체의 근본이 아니고 바로 생출의 근본이다), 주자도 '(동정은) 타는 기틀이다'고 하니, 이것은 다만 리가 기를 생하는 곳이다.[44]

馬之一出一入, 人亦與之一出一入."

40) 『寒洲全書』 五, 『語類箚義』, 202쪽.

41) 음양과 동정에 있어서, 주희는 動 자체를 陽으로, 靜 자체를 陰으로 본 것이다. 즉 주희에게 있어서 '陰陽과 動靜'은 '실체와 작용'의 관계가 아니라, 陰陽이 곧 動靜인 것이었다. 그러나 이진상은 陰陽이라는 실체가 動靜이라는 작용을 하는 것으로 설명하는 것이다.

42) 『朱子語類』 下, 卷94, 「周子之書 · 太極圖」〈義剛錄〉, 1090쪽, "機是關棙子."

43) 『二程集』, 『河南程氏粹言』, 卷2, 「天地篇」 1227쪽, "子曰: 動靜者, 陰陽之本也. 五氣之運, 則參差不齊矣."

44) 『寒洲全書』 壹, 卷5, 「上崔海庵」〈別紙〉, 128쪽, "竊按: 動靜, 只是使用底字, 元非有形之一物. 故程子以爲陰陽之本(非本體之本, 乃生出之本), 而朱子亦以爲所乘之機, 則此只是理生氣處."

이진상은 동정을 실체가 아니요 다만 운동인 것으로 이해했다. 그는 주희가 동정을 '말' 에 비유한 것은, '소승지기(所乘之機)' 라는 말과도 어긋나는 것으로, 동정을 구체적인 '물사(物事: 實體)' 로 이해한 오류를 범한 것이라고 비판하는 것이다.[45] 이진상에 의하면, '동정이 음양의 근본이다' 고 할 때 '근본' 은 본체의 의미가 아니고, 음양이 생출되는 근본이다. 즉, 태극의 동정이 음양을 생출하는 근본이라는 것이다.[46] 현상적 측면에서 보면 동정은 기로 여길 수 있으나 원리적 측면에서 보면 동정은 리에 속하는 바, 허자로 사용하는 동정을 가지고 현상계의 기로 여기면 '움직여 양을 낳고 고요하여 음을 낳는다' 는 것은 바로 허자의 기가 음양의 기를 낳는 꼴이 되어 논리적으로 모순을 야기한다는 것이다.[47] 이진상에 의하면 태극은 리이며 음양은 기이고, 동정은 리와 기가 만나는 하나의 지점이다.[48] 다시 말하면 동정은 리가 기를 생출하는 단서이고 음양은 기가 형체를 구성하는 정분(定分)을 가리킨다.[49] 그리하여 이진상은 주희의 동정관 즉 '동정은 타는 바의 기틀이다' 를 이러한 관점에서 이해해야 한다고 말한다.[50] 그는 주희가 진술한 '동정은 기이다' 고 언표한 것을 주희의 초년설로 간주하여 수용하지 않고, '리에 동정이 있다' 는 것을 주희의 만년설로 여기고 적극 자신의 철학체계에 활용한다. 이는 주돈이의 「태극도설」의 원리에 정자의 '동정관' 을 결합시킨 것이다.

---

45) 『寒洲集』, 卷40, 「花峽法語」, 21-59쪽, "不當以動靜之虛字, 爲所乘之物事."

46) 『寒洲全書』 壹, 卷9, 「答李謹休(戊午)」〈別紙〉, 203쪽, "太極之有動靜, 二氣生出之本也, 萬化形著之始也."

47) 『寒洲全書』 貳, 『理學綜要』, 卷1, 「天道(理之大原)第一上」, 15쪽.

48) 『寒洲全書』 四, 『太極圖箚義』, 399쪽, "太極, 理也; 陰陽, 氣也; 動靜者, 理氣之合縫處."

49) 『寒洲全書』 壹, 卷15, 「答許退而」〈別紙〉, 349쪽, "動靜者, 理生氣之端緒, 陰陽者, 氣成形之定分也."

50) 『寒洲全書』 貳, 『理學綜要』, 卷1, 「天道(理之大原)」 第一上, 12쪽, "按: 此以太極之動靜爲陰陽之本, 則動靜者, 所乘之機, 當以此意看."

이진상은 주희의 '소승지기' 에서의 '승' (乘)과 '기' (機)에 대한 자신의 사유 역정을 다음과 같이 술회한다.[51] 이진상에 의하면, '승' 은 '때를 타고 형세를 탄다' 는 의미이지 '말을 탄다' 고 할 때의 '탄다' 는 의미가 아니며, '기' 는 기계나 말과 같은 '탈 것' 이 아니라 기회나 기틀 또는 '움' 인 것이다. 그는 '승' 의 대상을 '말' 과 같은 것으로 전제한다면, 다음과 같은 두 병폐가 야기한다고 한다. 첫째는 "세상에는 스스로 움직이면서 움직임을 타고 스스로 고요하면서 고요함을 타는 것이 있게 된다" 는 것이니, 말은 스스로 동정하면서도 또 동정을 탄다는 논리가 되어 어불성설이라는 것이다. 둘째는 "먼저 음양이 있은 다음에 동정이 있는 것" 이 되니, 그것도 역시 어불성설이라는 것이다.[52] 그리하여 이진상은 '승' 의 대상을, '말' 이 아닌, '기틀' 이나 '기회' 또는 '움' 으로 설명하는 것이다. 그는 "이제 동정을 음양으로 간주한다면, 이는 '기(機)' 를 '기(器)' 로 여기는 것이다"[53]라고 하여, 동정을 음양으로 여기는 것이나 '기(機)' 를 '기(器: 機械나 말 등)' 로 여기는 것 모두를 거부한다.

이진상은 "동정은 태극의 하는 것이며, 음양은 태극이 탈 바이다. 이와 같이 추론한다면 어찌 이치가 순조롭지 않겠는가"[54]다고 하여, 일단 동정의 주체를 태극이라고 확언한다. 그런데 그에 의하면, 태극도 동정하는 것이고 음양도 동정하는 것이다. 즉 태극은 동정을 통해 음양을 낳고, 이렇게 하여 생겨난 음양은 태극을 태우고 동정하는 것이다.

이진상에 의하면, 태극은 동정을 통하여 음양을 낳고, 그렇게 하여 생겨난 음양은 다시 태극을 태우고 동정하는 것이다. 그런데 태극의 동정은 스

51) 『寒洲全書』 壹, 卷22, 「答郭鳴遠(乙酉)」 〈別紙〉, 495쪽.

52) 『寒洲全書』 壹, 卷15, 「答許退而」 〈別紙〉, 348-349쪽.

53) 『寒洲集』, 卷40, 「花峽法語」, 21-59쪽, "今以動靜爲陰陽, 則是以機爲器也."

54) 『寒洲集』, 卷40, 「花峽法語」, 21-59쪽, "動靜者, 太極之所爲, 陰陽者, 太極之所乘. 如是推之, 豈不理順乎?"

스로 동정하는 것이요, 음양의 동정은 태극의 주재에 따라 동정하는 것이다. 그리하여 그는 '태극은 동정의 주체요, 음양은 동정의 자료이며 도구〔資具〕' 라고 하였던 것이다.[55] 태극이 스스로 동정하는 것은 음양을 낳는 역할을 하는 것이며, 음양이 태극의 주재에 따라 동정하는 것은 온갖 조화를 빚어내는 역할을 하는 것이다. 이것을 '사람 · 말 · 출입' 에 비유하자면, 사람이 말을 주재하여 출입하면, 자신의 목적대로 말을 동정하게 하는 것이 된다. 그러나 사람의 주재 없이 말이 스스로 움직인다면 그것은 망동(妄動)에 불과하여 질서정연한 조화를 빚어낼 수 없는 것이다.[56] 여기서 '사람의 주재에 따르는 말' 은 동정의 주체가 아닌 자구인 것이다. 그리하여 그는 '동정의 주체는 태극이요, 음양은 동정의 자구' 라는 논리를 확정하는 것이다. 그런데 흔히 사람들은 태극의 동정은 은미하여 잘 알지 못하고, 이미 드러난 음양의 동정만을 알아, 음양을 동정의 주체로 간주하고 태극은 동정이 없는 것으로 오인한다는 것이다. 이진상은 리가 스스로 동정하지 않으면 기를 낳을 수 없다는 관점에서 '리의 자동정' 을 다음 두 가지 점에서 옹호한다. 하나는 리는 스스로 동정하여 기를 낳는다는 것이고, 다른 하나는 리의 동정은 스스로 동정하는 것이지만 기의 동정은 리에 의지하는 동정이라는 것이다.[57] 즉 기의 생생하는 운동 자체도 기의 자연적 속성에 따르는 것이 아니라, 태극의 동정에 의한 것인 셈이다. 이러한 맥락에서 그는 태극의 동정은 항상 음양의 동정에 선행하는 것이라고 보았다.

---

55) 음양은 동정의 資具가 된다고 하는 것은 음양이 생겨난 다음에 해당되는 말이다. 즉 애초에 태극이 동정하여 음양을 낳는 시점에서는 태극은 스스로 동정하는 것이요, 음양을 資具로 삼아 동정하는 것이 아니다. 음양이 생겨나기 이전에는 음양이 資具 역할을 할 수도 없는 것이다. 『寒洲全書』 壹, 『寒洲集』, 卷14, 「答宋康叟」〈別紙〉, 333쪽, "氣爲動靜之資, 當就分陰分陽以後說, 於其生氣之際, 豈有氣爲之資乎?"

56) 이진상은 태극을 사람에, 음양을 말에, 동정을 출입에 비유하였다. 이러한 비유에서는 태극이 동정하여 음양을 낳는다는 측면은 설명되기 어렵다. 그것은 사람이 동정하여 말을 낳는 것이 되기 때문이다.

57) 『寒洲全書』 壹, 卷10, 「與郭鳴遠」〈別紙〉, 490쪽.

이진상의 일관된 입장은 음양의 동정은 태극의 동정을 전제로 해서만 가능하다는 것이다. 그러나 그의 이러한 논리는 다음과 같은 세 문제를 내포하고 있다. 첫째는 형이상자와 형이하자의 구분이 애매해진다는 점이다. 태극도 동정하고 음양도 동정한다면, 태극과 음양의 형이상・형이하 구분이 애매해지는 것이다. 둘째는 그는 태극이 동정하여 음양을 낳는다고 주장하는 바, 이러한 생각은 생출론(生出論)에 가까우며, 태극이 음양을 낳기 전에는 음양은 없고 태극만 존재하는 시점이 있게 된다. 셋째는 음양의 동정이 철저하게 태극의 주재에 의한 것이라면, 현상계에는 선만 있고 악은 없어야 할 것인 바, 따라서 현상계에서의 악의 실재 문제를 설명하기 어렵게 된다.

이진상은 "동정은 태극도 아니고 음양도 아니다. 태극의 유행이며 장차 음양이 되는 기틀이다"[58]라고 하였다. 이진상에 의하면 '태극'과 '동정'의 관계는 '본체'와 '묘용'의 관계다.[59] 이러한 맥락에서 태극과 동정의 문제는 '리의 체용(體用)' 문제와 연결되게 된다.

5. 理는 體用이 있는가?

체(體)와 용(用)은 성리학 이론체계 내에서 하나의 중요한 개념이다. 이를 현대 철학적 용어로 굳이 말하면 실체와 작용 또는 본질과 현상을 의미한다. 체는 용으로 발현될 수 있는 모든 원리를 구비한 존재로서 실체 또는 본질이며, 용은 체가 유행하여 현상계에 발현되는 것이다. 주자학에서의 체와 용의 관계는 대략 네 가지로 설명할 수 있다.[60] 첫째는 사물의 자체와 운

58) 『寒洲全書』 壹, 卷15, 「答許退而」〈別紙〉, 349쪽.

59) 『寒洲全書』 四, 『太極圖箚義』, 399쪽.

60) 陳榮捷은 『宋明理學之概念與歷史』(臺北: 中央研究院 中國文哲研究所, 1986)에서 주희의 體用論을 대략 네 가지로 구분하고 있다.

용(運用)이고, 둘째는 체가 용의 근원이고, 셋째는 체와 용이 한 사물의 두 가지 양태이고, 넷째는 체가 용의 원인이다. 그러나 체와 용은 결코 분리될 수 없는 관계이다. 주자학의 체용론은 리 · 기, 심 · 성 · 정 등과 유기적으로 얽혀 있어, 매우 복잡하게 전개된다.

이진상은 이황의 '리에는 체와 용이 있다' 는 이론[61]을 수용한다. 하지만 이진상이 체와 용을 '사용하는 글자' 라고 정의하는 것은 기존 성리학자들과 차이가 있다.[62] 그는 리에는 체와 용이 있으나, 기에는 체와 용이 없다고 한다.[63] 그의 체용론은 리를 주로 하는 것이다. 또한 '리와 기는 이물(二物)' 이나 '체와 용은 일물(一物)' [64]이므로, 리기론과 체용론은 같은 맥락일 수 없다고 본다. 체와 용은 비록 다르지만, 하나의 리일 뿐이다.[65]

이진상은 '리의 체용' 을 주로 '리의 동정' 의 문제와 연관시키면서, 주희가 '태극을 체로 동정을 용' 으로 여긴 초년설을 수용하지 않았다.[66] 그 이유는 "태극의 동정을 음양으로 여긴다면, 리와 기는 일물이 되고, 리는 체가 되고 기는 용이 되기 때문" [67]이며, "만약 체와 용을 리체기용으로 양립시키면, 리는 고요함만 있고 움직임이 없으며, 기는 움직임만 있고 고요함은 없게 된다. 체와 용이 둘로 분리되면 어떻게 조화를 이루겠는가" [68]라는 문제점 때

---

61) 崔英辰, 「退溪 理思想의 體用論的 構造」, 『朝鮮朝 儒學思想의 探究』, 여강출판사, 1988.

62) 『寒洲全書』 壹, 卷10, 「答姜秐父」 〈別紙〉, 226쪽, "夫體用, 只是使用底字."

63) 『寒洲全書』 壹, 卷23, 「答張舞華」 〈別紙(大學疑義〉, 516쪽, "理自有體有用, 而氣未能自有體用, 明矣."

64) 『寒洲全書』 壹, 卷19, 「答郭鳴遠疑問」, 428쪽, "理氣是二物, 而體用是一物."

65) 『寒洲全書』 壹, 卷28, 「答川谷書院儒生問目(心經疑義 丁巳)」, 604쪽, "體用雖異, 而只是一理."

66) 『寒洲全書』 壹, 卷19, 「答郭鳴遠疑問」, 428쪽.

67) 『寒洲集』, 卷41, 「讀密庵集」, 22－8쪽, "旣云太極之動靜, 而謂便是陰陽, 則是以理氣爲一物, 而理體氣用也."

68) 『寒洲全書』 壹, 卷16, 「答李濟汝」, 362쪽, "今若曰理體氣用, 則理爲靜有而動無, 氣爲靜無而動有, 體用兩截, 何自而成造化乎?"

문이었다. 주희도 이러한 병폐를 깨닫고 새로운 논리를 제시했다는 것이다. 이진상은 주희의 새로운 입장을 다시 분설(分說)과 합설(合說)로 구분하였다. '분설' 이란 '동과 정을 구분' 해 말했다는 것이고, '합설' 이란 '동과 정을 통합' 해 말했다는 것이다. 우선 분설의 경우를 살펴보자. 이진상은 "태극의 묘(妙)는 능히 스스로 동정할 수 있기 때문이다. 정이음(靜而陰)은 태극의 체가 확립되는 까닭이고, 동이양(動而陽)은 태극의 용이 운행되는 까닭이다"[69]고 한다. 동정을 분설하여 태극의 체용을 설명하면, 고요함은 태극의 체가 되고, 움직임은 태극의 용이 된다. 이진상은 이러한 맥락에서 '리체기용' 을 부정한다. 이진상이 '리체기용' 을 거부하는 것은, 그것은 결국 체용이 두 가지 물건으로 괴리되어 조화를 불가능하게 만든다는 이유 때문이었다. 다음 합설의 경우를 살펴보자. 이진상은 다음과 같이 말한다.

> 움직임도 없고 고요함도 없으면서 움직임과 고요함의 묘함을 함축하고 있는 것은 리의 체이고, 능히 움직일 수 있고 능히 고요할 수 있어 동정의 기틀이 있는 것은 리의 용이다. 기는 움직이면 고요하지 않고 고요하면 움직이지 않으니, 결코 스스로 동정할 수 있는 것이 아니다. 움직임과 고요함의 소이연은 리의 은(隱)이고, 움직임과 고요함의 소능연은 리의 비(費)이다.[70]

동정을 합설하여 태극의 체용을 설명하면, '동정의 묘함' 이 태극의 체이고, '동정의 기틀' 이 태극의 용이다. 이진상은 이러한 맥락에서 '기가 스스로 동정한다' 는 것을 부정한다. 이진상이 '기가 스스로 동정한다' 는 명제를 거부하는 것은 다음과 같은 두 이유 때문인 것으로 보인다. 기가 스스로 동정한다면, 한편으로는 그것은 망동 즉 무질서한 현실을 초래할 것이기 때

---

69) 『寒洲全書』 壹, 卷7, 「與柳東林(己未)」 〈別紙〉, 168쪽.

70) 『寒洲全書』 壹, 附錄, 卷1, 「年譜」 〈癸丑(三十六歲) 與愼菴李公書論理氣動靜〉, 813쪽.

문이요, 다른 한편으로는 그것은 리를 죽은 물건으로 여기는 것이 되기 때문이다.

주희는 "형이상자로 말하면 충막(沖漠)한 것이 체이고, 사물에 발현하는 것이 용이다. 형이하자로 말하면 사물이 체이고, 그 리의 발현이 용이다"[71] 라고 말한 바 있다. 즉 주희는 '리의 체용' 도 인정하고, '기의 체용' 도 인정한 것이다. 그러나 이진상은 "리의 경우 충막과 발현을 체와 용이라 하는 것은 옳다. 그러나 기의 경우, 사물을 체로 여기니 체는 그 체가 아니며, 리에 연유하여 용이 되니 용은 그 용이 아니다"[72]라고 하여, '리의 체용' 만 인정하고 '기의 체용' 은 부정한다. 이진상은 다음과 같이 말하기도 한다.

> '사물이 체가 된다' 고 할 때의 체는 형체(形體)로 말한 것이다. 대개 리는 본래 형체가 없기 때문에, 무형(드러나 볼 수 있는 존재)을 체로 삼고 유형을 용으로 삼는다. 기는 본래 형체가 있기 때문에, 형체가 있는 것을 체(사물)로 삼고, 형체가 없는 것(리의 발현은 사물에 비하면 형체가 없는 것이다)을 용으로 삼는다. 사물은 리의 체가 아니다. 그러나 리는 반드시 사물 위에서 발현하고 그 발현한 것은 실제로 기를 타는 것이다. 기는 본래 체와 용이 없으므로, 그 깃들인 것〔事物〕에 연유하여 체를 삼고 그 발현하는 것〔理〕에 연유하여 용을 삼는 것이다. 그런데 지금의 배우는 사람들은 '리에 체와 용이 없다' 고 여기고, 기로 인해서 체(體: 陰)를 삼고 용(用: 陽)을 삼으니, 이것은 주자와 서로 반대되는 것이다.[73]

위의 인용문은 '기의 체용' 을 일정 부분 인정하기도 하는 것이다. 그러나 '기는 본래 체용이 없다' 는 것이 이진상의 확고한 입장이다. 따라서 주희가

71) 『朱子大全』 中, 卷48, 「答呂子約」, 117쪽.
72) 『寒洲全書』 壹, 卷16, 「答李濟汝」, 363쪽.
73) 『寒洲全書』 壹, 卷24, 「答張舜華」 528쪽.

'기의 경우 사물이 체가 된다' 고 했을 때의 '체' 란 '본체의 체' 가 아니라 '형체의 체' 라고 그 의미를 격하시키는 것이다. 그리고 '리의 체용' 을 부정하고 체용을 기와 연관시키는 입장들을 '주희와 반대되는 것' 으로 규정, 비판하는 것이다. 요컨대, 이진상은 '기의 체용' 을 부정하고 '리의 체용' 만을 인정함으로써, 리의 '활물(活物)' 적 성격을 재확인하고, 주재자로서의 리의 위상을 강화시켰던 것이다.

6. 맺음말

19세기의 이진상은 영남의 유학자로서 주희와 이황의 학문을 계승하였으나, 주로 주희가 만년에 리의 주재성을 중시한 측면에 역점을 두고 구축한다. 그러나 이진상은 성리학을 구축하는 데 있어 수간(竪看) · 횡간(橫看) · 도간(倒看), 역추(逆推) · 순추(順推)를 중심적 방법론으로 삼았다. 그는 이러한 논리를 바탕으로 선유들의 성리학설에 대한 비판과 반성적 학문태도를 취하면서, 어느 한쪽만의 주장을 탈피하여 리중시적 측면에서 절충 · 회통(會通)하려 하였다.

이진상의 리기론의 토대는 주돈이의 「태극도설」과 주희의 「태극도설해」를 바탕으로 하여 태극과 음양의 관계를 개념적으로 분리시키면서도 유행상에서는 분리시키지 않는 논리에서 비롯된다. 그는 이를 토대로 리와 기의 관계에서 궁극적으로 리의 선재성을 주장한다. 그리고 동정론에 있어서는 정자의 '동정은 음양의 근본이다〔動靜者 陰陽之本也〕' 라고 하는 논리를 수용하여, 동정은 리와 기의 매개자라는 이론을 전개하고, 또한 리유동정론에 따른 리유체용론을 전개한다. 이러한 논의들은 궁극적으로 '리의 주재성' 과 '심의 주재성' 을 일치시키는 것이었다.

특히, 이진상은 '리' 와 '기' 를 '군' (君)과 '신'(臣)의 관계로 비유하면서,

'리' 와 '군' 의 역할〔無爲而爲〕을 강조하고 있다. 조선 말 전환기에는 군권(君權)이 신권(臣權)에 비해 상대적으로 박약하여, 최고 권력자의 군권과 공권력 누수현상으로 말미암아 상하 질서가 와해됨에 따라 공정한 명분이 드러나지 않았다. 그가 당시 임금을 리에 비유하며 리기론을 전개한 것은, 리의 주재성에 근거하여 임금의 역할을 강조한 것이라 생각할 수 있다. 리기론에서 '리' 를 '군' 에 비유한 것을 사회적인 입장에서 살펴보면, 군왕 개인에 대한 강화를 의미하는 것이 아니라, 당시 올바르게 확립되지 못한 상하 명분을 재정립하려는 것으로서, 상하의 명분질서가 확립되기 위해서는 먼저 통수권자의 역할이 가장 중요하다고 여겼기 때문일 것이다. 다시 말하면, 그 이면에는 공권력 강화의식이 싹트고 있다고도 볼 수 있는 것이다. 당시 공권력 누수현상과 사회제도의 폐단을 극복하려고 한 것은 원칙〔리〕에 의한 공도(公道)가 올바르게 정립되어야 한다는 신념에서 출발하였다고 생각할 수 있다.

이진상의 리철학의 특성은 단순히 철학적 이론에 그치는 것이 아니었다. 그의 리중시 철학은, 사회현실과 관련해서, 정명론적(正名論的) 관점에서 공적(公的)인 위계질서를 바로잡고, 가치의 본원을 밝혀 올바른 가치관을 정립한다는 의의를 지니는 것이며, 이를 통해 당시의 여러 폐단을 구제하려는 것이었다. 이진상은 기존의 분분했던 성리학설을 '리' 를 중심으로 회통·절충하면서 자신의 성리사상을 구축하였다.[74] 그것은 '리의 주재성' 과 '심의 주재성' 을 일치시켜 '인간 주체성의 근거' 를 명확히 하고자 한 것이다.

---

74) 李震相의 학문과 사상은 傳心의 高足弟子로 郭鍾錫(1846~1919)과 아들인 李承熙(1847~1916)를 비롯하여, 許愈(1833~1904), 張錫英(1851~1929), 金鎭祜(1845~1907), 李正模(1848~1915), 李斗勳(1856~1918), 尹冑夏(1846~1906) 등 이른바 '洲門八賢' 이라고 불리우는 학자들에게 이어져 '寒洲學派' 를 형성할 정도로 상당한 면모를 갖추게 된다.

【부록 2】

寒洲 李震相 性理學에서 '主宰性' 重視와 그 意義

1. 머리말

사상은 시대를 떠나 성립하는 것이 아니고 시대와 항상 공존하고 있다. 사상가는 자신이 처한 시대를 냉철하게 인지하고 철학적 · 사회적 및 다양한 문제 등을 고민한다. 더욱이 그는 그러한 문제들을 주체적 사고와 치밀한 분석을 통해 타개하려고 하면서 자신의 사상을 구축한다.

조선의 성리사상 역시 시대의 변천에 따라 발전하였다. 즉 조선 초기의 성리학은 이해하고 답습하는 경향에 있었고, 이후에는 철학적 논쟁을 펼쳤는 바, 16세기 사단칠정론(四端七情論)과 그리고 18세기 예론(禮論) · 인물성동이론(人物性同異論) 등이 그것이다.[1] 19세기 학자들은 선현들의 논쟁에 대한 치밀한 검토와 분석을 통해 자신들의 성리사상을 확립한다.

본 논문은 한주(寒洲) 이진상(李震相: 1818~1886)의 성리사상에서 주재성

1) 조선의 유학자들은 주자학을 수용하여 논쟁을 통해 심화 · 발전하기에 이르렀으니, 晦齋 李彦迪(1491~1553)과 忘機堂 曺漢輔의 無極太極論辯, 退溪 李滉(1501~1570)과 高峯 奇大升(1527~1572)의 四端七情論辨, 牛溪 成渾(1535~1598)과 栗谷 李珥(1535~1585)의 人心道心論에 의한 사단칠정논변, 國喪과 사회의 제도를 명분과 질서 차원에서 예학적으로 전개한 예론, 韓元震과 李柬의 인물성동이론 등이 바로 그것이다.

중시와 그 의의를 살펴보고자 한다. 주지하다시피, 이진상이 처한 19세기는 삼정(三政)이 문란하여 백성이 피폐한 상태, 서구 열강과 일본 제국주의의 도전, 그리고 서학(西學)의 세력이 확장함에 따라 경계하고 배척하는 시기였다. 한마디로 말해 조선은 내우외환(內憂外患)의 격동기에 있었다. 이때 지식인들은 전통 체제의 붕괴에 직면한 상태였으므로 전통적 가치를 수호하려는 의지로서 '위정척사(衛正斥邪)' 운동을 주장하였다.

이진상은 내우외환 속에서 영남 성주(星州)에 줄곧 살며 학문을 면밀히 탐구하여 방대한 저술[2)]을 남긴 당대 대표적 학자이다. 이진상은 본래 사승(師承)을 통해 성리설을 탐구한 것이 아니라, 일찍이 『성리대전(性理大全)』과 제현(諸賢)의 문집[3)]을 두루 비교·고찰, 그리고 변증을 통해 자신의 독자적 이론체계를 구축하였다. 이런 배경에는 스승의 학문에 대한 답습보다는 자득의 철학을 강조한 그의 숙부 이원조(李源祚: 1792~1871)의 영향이 지대하였다.[4)] 특히, 이진상은 성리설을 구축하는 데 있어 리(理)와 기(氣)의 '서로 섞이지 않음(不相雜)' 과 '서로 떨어지지 않음(不相離)' 에 따른 이간(離看)과 합간(合看)이라는 방법론을 그 기저에 두면서도 이를 더 세분화하여[5)] 수간(竪看)·횡간(橫看)·도간(倒看)과 순추(順推)·역추(逆推)라는

---

2) 李震相에 저술에 관하여 학계에서는 총 85책이라고 하고 있다. 하지만 논자가 고찰한 바에 의하면, 『寒洲集』 22책, 『理學綜要』 10책, 『四禮輯要』 9책, 『畝忠錄』 2책, 『春秋集傳』 10책, 『春秋翼傳』 3책, 『千古心衡』 2책, 『直字心訣』 1책, 『易學管窺』 4책, 『求志錄』 22책, 『辨志錄』 4책 등으로 총 89책이다. 주요논저 저술연도에 관한 것은 이하 분류표를 참조.

3) 이진상이 48세 때 완성하고 生을 마칠 무렵인 68세에 교감한 『四禮輯要』를 살펴보면, 자신이 본 서책을 열거하였다. 그는 중국의 서책 91권과 국내의 서책 84권으로 총 175권을 두루 참고·인용하여 자신의 학문에 대한 편력을 보여주었다. 『寒洲全書』 貳, 『四禮輯要』, 382-384쪽.

4) 『凝窩全集』 一, 卷11, 「集古錄」, 212쪽 참조. 『凝窩全集』은 驪江出版社 영인본(1986)을 저본으로 하였다. 이하 동일.

5) 李炯性, 「李震相의 性理學의 方法論에 관한 考察」, 『韓國思想과 文化』 제6집, 한국사상문화학회, 1999년 12월.

학문적 방법론을 정립하였다.[6] 그는 이러한 학문방법론을 근간으로 선유들의 논쟁을 검토하면서도 그 논쟁의 근원을 탐구하기 위해 주돈이(周敦頤: 1017~1073)의 「태극도설(太極圖說)」과 주희(朱熹: 1130~1200)의 「태극도설해(太極圖說解)」를 면밀하게 탐구한다. 더욱이 그는 주희의 사상 체계가 정합적으로 짜여져 있지만은 않다는 사실을 확인하고 주희의 초년설(初年說)과 만년설(晩年說)을 세밀히 구분 · 연구하여, 주희의 정설이 만년의 리 중시적 성리사상에 있다고 하면서 그것을 기반으로 자신의 철학체계를 구축한다. 그 연구결과가 바로 61세에 마무리지은 『리학종요(理學綜要)』이다.[7]

이진상에 대하여 학계에서는 조선의 6대 성리학자로 퇴계(退溪) 이황(李滉: 1501~1570)과 율곡(栗谷) 이이(李珥: 1536~1584)와 같이 리기이원론자(理氣二元論者)로,[8] 극도의 주리파(主理派)로서 '심즉리(心卽理)'를 주장한 것으로,[9] 또는 '주리파의 거두(巨頭)'[10]로 평가하기도 하고, 또 한편으로는 주자성리학의 주리론의 대표적 철학자로 조선 봉건통치제도의 이론적 대변자이자, 유물론적 철학조류를 반대한 철학가라고 평가하는 경우도 있다.[11] 하지만 이러한 평가는 그의 전 사상에 대한 연구가 어느 한 편에 치

6) 宋贊植, 「朝鮮朝末 主理派의 認識論理 - 寒洲 李震相의 思想을 中心으로」, 『동방학지』 제18집, 연세대학교, 1978.

7) 조선 후기에 이르면, 몇몇 성리학자들은 성리학에 대한 문제의식을 朱熹(1130~1200)의 성리사상을 初年說과 晩年說로 구분하여 연구하였는데 그 대표적 저술로는 宋時烈에서 시작하여 韓元震(1682~1751)에 이르러 완성된 『朱子言論同異考』를 들 수 있다. 이진상은 한원진의 『주자언론동이고』에 대한 불완전함을 자각하고 주희의 언설을 정밀히 시기별로 분석하여 『理學綜要』를 저술하였다.

8) 玄相允, 『朝鮮儒學史』, 현음사, 1982, 66 · 361쪽.

9) 高橋亨, 「李朝儒學史に於ける主理派主氣派の發達」, 『朝鮮支那文化の研究』, 京城帝國大學法文學會第二部論纂, 1929, 234-235쪽; 다카하시 도루 지음 · 이형성 편역, 『다카하시 도루의 조선유학사』, 예문서원, 2001, 215-217쪽.

10) 裵宗鎬, 『韓國儒學史』, 연세대학교 출판부, 1974, 170쪽.

11) 『조선철학사』, 도서출판 광주, 1988, 267-269쪽.
정성철, 『조선철학사』, 좋은책, 1988, 186-194쪽.

우친 것이다. 사실 그의 방대한 저술을 살펴보면, 그의 사상은 매우 광범하여 다양한 각도에서 고찰될 수 있는 부분이 적지 않다.[12]

따라서 논자는 이진상의 성리사상 가운데 주재성에 중심을 두고 고찰하고자 한다. 사실 이진상은 자신의 성리사상을 주희의 만년정론을 토대로 '리가 발한다'(理發)는 '리의 능동성(能動性)'을 구축하고 있는데, 논자는 이를 이론적으로 설명함에 있어 리(理)와 심(心)의 주재성이 그의 성리학의 토대라고 판단하였기 때문이다. 그리하여 먼저 리와 심의 주재성을 이론적으로 살펴보고 그 주재성에 대한 사회적 측면에서 의의를 간략히 논할 것이다.

2. 理의 주재성

성리학에서 리는 형이상(形而上)의 존재로서 모든 사물을 낳는 근본이고, 기는 형이하(形而下)의 존재로서 사물을 낳는 재료이다. 리는 원리로서 존재원리 · 통제원리 · 도덕원리이고, 기는 음양과 오행을 나타내는 말로서 항상 유행 · 변화하고 있는 현상 및 현상적 존재의 재료를 가리킨다. 즉 성리학은 리 · 기 개념과 그 관계를 가지고 우주와 인생의 문제 그리고 인간사회의 질서 등을 설명하려는 학문이다. 그런데 리와 기는 '서로 분리되지 않는 상태(不相離)'와 '서로 혼잡되지 않는 상태(不相雜)'라는 관계로 설명된다. 다시 말하면 전자는 현상적 측면에서 보는 것(在物上看)으로서, 이때

주홍성 · 이홍순 · 주칠성 지음, 김문용 · 이홍용 옮김, 『한국철학사상사』, 예문서원, 1993, 311-313쪽.

12) 최근 박사학위논문으로 李相夏의 「寒洲 李震相 性理說의 입론 근거 연구」(고려대학교대학원, 2003)와 李宗雨의 「寒洲學派와 艮齋學派의 心性論爭 硏究」(성균관대학교대학원, 2004) 등은 李震相의 性理思想을 다양한 각도에서 고찰하는 데 참고가 된다 하겠다.

리와 기는 '하나'로 인식되고, 후자는 원리적 측면에서 보는 것(在理上看)으로서, 이때 리와 기는 '둘'로 인식된다. 그리하여 리와 기의 관계는 하나이면서 둘이 되고 둘이면서 하나가 되는 것이다.[13] 이것은 리와 기가 일체적 존재이면서 별개의 존재, 별개의 존재이면서 일체적 존재라는 것을 설명하는 논리이다. 이러한 논리적 체계에서 성리학을 고찰하다 보면 다양한 특징이 엿보인다고 말할 수 있을 것이다.

주지하다시피, 리는 정의(情意)·계탁(計度)·조작(造作)도 없으며 깨끗하고 공활(空闊)한 세계로 형적이 없는 반면, 기는 응결하고 조작하여 사물을 생성하는 특징을 가진다.[14] 이 리를 능연(能然)·필연(必然)·당연(當然)·자연(自然) 등의 뜻으로 구분하는 경향도 있지만,[15] 리는 '소이연(所以然)의 이유'와 '소당연(所當然)의 법칙'[16]이라는 이중적 성격을 이해하는 것이 무엇보다도 중요하다.

조선의 학자들은 리와 기의 기본적 개념을 가지고 성리사상을 전개하면서 서로 차이를 보이며 학문적 발전을 가져왔다. 19세기 학술활동을 전개한 학자들 가운데 화서(華西) 이항로(李恒老: 1792~1868)·노사(蘆沙) 기정진(奇正鎭: 1798~1879)·이진상 등은 리와 기의 관계를 리존기비(理尊氣卑)·리주기객(理主氣客)·리주기복(理主氣僕)·리주기자(理主氣資)·리수기역(理帥氣役)·리명기수명(理命氣受命) 등의 이론을 전개하였다.[17] 특

13) 『朱子語類』上, 卷5, 「性理2·性情心意等名義」〈砥錄〉, 182쪽 "性猶太極也, 心猶陰陽也. 太極只在陰陽之中, 非能離陰陽也. 然至論太極, 自是太極; 陰陽自是陰陽. 惟性與心亦然. 所謂一而二, 二而一也."

14) 『朱子語類』上, 卷1, 「理氣上·太極天地上」〈僩錄〉, 148쪽, "蓋氣則能凝結造作, 理却無情意, 無計度, 無造作. (……) 若理則只是个淨潔空闊底世界無形迹, 他却不會造作. 氣則能醞釀凝聚生物也."

15) 『朱子大全』中, 卷57, 「答陳安卿」 358쪽, "理有能然有必然有當然有自然處, 皆須兼之, 方於理字訓義爲備否."

16) 『大學或問』, 8쪽, "至於天下之物, 則必各有所以然之故, 與其所當然之則, 所謂理也." 『大學或問』은 보경문화사 영인본(1986)을 저본으로 하였다. 이하 동일.

히 이들은 성리학에 대한 자신의 독자적 이론체계를 구축하여 당시 3대가로 지칭될 정도였다.

이진상은 리기론(理氣論)에서 주희와 이황을 계승하고 그들의 성리학 체계를 보완 내지 발전시켜 나갔지만, 리기론이 「태극도설」에 부합하지 않는 것은 잘못된 학문이라고 한다.[18] 리와 기의 기본성격을 주희의 설명방식에 따르면서 "리란 것은 생멸하지도 않으며 처음과 끝이 없고, 기는 생멸이 있으며 처음과 끝이 있는 것이다"[19] "기는 보기 쉬우나 리는 밝히기 어렵다"[20] "리가 유행함에 반드시 그 기를 타니, 기는 가히 볼 수 있으나 리는 보기 어렵다"[21] "기라는 것은 자취가 있어 가히 볼 수 있으며 밝히기 쉽다"[22] "기란 것은 굴신(屈伸)하고 변화하며 승강(升降)하고 비양(飛揚)하여 생사(生死)가 있으며 형체와 방소(方所)가 있고, 이 리가 타는 그릇이 된다"[23]고 하였다. 즉 리는 경험할 수 없는 존재이며 기는 경험적으로 인식할 수 있는 존재라고 여기는 것이다. 더욱이 이진상은 리는 무위(無爲)이고 기는 유위(有爲)라고 하는 것에 대하여,

> 무위(無爲)란 '발할 것(所發)'이 없음을 말하는 것이 아니요 그 작위(作爲)가 없음을 말하는 것이다. 유위(有爲)란 스스로 '발할 수 있음(能發)'을 말하는 것

17) 尹絲淳, 『한국유학사상론』(증보 1쇄), 열음사, 1992, 210-211쪽.

18) 『寒洲全書(4)』, 『辨志錄』, 卷11, 『太極圖箚義』, 「後說」, 424쪽, "論理氣, 而不合於太極圖者, 皆倒學也."

19) 『寒洲全書』 壹, 『寒洲集』, 卷11, 「答金聖汝」, 257쪽, "理也者, 不生不滅, 無始無終者也. 氣也者, 有生有滅, 有始有終者也."

20) 『寒洲全書』 壹, 『寒洲集』, 卷32, 「四七經緯說(戊寅)」, 683쪽, "氣易見, 而理難明."

21) 『寒洲全書』 貳, 『理學綜要』, 卷1, 「天道(理之大原)第一下」, 40쪽, "理之流行, 必乘其氣, 氣可見, 而理明."

22) 『寒洲全書』 貳, 『理學綜要』, 卷1, 「心(理之主宰)第四下」, 112쪽, "蓋氣也者, 有迹可見, 而理明者也."

23) 『寒洲全書』 壹, 『寒洲集』, 卷19, 「答郭鳴遠疑問(贊疑錄 ◑庚午)」, 422쪽, "氣也者, 屈伸變化, 升降飛揚, 有生有死, 有形有方, 爲此理乘載之器者也."

이 아니요 그 작위가 있음을 말하는 것이다.[24)]

라고 한다. 리의 '무위' 란 다만 작위가 없다는 것으로서, 리는 기의 운동(作爲)의 근거이면서 기의 운동을 통해 발현되는 것(所發)이다. 기의 '유위' 란 다만 작위가 있다는 것으로서, 기가 리에 근거하지 않고도 스스로 '발현할 수 있다(能發)' 는 뜻이 아니다. 리는 정의(情意)와 조작(造作)이 없으나 그 묘용(妙用)은 실로 현실계에 드러날 수 있는 것이다.[25)] 리의 '무위' 는 아무것도 하욤이 없는 '무위' 가 아니라 만물의 근본이 되는 '하욤이 없으면서 하욤이 있는 존재' 인 것이다. 기의 '유위' 는 자신의 작위를 통해 리의 명령을 시행하는 것이다.

특히 성리학에서 리에 대하여 '소이연' 과 '소당연' 의 이중적으로 설명을 가하고 있는데, 이진상은 이를 삼중적으로 구분하여 '소이연' · '소당연' · '소능연(所能然)' 등을 말하고 있으나 이는 서로 떨어져 있는 것이 아니다.[26)] 즉 리는 하나의 존재이지만, 원리계에서 현실계의 전개과정을 '소이연' → '소당연' → '소능연' 으로 설명하는 것이다. 그는 이를 기초로 하여, 리는 죽은 물건이 아니라 '활물(活物)' 이라고 강조한다.[27)] 그리하여 리와 기의 선후 문제에 있어서 궁극적으로 리선기후의 입장을 가지고 있고, 리의

24) 『寒洲全書』 壹, 『寒洲集』, 卷7, 「答沈穉文(庚申)」 〈別紙〉, 175쪽, "先輩之論, 以爲理無爲而氣有爲. 無爲者, 非謂無所發也, 言其無作爲也. 有爲者, 非謂自能發也, 言其有作爲也."

25) 『寒洲全書』 壹, 『寒洲集』, 卷16, 「答李器汝」 〈別紙〉, 369쪽, "無爲而爲, 言其無情意無造作, 而妙用實能顯行也, 理自如此, 更安有所由而爲之乎?"

26) 『寒洲全書』 貳, 『理學綜要』, 卷1, 「天道(理之大原)第一上」, 11쪽, "太極, 無聲無臭, 而實有能動能靜之妙. 若果有形, 則局於形, 而靜而無動, 動而無靜矣. 夫是理也, 至無而至有, 至虛而至實, 莫之爲而爲, 莫之致而至. 先有箇所以然, 而達之於所當然, 旣有箇所當然, 而達之於所能然."

27) 『寒洲全書』 壹, 『寒洲集』, 卷19, 「答郭鳴遠」 〈別紙(大學疑義)〉, 432쪽, "理之爲活物, 以其爲動靜之主也: 氣之有作用, 以其爲動靜之資也. 理本無形, 存乎其中, 氣之行處, 卽理之行底."

동정에 있어서는 주돈이의 「태극도설」과 정자(程子)의 "동정은 음양의 근본이다"[28]를 중심으로 하여, 주희의 "리에 동정이 있기 때문에 기에 동정이 있다"[29]는 이론을 보다 더 명확하게 입증하면서, 리(태극)의 동정이 기(음양)를 생출하는 근본임을 강조한다.[30]

주지하다시피, 리와 기는 개념이 서로 다른데, 이진상은 "주재(主宰)는 리이고 작용(作用)은 기이다"[31]고 하여, 리의 주재성을 강조한다. 이진상은 주재와 작용을 다음과 같이 구분하여 말한다.

> 작용은 조작(造作)과 운용(運用)이니 인위적인 것에서 나오는 것이고, 주재는 주장(主張)과 재제(宰制)이니 천정(天定: 하늘이 정한 것)에서 나오는 것이다. 작용은 기에 있고 주재는 리에 있으니 서로 혼동할 수 없다.[32]

작용은 '조작(造作)'의 '작(作)'과 '운용(運用)'의 '용(用)'의 합성어이고, 주재는 '주장(主張)'의 '주(主)'와 '재제(宰制)'의 '재(宰)'의 합성어이다. 작용은 일을 꾸미고 만들며 움직여 사용하는 것, 곧 인위적인 것에 반해, 주재는 어떤 일이든지 주장하고 재제하는 것인데 이는 '하늘이 정한 것'으로 자연적인 것을 의미하는 것이다. 이진상에게 있어서 주재와 작용의 구도는, 주재 – 자연 – 리, 작용 – 인위 – 기이다. 그는 리는 주재자이

---

28) 『二程集』, 『河南程氏粹言』, 卷2, 「天地篇」 1227쪽, "子曰: 動靜者, 陰陽之本也."; 『寒洲全書』 貳, 『理學綜要』, 卷1, 「天道(理之大原) 第一上」, 12쪽 참조. 『二程集』은 漢京文化事業 有限公司印行 활자본(1983)을 저본으로 하였다. 이하 동일.

29) 『朱子大全』 中, 卷56, 「答鄭子上」, 333쪽, "理有動靜, 故氣有動靜. 若理無動靜, 則氣何自而有動靜乎?"

30) 『寒洲全書』 壹, 『寒洲集』, 卷9, 「答李謹休(戊午)」 〈別紙〉, 203쪽, "太極之有動靜, 二氣生出之本也."

31) 『寒洲全書』 壹, 『寒洲集』, 卷27, 「答崔純夫」, 594쪽, "主宰是理, 作用是氣."

32) 『寒洲集』, 卷39, 「主宰圖說」 〈附主宰說考〉, 21－15쪽, "作用者, 造作運用出於人爲者也: 主宰者, 主張宰制出於天定者也. 作用在氣, 主宰在理, 有不可相混."

고 기는 작용자인 이유를 다음과 같이 설명한다.

> 리는 앎(知: 智)이 있고 기는 앎이 없기 때문에, 리는 주재할 수 있지만 기는 주재할 수 없다. 기는 작위가 있고 리는 작위가 없기(하는 것이 없지만 하는 것은 바로 無爲이다) 때문에, 기는 작용할 수 있지만 리는 작용할 수 없다.[33]

리는 선천적으로 알 수 있는 앎이 있기 때문에 주재할 수 있고, 기는 작위가 있기 때문에 작용할 수 있다는 것이다. 이러한 맥락에서, 이진상에게 있어서 주재자로서의 리와 작용자로서의 기의 위상이 명확히 구분된다. 그런데 이진상은 '주(主)'와 '재(宰)'를 합하여 하나로 보기도 하고, 구분하여 둘로 보기도 한다. 그는 다음과 같이 말한다.

> '주재(主宰)'를 전언(專言)하면 '주(主)'가 곧 '재(宰)'이고 '재(宰)'가 곧 '주(主)'이다. '주재'를 분언(分言)하면, 고요함에 '체(體)'가 서는 것을 '주'라고 하니 인주(人主)가 팔짱을 낀 채로 하는 것이 없는 것에 해당되고, 움직임에 '용(用)'이 행하는 것을 '재'라고 하니 재상(宰相)이 여러 일을 재단(裁斷)하는 것에 해당된다.[34]

이진상은 '주재'를 하나로 보기도 하고, '주'와 '재'로 분리해 보기도 하였다. '주재'를 오로지 말하는 경우, '주'와 '재'는 동일한 의미이다. 다시 말하면 '주'만을 말하여도 주재가 되고, '재'만을 갈하여도 주재가 된다는

---

33) 『寒洲全書』貳, 『理學綜要』, 卷6, 「心(理之主宰)第四上」, 37쪽, "理有知(智), 而氣無知, 故理能主宰, 而氣不能主宰' 氣有爲, 而理無爲(莫之爲而爲, 便是無爲), 故氣能作用, 理不能作用."

34) 『寒洲全書』壹, 『寒洲集』, 卷30, 「書西厓柳先生主宰說後」, 651쪽, "專言主宰, 則主便是宰, 宰便是主. 而分言主宰, 則體立於靜者, 謂之主, 如人主之垂拱無爲, 是也; 用行乎動者, 謂之宰, 如宰相之裁斷庶務, 是也."

것이다.[35] '주재'를 구분하여 말하는 경우, '주'는 인주(人主)의 '주'로서 고요할 때 '체'가 확립됨을 말하고, '재'는 '재상(宰相)'의 '재'와 같이 움직일 때 '용'이 행하는 것을 말한다.

이진상은 앞에서 언급한 리의 주재 의미를 리일분수론(理一分殊論)과 연관시켜 설명한다. 주지하다시피, 리일분수란 '리'는 본래 '하나'(一)이나 그 '분'은 '다름'(殊)을 말한다. '리가 하나다'는 것은 형이상적 본체(리)의 통일성을 말하는 것이고, '분이 다르다'는 것은 현상적 세계의 다양성을 가리키는 것이다. 이진상은 '리가 하나다'라는 면에서의 주재성 그리고 '분이 다르다'라는 면에서의 주재성을 서로 연관시켜 다양하게 설명한다.

> 리일상(理一上)에 나아가 말하면, 태극은 동정의 신묘함을 포함하여 모든 변화의 주재가 되는 것이 이것이다. 성명의 리는 모두 이것으로 말미암아 나오니, 「탕고(湯誥)」의 '강충(降衷)'[36]의 제(帝)가 이것이다〔所以然〕. 분수상(分殊上)에 나아가 말하면, 태극이 움직일 수도 있고 고요할 수도 있어 리를 주장(主張)하고 기를 재제(宰制)하니, 진체(眞體)는 자연스럽고 묘용(妙用)은 찬연하니 『주역』의 '묘물(妙物)[37]의 신(神)'이 이것이다〔所能然〕. 리일상에 나아가 분수를 보는 것이 있으니, 태극은 본래 네 가지 덕을 구비하여 원(元)은 '생(生)'을 주장하고 목(木)을 재제하며 형(亨)은 '장(長)'을 주장하고 화(火)를 재제하며 이(利)는 '성(成)'을 주장하고 금(金)을 재제하며 정(貞)은 '고(固)'를 주장하고

---

35) 徐敬德은 '宰'만을 가지고 '주재'의 의미를 제시하였다. 『花潭集』 卷2, 「理氣說」, 306쪽, "氣外無理, 理者氣之宰也. 所謂宰, 非自外來而宰之, 指其氣之用事, 能不失所以然之正者, 謂之宰."

36) 이 인용문은 『書經』의 말로 위대한 상제가 천하의 모든 백성에게 '中' 즉 中和에서 발현되지 未發의 中을 내려주어서 모든 백성들은 그것을 그대로 따라(所以然的으로) 떳떳한 본성을 소유한 것을 말하는 것이다(『書經』 卷4, 「商書」 〈湯誥〉, 155쪽, "惟皇上帝降衷于下民, 若有恒性").

37) 『周易』 卷24, 「說卦傳」, 640쪽, "神也者, 妙萬物而爲言者也."

수(水)를 재제한다. 원형(元亨)은 통합하여 건(健)이 되어 양(陽)을 주재하고 이정(利貞)은 통합하여 순(順)이 되어 음(陰)을 재제하니, 이것은 신(神)의 일이다〔所當然〕. 분수상에서 리일을 보는 것이 있으니, 하나의 리를 주장하여 모든 변화(萬化)를 재제하는데, 적연하여 하는 것이 없는 듯하나 실상은 하는 것이 있으니, 주자의 이른바 '심이 있을 때'[38]로서, 제(帝)의 일이다〔自然必然〕.[39]

'리가 하나다' 라는 소이연으로서의 주재성은 모든 변화의 주재가 되는 것이고, '분이 다르다' 라는 소능연으로서의 주재성은 리를 주장하고 기를 재제하는 것으로, 만물을 신묘하게 하는 신묘성을 말한다. 그리고 '리일' 에서 '분수' 를 보는 측면에서의 소당연적 주재성은 태극이 네 가지 덕을 구비하고 있는데, '리일' 의 태극이 '분수' 로서의 원 · 형 · 이 · 정을 주장하고 오행(목 · 화 · 토 · 금 · 수)을 재제하는 것을 말한다. '분수' 에서 '리일' 을 보는 측면에서의 자연 · 필연적 주재성은 리가 아무것도 하지 않는 존재처럼 보이나 사실 모든 것을 주재하고 있음을 말한다. 이진상은 '리일' 과 '분수' 에서 어느 하나에 치우치지 않고 '리일' 과 '분수' 의 유기적 관계에서 주재성을 전개한 바, ① '리일' 은 소이연의 측면에서 주재성을 전개하는 것이고, ② '분수' 는 소능연의 측면에서 주재성을 말하는 것이고, ③ '리일' 에서 '분수' 를 보는 측면은 소당연의 주재성을 말하는 것이고, ④ '분수' 에서

---

38) '마음이 있을 때' 란 메마른 나무가 살고자 하는 것이다(『朱子語類』上, 卷1, 「理氣上 · 太極天地上」〈方錄〉, 148쪽, "萬物生長, 是天地無心時: 枯槁欲生, 是天地有心時").

39) 『寒洲全書』壹, 『寒洲集』, 卷34, 「主宰圖說(丙辰)」, 718쪽-719쪽, "主宰之妙, 有就理一上說, 太極涵動靜之妙, 而爲萬化之主宰者, 是也. 性命之理, 都由此出, 湯誥降衷之帝, 是已(所以然). 有就分殊上說, 太極會動會靜, 主乎理而宰其氣, 眞體自然, 而妙用粲然, 大傳妙物之神, 是已(所能然). 有就理一上見得分殊者, 太極本具四德, 元主生而宰木, 亨主長而宰火, 利主成而宰金, 貞主固而宰水. 元亨統爲健, 而主宰乎陽: 利貞統爲順, 而主宰乎陰, 此神之爲也(所當然). 有就分殊上見得理一者, 主一理以宰萬化, 寂若無爲, 而實則有爲, 卽朱子所謂有心時, 帝之爲也(自然必然)."

'리일' 을 보는 측면은 자연 · 필연의 주재성을 말하는 것이다.

이진상은 이러한 리의 주재성을 주장하면서, 특히 리(理)가 '주(主)' 가 되고 기(氣)가 '자(資)' 가 된다는 '리주기자론(理主氣資論)' 를 전개하고,[40] 그리고 조선 성리학에서 논쟁이 되었던 '발현(發)' 의 문제를 주재성과 연관시켜 "발자리발지자기(發者理發之者氣)"를 전개하기도 한다. 전자는 리와 기의 주종관계를 밝혀, 리의 '주재성' 을 강조하는 것이고, 후자는 리와 기의 발현의 측면에서 리의 기능적 측면에서 '주재성' 을 주장하는 것이다.

이진상은 '리주기자론' 에 대하여 "리와 기의 묘함은 (……) 움직이면 함께 움직이고, 고요하면 함께 고요하다. 그러나 리는 '주재' 가 되고 기는 '자료' 가 된다"[41]고 하였다. 이는 리와 기가 함께 동정을 하지만 리는 '주재' 가 되고 기는 '자료' 가 되는 것이다. 여기서 '리가 주재가 된다' 는 것은 리는 주재자이고 근본이라는 말이며, '기가 자료가 된다' 는 것은 기는 자료이며 도구라는 말이다.[42] 더욱이 그는 "리는 천명의 주재요, 기는 천명의 자료이다"[43]라고도 하고, "리는 기의 주재이고, 기는 리의 자료이며 도구〔資具〕이다"[44]라고도 말한다. 그는 이러한 맥락에서 기가 리의 '자구' 라는 것은

40) 李震相의 理主氣資論은 李象靖(1711~1781)과 丁時翰(1625~1707)의 이론을 계승하는 면이 있다.
『大山全書』 二, 卷39, 126쪽, "天地之間, 只有理氣之動靜. 理也者, 所主以動靜之妙也, 氣也者, 所資以動靜之具也." 『大山全書』는 驪江出版社 영인본(1990)을 저본으로 하였다.
『愚潭集』, 卷9, 「壬午錄」, 371쪽, "以理氣妙合之中, 理常爲主, 氣常爲輔." 『愚潭集』은 민족문화추진회 영인본(『韓國文集叢刊』 126, 1994)을 저본으로 하였다.

41) 『寒洲全書』 壹, 『寒洲集』, 卷16, 「答李器汝」, 368쪽, "理氣之妙, …… 動則俱動, 靜則俱靜. 然理爲主而氣爲資."

42) 『寒洲全書』 壹, 『寒洲集』, 卷7, 「與尹士善別紙」, 188쪽, "理爲主本, 而氣爲資具."

43) 『寒洲全書』 貳, 『理學綜要』, 卷3, 「命(理之賦予)第二」〈命說〉, 45쪽, "朱子曰: '太極之有動靜, 乃天命之流行.' 盖理旣生氣, 乘是氣而流行, 氣以成形, 因其形而賦予. 理者, 命之主也, 氣者, 命之資也."

44) 『寒洲全書』 壹, 『寒洲集』, 卷25, 「答崔肅仲(正基○乙亥)」, 539쪽, "夫理者, 氣之主宰也: 氣者, 理之資具也."

기가 리의 '탈 것(所乘)' 임을 의미하고, 리가 기의 '주재' 라는 것은 리가 기의 '근본' 임을 의미하는 것이다. 그는 리주기자론을 사람과 말에 비유하여 설명하는 바, 사람이 말을 타고 출입할 때에, 출입이라는 운동의 주체는 분명 말이다. 그러나 말의 운동은 사람의 주재를 받는 것이고, 말은 사람이 타고 출입하는 수단인 것이다. 그러므로 출입(운동)의 주재자는 사람이요, 말은 사람의 출입을 도와주는 '자료이며 도구' 인 것이다.[45] 이진상이 리의 주재성을 강조하는 것은 곧 리가 활물(活物)임을 강조하는 것이다.[46] 리는 기를 주재하여 운동하게 하나, 운동의 실제 주체는 기이다. 그런데 기의 운동은 리의 주재에 의한 것이므로, 리가 운동하는 것이다고 말하는 것이다. 또한 리는 운동의 주재자요, 항상 기는 리의 주재를 받아 운동하므로, 주재자인 리를 언급하면 자구인 기는 항상 그 가운데 저절로 수반하는 것이다.[47] 리는 주재자로서 기를 타고 동정을 주재하는 것인데 그것을 기발이라고 말하는 것은 부당하다. 때문에 주재자는 리이고, 기는 자료이며 도구라는 것이다.[48]

이진상은 위의 논리를 기초로 "발자리 발지자기(發者理 發之者氣)"라는 명제를 제시하고, 이것은 나의 평생 동안의 주요 견해라고 강조하였다.[49]

---

45) 『寒洲全書』 貳, 『理學綜要』, 卷1, 「天道(理之大原)」 第一上, 15쪽, "太極猶人, 陰陽猶馬. 理之乘氣而動靜, 猶人之乘馬而出入. 氣之一動一靜, 而理亦與之一動一靜: 馬之一出一入, 而人亦與之一出一入. 此猶爲從氣上看理之論. 而其實, 則人爲出入之主, 而馬爲出入之資, 只可言人之出入矣: 理爲動靜之主, 而氣爲動靜之資, 只可言理之動靜矣."

46) 『寒洲全書』 壹, 『寒洲集』, 卷19, 「答郭鳴遠」 〈別紙(大學疑義)〉, 432쪽, "理之爲活物, 以其爲動靜之主也: 氣之有作用, 以其爲動靜之資也. 理本無形, 存乎其中, 氣之行處, 卽理之行底."

47) 『寒洲全書』 壹, 『寒洲集』, 卷25, 「答崔肅仲(丙子)」, 540쪽, "理爲之主, 氣爲之資, 單說其主, 而資具自隨."

48) 『寒洲全書』 壹, 『寒洲集』, 卷34, 「讀黃勉齋答李公晦書(丙辰)」, 723쪽, "理乘氣而發也, 理爲主而氣爲資, 固有主與資之別矣."

49) 『寒洲全書』 壹, 『寒洲集』, 卷19, 「答郭鳴遠疑問」, 425쪽, "發者理也, 發之者氣也, 乃鄙人平生主見."

'발자리' 란 '발현의 주재자는 리' 라는 말이고 '발지자기' 란 '발현의 자료이며 도구는 기' 라는 말이다.[50)]

이이는 일찍이 "발자기야 소이발자리야(發者氣也 所以發者理也)"[51)]라고 하기도 하고, 나아가 '발자기야(發者氣也)' 에 '지(之)' 글자를 추가하여 " '발지자(發之者)' 는 기이고 '소이발자(所以發者)' 는 리이다. 기가 아니면 발현할 수 없고 리가 아니면 발현할 것이 없다"[52)]고 하였다. 이이가 말하는 '발자기야 소이발자리야(發者氣也 所以發者理也)' 와 '발지자기야 소이발자리야(發之者氣也 所以發者理也)' 의 구절을 해석하면, 전자는 "발하는 것은 기이고 발하는 소이는 리이다"[53)]고 하고, 후자는 "발하는 것은 기이고 발하는 까닭은 리이다"[54)]로 하는 것이 학계의 일반적 해석이다. 그렇다면 '발자기야' 에 대한 해석, 그리고 '지' 글자를 추가한 '발지자기야' 의 해석은 큰 차이가 없음을 알 수 있다.

이진상은 '발자(發者)' 에 대하여 '발할 자라' 로 해석하고, 이것이 있고 난 다음에 발지자(發之者)가 있다고 하면서, 이것은 고칠 수 없는 올바른 원리라고 주장한다.[55)] '지(之)' 는 작용하는 곳(作用處), 즉 기의 작용상에서 이루어지는 것이다.[56)] 따라서 '발현하는 것은 기' 인 것이다. 요컨대, 이진

---

50) 『寒洲全書』 壹, 『寒洲集』, 卷7, 「答沈穉文(庚申)」 〈別紙〉, 172쪽, "竊意謂之發者, 則發之主也, 發之者, 則發之資也."

51) 『栗谷全書』 一, 卷10, 「答成浩原」, 198쪽, "大抵, 未發則性也, 已發則情也, 發而計較商量則意也. 心爲性情意之主. 故未發已發, 及其計較, 皆可謂之心也. 發者氣也, 所以發者理也."

52) 『栗谷全書』 一, 卷10, 「答成浩原」, 198쪽, "大抵, 發之者氣也, 所以發者理也. 非氣則不能發, 非理則無所發."

53) 韓國精神文化硏究院, 『國譯 栗谷全書(Ⅲ)』, 朝銀文化社, 1996, 46 · 56쪽.

54) 韓國精神文化硏究院, 『國譯 栗谷全書(Ⅴ)』, 朝銀文化社, 1996, 83쪽.

55) 『寒洲全書』 五, 『求志錄』, 卷2, 「四七辨」, 414쪽, "按: 有發者(發ㅎ者라)而後, 方有發之者, 不易之正理也."

56) 『寒洲全書』 壹, 『寒洲集』, 卷7, 「與柳東林(己未)」 〈別紙〉, 168쪽, "順之逆之, 助之揜之, 皆在於氣之作用, 爲機括而發之者, 果非氣乎?"

상에게 있어서 '주재하는 것은 리' 이고 '작용하는 것은 기' 임이 분명하다.[57] 그가 '발자리(發者理)' 라고 한 것은 '발하는 주재자는 리' 라는 뜻이고, '발지자기(發之者氣)' 라고 한 것은 '발하는 작용을 하는 것은 기' 라는 뜻이다.[58] 이것은 이진상이 이이의 기를 중심으로 전개하는 성리설을 비판하는 것이다. 이이는 기가 운동의 주체라는 관점에서 기발(氣發)을 주장한다. 그러나 이진상에 의하면, 이이와 같은 논리는 결국 주객을 전도시킨 것으로서, 결국 '도(道)를 어지럽히는 것' 이 되고 마는 것이라고 말한다.[59] 그의 이와 같이 주장하는 저변에는 리가 발현할 때 그 주재성에 초점이 있는 것이다.

이진상이 리의 주재성을 강조하는 것은 궁극적으로 본체계에서 리가 발현되지 않았을 때(未發)에는 기가 리를 엄폐하지 않게 하여 티가 혼연하도록 하는 것이고, 현상계에서 이미 발현할 때(已發)에는 리가 기에 엄폐되지 않고 그대로 실현하도록 하는 것이다.

3. 心의 주재성

심(心)은 신체의 한 부분인 심장을 지칭하는 것이나, 또한 심은 기능적 측면에서 인식할 수 있는 면을 지니고 있을 뿐만 아니라, 윤리학적 측면에서 본래 타고난 양심과 같은 면도 함께 지닌다. 이와 같은 심을 성리학에서는 리(태극) · 기(음양)와 연결시켜 이론이 전개되는데,[60] 주희는 "심은 사람의

57) 『寒洲全書』 壹, 『寒洲集』, 卷19, 「答郭鳴遠疑問」, 425쪽, "太一將分, 理生氣, 衆萬交運, 理乘氣. 主宰在理, 作用在氣."

58) 『寒洲集』, 卷40, 「花峽法語」, 21－61쪽, "金丈曰: 發者理, 以主宰者言: 發之者氣, 以作用言否? 曰然."

59) 『寒洲全書』 壹, 『寒洲集』, 卷8, 「與尹士善(己未)」, 180쪽, "理本主也, 可以主理而言: 而氣本資也, 烏可主氣而言乎? 纔主氣便亂道."

몸을 주재하는 것이다. (심은) 하나이고 두 개가 아니며, 주체가 되고 객체가 되지 않으며, 사물을 명령하는 것이요 사물에게 명령을 받는 것이 아니다"[61]고 정의한다. 이 같은 정의는 바로 심이 절대성이고 또한 절대주체이기 때문에 객체가 되지 않고 다른 것에 명령받지도 않는 것이다.

이진상은 주희의 학설을 계승하고 있으나, 『리학종요』 권6에서 선진 유가 경전에 언급된 상제심(上帝心)·천심(天心)·천지의 심을 거론하며 심을 '리의 주재'로 설명한다.[62] 그리하여 심을 '리의 주재'로 보지 않고 '기'로 여기는 경향을 철저하게 비판한다.[63] 그는 심을 기로 여길 수 없다는 논리를 세우기 위해, 중국 송나라 소옹(邵雍: 1011~1077)의 "심은 태극이 된다"[64]는 것과 연관시키면서, "심은 사람의 태극이다"[65] "심은 태극이 사람에게 존재하는 것이다"[66] "심은 여러 이치가 모여진 곳이면서 사람의 태극이다"[67] "심의 본체는 태극이 사람에게 내재한 것이다"[68]고 한다. 이와 같이 그는 심

---

60) 『朱子語類』 上, 卷5, 「性理2·性情心意等名義」〈砥錄〉, 182쪽, "性猶太極也, 心猶陰陽也. 太極只在陰陽之中, 非能離陰陽也. 然至論太極, 自是太極: 陰陽自是陰陽. 惟性與心亦然. 所謂一而二, 二而一也."

61) 『朱子大全』 中, 卷67, 「觀心說」, 605쪽, "心者, 人之所以主乎身者也, 一而不二者也, 爲主而不爲客者也, 命物而不命於物者也."

62) 『理學綜要』, 卷6·7·8의 편명을 보면, 卷6은 「心(理之主宰)第四上」, 卷7은 「心(理之主宰)第四中」, 卷8은 「心(理之主宰)第四下」이다. 李震相은 心에 대하여 시종 理의 主宰性으로 보고 있다.

63) 『寒洲全書』 貳, 『理學綜要』, 卷6, 「心(理之主宰)第四上」, 77쪽, "按: 世儒多以心爲氣, 而觀於上帝心, 天心之語, 尤可見心爲主宰之理."

64) 『性理大全』, 卷11, 『皇極經世書(5)』, 「觀物外篇(上)」, 220쪽, "心爲太極."

65) 『寒洲全書』 貳, 『理學綜要』, 卷6, 「心(理之主宰)第四上」, 86쪽, "心者, 人之太極也."

66) 『寒洲全書』 壹, 『寒洲集』, 卷34, 「心易動靜圖(幷敍○庚午)」, 720쪽, "心者, 太極之在人者也."

67) 『寒洲全書』 貳, 『理學綜要』, 卷6, 「心(理之主宰)第四上」, 84쪽, "心是衆理之總會, 而人之太極也."

68) 『寒洲全書』 貳, 『理學綜要』, 卷6, 「心(理之主宰)第四上」, 88쪽, "心之本體, 卽太極之在人者也."

을 태극과 연관시켜 혼연한 전체라고 여긴다.[69] 이러한 전체로서의 심을 이진상은 '본체(本體)' · '형체(形體)' · '묘용(妙用)' · '객용(客用)'으로 구분하는데[70] '본체와 묘용'은 '성과 정'의 관계가 되고, '형체와 객용'은 '몸과 욕망'의 관계가 된다. 더욱이 그는 심을 '혈육의 심'(血肉之心), '인의의 심'(仁義之心), '정상의 심'(精爽之心), '지각의 심'(知覺之心)으로 구분하는 바, 첫 번째는 오장 가운데 하나인 심장으로 보고, 두 번째 인 · 의의 심은 리로서의 심의 순수한 본성을 말하고, 세 번째 정상(精爽)의 심은 기의 영명성(靈明性)을 말하는 것이고, 네 번째 지각(知覺)의 심은 리와 기를 합쳐져 외부 사물을 인식하는 것을 가리킨다.[71] 이 같은 심의 분석은 논리적이면서도 명료하다고 말할 수 있을 것이다.

이진상은 위의 심에 대한 정의를 통해 심즉리설을 주장하는데, 특히 심의 주재성을 주장한다. 이에 대한 근거로 그는 『주자어류(朱子語類)』의 "심은 진실로 주재의 뜻이다. 그러나 주재라는 것은 곧 리이다. 이 심을 벗어나 별도로 리가 있거나 리를 벗어나 심이 있는 것이 아니다"[72]고 하는 것을 자주 인용하여 심즉리설을 전개한다. 이는 오직 주희의 만년 정설을 따른 것이다.[73] 그에 의하면, 심은 주재하는 것이고 주재하는 것은 리이니 리 밖에 별

69) 『寒洲全書』 貳, 『理學綜要』, 卷6, 「心(理之主宰)第四上」, 94쪽, "心是渾然全體也."

70) 『寒洲全書』 貳, 『理學綜要』, 卷8, 「心(理之主宰)第四下」, 127쪽, "仁義禮智, 純粹而至善者, 心之本體也: 圓外竅中, 虛明而正通者, 心之形體也: 四端七情, 感物而迭應者, 心之妙用也: 閑思雜慮, 循人欲而熾蕩者, 心之客用也."

71) 『寒洲集』, 卷39, 「隨錄」, 21－33쪽, "血肉之心, 以質言: 仁義之心, 以理言: 精爽之心, 從氣言: 知覺之心, 兼理氣言. 各有攸主, 相須乃成."

72) 『朱子語類』 上, 「理氣(上) · 太極天地(上)」 〈夔孫錄〉, 148쪽, "心固是主宰底意, 然所謂主宰者, 卽是理也, 不是心外別有箇理, 理外別有箇心."

73) 『寒洲全書』 壹, 『寒洲集』, 卷33, 「答張舜華(癸未)」 〈別紙〉, 520쪽, "孟子仁人心章, 朱子說曰: 仁者, 理卽是心, 心卽是理. 答鄭子上書曰: 儒釋之異, 王爲吾以心與理爲一, 而彼以心與理爲二. 陳北溪己未錄曰: 心者, 天理在人之全體. 林夔孫丁巳以後錄曰: 心固是主宰底, 所謂主宰者, 卽此理也. 不是心外別有箇理, 理外別有心. 如是則最晩定論, 固主乎心卽理者, 明矣."

도로 심이 존재하는 것이 아니다고 한다.[74] 이와 같은 논지에서 이진상은 심과 리를 일치시켜 심즉리설을 주장하는 것이다. 이진상은 양명학(陽明學)의 심즉리설을 다음과 같이 비판한다.

> 양명이 가리키는 천리는 진실로 천리의 발현처(發見處)를 본 점이 있으나, 다만 그가 말하는 천리는 바로 정신(精神)과 기백(氣魄), 진음(眞陰)과 진양(眞陽)이라는 것으로서 해당시키는 것이다. 이것은 바로 기를 리로 간주하는 것이다. 리와 기가 섞여 구별이 없다면 심즉리가 되는 설도 또한 기를 리로 여기는 견해에서 나온 것이다.[75]

이는 본래 왕수인(王守仁: 1472~1528)이 리와 기를 이원적으로 구별하지 않고 기를 리로 간주한 것이다. 더욱이 이진상은 왕수인이 "리는 기의 조리이고 기는 리의 운용이 된다"[76]고 여겼기 때문에, 왕수인에게 있어서 천리가 발현한 것도 기가 발현한 것으로 간주하였다고 볼 수 있는 것이다. 이진상은 분명 천리와 기를 분리하여 생각하였던 것이다. 그 천리는 앞서 언급하였던 주재하는 것에 초점이 있다고 하겠다.

그런데 이진상이 주장하는 심즉리는 성리학의 이론적 명제 가운데 인간의 본성과 하늘의 이치가 같다는 '성즉리' 에 어긋난다. 그리하여 당시 여러 선유들로부터 비판을 받지만, 그는 심성론에서 심과 성을 구별하면서 심즉

---

74) 『寒洲全書』 壹, 『寒洲集』, 卷18, 「答李聖養」, 403쪽, "若吾儒之所謂心, 則便曰: 心固是主宰底, 而主宰底, 卽此理也, 不是理外別有箇心.": 『寒洲全書』 壹, 『寒洲集』, 卷32, 「心卽理說」, 677쪽, "又曰: 心固是主宰底, 而而所謂主宰者, 卽此理也."

75) 『寒洲全書』 貳, 『理學綜要』, 卷6, 「心(理之主宰)第四上」, 91쪽, "陽明之指作天理者, 固有見於天理發見之處, 而但其所謂天理者, 乃以精神氣魄眞陰眞陰者, 當之. 此乃認氣而爲理也. 理氣雜而無別, 則其爲心卽理之說者, 亦出於認氣爲理之見也."

76) 『王陽明全集』 上, 卷2, 語錄(2), 『傳習錄』 中, 「答陸原靜」, 62쪽, "精一之精, 以理言, 精神' 之精, 以氣言. 理者, 氣之條理: 氣者, 理之運用. 無條理, 則不能運用: 無運用, 則亦無以見其所謂條理者矣."

리설을 도출한다. 심의 본체는 성이나, 이 양자는 애초에 각각 분리하여 존재하는 것이 아니다. 다만 순수하고 지극히 선한 것을 성이라 하고, 광명하여 어둡지 않은 것을 심이라 하는 것으로, 그 실상은 하나이다.[77] 그런데 이진상은 심과 성을 구별하여, "심의 주재는 본래 리이고, 심의 리는 성이나, 성은 주재로 말할 수 없다. 대개 성이란 오행 가운데 각각 하나의 리이고 주재는 태극 본체의 묘이다"[78]고 하고, "심은 주재의 리이고, 성은 발출(發出)의 리이니, 리는 하나일 따름이다. 이것은 혼연(渾然)한 것이고 저것은 찬연(燦然)한 것이다"[79]라고 한다. 주재로서의 심과 발출로서의 성이 하나의 리이므로, 한 존재의 두 양상에 불과한 것이다. 이를 통한 그의 심즉리설은 태극의 혼연성과 심의 혼연성을 일치시키고 그 혼연성을 바로 주재적 측면에서 정의한 것이다. 즉 이진상의 심즉리설은 혼연적 측면, 다시 말하면 전체적 측면에서 주재성을 강조하는 것이라 하겠다. 이러한 측면은 이진상이 상제심과 천심의 관념을 '인간의 심'에 대입하여, 심의 주재성을 강조한 것과 관계가 있다. 성리학에서 상제나 천(天)의 관념은 리(태극)로 대체되어, 세상의 모든 일이 이 리에 의해 주재되는 것으로 인식되었던 바,[80] 이진상은 심이 한 몸의 주재자이므로 심은 당연히 리라고 보고 심즉리설을 주장한 것이다.

다음 심의 주재성으로 이진상의 '심통성정론(心統性情論)'을 살펴보자. 이는 심·성·정의 관계를 논리적으로 설명하는 바, '심통성정'에서 '통'

---

77) 『寒洲全書』 四, 『求志錄』, 卷3, 「孟子箚義」, 85쪽, "性只是心之體, 心性元非各有其初. 而以純粹至善者言, 則便指性之初: 以光明不昧者言, 則便指心之初, 其實一也."

78) 『寒洲全書』 貳, 『理學綜要』, 卷6, 「心(心之主宰)第四上」, 86쪽, "心之主宰, 固是理, 心之理固是性, 而性不可以主宰言. 蓋性者五行各一之理, 而主宰者太極本體之妙也."

79) 『寒洲集』, 卷39, 「主宰圖說」〈附主宰說考〉, 21-17쪽, "以心則爲主宰之理, 以性則爲發出之理, 理則一而已, 此以渾然者言也, 彼以粲然者言也."

80) 李相益, 「畿湖性理學에 있어서의 理의 主宰 問題」, 『哲學』 제55집, 韓國哲學會, 1998년 여름, 5쪽.

은 본래 두 가지 의미가 있다. 첫 번째는 "겸한다 · 포괄한다"[81]이고, 두 번째는 "주재한다"[82]이다. 이진상에 의하면, 심통성정에서 '통'을 '주재한다'고 해석하는 것 역시 '통'이 '겸한다'라는 구조에서 성립한다고 한다.[83] 이는 심의 포괄성과 주재성을 구분해서 생각할 수 없는 것이다. 그렇다면, 심이 성을 주재한다고 하는 측면과 심이 정을 주재한다고 하는 측면을 살펴보자.

> 고요함은 성이니 충막(冲漠)하여 조짐이 없지만 지각이 어둡지 않아 심이 고요함을 주재할 수 있는 것이고, 움직임은 정이니 발출(發出)함이 동일하지 않지만 본원은 항상 일정하니 심이 움직임을 주재할 수 있는 것이다.[84]

심의 두 측면인 성과 정을 살펴보면, 먼저 성은 내면적 고요함이기 때문에 사물이 이르지 않고 사려(思慮)가 싹트지 않아 혼연하면서 모두 도의(道義)가 구비된 상태이고, 정은 외면적 움직임이기 때문에 사물이 이르고 사려가 싹터 칠정(七情)이 서로 작용하면서도 각각 주장함이 있는 상태이다.[85] 심이 성과 정을 주재하는 것은 바로 충막하고 조짐이 없는 성을 심의

---

81) 『朱子語類』 上, 卷5, 「性理2 · 性情心意等名義」, 〈大雅錄〉, 183쪽, "心, 又是一箇包總性情底": 『朱子語類』 下, 卷98, 「張子之書」 〈升卿錄〉, 1144쪽, "統猶兼也."

82) 『朱子語類』 下, 卷98, 「張子之書」 〈賀孫錄〉, 1145쪽, "統是主宰."

83) 『寒洲全書』 貳, 『理學綜要』, 卷7, 「心(理之主宰)第四中」, 101쪽, "以其有兼包之實, 故所以有主宰之妙, 理一而已, 豈有兩樣理之疑乎?"; 『寒洲全書』 壹, 『寒洲集』, 卷17, 「答金致受問目(戊寅)」, 394쪽, "統有二義. …… 然而二義, 只是一事, 初非性情之外, 別有心以統之也."

84) 『寒洲全書』 五, 『求志錄』 卷15, 『語類箚義(一)』 「性理」, 22쪽, "盖靜者是性, 冲漠無朕, 而知覺不昧, 心能主宰乎靜: 動者是情, 發出不同, 而本原常定, 心能主宰乎動."

85) 『朱子大全』 上, 卷32, 「答張欽夫」, 543쪽, "人之一身, 知覺運用, 莫非心之所爲, 則心者固所以主於身, 而無動靜語默之間者也. 然方其靜也, 事物未至, 思慮未萌, 而一性渾然, 道義全具, 其所謂中, 是乃心之所以爲體, 而寂然不動者也. 及其動也, 事物交至, 思慮萌焉, 則七情迭用, 各有所主, 其所謂和, 是乃心之所以用, 感而遂通者也."

허령한 지각이 고요함을 보존할 수 있게 하는 것, 그리고 현상적으로 발현하는 정이 일정하지 않지만 원리적으로는 심이 항상 일정하도록 하는 것을 의미하는 것이다. 이진상은 심·성·정의 관계에서 심의 주재성을 리일분수론으로 설명하고 또한 이를 리의 '소이연'·'소능연'·'소당연'·'자연필연' 등과 연결시켜 다음과 같이 말한다.

> 리일(理一)로 말하면(分殊가 그 가운데 존재한다), 심은 성과 정의 주재이어서, 인(仁)으로 사랑하고 예(禮)로 공순하고 의(義)로 마땅하게 여기며 지(智)로 분별하는 것이다〔所以然〕. 분수(分殊)로 말하면(理一이 그 가운데 존재한다), 심의 체는 성인데, 성은 그것(심) 때문에 주장되고, 심의 용은 정인데, 정은 그것(심) 때문에 재제된다〔所能然〕. 분수처에서 분수를 보면, 사덕(四德)이 서로 주장하고, 사단(四端)이 각각 재제하여, 중리(衆理)로써 만사(萬事)를 처리한다〔所當然〕. 분수처에서 리일을 보면, 지(智)의 덕이 일심(一心)을 주장하여, 미발시에는 지각이 어둡지 아니하여 감응할 때에 지각이 (그것을) 분변하고, 이발시에는 지각이 묘하게 작용하여 감응할 때에 지각이 그것을 수렴하니, 이는 '일리(一理)로써 중리(衆理)를 묘하게 하는 것'이다〔自然必然〕.[86]

이진상은 심·성·정을 리일분수로 설명할 때, 리일을 심으로 여기고 분수를 성정으로 여긴다. '리일' 차원의 주재는 '소이연'을 달하는 것으로, 심이 '성·정'을 주재하여 인(仁)으로 사랑하고 예(禮)로 공경하는 것 등이 이에 해당된다. '분수' 차원의 주재는 '소능연'을 갈하는 것으로, 이때는

---

86) 『寒洲全書』 壹, 『寒洲集』, 卷34, 「主宰圖說(丙辰)」, 719쪽, "言其理之一(分殊者在其中), 則心爲性情之主宰, 而以仁愛, 以禮恭, 以義宜, 以智別者也(所以然). 言其分之殊(理一者在其中), 則心之體是性, 而性爲之主焉, 心之用是情, 而情爲之宰焉(所能然). 於分殊處見分殊, 則四德迭主, 而四端各宰, 以衆理而處萬事(所當然). 於分殊處見理一, 則智之德主一心, 未發而知覺不昧, 纔感而知覺辨之: 已發而知覺妙之, 旣應而知覺便收, 以一理而妙衆理者也(自然必然)."

'성' 의 주재는 '주장' (임금이 신하를 명령하는 것과 같은 경우)으로, '정' 의 주재는 '재제' (신하가 만사를 처리하는 것과 같은 경우)로 구분된다. 또한 '분수' 처에서 '분수' 를 주재하는 것은 '소당연' 에 해당되는데, 그것은 사덕이 번갈아가면서 주장하고, 사단이 번갈아가면서 재제하는 것이다. 다시 말해, 심에 구비된 중리가 만사를 마땅하게 처리하는 것을 말한다. 마지막으로, '분수' 처에서 '리일' 을 관찰한다면, 그것은 '자연' 이고 '필연' 으로서, '분수' 는 '리일' 이 자연적이고 필연적으로 그렇게 드러난 것이라는 말이다.

또한 그는 본체와 묘용의 상보적 관계에서 이심사심(以心使心: 마음으로 마음을 부린다)을 말하기를, "성과 정 밖에 다시 심은 없다. 성과 정의 덕을 묘하게 한다고 하는 것은 심의 묘용으로 그 본체를 지존(持存)하고 심의 본체로 그 묘용을 마름질하고 헤아리는 것이다. 이것이 정자의 이른바 마음으로 마음을 부리는 것이다"[87]라고 한다. 즉, 순수한 감정인 묘용으로 천성적 본성을 보다 더 간직 · 확충하고 도덕적 순수의식의 주체(본성)로 하여금 감정이 사욕이나 물욕에 섞이지 않도록 조절하는 것으로 보았던 것이다. 즉 마음으로 마음을 부린다는 것은, 바로 '성이 발출한다' 는 것은 '성이 발하여 정이 된다' 는 논리에 따라 인 · 의 · 예 · 지의 성이 정으로 발출한다는 것이고, '심이 주재한다' 는 것은 성이 정으로 될 때 탁박한 기의 영향을 배제하여 중절(中節)하도록 한다는 것이다. 이 같은 원리에서 보면, '마음으로 마음을 부린다' 는 것은 성의 본래성이 그대로 정으로 현현(顯現)할 수 있도록, 즉 현상에 아직 드러나지 않은 상태(未發)나 이미 드러난 상태(已發)에서 심이 항상 성과 정을 주재하여 기가 리를 엄폐하지 못하도록 주재하는 것이다.

---

87) 『寒洲集』, 卷39, 「主宰圖說」〈附主宰說考〉, 21 14쪽-15쪽, "性情之外, 更無心. 而今曰妙性情之德者, 以心之妙用, 持存其本體: 以心之本體, 裁度其妙用. 程子所謂以心使心者也."

이진상의 심즉리설 · 심통성정론 · 이심사심론에서 심의 주재성을 강조한 것은 심에서 성과 정을 온전히 보존하여 인간의 참된 모습을 드러내어 인간의 도덕적 실천활동을 주장하기 위한 것이다. 다시 말하면, 그의 논의는 현실생활에서 윤리적 주재성을 배양하여 심의 주체적이고 능동적 수양을 강조함이라 하겠다.

4. 주재성 중시에 대한 의의

선진유학이나 성리학이 추구하는 학문적 목적은 도덕적 인격을 닦아(修己) 국가사회의 백성들을 점차 안정되게 다스리는(治人) 것이다. 향내적으로는 도덕적 인격을 닦아 인간의 본성을 체현하고(內聖) 향외적으로는 개인의 도덕성이 국가와 사회에까지 지향하는(外王) 것이다. 이는 개인윤리와 사회윤리가 분리할 수 없는 상보성(相補性)을 말하는 것이다. 그러므로 공자는 "법적 제도로 인도하고 형벌로 질서를 바르게 하고자 한다면 백성들이 법을 모면하려고 할 뿐 부끄러운 줄을 모르게 된다. 덕(德)으로 인도하고 예(禮)로 질서를 바르게 유지하고자 한다면 백성들이 부끄러움을 알고 선의 방향으로 이르게 된다"[88]고 깨우쳤던 것이다.

성리학은 조선의 건국이념으로서 국가와 사회의 모든 제도와 문화에도 다각적으로 내재되어 유기적으로 발전해왔음은 주지의 사실이다. 조선의 성리학자들은 중국의 성리학을 한 차원 높은 단계로 전개 · 심화시켰지만, 그들 학문의 궁극적 목표는 개인적으로는 도덕적 인격을 닦아 백성들을 다스려 국가와 사회의 안정성을 추구하는 것이었다. 즉 조선 성리학자들의 학

88) 『論語』, 卷2, 「爲政」, 77쪽, "子曰: 道之以政, 齊之以刑, 民免而無恥. 道之以德, 齊之以禮, 有恥且格."

문적 방법은 서로 차이가 있어도 국가와 국민을 위한 국리민복(國利民福)을 실현하고자 하는 것은 서로 일치하였다고 볼 수 있다. 유학자는 개인의 도덕성을 기초로 하여 사회적으로 무한한 책임을 짊어진 학자들이었기에, "천지를 위하여 나의 마음을 세우고, 백성을 위하여 도를 세우고, 지나간 성인을 위하여 끊어진 학문을 계승하고 만세를 위하여 태평을 연다"[89]는 것을 추구하고자 하는 정신이 깃들어 있었다고 볼 수 있을 것이다.

주지하다시피, 이진상이 활동한 19세기는 세도정치에 의해 각종 제도가 그 기능을 제대로 발휘하지 못하자, 민중들은 소외되고 도태되어 몰락이 가속화되는 상황에서 있었다. 이러한 사회 속에서 최제우(崔濟愚: 1824~1864)가 1860년 동학사상을 창도하는가 하면, 병인양요(1866)와 신미양요(1871)를 통해 서양의 무력 침략이 있어, 조선은 국내외적으로 혼란스러웠다. 이리하여 근대적 개혁의 필요성을 느낀 개화의 지식인들은 국민들에게 세계정세를 알리고 근대문물에 대한 지식을 전파, 부국강병을 통해 세계무대에서 열강과 당당하게 맞서 보려 하였다. 하지만 개화파들은 일본세력을 동원하여 개화를 시도하였기 때문에 자주적이고 주체적인 입장에서 근대화운동을 펼치지 못하였다. 이와 같이 조선은 군권(君權)이 약화되고 국가의 조직이나 제도가 올바르게 확립되지 못하였다.

그런데 이진상은 자신의 성리사상을 구축하는 데 있어, '리'와 '기'를 '군(君)'과 '신(臣)'의 관계로 비유하여 설명한다.

> 생각컨대 리가 무위(無爲)하고 기가 유위(有爲)한 것은 마치 임금이 팔을 드리고 말하면 신하는 그 말을 찬양(讚揚)하는 것과 같다. 임금의 도는 '무위'이나 복과 위엄을 만들 수 있으니 이는 '무위'의 '위(爲)'가 '유위'가 되는 것이

---

89) 『近思錄』, 卷2, 129쪽, "爲天地立心, 爲生民立道, 爲去聖繼絶學, 爲萬世開太平" 『近思錄』은 保景文化社 영인본(『心經 · 近思錄』, 1986)을 저본으로 하였다.

다. 신하의 도는 '유위' 이나 복과 위엄을 만들 수 없으니 이는 '유위' 의 '위' 가 '무위' 가 되는 것이다. (……) 리가 과연 무위라면 능히 만화의 지도리가 될 수 없고, 기가 홀로 유위라면 반드시 리의 주재를 기다리지 않을 것이다.[90]

이는 '리' 와 '군' 의 역할(無爲而爲)을 강조하고 있는 것이다. 리의 무위는 다만 형이하적인 작위가 없다는 것일 뿐, 복과 위엄을 만들 수 있는 것이며, 기의 유위는 형이하적 작위가 있다는 것일 뿐, 복과 위엄을 만들 수 있는 것이 아니다. 즉 임금의 '무위' 는 목석과 같은 것이 아니고 신하를 명령하는 것이며, 신하의 '유위' 는 스스로 구체적인 정사를 시행하는 것이나 그 실질은 임금의 명령에 의한 것이다.

주지하다시피, 조선말 전환기에는 군권(君權)이 신권(臣權)에 비해 상대적으로 박약하여, 최고 권력자의 군권과 공권력 누수현상(漏水現象)으로 말미암아 상하 질서가 와해됨에 따라 공정한 명분이 드러나지 않았다. 이진상은 당시 임금을 리에 비유하며 리기론은 전개하였는데, 이는 리의 주재성에 근거하여 임금의 역할을 강조한 것이라 생각할 수 있다. 리기론에서 '리' 를 '군' 에 비유한 것을 사회적인 입장에서 살펴보면, 군왕 개인에 대한 강화를 의미하는 것이 아니라, 당시 올바르게 확립되지 못한 상하 명분을 재정립하려는 것으로서, 상하의 명분질서가 확립되기 위해서는 먼저 통수권자(統帥權者)의 주재적 역할이 그 무엇보다도 중요하다고 여겼기 때문이라고 볼 수 있다. 다시 말하면, 그 이면에는 공권력 강화의식이 싹트고 있다고도 볼 수 있을 것이다.

그러므로 이진상의 리기론은 시대의식과도 상당한 함수관계가 있는

---

90) 『寒洲全書』 五, 『辨志錄』, 卷2, 「四七辨」, 〈理無爲而氣有爲〉, 425쪽, "按: 理無爲而氣有爲. 如君垂拱而臣贊讓, 君道無爲而作福作威. 是無爲之爲, 爲有爲也. 臣道有爲, 而不敢作福作威. 是有爲之爲, 爲無爲也. …… 理果無爲, 則不能爲萬化之樞紐: 氣獨有爲, 則不必待一理之主宰."

바,[91] 그의 리의 주재적 중시 사고는 당시 전통적 가치체계가 붕괴되고 불안정한 위기적 현실사회에서 정명론적(正名論的) 질서를 확립하여, 세도정치에 의해 실추된 공권력을 회복시키고자 하는 가치의식이 잠재하였다고 생각한다. 그가 '리' 라는 도덕원리로서의 주재성 내지 절대성을 강조하는 것은, 바로 도덕의 근본성격을 참으로 인식하고, 이를 현실사회에서 실현 내지 구현하도록 하는 것이라 할 수 있을 것이다.

이진상은 리의 공도(公道)가 현실에서 실현되어야 한다는 강한 의식이 있었기 때문에, 그의 성리사상은 순수철학적 이론에 머물지 아니하고, 잘못된 사회제도를 개혁하려고 상당히 고심한 흔적을 보여주었다.[92] 유형원(柳馨遠: 1622~1673)의 정전제도나 이이의 십만양병술(十萬養兵術)에 대한 극찬은 그러한 일례를 방증한다 하겠다. 이진상이 당시 공권력 누수현상과 사회제도의 폐단을 극복하려고 한 것은 원칙(리)에 의한 공도가 올바르게 정립되어야 한다는 신념에서 출발하였다고 생각할 수 있다.[93] 때문에 이진상은 현실에서 심의 기능적 주재성을 강조하는 사유방식을 표출하였다고 볼 수 있을 것이다.

따라서 이진상의 성리학에서 주재성 중시에 대한 의의는 당시 사회의 질서가 붕괴됨에 따라 원칙에 의한 공정한 법도가 필연적으로 확립되고 실현되도록 이론적으로 정립한 것에 있고, 나아가 이를 바탕으로 인간의 사사로운 욕구와 생각〔私欲 · 私意〕을 올바르게 주재 · 극복 · 배제하여 참된 인간의 주체성 확립과 도덕사회의 완성이라는 목표를 추구한 것이었다고 하겠다.

---

91) 이는 畿湖에서 氣重視的인 사고를 토대로 하여 상대적으로 현실의 변화를 강조하려는 자세와 다르다고 생각한다.

92) 『寒洲全書』 貳, 『畝忠錄』, 「畝忠錄序」, 698쪽.

93) 『寒洲全書』 壹, 『寒洲集』, 「擬陳時弊仍進畝忠錄疏」, 89쪽-95쪽. 이러한 면은 李震相의 아들 李承熙가 계승하여 內修自强을 통해 本源 · 大則 · 大經 · 大務 · 大全으로 밝히고 있다(유준기, 『한국근대유교 개혁운동사』, 152-167쪽).

5. 맺음말

19세기 영남에서 학술활동을 펼친 한주 이진상은 선유들이 논쟁하였던 문제들을 근원적으로 탐구하기 위해 주희의 사상을 시기별로 분류하면서 초년설과 만년설의 사상 체계가 정합적으로 짜여져 있지만은 않다는 사실을 확인하고, 주자학의 본질이 주희의 만년설에 있다고 하여 이를 토대로 성리사상을 구축하였다. 그는 성리학을 구축하는 데 있어 수간(竪看) · 횡간(橫看) · 도간(倒看), 역추(逆推) · 순추(順推)를 그 방법론으로 삼았다. 그는 이러한 논리를 바탕으로 선유들의 성리학설에 대한 비판과 반성적 학문 태도를 취하면서, 어느 한쪽만의 주장을 탈피하여 주희의 만년설에 맞게 회통하려 하였다.

이진상은 리와 기가 본래 두 존재이나, 현상계(유행상)에서는 리와 기가 분리될 수 없다고 본다. 현상계에서의 리와 기의 관계는 '리주기자(理主氣資)' 이다. 이는 리가 '주재' (主)가 되고 기가 '자료' (資)가 된다는 이론으로, 리와 기가 분리될 수 없는 묘합(妙合)의 관계론을 전개한 것이다. 이진상은 이를 토대로 '발할 것은 리이고, 발하는 것은 기이다' (發者理也 發之者氣也), '리가 기를 타고 발한다' (理乘氣而發)고 한다. 이는 주재자로서의 리가 발하는 것이고 그것을 자료하여 도와주는 것은 기의 작용이라는 것이다. 그의 이러한 논리는 이황의 리기호발설(理氣互發說)과 이이의 기발리승일도설(氣發理乘一途說)을 종합지양하는 의미를 지닌다.[94] 이진상은 궁극적으로 리발일로설(理發一路說)을 주장하지만, 궁극적으로는 리의 주재성을 확립하고 강조하였다고 할 수 있을 것이다.

그는 이를 기초로 심의 주재성을 주장한다. 심의 대본(大本)과 본체(本

94) 유행상에서의 리와 기의 묘합적 관계는 이황의 互發說에서 영향을 받았다고 보기보다는 이이의 一途說(一路說)에서 영향을 받았다고 하겠다.

體)로서의 주재성은 바로 리에 있다고 하여 심즉리설을 강력하게 주장하기에 이른다. 그는 이 같은 이론을 토대로 심을 기로 여기는 기호학파(畿湖學派)의 학문경향을 비판하고, 또한 양명학(陽明學)의 심즉리설도 심을 기로 보았다고 비판한다. 또한 심통성정론(心統性情論)에서도 심의 주재성을 강조한다. 나아가 그는 하나의 심을 이분적(二分的)으로 구분하여 전개되는 이심사심론(以心使心論)에서도 전자의 심(본체의 심, 道心)으로 후자의 심(利欲으로 나아가려는 비본래적 심, 人心)을 주재해야 한다는 이론을 전개하였다. 이진상이 인간에게 내재한 심의 주재성을 강조한 것은 성(性)의 표준적인 것보다는 인간의 능동적인 주체성으로서의 인극(人極)을 강조한 것이라고 말할 수 있다.

이진상의 성리사상은 단순히 철학적 이론에 그치는 것이 아니었다. 그의 리의 주재성 중시는 사회현실과 관련해서, 정명론적 관점에서 공적(公的)인 위계질서를 바로잡고, 가치의 본원을 밝혀 올바른 가치관을 정립한다는 의의를 지니는 것이며, 이를 통해 당시의 여러 시폐(時弊)를 구제하려는 것이었다. 심의 주재성 역시 현실생활에서 자기의 본성을 보존할 뿐만 아니라 감정을 단속하여 인간의 윤리적이고 도덕적 존재로 발휘하도록 한 것이다. 다시 말하면, 심의 주재성을 배양하여 심의 주체적이고 능동적 수양을 강조하기 위한 것이라 하겠다.

이진상의 학문을 계승한 한주학파(寒洲學派)[95]는 당시 유치명(柳致明: 1777~1861) 학파, 허전(許傳: 1797~1886) 계열의 허훈(許薰: 1836~1907), 전우(田愚: 1841~1922) 학파의 학맥과 뚜렷한 구분을 지으면서 독립된 학통을

95) 寒洲 李震相의 門人을 헤아리면 당시 상당하였으나, 金炳浩가 편저한『儒學淵源錄』(易經硏究院, 1980, 443-448쪽)에는 130여 명을 거론하고 있다. 이들 가운데 당시 대표적 문인으로는 俛宇 郭鍾錫(1846~1919)·韓溪 李承熙(1847~1916)·后山 許愈(1833~1904)·晦堂 張錫英(1851~1929)·勿川 金鎭祜(1845~1907)·紫東 李正模(1848~1915)·弘窩 李斗勳(1856~1918)·膠宇 尹胄夏(1846~1906) 등을 일컫는다. 이 8인을 일러 '洲門八賢'이라 불리운다.

열어갔다.[96] 특히 한주학파는 도학적 기반 위에서 유교이념을 재조직하고 체계화하여 역사적 상황에 맞게 유교를 개혁하고,[97] 나아가 근대 서양사상을 이해하고 수용하고자 하였다.[98] 이는 이진상의 비판적이고 학구적인 학문경향이 그 견인차 역할을 하였다고 볼 수 있을 것이다. 또한 일본의 제국주의 침략에 대한 의리론에서는 국내에서 수구적(守舊的)이고 경직된 태도를 벗어나, 대외적으로 국제사회에 호소하며 척사운동을 전개하는 진보성을 보였다. 이는 이진상이 체적(體的) 학문을 구축하였다면 그의 학문을 계승한 한주학파는 용적(用的) 현실세계에 적극적인 태도를 보였다고 할 수 있을 것이다.

결론적으로 말하면, 이진상은 영남학파(嶺南學派)와 기호학파(畿湖學派)의 철학적 논쟁들을 계통적으로 서술하고 비평을 가하면서 주희의 리 중시적 차원(晩年定說)에서 절충・회통하고자 하였다. 그것은 '리'의 주재성'과 '심의 주재성'을 일치시켜 '인간 주체성의 근거(人極)'를 명확히 하고자 한 것이다. 특히, 리의 절대성과 주재성을 강조하여 당시 약화된 공권력을 강화시키고 나아가 현실생활 속에서 올바른 도리를 정립시키고자 한 것이었다고 할 수 있다.

---

96) 李震相은 영남지역에서 李滉의 학문을 계승한 柳致明의 성리설에서 영향을 받으면서도 심의 주재성을 강조하여 柳致明 學派의 金興洛・金道和・柳必永의 성리사상과 뚜렷한 구분을 짓게 되었다.

97) 유준기, 『한국근대유교개혁운동사』(증보판), 아세아문화사, 1999.

98) 곽종석의 학문을 계승한 李寅梓(1870~1929)는 『哲學攷辨』・『希臘三代哲學家學說』・『哲學論綱』 등을 저술하여 西洋哲學의 여러 학설을 세밀히 분석하여 유교의 입장과 절충하려고 하였다. 박종홍, 『朴鍾鴻全集(Ⅴ)』(증보판), 민음사, 1998, 424-434쪽; 琴章泰, 「韓末道學의 思想史的 照明」, 『道原柳承國博士華甲紀念論文集 東方思想論攷』, 道原柳承國博士華甲紀念論文集刊行委員會, 종로서적, 1983, 633쪽; 金鍾錫, 「李寅梓의 사상과 역사적 의의: 서양철학 전래 초기 유학계의 동향에 관한 일고찰」, 『철학회지』 제17집, 영남대 철학과 연구실, 1992.

참고문헌

1. 原典類

1) 中國原典 - 經史子集類

『經書』(大學 論語 孟子 中庸), 成均館大學校 大東文化硏究院, 1971.

『困知記』, 廣文書局印行, 中華民國 61.

『龜山全集』(『文淵閣四庫全書』 1125, 集部3, 別集類), 臺灣商務印書館, 中華民國 75.

『南軒集』(『文淵閣四庫全書』 1167, 集部95, 別集類), 臺灣商務印書館, 中華民國 75.

『讀書錄』(『文淵閣四庫全書』 711, 子部17, 「儒家類」), 臺灣商務印書館, 中華民國 75.

『北溪字義』(『文淵閣四庫全書』 709, 子部15, 「儒家類」), 臺灣商務印書館, 中華民國 75.

『四書或問』, 保景文化社, 1986.

『象山全集』(『文淵閣四庫全書』 1156, 集部95, 別集類), 臺灣商務印書館, 中華民國 75.

『象山全集』(『四部叢刊』 190~191), 上海書店印行, 1926.

『書經』, 保景文化社, 1983.

『性理大全』, 保景文化社, 1984.

『宋元學案』(黃宗羲 撰 · 全祖望 補修, 陳金生 · 梁運華 點校), 華世出版社, 1987.

『心經 近思錄』, 保景文化社, 1986.

『十三經注疏』, 中華書局, 1980.

『王文成全書』(『文淵閣四庫全書』 1265~1266, 集部204~205, 別集類), 臺灣商務印書館, 中華民國 75.

『王陽明全集』(吳光 · 錢明 · 董平 · 姚延福이 編校) 上海古籍出版社出版, 1992년

『二程全書』, 保景文化社, 1986.

『二程集』, 漢京文化事業有限公司印行, 中華民國 72.

『張子全書』(『文淵閣四庫全書』 697, 子部3, 「儒家類」), 臺灣商務印書館, 中華民國 75.

『周易』, 保景文化社, 1983.

『朱子大全』, 中和堂, 1986.

『朱子語類』, 中文出版社, 1970.

『春秋左傳』(『十三經注疏』), 中華書局, 1980.

『通書』(『性理大全』), 保景文化社, 1983년.

『學蔀通辨』(『新編叢書集成』), 新文豊出版公司, 中華民國 74.

『五行大義』, 대유학당, 1998.

2) 韓國原典 - 文集類

『葛庵全集』(『退溪學派諸賢集』 5), 驪江出版社, 1986.

『高峯全書』, 成均館大學校 大東文化硏究院, 1979.
『鼓山文集』(『韓國歷代文集叢書』 197~200), 景仁文化社, 1987.
『恭山文集』, 연세대학교 소장본.
『龜峯集』(『韓國文集叢刊』 42), 민족문화추진회, 1993.
『南塘集』, 雅盛文化社, 1976.
『老柏軒文集』(『韓國歷代文集叢書 507~513), 경인문화사, 1987.
『蘆沙文集』, 雅盛文化社, 1976.
『老洲文集』(『韓國歷代文集叢書』 190~194), 景仁文化社, 1987.
『鹿門集』, 景文社, 1976.
『農巖全集』, 景文社, 1976.
『端溪集』, 동아대학교 소장본.
『大山全書』, 驪江出版社, 1990.
『東儒學案』, 一鵬精舍, 1970년(中和堂 재영인).
『梅泉野錄』(황현 저, 김준 역), 教文社, 1994.
『梅泉野錄』, 韓國史料叢書第一, 國史編纂委員會, 탐구당, 1971.
『俛宇集』, 亞細亞文化社, 1983.
『務實齋私稿』(『務實柯菴兩先生私稿』), 大耕出版社, 2001.
『舫山文集』, 서울대학교 도서관 印行, 1974.
『西厓集』(『韓國文集叢刊』 52), 民族文化推進會, 1990.
『星湖全書』, 驪江出版社, 1984.
『旅軒全書』, 仁同張氏南山派宗親會, 1983.
『巍巖遺稿』(『韓國文集叢刊』 90), 民族文化推進會, 1997.
『龍山文集』, 국립중앙도서관 소장본.
『愚潭集』(『韓國文集叢刊』 126), 民族文化推進會, 1994.
『愚伏集』(『韓國文集叢刊』 68), 民族文化推進會, 1991.
『栗谷全書』, 成均館大學校 大東文化硏究院, 1971.
『翼齋集』, 국립중앙도서관 소장본.
『任憲晦全集』, 亞細亞文化社, 1985.
『田愚全集』, 亞細亞文化社, 1986.
『拙修齋集』(『韓國文集叢刊』 147), 民族文化推進會, 1995.
『滄溪集』(『韓國文集叢刊』 159), 民族文化推進會, 1995.
『淸臺全書』, 驪江出版社, 1989.
『退溪全書』, 成均館大學校 大東文化硏究院, 1971.
『韓溪遺稿』(『한국사료총서』 제18~26), 국사편찬위원회, 1976.
『寒水齋集』(『韓國文集叢刊』 150~151), 民族文化推進會, 1991.
『寒洲全書』, 亞細亞文化社, 1980.
『寒洲集』, 서울대학교 奎章閣 所藏本(Microfilm).

『玄沙文集』(『韓國歷代文集叢書』 2022~2023), 경인문화사, 1997.
『花潭集』(『韓國文集叢刊』 24), 民族文化推進會, 1988.
『華西先生文集』, 學古房, 1986.
『晦堂文集』(『韓國歷代文集叢書』 894~900), 경인문화사, 1987.
『后山集』, 后山書堂 발행, 世振社, 1999.

2. 單行本類

1) 國內書

琴章泰, 『韓國儒教의 再照明』, 전망사, 1982.
______, 『東西交涉과 近代韓國思想』, 성균관대출판부, 1984.
______, 『韓國實學思想硏究』, 집문당, 1989.
______, 『韓國近代의 儒學思想』(증보판), 서울대학교 출판부, 1990.
______, 『퇴계학파의 사상(Ⅰ)』, 집문당, 1996.
______, 『朝鮮 後期의 儒學思想』, 서울대학교 출판부, 1998.
______, 『退溪學派의 理철학의 전개』, 서울대학교 출판부, 2000.
琴章泰 · 高光稙, 『儒學近百年』, 博英社, 1984.
______, 『續儒學近百年』, 여강출판사, 1989.
金吉煥, 『朝鮮朝儒學思想硏究』, 일지사, 1986.
남상락, 『동서철학과 한국실학사상의 탐구』, 다운샘, 2000.
東方學會 編, 『嶺南學派의 硏究』, 慶尙北道, 병암사, 1998년.
民族과 思想硏究會編, 『四端七情論』, 서광사, 1992.
朴忠錫, 『韓國政治思想史』, 삼영사, 1982.
裵宗鎬, 『韓國儒學史』, 연세대출판부, 1985.
______, 『韓國儒學의 哲學的 展開』, 연세대출판부, 1985.
裵宗鎬 編, 『韓國儒學資料集成』, 연세대출판부, 1980.
成均館大學校 大東文化硏究院, 『韓國思想大系』(Ⅳ), 1984.
成均館大學校 韓國哲學史硏究會編, 『韓國哲學入門』(上 下), 1985.
송영배 · 금장태 외, 『한국유학과 리기철학』, 예문서원, 2000.
宋恒龍, 『東洋哲學의 問題들』, 驪江出版社, 1987.
心山思想硏究會 編, 『心山 金昌淑의 思想과 行動』, 성균관대학교 대동문화연구원, 1986.
吳錫源 외, 『朝鮮朝 儒學思想의 探究』, 여강출판사, 1988.
劉明鍾, 『韓國哲學史』, 日新社, 1982.
______, 『宋明哲學』, 螢雪出版社, 1985.
______, 『朝鮮後期 性理學』, 이문출판사, 1988.
______, 『韓國思想史』, 이문출판사, 1989.

柳承國, 『한국의 유교』, 세종대왕기념사업회, 1976.
______, 『東洋哲學硏究』, 근역서재, 1983.
______, 『韓國思想과 現代』, 동방학술연구원, 1988.
柳仁熙, 『朱子哲學과 中國哲學』, 범학사, 1980.
유준기, 『한국근대유교개혁운동사』(증보판), 아세아문화사, 1999.
유초하, 『한국사상사의 인식』, 한길사, 1994.
尹絲淳, 『退溪哲學의 硏究』, 고려대학교 출판부, 1980.
______, 『韓國儒學論究』, 현암사, 1980.
______, 『東洋思想과 韓國思想』, 을유문화사, 1984.
______, 『한국유학사상론』, 열음사, 1992.
尹絲淳 외, 『韓國의 思想』, 열음사, 1984.
金秀吉 · 尹相喆 공역, 『五行大義』, 대유학당, 1998.
李東俊, 『유교의 인도주의와 한국사상』, 한울아카데미, 1997.
李丙燾, 『韓國儒學史』, 아세아문화사, 1989.
李相益, 『歷史哲學과 易學思想』, 성균관대학교 출판부, 1996.
______, 『서구의 충격과 근대 한국사상』, 한울아카데미, 1997.
______, 『畿湖性理學硏究』, 한울아카데미, 1998.
______, 『譯註 四七新編』, 다운샘, 1999.
李樹健, 『嶺南學派의 形成과 展開』, 일조각, 1995.
정성철, 『조선철학사』(이조편), 좋은책, 1988.
______, 『조선철학사』 II, 이성과 현실, 1988.
정성철 외, 『조선철학사』(상), 이성과 현실사, 1988.
주칠성 외, 『조선철학사상사』, 연변인민출판사, 1989.
蔡茂松, 『退溪 · 栗谷哲學의 比較硏究』, 성균관대출판부, 1985.
최봉익, 『조선철학사개요』, 한마당, 1989.
崔英成, 『韓國儒學思想史』(Ⅰ~Ⅴ), 아세아문화사, 1994~1997.
충남대학교유학연구소 편저, 『기호학파의 철학사상』, 예문서원, 1995.
韓國東洋哲學會 編, 『東洋哲學의 本體論과 人性論』, 연세대출판부, 1984.
한국사상사연구회, 『인성물성론』, 한길사, 1994.
한국사상연구회, 『조선 유학의 학파들』, 예문서원, 1996.
______, 『圖說로 보는 한국 유학』, 예문서원, 2000.
韓國精神文化硏究院, 『國譯 栗谷全書』, 朝銀文化社, 1996.
______, 『한국실학사상사』, 다운샘, 2000.
한국철학사연구회, 『한국철학사상사』, 한울아카데미, 1997
韓國哲學會 編, 『韓國哲學史』(上 中 · 下), 동명사, 1987.
한영우 외, 『한국사특강』, 한국사특강편찬위원회 편, 서울대학교 출판부, 1990.
玄相允, 『朝鮮儒學史』, 현음사, 1982.

黃義東, 『栗谷哲學研究』, 경문사, 1987.
黃俊淵, 『李珥哲學研究』, 전남대학교 출판부, 1989.

2) 國外書 - 中國

鄺芷人, 『陰陽五行及其體系』, 文津出版社, 中華民國 81.
勞思光 저, 鄭仁在 역, 『中國哲學史』, 탐구당, 1988.
牟宗三, 『心體與性體』, 正中書局, 중화민국 58.
蒙培元, 『理學範疇系統』, 人民出版社, 1999.
龐萬理, 『二程哲學體系』, 北京 航空天大學出版社, 1992.
范壽康 저, 洪瑀欽 역, 『朱子와 그 哲學』, 嶺南大出版部, 1982.
徐復觀, 『中國人性論史』 先秦篇, 商務印書館, 중화민국 58.
吳乃恭, 『儒家思想研究』, 東北師範大學出版社, 1988.
熊十力, 『體用論』, 臺灣學生書局, 중화민국 76.
劉述先, 『朱子哲學思想的發展與完成』, 學生書局, 중화민국 71.
任繼愈, 『中國哲學史』, 人民出版社, 1979.
張立文, 『朱熹思想研究』, 중국사회과학출판사, 1994.
張立文 主編, 『道』, 중국인민대학출판사, 1989.
______, 『氣』, 중국인민대학출판사, 1990.
______, 『理』, 중국인민대학출판사, 1991.
______, 『心』, 중국인민대학출판사, 1993.
張永 儁, 『二程學管見』, 東大圖書公司印行, 중화민국 77.
錢 穆, 『朱子新學案』, 三民書局股份有限公司, 중화민국 60.
陳 來, 『朱熹哲學研究』, 文津出版社, 중화민국 79.
______ 지음, 안재호 옮김, 『송명성리학』, 예문서원, 1997.
______, 『朱子哲學研究』, 華東師範大學出版社, 2000.
陳 淳 저, 朴浣植 역, 『性理學이란 무엇인가』(원제: 『北溪字義』), 여강출판사, 1993.
陳榮捷, 『王陽明傳習錄詳註集評』, 學生書局, 중화민국 72.
______, 『朱子新探索』, 學生書局, 중화민국 77.
______, 『宋明理學之概念與歷史』, 中央研究院中國文哲研究所籌備處印行, 중화민국 85.
蔡方鹿, 『宋明理學心性論』, 巴蜀書社, 1997.
______, 『朱熹與中國文化』, 貴州人民出版社, 2000.
蔡仁厚, 『宋明理學』(北宋篇, 南宋篇), 學生書局, 중화민국 66.
______, 『新有價的精神方向』, 學生書局, 중화민국 71.
馮友蘭, 『中國哲學史』, 商務印書局, 1931.
______ 저, 鄭仁在 역, 『中國哲學史』, 형설출판사, 1986.
侯外廬 · 趙紀彬 · 社國庠, 『中國思想通史』, 人民出版社, 1957.
侯外廬 · 邱漢生 · 張凱之 主編, 『宋明理學史』(上, 下), 인민출판사, 1987.

侯外廬 外, 朴浣植 역, 『宋明理學史』(1, 2), 이론과 실천, 1993.

3) 國外書 - 日本

高橋進 著, 安炳周 · 李基東 譯, 『李退溪의 敬의 哲學』, 新丘文化社, 1986.
溝口雄三 · 浜下武志 · 平石直昭 · 宮嶋博史 編, 『世界像の形成』, 東京大學出版會, 1994.
溝口雄三 · 丸山松幸 · 池田知九 編, 『中國思想文化事典』, 東京大學出版會, 2001.
今井宇三郞, 『宋代易學の硏究』, 明治圖書出版株式會社, 1958.
다카하시 도루 지음, 이형성 편역, 『다카하시 도루의 조선유학사』, 예문서원, 2001.
島田虔次 지음, 김석근 · 이근우 옮김, 『朱子學과 陽明學』, 까치, 1986.
山根三方, 『朱子倫理思想硏究』, 東海大學出版會, 1983.
山田慶兒 저, 김석근 역, 『朱子의 自然學』, 통나무, 1991.
小野澤精一 외, 전경진 역, 『氣의 思想』, 원광대학교, 1987.
守本順一郞 저, 김수길 역, 『東洋政治思想史硏究』, 동녘, 1985.
狩野直喜 저, 오인환 역, 『中國哲學史』, 을유문화사, 1991.
市川安司, 『程伊川哲學の硏究』, 동경대학출판회, 1964.
오하마 아끼라(大濱晧) 지음, 이형성 옮김, 『범주로 보는 주자학』(원제: 『朱子の哲學』), 예문서원, 1997.
우노세이이찌(宇野精一) 편, 김진욱 옮김, 『중국의 사상』, 열음사, 1986.
友枝龍太郞, 『朱子の思想形成』, 東京: 春秋社, 1979.
荻原擴, 『周濂溪の哲學』, 藤井書店, 1935.
赤塚忠 · 金谷治 외, 조성을 역, 『중국사상개론』, 이론과 실천, 1987.
井上聰, 『古代中國陰陽五行の硏究』, 翰林書房, 1996.
戶川芳郞 · 蜂屋邦夫 · 溝口雄三 외, 조성을 · 이동철 역, 『유교사』, 이론과 실천, 1994.
黑田源次 저, 全敬進 역, 『氣의 硏究』, 원광대학교 출판부, 1987.

4) 國外書 - 기타

Nicolai Hartmann 저, 하기락 역, 『存在學樣相論』, 형설출판사, 1991.
Samuel Enoch Stumpf 저, 이광래 역, 『西洋哲學史』, 종로서적, 1989.
Peter H. Lee, 『SOURCEBOOK OF KOREAN CIVILIZATION』(Ⅰ · Ⅱ), Columbia University Press, 1996.

3. 論文類

1) 揭載論文

姜大杰, 「寒洲 李震相의 理氣說 小考」, 『北岳論叢』 제5집, 국민대학교, 1987.
琴章泰, 「韓末道學의 思想史的 照明」, 『道原柳乘國博士華甲記念論文集 東方思想論攷』, 道

原柳乘國博士華甲記念論文集刊行委員會, 종로서적, 1985.
______, 「氣哲學의 전통과 崔漢綺의 철학적 특성」, 『東洋學』 제19집, 단국대동양학연구소, 1989.
______, 「退溪學派의 學問〈21〉 - 寒洲 李震相의 性理學과 心卽理說」, 『退溪學報』 제102집, 退溪學硏究院, 1999.
______, 「退溪學派의 學問〈22〉 - 俛宇 郭鍾錫의 性理學」, 『退溪學報』 제103집, 退溪學硏究院, 1999.
金京一, 「俛宇 郭鍾錫의 易學思想」, 『韓國思想家의 새로운 發見(3)』, 한국정신문화연구원 연구논총 95-19, 1995.
金敎斌, 「徐花潭의 氣哲學에 關한 考察」, 『동양철학연구』 제5집, 동양철학연구회, 1984.
金洛必, 「鹿門 任聖周의 氣哲學」, 『철학논구』 제9집, 서울대학교, 1981.
金道基, 「吾東儒賢의 '心卽理' 說 論辨攷」, 『擇窩許善道先生停年紀念 韓國史學論叢』, 일조각, 1992.
金東赫, 「寒洲 性理學의 主理的 特性」, 『東洋哲學硏究』 제7집, 동양철학연구회, 1986.
______, 「心卽理의 陽明說과 寒洲說 比較硏究」, 『慧田專門大論文集』 제8집, 1990.
______, 「湖洛論爭에 대한 寒洲의 批判的 立場」, 『慧田專門大論文集』 제9집, 1991.
______, 「寒洲 李震相의 直思想에 관한 硏究 - 그의 心性論과 關聯하여」, 『東洋哲學硏究』 제14집, 1993.
______, 「寒洲 李震相의 直字心訣에 관한 硏究」, 『慧田專門大論文集』 제13집, 1993.
金時杓, 「退溪의 心性論에 관한 硏究」, 『동양철학』 제1집, 한국동양철학회 1990.
金鍾錫, 「李寅梓의 사상과 역사적 의의: 서양철학 전래 초기 유학계의 동양에 관한 일고찰」, 『철학회지』 제17집, 영남대학교 철학과 연구실, 1992.
金忠烈, 「朝鮮朝 性理學의 形成과 그 正脈」, 『大東文化硏究』, 第13輯, 성균관대학교 大東文化硏究院, 1979.
杜維明, 「栗谷의 性理學」, 第3回 國際學術會議論文集, 韓國精神文化硏究院, 1984.
裵宗鎬, 「栗谷의 理氣觀」, 『韓國思想의 本質과 栗谷學』, 栗谷思想硏究院, 1978.
______, 「栗谷의 哲學體系」, 『栗谷哲學과 韓國의 性理學』, 栗谷思想硏究院, 1985.
山內弘一, 「李震相의 心卽理說과 嶺南學派」, 『碧史李佑成停年紀念 民族史의 展開와 그 文化』, 창작과 비평사, 1990년.
山井湧, 안병주 역, 「明淸時代의 있어서의 氣의 哲學」, 『유학연구』 제6집, 성균관대학교 유학과, 1976.
蘇鉉盛, 「論二程之 "仁" 思想」, 『國際儒學硏究』 第11輯, 國際儒學聯合會編, 國際文化出版公社, 2001.
宋錫球, 「栗谷의 理通氣局과 그 哲學的 展開」, 『韓國思想.』, 同硏究會, 1985.
______, 「李珥의 近代意識」, 『儒學硏究』, 충남대학교 儒學硏究所, 1993.
宋錫準, 「俛宇 郭鍾錫의 哲學思想」, 『韓國思想家의 새로운 發見(3)』, 한국정신문화연구원 연구논총 95-19, 1995.

______,「艮齋의 性師心弟說과 俛宇의 心卽理說에 관한 一考察」,『艮齋思想硏究論叢』 제2집, 艮齋思想硏究會, 1998.

宋贊植,「朝鮮朝末 主理派의 認識論理 - 寒洲 李震相의 思想을 中心으로」,『韓國學報』 제9집, 1977.

宋贊植,「寒洲 李震相의 理氣論 硏究」,『韓國史學』 제5집, 한국정신문화연구원, 1983.

______,「寒洲 李震相先生의 學問과 思想」,『淡水』 13, 1984.

梁在悅,「韓南塘의 人物性不同論에 관한 고찰」,『동양철학연구』 제3집, 동양철학연구회, 1982.

吳鍾逸,「艮齋學派의 學問的 性格」,『韓國近代宗敎思想史』, 崇山朴吉眞博士古稀紀念事業會, 원광대학교출판국, 1984.

______,「性理學 形成의 淵源에 대한 考察」,『儒敎思想硏究』 제4 5합집, 1992.

劉明鍾,「任鹿門의 唯氣說과 羅整菴의 氣哲學」,『철학연구』 제17집, 한국철학연회, 1973.

______,「吳老洲의 理氣說 - 羅整菴의 영향과 任鹿門에 대한 비판」,『철학연구』 제19집, 한국철학연구회, 1974.

______,「愚潭 丁時翰의 理主氣輔說과 人物性同異論辨」,『韓國思想大系(IV)』(性理學思想篇), 성균관대학교 대동문화연구원, 1984.

柳承國,「조선조 성리학의 특징과 현대적 의의」,『대동문화연구』 제13집, 성균관대학교 대동문화연구원, 1979.

______,「한국근대사회의 변동과 주자학」, 제2회『동양문화국제학술회의논문집』, 성균관대학교 대동문화연구원, 1980.

尹絲淳,「栗谷思想의 特徵」,『韓國思想의 本質과 栗谷學』, 栗谷思想硏究院, 1980.

______,「韓國儒學에 대한 哲學的 理解의 問題 - 그 회고와 전망」,『철학』 제39집, 한국철학회, 1993.

李楠永,「湖洛論爭의 哲學史的 意義」, 제2회『동양문화국제학술회의논문집』, 성균관대학교 대동문화연구원, 1980.

李東俊,「栗谷에 있어서 理의 究極性에 대한 考察」, 유교학논총, 1973.

______,「栗谷哲學의 理」, 제2회『동양문화국제학술회의논문집』, 성균관대학교 대동문화연구원, 1980.

______,「栗谷哲學에 있어서의 理의 生動性에 관한 연구」,『玄潭柳正東博士華甲紀念論叢』, 1981.

______,「栗谷의 性理學과 社會哲學」,『韓國思想大系(IV)』(性理學思想篇), 성균관대학교 대동문화연구원, 1984.

______,「퇴계사상에 있어서 本然之性의 現存的 의미」,『東方哲學思想硏究』, 종로서적, 1992.

李東熙,「羅欽順의 理氣渾一의 哲學과 李栗谷의 理氣之妙 哲學과의 비교 연구」,『한국학논집』 제16집, 계명대학교, 1989.

______,「陳建의『學蔀通辨』과 그의 朱子學」,『儒敎思想硏究』 제7집, 儒敎學會, 1994

李相益,「畿湖性理學에 있어서의 理의 主宰 問題」,『哲學』 제55집, 韓國哲學會, 1998 여름.
______,「退溪와 栗谷의 政治에 대한 인식」,『退溪學報』 제110집, 퇴계학연구원, 2001.
李佑成,「韓國儒學史上 退溪學派의 形成과 그 展開」,『退溪學報』 제26집, 퇴계학연구원, 1979.
李炯性,「李震相의 性理說에 있어서 主宰性에 관한 一考察」,『東洋哲學研究』 제19집, 동양철학연구회, 1998.
______,「寒洲 李震相의 心性論 研究」,『韓國思想과 文化』 제2집, 한국사상문화학회, 1998.
______,「李震相 性理學의 方法論에 관한 考察」,『韓國思想과 文化』 제6집, 한국사상문화학회, 1999.
______,「李震相의 心統性情論에 관한 攷察」,『東洋古典研究』 제15집, 동양고전학회, 2001.
______,「李震相 哲學思想研究 序說」,『韓國思想과 文化』 제13집, 한국사상문화학회, 2001.
趙南浩,「金昌協學派의 陽明學 批判 - 智와 知覺의 문제를 중심으로」,『철학연구』, 봄호, 1993.
崔英辰,「退溪에 있어서 理의 能動性에 관한 論理的 接近」,『柳正東華甲紀念論文集』, 1981.
______,「退溪의 體用論과 理에 관한 考察」,『공주사대논문집』 제20집, 공주대학교, 1982.
______,「栗谷 理氣論에 있어서의 依樣과 自得」,『동서철학연구』 제2집, 한국동서철학회, 1985.
______,「蘆沙 奇正鎭의 理一分殊說에 관한 고찰」,『朝鮮朝 儒學思想의 探究』, 驪江出版社, 1988.
______,「退溪 理思想의 體用論的 構造」,『朝鮮朝 儒學思想의 探究』, 驪江出版社, 1988.
______,「木山의 人物性同異論에 관한 고찰」,『全北史學』 30, 전북대학교 사학과, 1990.
______,「蘆沙 奇正鎭의 四端七情論에 관한 고찰」,『사단칠정론』, 서광사, 1992.
______,「조선조 儒學史 서술에 있어서의 主理·主氣의 문제」, 한국사상사학회발표문, 1992.
______,「茶山 人性·物性論의 思想史的 位相 - 호락논쟁의 인물성동이론과 관련하여」,『哲學』 제68, 2001 가을.
崔一凡,「青霞子 權克中의 性理學에 관한 小考」,『동양철학연구』 제7집, 동양철학연구회, 1986.
______,「徐敬德의 理氣論에 관한 試論」,『동양철학연구』 제11집, 동양철학연구회, 1990.
______,「梅月堂의 理氣論에 대한 고찰」, 동양철학연구회발표문, 1992.
______,「務實齋 南軫永의 性理說에 관한 研究」,『艮齋先生의 義理精神과 그 展開』, 제10회 艮齋學會 學術發表會 資料集, 2001.
崔海甲,「俛宇先生의 哲學的 基盤」,『晋州文化』 제9집, 晋州教大, 1990.
許南進,「조선후기 氣哲學의 성격」,『한국문화』 제11집, 서울대학교 한국문화연구소, 1990.
洪元植,「이진상의 철학사상과 그 후예들」,『東洋學』 제29집, 단국대학교 동양학연구소,

1999.
黃義東,「栗谷時務論의 哲學的 根據」,『哲學硏究』 34, 韓國哲學硏究會, 1982.
______,「理通氣局의 人性論的 考察」,『東方思想論攷』, 1983.

2) 企劃論文

계명대학교 한국학연구원,『근대 영남 유학의 유산: 寒洲學派』, 제13회 한국학연구원 기획 학술발표회, 1999년 11월.
성균관대학교 대동문화연구원,『華西學派의 學脈과 民族運動』, 제38회 동양학 학술회의(近代의 儒敎學脈과 民族運動 Ⅰ), 1999년 12월.
성균관대학교 대동문화연구원,『安東儒林의 學脈과 民族運動 - 西山・拓菴을 중심으로』, 제39회 동양학 학술회의(近代의 儒敎學脈과 民族運動 Ⅲ), 1999년 12월.
성균관대학교 대동문화연구원 동아시아 유교문화권 교육연구단,『寒洲學派의 學脈과 民族運動』, 제40회 동양학 학술회의(近代의 儒敎學脈과 民族運動 Ⅲ), 2000년 8월.

3) 學位論文

〈博士〉

金文俊,「尤庵 宋時烈의 哲學思想에 관한 硏究 - 春秋大義를 중심으로」, 성균관대학교, 1996.
金容傑,「星湖의 哲學思想에 관한 硏究」, 성균관대학교, 1988.
金仁圭,「北學思想硏究 - 학문적 기반과 근대적 성격을 중심으로」, 성균관대학교, 1999.
金　炫,「鹿門 任聖周의 哲學思想」, 고려대학교, 1992.
金炯瓚,「理氣二元論의 二元化 傾向性에 관한 硏究 - 鹿門 任聖周와 蘆沙 奇正鎭을 중심으로」, 고려대학교, 1996.
文錫胤,「朝鮮後期 湖洛論辨의 成立史 硏究」, 서울대학교, 1995.
孫興徹,「鹿門 任聖周의 理一分殊論 硏究」, 연세대학교, 1999.
宋錫球,「栗谷의 哲學思想硏究 - 誠意正心을 중심으로」, 동국대학교, 1981.
安晋吾,「奇蘆沙의 理哲學에 관한 硏究 - 理一分殊의 哲學體系를 중심으로」, 동국대학교, 1988.
吳錫源,「十九世紀 韓國 道學派의 義理思想에 關한 硏究」, 성균관대학교, 1992.
유봉학,「19-18세기 燕巖派 北學思想의 硏究」, 서울대학교, 1992.
柳正東,「退溪의 哲學思想硏究 - 窮理와 居敬을 중심으로」, 성균관대학교, 1975.
尹用男,「朱子의 體用理論에 관한 硏究」, 성균관대학교, 1992.
李光虎,「李退溪 學問論의 體用的 構造에 관한 硏究」, 서울대학교, 1993.
李東俊,「16世紀 韓國性理學派 歷史意識에 관한 硏究」, 성균관대학교, 1975.
李東熙,「朱子學의 哲學的 特性과 그 展開樣相에 관한 硏究」, 성균관대학교, 1989.
李俸珪,「宋時烈의 性理學說 硏究」, 서울대학교, 1996.
李相坤,「南塘 韓元震의 氣質性理學 硏究」, 원광대학교, 1991.

李相益,「韓末 節義學派와 開化派의 思想的 特性에 관한 硏究」, 성균관대학교, 1995.
李相昊,「朝鮮性理學派의 性理說分化에 관한 硏究」, 성균관대학교, 1994.
李愛熙,「朝鮮後期의 人性과 物性에 대한 論爭의 硏究」, 고려대학교, 1990
李永春,「巍巖 李柬의 心性論 硏究」, 건국대학교, 1990.
李振杓,「華西 李恒老의 主理哲學硏究」, 원광대학교, 1984.
全仁植,「李柬과 韓元震의 未發·五常論辨의 硏究」, 한국정신문화연구원, 1999.
田好根,「16世紀 朝鮮性理學의 特徵에 관한 硏究」, 성균관대학교, 1997.
鄭聖植,「麗末鮮初 歷史的 轉換과 性理學的 對應에 관한 硏究 - 鄭圃隱과 鄭三峯을 중심으로」, 성균관대학교. 1997.
趙南國,「栗谷哲學思想의 社會學的 探究」, 성균관대학교, 1988.
趙南浩,「羅欽順의 哲學과 朝鮮學者들의 論辨」, 서울대학교, 1999.
崔英成,「崔致遠의 哲學思想 硏究 - 三敎觀과 人間主體를 중심으로」, 성균관대학교, 2000.
崔英辰,「易學思想의 哲學的 硏究」, 성균관대학교, 1989.
崔一凡,「儒敎의 中庸思想과 佛敎의 中道思想에 관한 硏究」, 성균관대학교, 1991.
崔重錫,「羅整庵과 李退溪哲學의 比較硏究」, 성균관대학교, 2000.
崔眞德,「羅整庵의 理一分殊의 哲學」, 서강대학교, 1993.
韓亨祚,「朱熹에서 丁若鏞에로의 哲學的 思惟의 轉換」, 한국정신문화연구원, 1993.
許南進,「朝鮮後期 氣哲學 硏究」, 서울대학교, 1994.
黃義東,「栗谷哲學思想에 관한 硏究 - 理氣之妙를 중심으로」, 충남대학교, 1987.
黃俊淵,「栗谷의 哲學思想에 관한 硏究 - 聖學輯要를 중심으로」, 성균관대학교, 1988.

〈碩士〉

金東赫,「寒洲李震相의 主理哲學에 關한 硏究」, 한국정신문화연구원, 1984.
李三基,「寒洲 李震相의 心性論의 硏究」, 고려대학교, 1993.
李相益,「湖洛論爭의 根本問題 硏究」, 성균관대학교, 1986.
李炯性,「寒洲 李震相 性理學說의 方法論에 관한 硏究」, 성균관대학교, 1994.

4. 기타

『한국민족문화대백과사전』, 한국정신문화연구원, 웅진출판사, 1991.
『유교대사전』, 유교사전편찬위원회, 박영사, 1990.
《한국경제신문》, 1983년 9월 16일(11면), 「잊혀진 전통사상의 맥을 찾는다(46)」.
매일신문사, 「嶺南學脈(147) - 寒洲 李震相」(『嶺南學派·東國文廟配享十六賢筆跡·王羲之筆陣圖』, 安東靑年儒道會 編, 1992년, 151-153쪽 재수록).
《국민일보》, 1990년 4월 6일(9면), 「종가(18) - 전통의 가문 뿌리를 찾는다」.
《세계일보》, 1991년 12월 30일(6면), 「유맥 - 오늘에 되살펴본 옛 선비의 자취(84)」.

찾아보기

ㅁ

ⓞ